Das Global Mindset von Managern

Jörg Hruby

Das Global Mindset von Managern

 Springer Gabler

RESEARCH

Jörg Hruby
Hochschule für Unternehmensmanagement
Monheim, Deutschland

ISBN 978-3-658-00231-2   ISBN 978-3-658-00232-9 (eBook)
DOI 10.1007/978-3-658-00232-9

Die Deutsche Nationalbibliothek verzeichnet diese Publikation in der Deutschen Natio-
nalbibliografie; detaillierte bibliografische Daten sind im Internet über http://dnb.d-nb.de
abrufbar.

Springer Gabler
© Springer Fachmedien Wiesbaden 2013

Springer Gabler ist eine Marke von Springer DE. Springer DE ist Teil der Fachverlagsgruppe
Springer Science+Business Media.
www.springer-gabler.de

Vorwort

Die Globalisierung der Welt wird von der Politik und der Wirtschaft sowie der Wissenschaft in den letzten Jahren stark diskutiert. Ein Leitsatz der in der Wirtschaft geprägt hat ist „*think global act local*". Doch was bedeutet dieser Satz in Bezug auf die Manager. Zugleich global zu denken und dann auch wieder lokal zu handeln. Ist dies denn kein Widerspruch?

Nein, meint zumindest der Autor. Der Manager des 21. Jahrhunderts benötigt besondere Fähigkeiten, die zum einen (an-) trainiert bzw. erworben werden können und zum anderen die Fähigkeiten, die irgendwie „angeboren" oder nur durch viel Einsatz aufbauend entwickelbar sind. Eine **globale Orientierung** oder im Englischen ein **Global Mindset** zu besitzen, ist das Ziel einer immer vernetzter und globaler werdenden Umwelt, denen sich Manager total ausgesetzt sehen. Der Arbeitsalltag eines (internationalen) Managers findet zunehmend im Flugzeug oder in sogenannten Videokonferenzen mit Kollegen aus allen Teilen der Welt statt. Dabei ist „kulturelles Einfühlungsvermögen" sowie das „Verständnis für andere Kulturen" heutzutage von großer Bedeutung. Jedoch fehlen vielen Unternehmen, egal ob multinationale Player oder Klein- und mittelständische Unternehmen die richtigen Personen, mit den richtigen Fähigkeiten, die zur richtigen Zeit am richtigen Ort sind, um dem großen Konkurrenzkampf am Markt gewachsen zu sein. Manager müssen eine **globale Denkstruktur** (global mindset) entwickeln, welche als Schlüsselkonstrukt bzw. Erfolgsfaktor für die Unternehmen – so der Autor - identifiziert werden kann. So müssen in der heutigen dynamischen Geschäftswelt Manager in der Lage sein, mit einer Menge an unterschiedlichen Graden an Mehrdeutigkeit und Diversität umzugehen. Des Weiteren müssen Manager das geeignete Wissen über verschiedene soziokulturelle Systeme und Institutionen besitzen und dabei vor allem die intellektuelle Kapazität besitzen, die hohen Komplexitätsgrade zu absorbieren und nicht davon in Beschlag genommen zu werden. In ähnlicher Weise beschreiben es Story und Barbuto, dass die **globale Rolle der Führungskräfte** insbesondere darin besteht, mit Unsicherheit und Ambiguität umzugehen, verschiedene Teams zu führen, eine andere zusätzliche Sprache zu sprechen, das Zusammenarbeiten mit Menschen aus anderen Ländern und Kulturen, Menschen und Prozesse an verschiedenen Orten zu koordinieren sowie das Arbeiten über nationale, organisationale und funktionale Grenzen hinweg zu beherrschen. Somit - so wird argumentiert - um global wettbewerbsfähig zu sein, müssen globale Manager eine Offenheit mitbringen, die es ihnen erlaubt ein Globales Mindset aufzubauen, zu fördern und zu entwickeln. Vereinfacht ausgedrückt, bedeutet also ein Global Mindset „*... die kognitive Fähigkeit, die vielen unterschiedlichen Kulturen zu verstehen und diese miteinander zu verbinden.*" Die Entwicklung eines global mindsets ist daher notwendig, um als Unternehmen am komplexen globalen Markt effektiv gegen Mitbewerber konkurrieren zu können, einen Wettbewerbsvorsprung zu generieren und somit erfolgreich in der Internationalisierung zu sein. D.h., jemand mit einem global mindset kann mit Komplexität, Vielfältigkeit (Diversität), Ungewissheit und Unberechenbarkeit umgehen. Es wird ferner festgestellt, dass ein Global Mindset die **organisationale Wettbewerbsfähigkeit** stärkt, den unternehmerischen Erfolg positiv beeinflusst und zu einer erfolgreicheren Internationalisierung führt. Jedoch müssen einige Maßnahmen und Trainings in „Angriff" genommen werden, um einen Manager hin zu einer globalen Denkstruktur zu entwickeln. Dazu benötigt es diverser **Personal- und Organisationsentwicklungsmaßnahmen**, die im vorliegenden Buch auch betrachtet werden sowie Handlungsempfehlungen für Unternehmen und insbesondere für Personal- und Organisationsentwickler werden aufgezeigt.

Das Buch ist sowohl für Praktiker, als auch Theoretiker anschaulich geschrieben worden, damit beide Seiten gleich stark beleuchtet werden. Das Buch vermittelt den Wissenstand mit wissenschaftlichen Monographien und Journalbeiträgen bis einschließlich Ende 2011. Es bleibt zu hoffen, dass es eine breite Leserschaft sowohl in der Praxis, als auch in der universitären Lehre und Forschung im deutschsprachigen Raum erreicht wird.

Im Rahmen dieses Buches sind an mehreren Stellen die Einflüsse und Meinungen von verschiedenen Personen eingegangen. Bedanken möchte ich mich vor allem bei den betreuten Studierenden der FH Joanneum GmbH in Graz wie folgt: Johanna Hauser, Sandra Bachler, Magdalena Mara, Astrid Greiner sowie Manuel Schaffer und Daniel Raith. Ohne ihre Arbeit und empirische Felduntersuchung wäre dieses Buch nicht zustande gekommen. Ebenso möchte ich mich für die Durchsicht des Manuskripts bei Herrn Prof. Dr. Gerhard Apfelthaler (Californian Lutheran University/ USA), bei Herrn Prof. Dr. Peter Gasser-Steiner (Universität Graz/ Österreich), Herrn Dr. Phillipp Kruse (Fisher Scientific GmbH) , Herr Dr. Thomas Hanke (Universität Duisburg-Essen), Herrn Dr. Ulrich Heimeshoff (Heinrich-Heine Universität Düsseldorf) sowie bei Herrn Dipl. Kfm. Matthias Endemann (Vodafone Deutschland) bedanken. Durch ihre Anregungen hat das Buch das Format bekommen, welches es jetzt besitzt.

Im Speziellen ist dieses Buch aus dem Interesse an psychologischen Themen im Bereich Management entstanden. Auch schon in der Dissertation beschäftigte sich der Autor mit der Schnittstelle zwischen Kognitionspsychologie und dem Internationalen Management:

Das hier vorliegende Buch beinhaltet die Themengebiete des Internationalen Managements, der Kognitionspsychologie, des Global Leadership bzw. des International Human Resource

Management und im Speziellen mit Themen der Personalentwicklung und Organisationsentwicklung, die ein Unternehmen hin zu einer globalen Unternehmung führen sollen.

Zuletzt möchte ich mich noch bei Herrn Daniel Raith für die Überarbeitung der Tabellen und Abbildungen bedanken. Eine ständige Adaptierung des Literaturverzeichnisses ist von Frau Magdalena Mara dankenswerter Weise übernommen worden.

Dr. Jörg Hruby

Abstract

Das vorliegende Buch zeigt den Stand der Forschung des Themas Global Mindset der letzten zehn Jahre auf und eröffnet die Diskussion im deutschsprachigen Raum. Dabei wird insbesondere der Zusammenhang zwischen Global Mindset und Global Leadership beleuchtet. Es werden kognitionspsychologische Grundlagen - auf denen die Forschung des Global Mindset basieren - dargelegt und des Weiteren wird die Entwicklungsgeschichte des Global Mindset und deren wissenschaftlichen Perspektiven beleuchtet. Insbesondere die Messung des individuellen Global Mindsets und die Messung des organisationalen Global Mindsets werden aufgezeigt. Anschließend folgen Personalentwicklungsmaßnahmen, die beim Manager ansetzen, um ein Global Mindset zu entwickeln und kultivieren und Organisationsentwicklungsmaßnahmen zur Förderung eines Global Mindsets beim Unternehmen werden beleuchtet. Ebenso wird dargestellt, welche individuelle Führungseigenschaften beim Manager vorhanden sein müssen, um ein Global Mindset zu entwickeln. Übergreifend behandelt dieses Buch interkulturelle Managementperspektiven und leistet einen Beitrag zur Führungskräfteentwicklung. Angereichert ist das Buch mit 30 qualitativen (explorativen) Experteninterviews, die die Sicht der Manager zu dem neuartigen Thema abbilden.

Schlagwörter: *Global Mindset, Global Leadership, kognitive Strategieforschung, Personalentwicklungs- und Organisationsentwicklungsmaßnahmen, interkulturelles Management, Führungskräfteentwicklung, internationales Management*

Inhaltsübersicht

Vorwort V

Abstract IX

Inhaltsübersicht XI

Abbildungsverzeichnis XIX

Tabellenverzeichnis XXI

Abkürzungsverzeichnis XXIII

1. Einleitung 1

   1.1 Problemstellung 2

   1.2 Zielsetzung 4

   1.3 Methodologische Herangehensweise 5

   1.4 Vorgehensweise und Aufbau des Buches 7

2. Kognitionspsychologische Grundlagen 11

   2.1 Überblick 11

   2.2 Mindset 11

   2.3 Informationsverarbeitungsansatz 19

   2.4 Kognitive Strategieforschung – Managerial and Organizational Cognition 22

   2.5 Erkenntnisse 35

3. Global Mindset 37

   3.1 Überblick 37

   3.2 Entwicklungsgeschichte des Global Mindset 38

   3.3 Global Mindset an der Thunderbird School of Global Management 48

   3.4 Definition des Global Mindset 57

   3.5 Rigour versus Relevance? 61

   3.6 Wissenschaftliche Perspektiven des Konstrukts Global Mindset 65

   3.7 Ebenen des Global Mindset 78

   3.8 Erkenntnisse 109

4. Messung des individuellen Global Mindsets in der Praxis **111**

4.1 Überblick 111

4.2 Faktoren zur Bewältigung von internationalen Aufgaben bei Bewerbern 111

4.3 Messung des Global Mindsets auf Individualebene in der Praxis 116

4.4 Vergleich zwischen den gewonnenen Daten und der bisherigen Forschung 122

4.5 Erkenntnisse 128

5. Messung des organisationalen Global Mindsets in der Praxis **131**

5.1 Überblick 131

5.2 Einflussfaktoren des organisationalen Global Mindsets 132

5.3 Voraussetzungen zur Etablierung eines organisationalen Global Mindsets 136

5.4 Einflussfaktoren für organisationales Global Mindset – Empirie 139

5.5 Indikatoren für ein Global Mindset auf der Unternehmensebene 147

5.6 Erkenntnisse 154

6. Personalentwicklungmaßnahmen zur Förderung eines Global Mindsets **157**

6.1 Überblick 157

6.2 Entwicklung des individuellen Global Mindsets 159

6.3 Angeboren oder Erworben? 161

6.4 Lernentwicklungsmaßnahmen 166

6.5 Empirische Analyse aus den Experteninterviews 186

6.6 Vergleich zwischen der Empirie mit der bestehenden Literatur 207

6.7 Erkenntnisse 214

7. Organisationsentwicklungmaßnahmen für ein Global Mindset **225**

7.1 Überblick 225

7.2 Kultivierung eines organisationalen Global Mindset 226

7.3 Kultivierung eines Global Mindset – empirische Ergebnisse 236

7.4 Erkenntnisse 260

8. Eigenschaften zur Entwicklung eines Global Mindsets **267**

8.1 Überblick 267

8.2 Entwicklung eines Global Leadership Mindset (GLM) 270

8.3 Individuelle Charakteristika zur Entwicklung eines Global Mindsets 279

8.4 Global Leadership Ansätze 280

8.5 Empirische Ergebnisse aus Experteninterviews 299

8.6 Wichtige Erkenntnisse 318

Literaturangaben **325**

9. Anhang **349**

Anhang A: Anschreiben 349

Anhang B: 35 Kerneigenschaften des Global Mindset 352

Anhang C: Interviewfragen (Experteninterviews) 356

Inhaltsverzeichnis

Vorwort V

Abstract IX

Inhaltsübersicht XI

Abbildungsverzeichnis.. XIX

Tabellenverzeichnis XXI

Abkürzungsverzeichnis XXIII

1. Einleitung 1

   1.1 Problemstellung 2

   1.2 Zielsetzung 4

   1.3 Methodologische Herangehensweise 5

   1.4 Vorgehensweise und Aufbau des Buches 7

2. Kognitionspsychologische Grundlagen... 11

   2.1 Überblick.. 11

   2.2 Mindset 11

       2.2.1 Inhalt und Struktur des Mindset 14

       2.2.2 Funktion und Nachteil des Mindsets 15

       2.2.3 Zugrunde gelegtes Verständnis von Mindset 17

   2.3 Informationsverarbeitungsansatz 19

   2.4 Kognitive Strategieforschung – Managerial and Organizational Cognition....... 22

       2.4.1 Entwicklung der kognitiven Strategie- bzw. Managementforschung 22

       2.4.2 Abgrenzung der Managerial und Organizational Cognition 25

       2.4.3 Erhebungsmethoden der Managerial Cognition 30

       2.4.4 Erhebungsmethoden der Organizational Cognition 34

   2.5 Erkenntnisse... 35

3. Global Mindset 37

   3.1 Überblick.. 37

   3.2 Entwicklungsgeschichte des Global Mindset 38

3.3   Global Mindset an der Thunderbird School of Global Management 48

    3.3.1 Intellektuelles Kapital 52

    3.3.2 Psychologisches Kapital 54

    3.3.3 Soziales Kapital 55

3.4   Definition des Global Mindset 57

3.5   Rigour versus Relevance? 61

3.6   Wissenschaftliche Perspektiven des Konstrukts Global Mindset 65

    3.6.1 Kulturelle Perspektive 66

    3.6.2 Strategische Perspektive 68

    3.6.3 Multidimensionale Perspektive 71

        3.6.3.1 Einteilung des Global Mindset nach Gupta et al. 72

        3.6.3.2 Einteilung des Global Mindset nach Arora et al. 74

3.7   Ebenen des Global Mindset 78

    3.7.1 Messung des Global Mindsets auf der Mikro- bzw. Individualebene 79

    3.7.2 Messung des Global Mindsets auf der Unternehmensebene 95

3.8   Erkenntnisse 109

4. Messung des individuellen Global Mindsets in der Praxis 111

4.1   Überblick 111

4.2   Faktoren zur Bewältigung von internationalen Aufgaben bei Bewerbern 111

    4.2.1 Charaktereigenschaften und persönliche Fähigkeiten/ Einstellung 112

    4.2.2 Ausbildung und Vorkenntnisse 114

    4.2.3 Interesse an und Erfahrungen mit anderen Kulturen 115

4.3   Messung des Global Mindsets auf Individualebene in der Praxis 116

    4.3.1 Berücksichtigung der Bewerbungsunterlagen 117

    4.3.2 Persönliches Gespräch 117

    4.3.3 Aufnahmetest/ Assessment Center 119

4.4   Vergleich zwischen den gewonnenen Daten und der bisherigen Forschung 122

4.5   Erkenntnisse 128

5. Messung des organisationalen Global Mindsets in der Praxis 131

5.1   Überblick 131

5.2   Einflussfaktoren des organisationalen Global Mindsets 132

5.3   Voraussetzungen zur Etablierung eines organisationalen Global Mindsets 136

5.4   Einflussfaktoren für organisationales Global Mindset – Empirie 139

    5.4.1 Global denkende Mitarbeiter 140

5.4.2 Maßnahmen zur Förderung globaler Interessen 142

5.4.3 Organisationsstruktur 143

5.4.4 Unternehmensvision und Unternehmenswerte 144

5.4.5 Vergleich zwischen Literatur und den empirischen Ergebnissen 146

5.5 Indikatoren für ein Global Mindset auf der Unternehmensebene 147

5.5.1 Globale Identität 148

5.5.2 Internationaler Kundenkreis 150

5.5.3 Weltweiter Bewerberpool 151

5.5.4 Neue Märkte 153

5.6 Erkenntnisse 154

6. Personalentwicklungmaßnahmen zur Förderung eines Global Mindsets 157

6.1 Überblick 157

6.2 Entwicklung des individuellen Global Mindsets 159

6.3 Angeboren oder Erworben? 161

6.4 Lernentwicklungsmaßnahmen 166

6.4.1 Individuelle Aneignung des Global Mindsets als Grundvoraussetzung .. 167

6.4.2 Organisatorische Trainingmethoden, die beim Individuum ansetzen 172

6.4.3 Effizienz von verschiedenen Lernmaßnahmen 180

6.5 Empirische Analyse aus den Experteninterviews 186

6.5.1 Nicht-entwickelbare Charaktereigenschaften 186

6.5.2 Trainingsmethoden für Individuen 190

6.5.3 Organisationale Trainingsmethoden 196

6.5.4 Effiziente Trainingsmaßnahmen 203

6.6 Vergleich zwischen der Empirie mit der bestehenden Literatur 207

6.7 Erkenntnisse 214

7. Organisationsentwicklungmaßnahmen für ein Global Mindset 225

7.1 Überblick 225

7.2 Kultivierung eines organisationalen Global Mindset 226

7.2.1 Globale Identität/ globale Unternehmensvision 227

7.2.2 Grenzübergreifende Strukturen und Prozesse/ Organisation 229

7.2.3 Human Resources/ Personalentwicklung und „Global Experiences" 231

7.2.4 Knowledge, Netzwerke und IT 233

7.2.5 Zusammenfassung und Synthese der Perspektiven 234

7.3 Kultivierung eines Global Mindset – empirische Ergebnisse 236

7.3.1 Globale Identität/ Unternehmensvision 236

7.3.2 Grenzübergreifende Strukturen und Prozesse/ Organisation 242

7.3.3 Human Resources/ Personalentwicklung und „Global Experiences" 249

7.3.4 Knowledge, Netzwerke und IT..254

7.4 Erkenntnisse 260

8. Eigenschaften zur Entwicklung eines Global Mindsets............................... 267

8.1 Überblick..267

8.2 Entwicklung eines Global Leadership Mindset (GLM)...................................270

8.2.1 Reiseerfahrung und Berufserfahrung 272

8.2.2 Neugier 273

8.2.3 Organisation und Unternehmensunterstützung 273

8.2.4 Kultur..276

8.2.5 Selbstkonzeptualisierung, psychologisches Kapital..............................278

8.3 Individuelle Charakteristika zur Entwicklung eines Global Mindsets 279

8.4 Global Leadership Ansätze 280

8.4.1 Global Leadership – Charakteristika 285

8.4.1.1 Global Leadership Rollen...287

8.4.1.2 Intellekt, Psychologie, Selbstbewusstsein und Offenheit...........289

8.4.1.3 Sensitivität 290

8.4.1.4 Ungewißheit, Neugier, gesunder Menschenverstand 290

8.4.1.5 Flexibilität...291

8.4.2 Global Leadership – Entwicklung 292

8.4.3 Global Leadership und Global Mindset – neues Forschungsfeld............296

8.5 Empirische Ergebnisse aus Experteninterviews 299

8.5.1 Individuelle Charakteristika 299

8.5.2 Wie entwickelt man individuelle Charakteristika?................................304

8.5.3 Vergleich der empirischen Ergebnisse mit der bestehenden Literatur 307

8.6 Wichtige Erkenntnisse 318

Literaturangaben 325

9. Anhang 349

Anhang A: Anschreiben 349

Anhang B: 35 Kerneigenschaften des Global Mindset 352

Anhang C: Interviewfragen (Experteninterviews) 356

Abbildungsverzeichnis

Abb. 1-1: Inhaltlicher Aufbau des vorliegenden Buches 9

Abb. 2-1: Mindset: Ein „organisierender Bezugsrahmen" nach Walsh 13

Abb. 2-2: Bestandteile des individuellen Mindset bzw. Kognitionsstruktur 16

Abb. 2-3: Informationsverarbeitungsansätze 21

Abb. 3-1: Global Mindset und die organisationale Entwicklung 41

Abb. 3-2: Informationsverarbeitungsmodell des Global Mindset nach Levy et al. 45

Abb. 3-3: Was ist ein Global Mindset? 47

Abb. 3-4: Mindsets nach globaler Geschäftsorientierung und kultureller Intelligenz 48

Abb. 3-5: Einteilung der Strategien in Anlehnung an Doz 69

Abb. 3-6: Global Mindset in Anlehnung an Gupta et al. 73

Abb. 3-7: Konzeptualisierung- und Kontextualisierungsmodell nach Arora et al. 77

Abb. 3-8: Ein konzeptioneller Bezugsrahmen von der Logik der Globalisierung 78

Abb. 3-9: Kognitive Landkarte nach Calori et al. 83

Abb. 3-10: Klassifizierung der 12 ausgewählten und wiederholten Studien 94

Abb. 3-11: Beispiel für Umfrageresultate 101

Abb. 3-12: Fingerabdruck der globalen Perspektive bzw. des Global Mindsets 106

Abb. 3-13: Klassifizierung der sieben ausgewählten und wiederholten Studien 109

Abb. 4-1: Kriterien zur erfolgreichen Bewältigung internationaler Aufgaben 112

Abb. 4-2: Messmethoden der befragten Unternehmen 116

Abb. 5-1: Kräfte, um ein organisationales Global Mindset aufzubauenl 133

Abb. 5-2: Entwicklung eines organisationalen Global Mindsets über die Zeit 136

Abb. 5-3: Einflussfaktoren für ein organisationales Global Mindset 140

Abb. 5-4: Einflussfaktoren im Vergleich zwischen Literatur und Ergebnissen 147

Abb. 6-1: Trainingsmethoden für Individuen 167

Abb. 6-2: Organisierende Struktur für die Entwicklung eines Global Mindsets 169

Abb. 6-3: Trainingsentwicklung für Individuen 174

Abb. 6-4: Potentielle global Mindsettraining und Entwicklungstechniken 185

Abb. 6-5: Nicht entwickelbare Charaktereigenschaften 187

Abb. 6-6: Illustrierung der Ergebnisse – Trainingsmethoden für Individuen 191

Abb. 6-7: Empirische Ergebnisse – organisatorische Trainingsmethoden 196

Abb. 6-8: Empirische Ergebnisse – relative Effizienz der Trainingsmethoden 203

Abb. 6-9: Empirie und Theorie: nicht entwickelbare Eigenschaften 209

Abb. 6-10: Empirie und Theorie: Trainingsmethoden für Individuen 211

Abb. 6-11: Empirie und Theorie: organisationale Trainingsmethoden 213

Abb. 6-12: Studien zur Entwicklung eines individuellen Global Mindset 223

Abb. 6-13: Empirie nach Art der Forschung und Forschungsfokus eingeteilt............223

Abb. 7-1: Überblick – Maßnahmenkategorien für ein organisationales Mindset........227

Abb. 7-2: Managerial challenges in developing a global mindset...............................235

Abb. 7-3: Maßnahmen für Vision und Werte 242

Abb. 7-4: Maßnahmen für Strukturen, Prozesse und Organisationsstruktur...............249

Abb. 7-5: Maßnahmen im HR Bereich bzw. HR Development...................................254

Abb. 7-6: Maßnahmen im Knowledge, IT und Netzwerke..259

Abb. 7-7: Kultivierung eines organisationalen Mindset – empirische Studien............264

Abb. 7-8: Studien nach Forschungsfokus und Art der Forschung..............................265

Abb. 8-1: Schematisches Diagramm zur Evolution des Global Mindsets....................276

Abb. 8-2: Global Mindset und effektives Global Leadership 285

Abb. 8-3: Das Leadership Sigma globale Modell 288

Abb. 8-4: Beziehung zwischen Eigenschaften eines Global Mindset 288

Abb. 8-5: Vergleich der Ergebnisse von den individuellen Charakteristika................304

Abb. 8-6: Entwicklungsansatz und der individuelle Charakteristika...........................307

Abb. 8-7: Liste der Charakteristika des Global Leaders 317

Abb. 8-8: Studien zur Entwicklung des Global Mindsets...320

Abb. 8-9: Beziehung zwischen Führungseigenschaften 322

Tabellenverzeichnis

Tab. 3-1: Definitionen von Global Mindset nach Ebenen 59

Tab. 3-2: Verschiedene Mindsets des Managements in Anlehnung an Paul 65

Tab. 3-3: Charakteristika nach Bartlett und Ghoshal 70

Tab. 3-4: Beispiele für die Variablen Konzeptualisierung und Kontextualisierung 75

Tab. 3-5: Empirische Studien chronologisch geordnet von 1994 bis 2010 93

Tab. 3-6: Empirische Studien chronologisch geordnet von 1994 bis 2008 108

Tab. 4-1: Kriterien zur Bewältigung von internationalen Aufgaben 125

Abkürzungsverzeichnis

Abb.	Abbildung
Anh.	Anhang
Anm.	Anmerkung
Aufl.	Auflage
bspw.	beispielsweise
bzgl.	bezüglich
bzw.	beziehungsweise
ca.	circa
CEO	Chief Executive Officer
d.h.	Das heißt
ed.	edition
etc.	et cetera
et al.	et alii
evtl.	eventuell
f.	folgende
ff.	fortfolgende
HQ	Headquarter bzw. Hauptquartier
HRD	Human Resource Development
HRM	Human Resource Management
Hrsg.	Herausgeber
i.d.R.	in der Regel
insb.	Insbesondere
IM	Internationales Management
i.w.S.	im weiteren Sinne
Jg.	Jahrgang
KMU	Klein- und Mittelständische Unternehmen
MNU	Multinationale Unternehmen
MOC	Managerial and Organizational Cognition
MC	Managerial Cognition

Nr.	Nummer
o.g.	oben genannte
S.	Seite
sog.	sogenannte
Tab.	Tabelle
TMT	Top Management Team
u.a.	u.a.
usw.	und so weiter
v.a.	vor allem
vgl.	vergleiche
Vol.	Volume
vs.	versus
z. B.	zum Beispiel
z. T.	zum Teil

1. Einleitung

In den letzten zwei Jahrzehnten hat die Globalisierung der Welt eine Vielzahl an massiven Veränderungen in der Unternehmensumwelt mit sich gebracht. So hat die Globalisierung bspw. die lokale Wettbewerbslandschaft nachhaltig verändert. Unter Globalisierung wird vor allem die Zunahme des wirtschaftlichen Zusammenwachsens der Länder, der Verflechtung der Märkte und der Mobilität der Produktionsfaktoren Arbeit und Kapital über nationale Grenzen hinweg, definiert.[1]

Die globalen Umweltbedingungen können charakterisiert werden durch schnellen Wandel, Dynamik, Unsicherheit, erhöhtem Risiko und Komplexität, wobei operierende Manager – so wird hier argumentiert– ein **Global Mindset**[2] besitzen müssen, um den Anforderungen der Umwelt gerecht zu werden. [3] [4] In dieser komplexen globalen Umwelt müssen Führungskräfte Wege finden, um ihre internationalen Strategien und die Organisation an die neuen und zumeist zunehmend komplexen Realitäten anzupassen.[5] Es wird an dieser Stelle angemerkt, dass länderübergreifende Aktivitäten Manager dazu zwingen, ihre Denkstrukturen zu überdenken und eine **globale Orientierung ihres Denkens** bzw. **Global Mindset** zu entwickeln.[6] Vor diesem Hintergrund gewinnen in den letzten zehn Jahren vermehrt die **(globalen) kognitiven Orientierungen von Managern** an theoretischer und empirischer Relevanz.[7]

Die globalen Veränderungen betreffen jedoch nicht nur große Multinationale Unternehmen (MNU), sondern auch verstärkt Klein- und Mittelständische Unternehmen (KMU). Der Erfolg dieser Organisationseinheiten hängt stark damit zusammen, wie sie die neuen Entwicklungen und Dynamiken des Weltmarktes wahrnehmen und zu ihrem Vorteil nutzen.

Im Rahmen der EU–Erweiterung verschwimmen jedoch nationale Grenzen weitestgehend. Von daher wird an dieser Stelle angenommen, dass Grenzen sich im eigentlichen Sinne nur noch im „Kopf" der Manager befinden und weniger auf einer Landkarte sich abzeichnen. Auch im Zuge der Internationalisierung von Unternehmen hat sich gezeigt, dass das „**Global Mindset" der Manager** eine immer größere Relevanz erlangt. Es wird argumentiert, dass je globaler die Manager im Unternehmen denken und handeln, d.h. desto ausgeprägter das Glo-

---

[1] Vgl. Donges 1998, S. 1
[2] Der Begriff **Global Mindset** wird seit ca. 10 Jahren verwendet und soll an dieser Stelle nicht übersetzt werden. Möglichkeiten der Übersetzung für den Leser sind: „**kognitive globale Orientierung von Managern**", „**Globale Denkfähigkeit**" und „**Globale Perspektive**".
[3] Vgl. Javidan et al. 2007, S. 35
[4] Vgl. Fuchs und Apfelthaler 2009, S. 282
[5] Vgl. Kedia und Mukherji 1999; Gupta und Govindarajan 2002
[6] Vgl. Rhinesmith 1995, S. 36
[7] Vgl. Wills und Barham 1994; Calori et al. 1994; Walsh 1995; Hodgkinson 2001a; Porac und Thomas 2002; Huff 2005; Wrona 2008

bal Mindset, desto mehr Erfolg wird das Unternehmen generieren.[8] Diese Aussage wird zumindest in diesem Buch unterstellt. Natürlich wirken auch andere Faktoren wie bspw. Branche und Wettbewerb auf das Unternehmensergebnis. Dies impliziert, dass der Unternehmenserfolg somit schon von der **richtigen Auswahl von Mitarbeitern**, die in der Lage sind adäquat global denken zu können, zu einem signifikanten Grad abhängt.

Globalisierung betrifft, so hier angenommen, entsprechend alle Ebenen der Organisation, von der Unternehmensleitung über das mittlere Management bis hin zu den Funktionsmanagern. Diese Mitarbeiter sind gefordert eine neue **globale Denkorientierung - das sog. Global Mindset** - zu entwickeln, um im internationalen Wettbewerb Erfolg zu haben[9] und sich einen Wettbewerbsvorteil zu verschaffen (vgl. auch den Ressourcenansatz) .[10] Doch was ist ein Global Mindset? Es wird argumentiert, dass ein Global Mindset aus einer Reihe von Eigenschaften und Fähigkeiten eines Individuums bestehen, die wesentlich sind, um in einem globalen Umfeld erfolgreich zu sein.[11] Was bedeutet es, global denken zu können? Wie kann man ein Global Mindset entwickeln, sowohl beim einzelnen Manager, als auch auf der Unternehmens- bzw. Organisationsebene? Welche Personalentwicklungsmaßnahmen können vom Unternehmen angeboten werden, damit der Mitarbeiter ein Global Mindset kultiviert? Diese und weitere Fragen sollen im Rahmen dieses Buches aufgearbeitet werden, weil – so hier angenommen - ein Global Mindset eine erfolgreiche Internationalisierung eines Unternehmens ermöglicht und ein wichtiger Erfolgsfaktor für ein Unternehmen darstellt.[12]

1.1 Problemstellung

Die vorliegende Arbeit untersucht den State-of-the-art zum Thema Global Mindset auf der **Individual- und Unternehmensebene** und zeigt die bisherigen Messmethoden auf. Dazu wird zunächst ein Global Mindset definiert. Welche Methoden wenden Unternehmen an, damit ihre Mitarbeiter ein Global Mindset individuell entwickeln? Dazu wird ein Überblick gegeben. Und wie wird die globale Perspektive überhaupt gemessen? Wie kann man ein Global Mindset entwickeln und kultivieren? Wie ist der Effekt von Global Mindset auf die Organisation? Dies sind Fragen, die im Rahmen dieses Buches erläutert werden.

---

[8] Vgl. Perlmutter 1969; Calof und Beamish 1995; Murtha et al. 1998
[9] Vgl. Jeannet 2000, S, 11
[10] Vgl. Murtha et al. 1998; Harveston et al. 2000; Gupta und Govindarajan 2002; Levy 2005; Levy et al. 2007
[11] Vgl. Thunderbird 2010
[12] Vgl. Bartlett und Ghoshal 1998, S. 63ff.

Das „**Mindset**" - Konzept hat eine lange Tradition im Bereich der kognitiven Psychologie und in jüngster Zeit auch in der Organisations- bzw. Managementtheorie.[13] Das Mindset bezieht sich auf die Art, wie Informationen von Individuen aufgenommen und verarbeitet werden. Da sich der Einzelne einer Komplexität und Fülle an Informationen stellen muss, erfolgt ein Prozess der Filtration.[14] Dieses Mindset repräsentiert ein "mentales Schema" bzw. „Kognitionsstruktur[15]", welches ein Mensch auf seine Informationsumgebung anlegt, um dieser "Form und Sinn" zu geben[16]. Das bedeutet, dass jeder ein Mindset über ein bestimmtes Themengebiet aufgebaut hat. In diesem Buch wird insbesondere die Entwicklung von einem nationalen zu einem Global Mindset angesprochen und was für Bedingungen erfüllt sein müssen, damit man von einem Global Mindset spricht.

Levy et al.[17], als bekannte Vertreter, definieren die Eigenschaften von **Global Mindset** wie folgt: „...*als die kognitive Fähigkeit und als ein Informationsprozessvermögen, welche Manager helfen, komplexe globale Veränderungen zu begreifen; im richtigen Masse globale und lokale Verantwortung zu übernehmen; zwischen verschiedenen Kulturen und Märkten zu unterscheiden und diese richtig zu integrieren, sowie globale Entwicklungen zu entdecken und diese zu verstehen.*"

In der Literatur gibt es **drei Bestandteile**, um ein Global Mindset zu erklären. Theoretische und empirische Studien, die auf die Kognitionstheorie rekurrieren, verwenden Ausdrücke wie „**Wissensstruktur**", „**Kognitive Strukturen**", „**Kognitionsstrukturen**"[18], um die Kerneigenschaften von Global Mindset zu erklären.[19] Bspw. Dekker et al.[20] definieren individuelles Global Mindset als „...*more a way of thinking, than a behaviour.*"

Als zweites werden oft Ausdrücke wie „**Offenheit**", „Geisteszustand", „**Orientierung**" und „Bewusstsein" verwendet, um ein Global Mindset zu beschreiben. Dabei handelt es sich um den existentialistischen Ansatz.

Autoren, des dritten Ansatzes bedienen sich den Ausdrücken aus der Verhaltenstheorie. Global Mindset wird hier mittels verhaltens-, neigungs- und fähigkeitsbezogenen Begriffen definiert. Dazu zählen Bezeichnungen wie „Anpassungsfähigkeit—, „**Neugierde**— „**Kosmopo-**

---

[13] Vgl. Hruby 2009
[14] Vgl. Levy et al. 2007, S. 117
[15] Vgl. Hruby 2009
[16] Vgl. Walsh 1995
[17] Vgl. Gupta und Govindarajan 2002; Levy et al. 2007a, S. 12f.
[18] Vgl. Hruby 2009
[19] Vgl. Levy et al. 2007a, S. 25
[20] Vgl. Dekker et al. 2005, S. 2

lit" und „Abenteuerlust" etc.[21] Diese Liste an Eigenschaften ist jedoch unzureichend, um ein ganzheitliches Verständnis über Global Mindset herzustellen sowie auch deren Bedeutung für den Unternehmenserfolg zu erurieren.

Eine weitere Clusterung nach Levy et al.[22] in verschiedenen Perspektiven wie z.B. kulturell, strategisch und multidimensional wird später vorgenommen (Vgl. Kapitel 3.4.1-3.4.3). Ebenso wird im dritten Kapitel das Global Mindset auf der individuellen und der Organisationsebene (Kapitel 3.5) eingegrenzt. Das Problem dieses Buches ist es herauszuarbeiten, was unter einem Global Mindset zu verstehen ist und was einen globalen Manager auszeichnet. Dafür soll der Stand der Forschung kritisch beleuchtet und wissenschaftliche Beiträge vorgestellt werden, um den Managern ein Bild von dem wichtigen Konstrukt des Global Mindsets zu vermitteln. Anschließend sollen den Managern und Führungskräften Handlungsempfehlungen unterbreitet werden.

1.2 Zielsetzung

Aufgrund des Anstiegs der kulturellen Komplexität und der Geschäftskomplexität steigt auch die „Nachfrage" nach Global Mindset sehr exponentiell. Der Prozess der Globalisierung zwingt Unternehmen und Individuen dazu, ein Global Mindset zu entwickeln, um die Unternehmung und die internationale Strategie effektiv zu managen. [23] Das **Ziel dieses Buches** ist es, einen Überblick über den State-of-the-art im Bereich des Global Mindsets zu geben. Dazu wird vor allem auf folgende Teilziele detailliert eingegangen :

a)   Einen Überblick der Kognitionspsychologie zu verschaffen, in dem die Grundkonzepte von Global Mindset wissenschaftlich abgehalten werden. Dazu zählt auch die Einteilung in die kognitive Strategieforschung (sog. Managerial and Organizational Cognition-Forschung) **(Kapitel 2)**

b)   Definition und Wichtigkeit des Konstruktes Global Mindset zu geben sowie die verschiedenen Ebenen darzulegen, welche in diesem Buch behandelt werden. Ebenso sollen Messmethoden für individuelles und organisationales Mindset vorgeschlagen werden. **(Kapitel 3)**

c)   Messung des individuellen Global Mindsets in der Praxis. **(Kapitel 4)**

---

[21]   Vgl. Levy et al. 2007a, S. 25
[22]   Vgl. Levy et al. 2007
[23]   Vgl. Javidan et al. 2007

d) Messung des organisationalen Global Mindsets in der Praxis? **(Kapitel 5)**

e) Welche Personalentwicklungsmaßnahmen werden zur Entwicklung und Förderung eines individuellen Global Mindsets angewendet? **(Kapitel 6)**

f) Welche Organisationsentwicklungsmethoden werden angeboten, um ein Global Mindset im Unternehmen zu kultivieren? **(Kapitel 7)**

g) Individuelle Führungseigenschaften zur Entwicklung eines Global Mindsets vorzuschlagen. **(Kapitel 8)**

1.3 Methodologische Herangehensweise

Erreicht werden diese Ziele einerseits anhand einer bestehenden Literaturanalyse und andererseits mithilfe von **25 qualitativen Experteninterviews mit Top-Managern aus österreichischen Leitbetrieben.** Da das Thema bisher in der Praxis noch sehr unerforscht ist, wurde mit Hilfe von **explorativen Untersuchungsmethoden** geforscht. Die **explorative Sozialforschung** strebt danach, ein soziales Phänomen zu ergründen, bisher unerforschte bzw. unbekannte Zusammenhänge zu erschließen, deren situative Einflussfaktoren zu identifizieren und neue wissenschaftliche Erkenntnisse zu generieren.[24] Das Unerforschte bzw. bis dato „terra incognita" - ist der ungeklärte Zusammenhang zwischen dem globalen Mindset und dessen Entwicklung sowohl auf Individualebene, als auch von Seiten der Organisationsebene. Zur Bewältigung dieses Forschungsgegenstandes bzw. Forschungsproblems wird ein **qualitativer, explorativer methodologischer Ansatz** gewählt. Die Exploration wird definiert als die Aufdeckung und Erklärung eines bislang relativ unerforschten und komplexen sozialen Phänomens. Dazu sind offene Interviews mit „wenig Struktur[25]" verwendet worden. Die qualitativen Interviews sind mit Hilfe der **qualitativen Inhaltsanalyse** ausgewertet worden. D. h. es ist eine qualitative Forschungsmethodik verwendet worden.

Qualitative Forschung ist eine Forschungsart, die durch zahlreiche klare Eigenschaften charakterisiert wird und eigenständige Methoden verwendet. Denzin und Lincoln[26] bezeichnen die qualitative Forschung als einen **interpretativen Ansatz**, mit dem Dinge in ihrem natürlichen Umfeld erforscht werden. Mit Hilfe verschiedener empirischer Instrumente, wie Fallstu-

---

[24] Vgl. Wolff 2005, S. 1

[25] Dazu gab es zwar einen Leitfaden, aber dieser wurde nicht immer in derselben Reihenfolge verwendet, um den Fluss des Interviews zu unterbrechen. Siehe dazu auch Vorgehensweise von offenen unstrukturierten Interviews.

[26] Vgl. Denzin und Lincoln 2005, S. 3f.

dien, Interviews, Selbstwahrnehmung, Beobachtungen etc. versuchen qualitative Forscher die Wahrnehmung der zu Untersuchenden, zu messen und zu interpretieren. Qualitative Studien sind insgesamt „offen" und „flexibel". Dadurch kann eine detaillierte Abbildung der Wirklichkeit der **subjektiven Sichtweise eines Befragten** erreicht werden. [27] Qualitative Forschung ist besonders dann geeignet, wenn es in einem Bereich noch wenige Erkenntnisse gibt oder wenn neue Erkenntnisse generiert werden sollen.[28] Aus diesem Grund eignet sich die qualitative Forschung für die Untersuchung, des in dem vorliegenden Buch definierten Forschungsproblems, da es sich mit dem noch relativ unerforschten Gebiet des Global Mindsets auf der Individual- und Unternehmensebene befasst.

Allgemein gilt ein **Experteninterview** als ein wenig strukturiertes Erhebungsinstrument, das zu explorativen Zwecken eingesetzt wird.[29] Für die empirische Analyse werden in der vorliegenden Arbeit **halbstrukturierte problemzentrierte Interviews** durchgeführt, für die ein Fragebogen entworfen wurde. Das problem-zentrierte Interview ist eine Variante des narrativen Interviews und „ *...zielt auf eine möglichst unvoreingenomme Erfassung individueller Handlungen sowie subjektiver Wahrnehmung und Verarbeitungswesen gesellschaftlicher Realität; ab.[30]* " Ein **Leitfaden**, in dem die Forschungsthemen und ein Orientierungsrahmen festgehalten werden, dient zur Vergleichbarkeit der Interviews.[31] Das problemzentrierte Interview, bietet sowohl dem Befragten als auch dem Interviewer, die Möglichkeit, Fragen, die im Dialog entstehen, zu stellen. Darüber hinaus hat der Interviewer durch die offene Form des Gesprächs, die Möglichkeit, den Befragten auf das Forschungsproblem zu fokussieren, um mehr Information zu bekommen oder Antworten zu klarifizieren. Der Interviewer kann außerdem verschiedene Kommunikationsstrategien anwenden, um den Erkenntnisfortschritt zu optimieren. Dazu zählt die **erzählungsgenerierende Kommunikationsstrategie**, in der eine vorformulierte Einleitungsfrage so offen formuliert wird, dass der Befragte die Möglichkeit vorfindet, weit ausholen zu können. Diese Strategie wird im Rahmen dieser Arbeit angewandt. Der Befragte wird zuerst darum gebeten seinen persönlichen Werdegang zu schildern. Eine verständnisgenerierende Kommunikationsstrategie dient in erster Linie dazu, unklare Aussagen oder widersprüchliche Antworten des Befragten zu überprüfen.

Für die vorliegende Arbeit wurden 30 qualitative Experteninterviews mit Managern oder Führungskräften von österreichischen Unternehmen, die **international tätig** sind und zumindest

---

[27] Vgl. Flick et al. 2004, S. 17
[28] Vgl. Strauss und Corbin 1996, S. 5
[29] Vgl. Meuser und Nagel 2009, S. 465
[30] Vgl. Witzel 2000, S. 2
[31] Vgl. Witzel 2000, S. 5

eine **Niederlassung im Ausland** besitzen, geführt. Der regionale Fokus liegt auf steirische, insbesondere Grazer Unternehmen. Dies liegt vor allem daran, dass es in Graz und Graz-Umgebung viele Unternehmen der **Technologiebranche** (Technologie-Cluster) mit einem **hohen Internationalisierungsgrad** gibt. Es wird angenommen, dass Unternehmen in der Technikbranche früher internationalisieren und demenstprechend mehr international erfahrenere Mitarbeiter beschäftigen, als andere Unternehmen. Die Dauer der Interviews betrug 30-60 Minuten. Mittels **problemzentrierten Interviews** wird die Meinung der Manager hinsichtlich Globalisierung, Internationalsierung und Global Mindset eingeholt. Zusätz-lich sollen ihre persönlichen Erfahrungen, wichtige Erkenntnisse für die vorliegende Arbeit bringen. Alle Interviews wurden mit einem Tonaufnahmegerät aufgezeichnet und in weiterer Folge transkribiert. Die Namen der Unternehmen und der Befragten werden aus Datenschutzgründen nicht genannt.

Die **transkribierten Interviews** werden mit der Software-Anwendung „**Atlas.ti**— weiterverarbeitet. Atlas.ti versteht sich als universelles Werkzeug für den gesamten Bereich der qualitativen Sozialforschung und ist vor allem an der Grounded Theory und an der qualitativen Inhaltsanalyse ausgerichtet. Ziel dieser Anwendung ist es, eine Erarbeitung von analytischen Ideen und Theorien, aus einer Vielzahl an Daten, zu vereinfachen. Es soll dabei ein systematisches Arbeiten ermöglicht werden.[32] Den Arbeitsablauf beschreibt „Rühl" folgendermaßen. Zunächst wird eine sogenannte hermeneutische Einheit kreiert. In dieser werden alle relevanten Datenquellen sowie Kodes vereint und organisiert. Diese Kodes sind Zuordnungen für interessante Zitate. Darüber hinaus bietet sich die Möglichkeit Kodes in Gruppen oder Familien einzuord-nen. (Vgl. auch Vorgehensweise bei der qualitativen Inhaltsanalyse (Mayring) oder der Grounded Theory (Strauss/Corbin).

1.4 Vorgehensweise und Aufbau des Buches

Das **Kapitel 1** behandelt die Einführung in das Thema sowie detailliert die Problemstellung, die zu behandelnden Zielsetzungen und Teilziele sowie die Vorgehensweise des vorliegenden Buches.

Das **Kapitel 2** vermittelt eine Einführung in die Kognitionspsychologie und beschreibt das Forschungsfeld der kognitiven Strategieforschung (sog. Managerial and Organizational Cognition), wo das Global Mindset-Konstrukt verankert ist. Ebenso werden Forschungsmethoden,

---

[32] Vgl. Rühl 1997, S. 3f.

wie ein Mindset auf der Individual- (Managerial Cognition) und Organisationsebene (Organizational Cognition) gemessen werden kann, vorgestellt.

Kapitel 3 befasst sich zunächst mit der Entwicklungsgeschichte des Global Mindset und mit der Definition und der Relevanz von **Global Mindset** in der Wissenschaft und Praxis. Zusätzlich werden Methoden zur Messung von Global Mindset auf der Individual- und Unternehmensebene aufgezeigt, indem bisher verfasste Studien und deren Ergebnisse dargestellt werden. Somit wird ein aktueller Stand der Forschung vermittelt.

Kapitel 4 zeigt die Messung des individuellen Global Mindsets in der Praxis auf. Zunächst werden Kriterien zur erfolgreichen Bewältigung von internationalen Aufgaben bei Bewerbern vorgestellt und anschließend wird die Messung auf Individualebene vorgenommen. Dazu wird die bisherige Literatur aufgearbeitet und österreichische Manager werden zu dem Thema befragt.

Kapitel 5 gibt die Messung des organisationalen Global Mindsets vor. Dazu werden Einflussfaktoren identifiziert sowie Voraussetzungen für die Etablierung eines organisationalen Global Mindsets angeführt. Diese Kriterien werden dann einer kritischen empirischen Untersuchung (Befragung) unterzogen.

Kapitel 6 vermittelt Personalentwicklungsmaßnahmen zur Entwicklung und Förderung eines individuellen Global Mindset. Am Ende des Kapitels wird ein Überblick über die bisherige Forschung und den relevanten Studien gegeben und weitere Forschungsfelder aufgezeigt.

Kapitel 7 zeigt die Organisationsentwicklungsmaßnahmen zur Entwicklung und Kultivierung eines organisationalen Global Mindsets auf. Abschließend werden relevante Studien und die empirische Analyse ausgeführt.

Kapitel 8 beschäftigt sich mit den individuellen Führungseigenschaften, die ein Manager innehaben sollte, um ein Global Mindset zu entwickeln. Dazu werden wieder Experteninterviews vorgestellt.

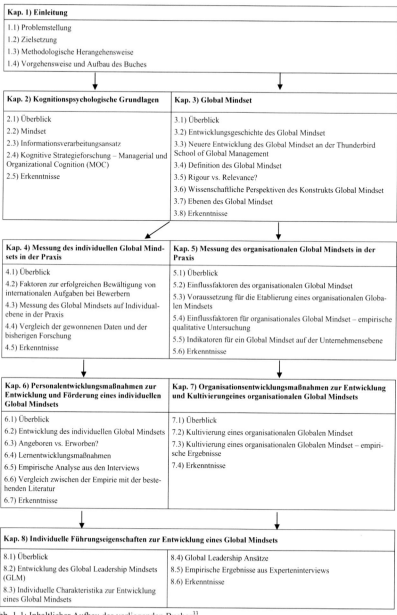

Kap. 1) Einleitung

1.1) Problemstellung
1.2) Zielsetzung
1.3) Methodologische Herangehensweise
1.4) Vorgehensweise und Aufbau des Buches

Kap. 2) Kognitionspsychologische Grundlagen

2.1) Überblick
2.2) Mindset
2.3) Informationsverarbeitungsansatz
2.4) Kognitive Strategieforschung – Managerial und Organizational Cognition (MOC)
2.5) Erkenntnisse

Kap. 3) Global Mindset

3.1) Überblick
3.2) Entwicklungsgeschichte des Global Mindset
3.3) Neuere Entwicklung des Global Mindset an der Thunderbird School of Global Management
3.4) Definition des Global Mindset
3.5) Rigour vs. Relevance?
3.6) Wissenschaftliche Perspektiven des Konstrukts Global Mindset
3.7) Ebenen des Global Mindset
3.8) Erkenntnisse

Kap. 4) Messung des individuellen Global Mindsets in der Praxis

4.1) Überblick
4.2) Faktoren zur erfolgreichen Bewältigung von internationalen Aufgaben bei Bewerbern
4.3) Messung des Global Mindsets auf Individualebene in der Praxis
4.4) Vergleich der gewonnenen Daten und der bisherigen Forschung
4.5) Erkenntnisse

Kap. 5) Messung des organisationalen Global Mindsets in der Praxis

5.1) Überblick
5.2) Einflussfaktoren des organisationalen Global Mindset
5.3) Voraussetzung für die Etablierung eines organisationalen Globalen Mindsets
5.4) Einflussfaktoren für organisationales Global Mindset – empirische qualitative Untersuchung
5.5) Indikatoren für ein Global Mindset auf der Unternehmensebene
5.6) Erkenntnisse

Kap. 6) Personalentwicklungsmaßnahmen zur Entwicklung und Förderung eines individuellen Global Mindsets

6.1) Überblick
6.2) Entwicklung des individuellen Global Mindsets
6.3) Angeboren vs. Erworben?
6.4) Lernentwicklungsmaßnahmen
6.5) Empirische Analyse aus den Interviews
6.6) Vergleich zwischen der Empirie mit der bestehenden Literatur
6.7) Erkenntnisse

Kap. 7) Organisationsentwicklungsmaßnahmen zur Entwicklung und Kultivierungeines organisationalen Global Mindsets

7.1) Überblick
7.2) Kultivierung eines organisationalen Globalen Mindset
7.3) Kultivierung eines organisationalen Globalen Mindset – empirische Ergebnisse
7.4) Erkenntnisse

Kap. 8) Individuelle Führungseigenschaften zur Entwicklung eines Global Mindsets

8.1) Überblick
8.2) Entwicklung des Global Leadership Mindsets (GLM)
8.3) Individuelle Charakteristika zur Entwicklung eines Global Mindsets

8.4) Global Leadership Ansätze
8.5) Empirische Ergebnisse aus Experteninterviews
8.6) Erkenntnisse

Abb. 1-1: Inhaltlicher Aufbau des vorliegenden Buches[33]

---

[33] Quelle: eigene Darstellung

2. Kognitionspsychologische Grundlagen

2.1 Überblick

In diesem Kapitel werden Grundbegriffe der Kognitionspsychologie dargestellt, auf denen die theoretischen Überlegungen der kognitiven Strategie- und Managementforschung (Managerial und Organizational Cognition) im Kapitel 2.4 basieren. Dabei wird unter Kapitel 2.2 zunächst beschrieben, was unter einem „**Mindset**" zu verstehen ist. Dabei wird insb. auf den Inhalt und die Struktur eines Mindsets unter Kapitel 2.2.1, Funktion und Nachteil von Mindset in Kapitel 2.2.2 sowie eine dieser Arbeit zugrunde gelegte Definition von Mindset unter Kapitel 2.2.3 deduktiv erarbeitet. Im anschließenden Kapitel 2.3 wird auf den Informationsverarbeitungsansatz, dem alle Studien in der kognitiven Managementforschung (Managerial und Organizational Cognition (MOC) zu Grunde liegen, näher eingegangen. Das Hauptkapitel wird unter 2.4 der kognitiven Strategieforschung (MOC) betrachtet, deren Entwicklung unter 2.4.1, der theoretischen Abgrenzung der Managerial und Organizational Cognition unter 2.4.2, den Erhebungsmethoden der Managerial Cognition unter 2.4.3 und den Erhebungsmethoden der Organizational Cognition unter 2.4.4. Dieses Kapitel wird als Basiswissen rund um das Konstrukt des Global Mindsets als wichtig erachtet.

2.2 Mindset

In der bestehenden Literatur existiert eine Vielzahl an unterschiedlichen Begrifflichkeiten, um ein „**Mindset**" bzw. „mentale Struktur", „**Kognitionsstruktur**"[34] oder „kognitive Struktur" adäquat zu definieren. Die nachfolgenden Begrifflichkeiten können sich in ihrer Ausdifferenzierung unterscheiden, weisen jedoch insgesamt gemeinsame Merkmale bzgl. ihres Bedeutungsgehalts auf.[35] In **Managementstudien** gibt es originäre Bezeichnungen, die hier nur aufgelistet werden wie z. B. "*beliefs*[36], *cognitive maps, cause maps, mental models, schema, (cognitive) schemata, scripts, implicit theories, knowledge systems, distilled ideologies, taxonomic structures, cognitive scheme, knowledge structures, dominant logic, frames of reference, belief structures, cognitive structures, internal representations, implicit theories, perceptual filters,, construed reality, managerial frames* und *mental constructs.*" Die **kognitiven Organisationsforscher** bzw. **Managementforscher**[37] tendieren dazu, die ausgeliehenen

---

[34] Vgl. Hruby 2009
[35] Vgl. Lüer 1998, S. 101; Hoffmann-Ripken 2003, S. 136
[36] Vgl. Hruby 2009, S. 45f.
[37] Diese werden auch als „Managerial and Organizational Cognition" Forscher bezeichnet. Siehe die Academy of Management (AOM) und die spezielle Interessengruppe.

kognitionspsychologischen Konzepte „synonym", „austauschbar"[38] bzw. „allusorisch"[39] zu verwenden, auch wenn in der kognitionspsychologischen Fachliteratur sehr strikte Trennungen zwischen diesen bestehen. Viele dieser Konzepte bzw. Bezeichnungen sind für verschiedene Zwecke entwickelt worden, weisen diesbzgl. auch Redundanzen auf,[40] auf die jedoch im Rahmen dieses Buches nicht näher eingegangen werden kann. Vor diesem Hintergrund macht Rogers-Wynands[41] darauf aufmerksam: „... *dass den meisten empirischen Studien eine theoretische Unterfütterung fehlt, weil sie kaum über eine rein metaphorische Verwendung populärer ausdrucksstarker gedächtnispsychologischer Termini hinausgehen.*"

Ein gemeinsamer Nenner dieser Begrifflichkeiten besteht darin, dass **jeder Akteur bzw. Manager seine Umwelt bzw. Realität in vereinfachter Form abbildet.** In ähnlicher Weise bringt dies Wrona deutlich zum Ausdruck,[42] indem er davon ausgeht, dass Individuen in der Konstruktion ihrer Wirklichkeit ein Komplexitätsgefälle zur „realen Welt" produzieren. Das bedeutet, dass die kognitive Aktivität wie z. B. das Wahrnehmen und Denken über ein Informationsgebiet auf einer strukturhaften Repräsentation des Wissens[43] beruht, welches hier als „**Mindset**" definiert wird.

Im Folgenden wird die **individuelle Mindset-perspektive** von Walsh[44] („knowledge structure") verwendet, weil er das **Mindset im Managementkontext** sehr präzise in mehrere Bestandteile zerlegt. Im Rahmen dieses Buches und der Verwendung dieser spezifischen Begrifflichkeiten erscheint eine solche Systematisierung sinnvoll und gerechtfertigt.

Walsh[45] betont, dass Menschen der Informationsflut begegnen, indem sie sich auf ihr Mindset beziehen, welches ihre Informationswelt repräsentiert. Walsh definiert ein **Mindset,** wie folgt: „*... knowledge structure ... is a mental template that individuals impose on an information environment to give it form and meaning. An individual's knowledge structure orders an information environment in a way that enables subsequent interpretation and action.*"[46] Dies bedeutet, dass das Mindset einem Informationsfeld gegenübersteht, welches es repräsentieren

---

[38] Vgl. Hodgkinson 2005, S. XIX
[39] Vgl. Rogers-Wynands 2002, S. 203
[40] Vgl. Lüer 1998, S. 106
[41] Vgl. Rogers-Wynands 2002, S. V. und S. 24
[42] Vgl. Wrona 2008, S. 49
[43] Vgl. Wessels 1984, S. 251ff; Weber 1991, S. 42ff.; Lüer 1998, S. 101 sowie bei ihm zitiert Weber 1991, S. 42ff.; Müller und Kornmeier 2002, S. 473ff.
[44] Vgl. Walsh 1995, S. 281 ff.; Das Mindset bzw. das Schemakonstrukt hat seinen Weg in die moderne Psychologie ursprünglich von der klinischen Neurologie, die auf Bartlett 1932 zurückgeht, gemacht. „Knowledge structure" von Walsh 1995 geprägt wird als **Mindset** in dieser Arbeit übersetzt, um den Zusammenhang zur Kognitionspsychologie am Begriff festzumachen.
[45] Vgl. Walsh 1995, S. 281
[46] Vgl. Prahalad und Bettis 1986, S. 489; Schwenk 1988, S. 45

soll, und diesem Informationsfeld wird eine gewisse Bedeutung zugewiesen. Aufgebaut auf vergangenen Erfahrungen in einer Informationsumwelt wird dieses „mental template" als Mindset bezeichnet, weil es „*... it consists of organized knowledge about an information environment.* "[47] Walsh beschreibt vier Anknüpfungspunkte, um das **Mindset** zu erforschen, wie in der nachfolgenden Abbildung 2-1 schematisch dargestellt ist. Diese sollen im Folgenden näher ausgeführt werden.

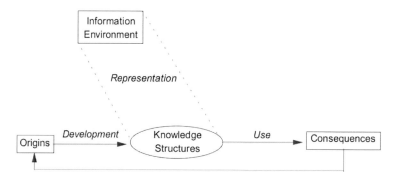

Abb. 2-1: Mindset: Ein „organisierender Bezugsrahmen" nach Walsh[48]

Wie in der Abbildung 2-1 dargestellt ist, wird der **erste Bestandteil** durch das Mindset (knowledge structure) **repräsentiert.** Walsh teilt die Repräsentanz des Mindsets in die Bestandteile **Inhalt und Struktur** ein, welches im nachfolgenden Kapitel 2.2.1 weiter ausgeführt wird.

In diesem Buch bedeutet die **Repräsentanz des Mindsets**, was der Manager über Internationalisierung bzw. Globalisierung denkt, wie er die internationale Umwelt wahrnimmt und interpretiert und welche Bedeutung Internationalisierung für den Manager hat. Als **zweites** Forschungsfeld beschreibt Walsh die **Nutzung des Mindsets („use") und die Konsequenz** bzw. wie sich die Konsequenzen substantiell auf die Organisationsressourcen auswirken. Im Zusammenhang mit dieser Studie liegt das Hauptinteresse auf Managern, die an **internationalen strategischen Entscheidungen** beteiligt sind. Viele wissenschaftliche Vertreter des Strategischen Managements sind sich der (kognitiven) psychologischen Arbeiten bewusst, die sich auf Beschränktheit und Neigungen sowie Heuristiken („heuristics and biases[49]") eingehen. Auf diese Arbeiten wird im Rahmen des Buches nicht eingegangen. Ein **dritter** For-

---

[47] Vgl. Fiske und Taylor 1984, S. 149; Walsh 1995, S. 282
[48] Vgl. Walsh 1995, S. 282
[49] Vgl. Tversky und Kahneman 1982; Barnes 1984; Duhaime und Schwenk 1985; Dutton und Jackson 1987; Schwenk 1988, 1984; Lyles und Thomas 1988; Stubbart 1989; Johnson 1990; Porac und Thomas 1990

schungsstrang beschäftigt sich mit der **Entwicklung und dem Ursprung („development")** eines Mindsets. In diesem Buch kann die Entwicklung und der Wandel eines Mindsets über die Zeit nicht nachvollzogen werden, weil diese Arbeit keine Langzeitstudie („longitudinal study") darstellt. Diese Entwicklung oder Veränderung eines Global Mindsets ist aber dennoch sinnvoll zu untersuchen, weil dann bewiesen wäre, dass es möglich ist ein Global Mindset über die Zeit zu entwickeln bzw. zu verändern. Jedoch sollen im Kapitel 6 und Kapitel 7 anhand der Theorie und der Praxis Personal- und Organisationsentwicklungsmaßnahmen unterbreitet werden, um ein Global Mindset zu entwickeln. Kapitel 8 beschreibt den derzeitigen Stand der Forschung wie sich ein Global Mindset anhand von individuellen Charaktereigenschaften einer Führungskraft entwickelt. Als **viertes** sollten Manager der Tatsache Rechnung tragen, dass in der Praxis die Managementtätigkeit eine **soziale Aktivität** darstellt. Daher sollte die Untersuchung der Informationsrepräsentanz und der organisationalen **Konsequenzen** auch die kognitiven und sozialen Prozesse des untersuchten Individuums anknüpfen.

2.2.1 Inhalt und Struktur des Mindset

Wie bereits zuvor erwähnt, unterscheidet Walsh zwischen dem Inhalt und der Struktur bei der Erforschung des (individuellen) Mindsets. In Anlehnung an Walsh beschreiben Finkelstein/Hambrick,[50] dass der **Inhalt eines Mindsets** aus den Dingen besteht, die eine Person über ein Thema weiß, wie sie über das Thema denkt, was sie über das Thema annimmt und glaubt. Mit anderen Worten bezieht sich der Inhalt eines Mindsets auf das Wissen und die Annahmen, die eine Person zu einem Kontext (hier: Internationalisierung) mit sich bringt.[51] Mit Bezug zur Struktur des Mindsets stellt der kognitive Inhalt insgesamt eine Vorbedingung („antecedent") dar.[52] Walsh beschreibt,[53] dass die Erforschung des Inhalts des Mindsets erforderlich und wichtig ist, um die Struktur des Mindsets zu untersuchen, weil man dieses nicht untersuchen kann, ohne zuvor die Informationswelt, welche durch diese repräsentiert wird, identifiziert zu haben. Das bedeutet, dass der kognitive Inhalt und die kognitive Struktur eng miteinander verbunden sind und die Handlungen und Entscheidungen der Manager maßgeblich steuern.[54]

---

[50] Vgl. Finkelstein und Hambrick 1996, S. 57
[51] Vgl. Galavan 2005, S. 56
[52] Vgl. Galavan 2005, S. 56
[53] Vgl. Walsh 1995, S. 290
[54] Vgl. Galavan 2005, S. 57

Hingegen bezieht sich die **Struktur des Mindsets** auf die Prinzipien, wie der kognitive Inhalt angeordnet ist.[55] Bspw. einzelne Autoren wie Weick/Bougon[56] verteidigen ihr Interesse an der Erforschung der Struktur des Mindsets, indem sie argumentieren, dass es sehr schwierig ist, vollständig zu verstehen, was der Inhalt eines Mindsets für ein Individuum bedeutet, und dass es wichtig ist zu erkennen, wie der Inhalt des Mindsets angeordnet wird. In ähnlicher Weise begründen Finkelstein/Hambrick,[57] indem sie die Mindset-Struktur wie folgt charakterisieren: „*... how the content is arranged, connected or studied in the executive's mind*". Es wird folglich angenommen, dass die Struktur des Mindsets aus **Kategorien, Konstruktsysteme, Kausalstrukturen sowie Skripte** besteht.[58] Der Schwerpunkt dieses Buches wird auf **Kategorien** gelegt, weil diese leichter zu elizitieren sind als bspw. die tiefer liegenden Konstruktsysteme, Kausalsysteme sowie Skripte. **Kategorien** werden aufgrund von **Ähnlichkeiten der Attribute** gebildet bzw. entwickelt.[59] Kategorien stellen Gedanken dar, die hierarchisch organisiert sind. Sie werden von Managern benutzt bzw. angewendet, um deren Gedanken bzgl. **strategischer Situationen, Ziele und Handlungen** zu ordnen.[60] Bspw. Stevenson/Radin[61] äußern sich, dass insb. die Position des Managers innerhalb der Unternehmung einen Unterschied macht, wie die Information kategorisiert wird und wie die Informationskategorien zu dem Mindset der Individuen verankert sind.[62] Weiterhin ist es schwer vorzustellen, wie Menschen intelligent funktionieren können, ohne brauchbare Kategorien entwickelt zu haben. Wenn Gedanken jedes Mal neu abgeleitet würden, anstatt durch Kategorien geordnet zu sein, würden die menschliche Wahrnehmung und das Gedächtnis schnell an die Grenze ihrer Leistungsfähigkeit kommen.

2.2.2 Funktion und Nachteil des Mindsets

Wrona[63] verweist darauf, dass das Mindset den Vollzug höherer geistiger Tätigkeiten wie Sprechen oder Verstehen erfüllt. Im Kern besteht das Mindset aus Propositionswissen und schematischem Wissen. **Propositionswissen** ist das Wissen in Eindrücken oder Emotionen und das **schematische Wissen** ist das Wissen, welches aus der Erfahrung abstrahiert wird. Mit Bezug zum vorherigen Kapitel 2.2.1 wird die Meinung vertreten, dass das Mindset fest-

---

[55] Vgl. Galavan 2005, S. 56
[56] Vgl. Weick und Bougon 1986, S. 114
[57] Vgl. Finkelstein und Hambrick 1996, S. 57
[58] Vgl. Schneider und Angelmar 1993, S. 349
[59] Vgl. Schneider und Angelmar 1993, S. 349
[60] Vgl. Hodgkinson et al. 2004, S. 333
[61] Vgl. Stevenson und Radin 2003, S. 3
[62] Vgl. Starbuck und Milliken 1988, S. 45
[63] Vgl. Wrona 2008, S. 48f.

legt, wie Individuen bestimmte Informationen aufnehmen, speichern, transformieren und wieder abrufen.[64] Im Rahmen dieses Buches wird das Mindset als „...*das in den Kognitionen repräsentierte Internationalisierungswissen der Manager*"[65] definiert.

Des Weiteren wird argumentiert, dass sich das Mindset aus **nicht sichtbaren, hierarchisch komplexen „Komponenten"** zusammensetzt.[66] In diesem Zusammenhang kann das Mindset „... *als einer Menge geordneter und in verschiedener Weise miteinander verknüpfter Kognitionen*"[67] beschrieben werden. Darunter sind z. B. die Einflussfaktoren des Mindsets wie **Werte, Ziele, Motive, Wünsche, Normen (Regeln, Regelungen, Prinzipien, Maximen), Attitüden (Einstellungen), Faktenwissen sowie Annahmen zu Zusammenhängen der Realität (Überzeugungen zu Ursachen- und Wirkungszusammenhängen)** gemeint, die die Manager im Laufe ihrer Erfahrung über ein repräsentatives Gebiet (hier: der Internationalisierung) entwickelt und gesammelt haben. Folgende Abbildung 2-2 zeigt die Bestandteile eines Mindsets bzw. der individuellen „Kognitionsstruktur" auf.

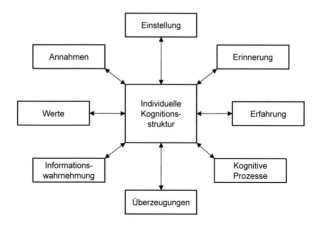

Abb. 2-2: Bestandteile des individuellen Mindset bzw. Kognitionsstruktur[68]

Das Mindset kann dem Handelnden **bewusst** oder **unbewusst** sowie **explizit** oder **implizit** vorliegen. Bestimmte Komponenten des Mindsets wie z. B. **Faktenwissen** liegen an der

---

[64] Vgl. Bamberger und Wrona 2004, S. 364
[65] Vgl. Bamberger und Wrona 2004, S. 365
[66] Vgl. Bamberger und Wrona 2004, S. 364ff.
[67] Vgl. Bamberger und Wrona 2004, S. 365
[68] Quelle: eigene Darstellung

Oberfläche und sind relativ leicht veränderbar. Grundlegende **Werte, Motive, Normen und Überzeugungen**[69] - die den Kern der Persönlichkeit bilden - sind kaum oder nur langfristig veränderbar.[70] Das Mindset wirkt nicht nur vereinfachend auf die Verarbeitung von Informationen, sondern es füllt auch Lücken **auf der Grundlage vorliegender Erfahrungen.** Markus/Zajonc[71] vertreten die Ansicht, dass das Mindset drei wichtige Funktionen erfüllt:

1. Mindsets steuern bzw. lenken die Wahrnehmung und die Aufmerksamkeit, indem sie auf bereits bestehende Mindsets rekurrieren.

2. Das Mindset steuert Informationen bzw. Fakten, die sich auf bekannte Mindsets

3. beziehen. Diese Informationen werden bevorzugt und leichter verarbeitet bzw. abgerufen.

4. Das Mindset dient als Grundlage zur Bewertung, Interpretation und Erwartung von Informationen.

Andererseits können Mindsets auch dafür sorgen, dass das Verständnis des Entscheidungsträgers über die Informationsumwelt **begrenzt** wird und somit auch das strategische Entscheidungsverhalten sehr **einschränkt.**[72] Das Mindset kann den Akteur bei Entscheidungsproblemen z. B. für wichtige Änderungen in der Umwelt „blind" machen, was dann zu fehlerhaften Entscheidungen führt. Des Weiteren kann das Mindset **stereotypes Denken** fördern, was zu kaum kontrollierten Informationsprozessen bzw. zum Befüllen der Datenlücken durch typische aber inakkurate Informationen führen kann. Daraus folgt u.a. die Ignoranz von diskrepanten und möglichlicherweise wichtigen Information oder auch die Verhinderung von kreativen Problemlösungen.[73] Die Konsequenzen werden in der Literatur als „blinde Flecken, kollektive strategische Kurzsichtigkeit, selektive Wahrnehmung, Tunnelvision und kalibriertes Denken" bezeichnet.[74]

2.2.3 Zugrunde gelegtes Verständnis von Mindset

Aus den vorherigen Ausführungen kann für dieses Buch abgeleitet werden, dass das Mindset **insb. die Aufmerksamkeit und Wahrnehmung auf bestimmte interne und externe Stimuli bei Entscheidungsprozessen lenkt**[75] und dadurch das Erkennen von Problemen und die

---

[69] Vgl. Kutschker 1994; Bäurle 1996, S. 13ff.; Kutschker und Bäurle 1997, S. 105ff. zählen zu der Tiefenstruktur insb. Werte, Einstellungen, Überzeugungen und die kontextuelle Orientierung
[70] Vgl. Bamberger und Wrona 2004, S. 366
[71] Vgl. Markus und Zajonc 1985, S. 150ff. zitiert in Wrona 2008, S. 49
[72] Vgl. Walsh 1995, S. 280f.
[73] Vgl. Gioia 1986, S. 346; Sparrow 1999, S. 143; Walsh 1995, S. 283
[74] Vgl. Walsh 1995
[75] Vgl. Wrona 2008, S. 49

Suche nach weiteren Informationen bzw. Lösungen ermöglicht. Des Weiteren kann das Mindset den Fakten „Sinn" bzw. „Bedeutung" geben und können als „interpretative Schemata" bei der Entwicklung von strategischen Entscheidungsprozessen wirken.[76] Aus den zuvor erörterten Zusammenhängen kann konstatiert werden, dass die Regeln der Vergangenheit (schematisches Wissen), die in dem Mindset verankert sind, die derzeitigen Handlungen sowie das Verhalten der Akteure in der Zukunft maßgeblich determinieren. Vereinfacht ausgedrückt ist das Mindset mit dem organisatorischen und individuellen Handeln verbunden.[77] Durch das Mindset werden die Informationsverarbeitung (Kapitel 2.3) und das strategische Entscheidungsverhalten sehr stark vereinfacht und scheinbar irrelevante Informationen werden aus der Umwelt ausselektiert.

Wie in Kapitel 2.2.1 erwähnt, ist es sinnvoll, den **Inhalt des Mindsets** zu elizitieren. Es wird angenommen, dass der Inhalt eines Mindsets sich in Schritten entwickelt und „pfadabhängig" ist. Die Pfadabhängigkeit bedeutet z. B., dass individuelle, funktionale, professionelle, nationale, kulturelle sowie soziale Faktoren eine wichtige Rolle in der **Mindset-Entwicklung** spielen. Der Gebrauch bzw. die Nutzung einer Mindsets ist immer situativ. Diese wird über die Zeit anhand von Erfahrungen geformt, welche jeweils im Langzeitgedächtnis abgespeichert werden. Poole et al.[78] unterscheiden **indirekte Erfahrungen**, die durch Geschichten, Mythen bzw. Rollenmodelle angeeignet werden. Möglichkeiten der **direkten Erfahrungen** gestalten sich durch in vergleichbaren Situationen erworbenes Wissen, Lernen, Training, Karrierehintergründe[79] , Arbeits- bzw. Berufserfahrung, Ausbildungshintergrund[80], Familienleben und durch direkte Kommunikation mit Anderen.[81] Abschließend soll kurz auf Sparrow[82] eingegangen werden, der die Bemerkung macht, dass ein geeignetes Mindset

• über ein repräsentatives Gebiet bedeutet, dass der Manager in der Lage ist,
• an den sehr bedeutsamen Ereignissen in der Umgebung teilzunehmen,
• effektiver die Informationen zu dekodieren und abzurufen,
• bessere Interpretation zu produzieren,
• angemessenere und akkurate Interpretationen zu machen und
• Probleme schneller zu lösen.

---

[76] Vgl. Bamberger und Wrona 2004, S. 365

[77] Vgl. Huff 1990; Walsh 1995, S. 282ff.; Reger und Palmer 1996; Rousseau 2001; Hodgkinson und Sparrow 2002, S. 22

[78] Vgl. Poole et al. 1990
[79] Vgl. Hambrick und Mason 1984
[80] Vgl. Porac und Thomas 2002, S. 168
[81] Vgl. Fiske und Taylor 1991; Swan 1995, S. 1248 ff.
[82] Vgl. Sparrow 1999, S. 143

2.3 Informationsverarbeitungsansatz

In der kognitiven Strategie- und Managementforschung (Managerial und Organizational Cognition-Forschung)[83] gibt es eine Vielzahl an heterogenen Ansätzen, wobei aber die zentrale und einheitliche Annahme dieser Ansätze ist, dass es **Prozesse der Informationsverarbeitung** sind, die festlegen, wie sich ein Individuum verhält.[84] Vor diesem Hintergrund wird das Verhalten von Individuen durch Prozesse der Informationsgewinnung, -verarbeitung und – übermittlung bestimmt.[85] Individuen (Manager) werden als **„informationsverarbeitende Systeme"** betrachtet.[86] In diesem Zusammenhang sind Manager zumeist damit beschäftigt, die riesige Menge an (Daten-) Informationen zu absorbieren und den Informationen „Sinn" zu verleihen, indem sie die kognitiven Aktivitäten reduzieren, die benötigt werden, um der Informationsflut zu begegnen. Dadurch wird aus Sicht der Akteure versucht, möglichst effektive Entscheidungen und Probleme in einer angemessenen Zeit zu lösen.[87] Walsh[88] führt aus, dass Menschen (Manager) im Allgemeinen zwei Strategien zur Informationsverarbeitung verfolgen. Es wird zwischen dem Top-down -Informationsverarbeitungsansatz und dem Bottom-up-Informationsverarbeitungs-ansatz unterschieden.[89]

Der **Top-down-Informationsverarbeitungsansatz** geht davon aus, dass die Art und Weise, wie Individuen handeln, davon abhängt, wie sie ihre umgebende Umwelt bzw. Informationswelt wahrnehmen. Die wahrgenommene Umwelt wird von den vergangenen Erfahrungen und Lernprozessen gestaltet bzw. gelenkt. Wichtige vergangene Erfahrungen werden im Langzeitgedächtnis abgespeichert, welche dann die individuellen Antwortmöglichkeiten bei gegenwärtigen Situationen oder Stimuli determinieren. Handlungen, die bereits in der Vergangenheit funktioniert haben, werden routiniert auf die Gegenwart angewendet, v.a. um mentale Kapazitäten freizusetzen.[90] D.h., der Top-down-Ansatz unterstellt, dass Individuen **Mindsets** schaffen, um während des Informationsprozesses Entscheidungen (schneller) treffen zu können. Diese Mindsets beeinflussen die Manager, neue Informationen zu begegnen, zu entschlüsseln und um intelligente Ableitungen bzw. Querverbindungen herzustellen.[91] Mit anderen Worten,

---

[83] Vgl. Kapitel 2.4

[84] Vgl. Müller und Kornmeier 2002, S. 340; Wrona 2008, S. 47ff.

[85] Vgl. zu der Struktur und Ablauf der Informationsverarbeitung z. B. Fiedler 1996, S. 147 zitiert in Müller und Kornmeier 2002, S. 469

[86] Vgl. McCall und Kaplan 1985, S. 14; Walsh 1995; Rajagopalan und Spreizer 1997; Porac und Thomas 2002; Bamberger und Wrona 2004, S. 364

[87] Vgl. Sparrow 1999, S. 141

[88] Vgl. Walsh 1995, S. 285

[89] Vgl. Nisbett und Ross 1980

[90] Vgl. Hodgkinson 2007, S. 152

[91] Vgl. Sparrow 1999, S. 142

der Informationsprozess ist dadurch charakterisiert, dass bestehendes Wissen in großer Masse die Interpretation von neuen Situationen bzw. Reizen (Stimuli) beeinflusst.[92] Dieser auch **theorie- bzw. konzeptgeleitete Informationsverarbeitungs-prozess** impliziert aber ein Paradoxon.[93] Die Vorzüge von diesem vorwiegenden menschlichen Informationsverarbeitungsprozess sind, dass er wie ein „Kopiermechanismus" sich an neuartige Unsicherheitsbedingungen anpasst und somit insgesamt sehr effizient und effektiv mit der Reizverarbeitung und Problemlösung umgeht. Der Nachteil hingegen ist aber, dass diese Mindsets Interpretationen der Stimuli einschränken, was zu einer restriktiveren (chronischen) Wahrnehmung und zu einem verlangsamten bzw. erschwerten Lernvorgang führt. Ein weiterer Nachteil entsteht z. B., indem Daten aus der Umwelt, die das Mindset bestätigen, eher selektiver wahrgenommen werden, als andere Daten.[94]

Der **Bottom-up-Informationsverarbeitungsansatz**[95] andererseits tritt ein, wenn einkommende **Umweltstimuli die Kognition und Handlungen der Manager direkt beeinflussen**, ohne auf vergangene Erinnerungen (bzw. Mindsets) zu rekurrieren. Dabei wird der Informationsverarbeitungsprozess des Individuums zu jedem Zeitpunkt beeinflusst, indem zum einen das Individuum Informationen zu den Fakten mit hinzufügt (z. B. vorherige Erwartungen beeinflussen die Erfahrungen) und zum anderen aufgrund der Besonderheit der jetzigen Stimuli in dem spezifischen Kontext (z. B. Kontextähnlichkeiten).[96] Dies bedeutet, dass gegenwärtige oder neuartige Informationskontexte sich maßgeblich auf den Informationsverarbeitungsprozess der Manager auswirken und dabei das derzeitige Mindset im Sinne eines Lernprozesses weiterentwickelt wird. In der folgenden Abbildung 2-3 sind die Annahmen der beiden Ansätze grafisch visualisiert.

---

[92] Vgl. Hoffmann-Ripken 2003, S. 142
[93] Vgl. Hoffmann-Ripken 2003, S. 143ff
[94] Vgl. Hoffmann-Ripken 2003, S. 143
[95] Wird auch als **datengetriebener bzw. datengeleiterter Informationsverarbeitungsprozess** bezeichnet.
[96] Vgl. Hodgkinson 2007, S. 152

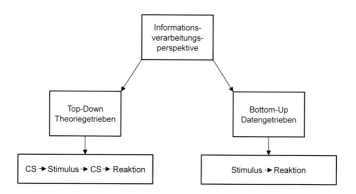

Abb. 2-3: Informationsverarbeitungsansätze[97]

Es bleibt festzuhalten, dass sowohl der **datengetriebene Bottom-up**- als auch der konzeptionelle bzw. theoriegeleitete **Top-down-Informationsverarbeitungsansatz** von den Managern ständig angewendet werden und sich in einer Balance befinden. Die kognitive Strategieforschung (MOC) unterstellt jedoch bei strategischen Entscheidungsprozessen bzw. bei der Lösung komplexer Probleme zumeist die theoriegetriebene Top-down-Verarbeitung,[98] weil der Kontext, in dem die Senior Manager agieren, überwiegend durch limitierte begrenzte Aufmerksamkeit und begrenzte Informationsverarbeitungskapazitäten bestimmt wird und daher eine dominante Reaktion in zumeist allen neuartigen gefundenen Situationen erzeugt wird.[99] Der Bottom-up-Informationsverarbeitungsansatz passt ebenso zu einer dynamischen Umwelt, in der strategische Entscheidungen sich ständig weiterentwickeln statt im „Stillstand" zu verharren.[100]

---

[97] Quelle: eigene Darstellung
[98] Vgl. Louis und Sutton 1991, S. 59f ; Dutton 1993, S. 352f.; Walsh 1995; Reger und Palmer 1996, S. 34
[99] Vgl. Louis und Sutton 1991; Walsh 1995, S. 281
[100] Vgl. Sparrow 1999, S. 142

2.4 Kognitive Strategieforschung – Managerial and Organizational Cognition

Im folgenden Kapitel 2.4 wird der Untersuchungsgegenstand der kognitiven Strategieforschung (synonym auch als „Managerial and Organizational Cognition Perspektive"[101] (MOC) begriffen) behandelt, weil die **Global-Mindset-Forschung** übergeordnet bei der MOC-Perspektive verankert ist. Dabei wird übergreifend das Forschungsfeld der MOC als kognitive Perspektive in Zusammenhang mit dem Strategischen Management von Unternehmen[102] näher dargestellt sowie wichtige theoretische Annahmen und Forschungsergebnisse diskutiert. Unter Kapitel 2.4.1 erfolgt die Entwicklung der kognitiven Strategie- bzw. Managementforschung (MOC), die sich aus den Forschungsgebieten der Sozialpsychologie, der Kognitionspsychologie sowie aus den Vorläufern der bedingt-rationalen Entscheidungstheorieperspektive als eigenständiges Forschungsfeld seit den 80er Jahren etabliert hat. Im Kapitel 2.4.2 wird eine Systematisierung erstellt, was jeweils unter der Organizational Cognition (OC) und der Managerial Cognition (MC) als zwei getrennte Forschungsfelder verstanden wird. Diese Einteilung ist erforderlich, da sich die Global-Mindset-Perspektive auch in die **individuelle Global Mindset** und **organisationale Global Mindset** einteilen lässt, welches unter Kapitel 3.4 vorgenommen wird. Abschließend werden die Erhebungsmethoden der MC in Kapitel 2.4.3 und OC in Kapitel 2.4.4 und deren Anwendbarkeit behandelt.

2.4.1 Entwicklung der kognitiven Strategie- bzw. Managementforschung

Wie bereits zuvor gezeigt, ist die kognitive Strategieforschung (MOC) dem Bereich der Managementforschung sowie der Organisationsforschung zuzuordnen.[103] Die **kognitiv interpretative Perspektive**[104] hat sich an den Grundgedanken und Theorien der Kognitions- und Sozialpsychologie sowie den Forschungen zur sozialen Kognition orientiert. Bspw. Vallaster[105] beschreibt erweiternd, dass die Kognitionswissenschaften, als ein Teilgebiet der Kognitionspsychologie, Disziplinen wie die Wissenssoziologie, die Ethnomethodologie und die bedingt-rationale Entscheidungstheorie enthält, die jeweils auch ihre Einflüsse auf die kognitive Strategieforschung (MOC) ausgeübt haben.

---

[101] Vgl. Lüer 1998; Hoffmann-Ripken 2003, S. 8f.
[102] Vgl. Sparrow 1994 und Hodgkinson 2001a bezeichnen kognitive Studien auch als die „**psychologische Perspektive des Strategischen Managements.**"
[103] Vgl. Wrona 2008, S. 50
[104] Vgl. Hruby 2009 Kapitel 2.4.5
[105] Vgl. Vallaster 2000, S. 19

Insgesamt sind sich viele Autoren darüber einig, dass die bedingt-rationale Entscheidungs-perspektive als ein „Grundpfeiler" in der Verwendung der kognitiven modernen Theorie und der Organisationsforschung angesehen werden kann.[106] Im Folgenden wird kurz auf die Er-kenntnisse der Kognitions- und Sozialpsychologie sowie auf den Einzug der Kognition in der Sozialpsychologie (soziale Kognitionspsychologie) eingegangen.

Die **Kognitionspsychologie** entwickelte sich aus der Reaktion (Abwehr) gegen den Behavio-rismus, der von Begründern wie z. B. Skinner[107] eingeführt wurde. Die Behavioristen nehmen dabei an, dass das gesamte menschliche Verhalten auf der Beziehung von Reiz und Reaktion (simplifizierend) basiert. Das bedeutet, dass das menschliche Verhalten durch die Umwelt determiniert wird. Die Behavioristen unterstellen, dass das Verhalten nur durch Beobach-tung[108] erschlossen werden kann. [109] Kritisch angemerkt wird, dass die Behavioristen die Konzepte, wie bspw. **Wahrnehmung, Aufmerksamkeit** und die Funktion des Gedächtnisses, nicht detailliert untersuchen, worauf sich dieses Buch schwerpunktmäßig bezieht. In der Pra-xis werden die **Stimulus-Response -Theorien** nur auf relativ einfache Gegenstände bzw. Verhaltensweisen übertragen. Vor diesem Hintergrund wird der Behaviorismus zugunsten der Kognitionspsychologie verworfen,[110] da die **Kognitionspsychologie die intra-psychischen Vorgänge** während eines Entscheidungsprozesses erklären bzw. nachvollziehen können. Durch das Verwerfen der zentralen theoretischen Grundsätze des Behaviorismus wird der Schwerpunkt der Kognitionspsychologen bzw. Kognitionswissenschaftler auf die Analyse verschiedener intervenierender mentalen Prozesse, die sich mit der Umwelt im Konkreten beschäftigen, gerichtet.[111] In kognitiven Studien wird dementsprechend davon ausgegangen, dass der Mensch nicht mechanistisch auf Umweltreize reagiert, sondern dass **innere kogniti-ve Prozesse** und **Mindsets** das Verhalten bestimmen.[112] Bekannte Kognitionspsychologen wie Neisser[113] und Fiske/Taylor[114] schlagen vor, dass die Frage, wie Individuen ihrer Welt Sinn verleihen und wie sie Handeln, auf der Basis ihres Mindsets erklärt werden kann. Um das Verständnis bzgl. der komplexen mentalen Prozesse, die im Gehirn ablaufen, und ihrer Umweltstimuli zu erhöhen, halten Kognitionspsychologen es für notwendig, diese in eine Sequenz von Aktivitäten einzuteilen, welche eine Fülle an Funktionen erfüllt, die z. B. Wahr-

---

[106] Vgl. Hodgkinson und Sparrow 2002, S. 11
[107] Vgl. Skinner 1938
[108] Vgl. Frey 1997, S. 50
[109] Vgl. Rogers-Wynands 2002, S. 1
[110] Vgl. Hodgkinson 2007, S. 152
[111] Vgl. Hodgkinson 2007, S. 152
[112] Vgl. Rogers-Wynands 2002, S. 1
[113] Vgl. Neisser 1979
[114] Vgl. Fiske und Taylor 1991

nehmungs- und Sinnesprozesse enthalten und Gedächtnis (Arbeits- und Langzeitgedächtnis) sowie Entscheidungsverhalten, welches in der Ausführung auf eine Antwortmöglichkeit kulminiert, beeinflussen.[115] Obwohl sehr vereinfacht dargestellt, macht es der kognitive Ansatz möglich, ein **Modell der essentiellen Prozesse der menschlichen Kognition** zu beschreiben.[116] Diese kognitiven Modelle sind wichtig, weil sie präzise die Mechanismen (wie z. B. Lernen und Denken) erklären, welche insb. in diesem Buch ihre **Anwendung mit Bezug zu Global Mindset** finden. Im Gegensatz zu der nachfolgenden Sozialpsychologie hat die Kognitionspsychologie sehr früh Methoden zur Messung und Analyse von psychologischen Prozessen im Individuum bzw. im „Kopf" des Individuums entwickelt.[117]

Die **Sozialpsychologie** hat die wissenschaftliche **Erforschung der sozialen und kognitiven Prozesse**[118] der Menschen zum Gegenstand. Der Fokus konzentriert sich darauf, wie Individuen sich selbst wahrnehmen, sich gegenseitig beeinflussen und zu einander in Beziehung stehen. Vereinfacht ausgedrückt: „... *how people understand and interact with others.*"[119] Speziell in Organisationen bzw. Unternehmen kann beobachtet werden, dass Menschen zusammen arbeiten und miteinander interagieren. In der Sozialpsychologie bedeuten kognitive Prozesse auf welche Art und Weise der Mensch durch seine Erinnerungen, Wahrnehmungen, Gedanken, Emotionen und Motivationen die Sichtweise der Welt versteht und wie die kognitiven Prozesse das künftige Handeln beeinflussen. Hingegen stellen die **sozialen Prozesse** folgendes dar: „*social processes...are the ways in which other people influence people's understanding of the world and guide their actions.*"[120]

Die kognitive Revolution nahm auch in der Sozialpsychologie in den 1960-er und 1970-er Jahren Einzug. Vorweg ist jedoch anzumerken, dass Sozialpsychologen immer schon eine kognitive Sichtweise verfolgt haben, wo der Denker auf den wahrgenommen Stimulus reagiert und eine substantielle kognitive Antwort generiert.[121] Die **Soziale Kognitionspsychologie (Social Cognition)** als ein Zusammenschluss von mehreren verschiedenen Theorien und theoretischen Ansätzen[122] beschäftigt sich mit „...*how people make sense of other people and themselves.*"[123] Insb. Gilbert et al.[124] treffen die Aussage, dass kognitive Prozesse verantwort-

---

[115] Vgl. Wickens 1984
[116] Vgl. Hodgkinson 2007, S. 152
[117] Vgl. Gilbert et al. 1998, S. 72
[118] Vgl. zu **kognitiven Prozessen** siehe die Dissertation von Hruby 2009 Kapitel 2.3.2
[119] Vgl. Smith und Mackie 2007, S. 5
[120] Vgl. Smith und Mackie 2007, S. 7
[121] Vgl. Fiske und Taylor 1991, S. 20
[122] Vgl. Hoffmann-Ripken 2003, S. 135
[123] Vgl. Fiske und Taylor 1991, S. 14
[124] Vgl. Gilbert et al. 1998, S. 72

lich sind, wie Menschen sich selbst und andere verstehen. Daher wird argumentiert, dass der Analyse von kognitiven Prozessen (Informationsakquirierung, Informationsrepräsentanz und Informationsretention) das Verständnis zugrunde liegt, wie soziales Verhalten und seine vermittelnden Faktoren[125] zustande kommen. Sims, als ein bekannter Managementvertreter in den 80-ern, überträgt die **soziale Kognitionstheorie** auf das **Organisations- bzw. Unternehmensumfeld** und definiert die **organisationale soziale Kognition** als „*... as the study of human information processing (both conscious and unconscious) as it influences, and is influenced by, the complex social and structural phenomena within the modern organization.*"[126] Konkret wird bei ihm metatheoretisch untersucht, wie Menschen über die soziale Welt denken und es wird genauer untersucht, "*how they think about the social world*". Insgesamt beschäftigt sich die soziale Kognition damit, wie Einstellungen und Wahrnehmungen bei kleinen Gruppen betrachtet werden.[127] Vor diesem Hintergrund bildeten die Erkenntnisse und Theorien der „Social Cognition", die später auf den organisatorischen Kontext übertragen worden sind, die Grundlage für die **kognitive Managementforschung bzw. der MOC**,[128] welche im nachfolgenden Gliederungspunkt theoretisch systematisiert wird. Dieses Buch beleuchtet das **Individuum und die Organisation** und untersucht, welche Rolle die **kognitiven globalen Orientierungen** während des Strategieprozesses haben, sodass die Individualperspektive des Global Mindsets (unter Kapitel 3.4.1) und die Organisationsperspektive des Global Mindsets (unter Kapitel 3.4.2) weiter verfolgt werden.

2.4.2 Abgrenzung der Managerial und Organizational Cognition

Seit dem Ende der 1980er Jahre existiert in der **kognitiven Strategieforschung** – der MOC[129] – eine Vielzahl an heterogenen[130][131] Ansätzen, Theorien sowie losen Sammlungen von empirischen Forschungsarbeiten, die sich trotzdem zu einer eigenständigen Denkschule zu entwickeln scheint.[132] Wie schon in Kapitel 2.2 gezeigt, charakterisiert die kognitive Strategie- und

---

[125] Vgl. Fiske und Taylor 1991, S. 14
[126] Vgl. Sims 1986, S. 4
[127] Vgl. Fiske und Taylor 1991, S. 14
[128] Vgl. Hoffmann-Ripken 2003, S. 144ff.
[129] Die MOC Abteilung ist eine von 26 Interessengruppen in der **Academy of Management** (AOM). Diese Forschungsperspektive ist seit Jahren im Organisationsbereich bzw. bei Organization Studies sehr etabliert und stark vertreten. (Vgl. hierzu Sparrow 1994)
[130] Vgl. Lüer 1998, S. 121
[131] Vgl. Rogers-Wynands 2002, S. 9 sowie bei ihm zitiert Spender und Eden 1998, S. 4; Laukkanen 1994, S. 322; Walsh 1995, S. 311;
[132] Vgl. Mintzberg et al. 1999, S. 176f.

Managementforschung[133] ein breit gefächertes Spektrum von Begriffen (z. B. Mindset), die untereinander wenig Kohärenz aufweisen. Derzeitige Überblicksartikel, die versuchen, das Feld der kognitiven Strategieforschung im Strategischen Management zu systematisieren, sind u.a. von Eden/Spender[134], Schneider/Angelmar[135], Fiol/Huff[136], Hodgkinson/Sparrow[137], Huff[138], Huff/Jenkins[139], Lüer[140], Roger-Wynands[141], Walsh[142] sowie kürzlich Wrona.[143]

Stubbart[144] hat als Erster die kognitive Perspektive in die Theorie und Praxis des Strategischen Managements eingeführt. Er stellte damals fest, dass die kognitive Strategieforschung ein fehlendes Bindeglied („missing link") zwischen den **Umweltbedingungen** und dem **strategischen Handeln** darstellt.[145] Er legte den Schwerpunkt seiner Betrachtung auf das Mindset und kognitiven Prozesse, die dem strategischen Handeln und Entscheiden im Unternehmen vorausliegen. Als übergeordnete Gemeinsamkeit der kognitiven Strategieforschung bzw. der MOC werden angenommen, dass es **Prozesse der Informationsverarbeitung** sind, die festlegen, wie sich ein Individuum verhält.[146] Dabei ist von besonderem Interesse, warum bestimmten Informationen eine **strategische Bedeutung** („strategic cognition") zugeschrieben wird, weshalb diese dann weitergehend zu strategischen Handlungen führen und anderen Informationen hingegen weniger Beachtung geschenkt wird.[147] Des Weiteren ist ein einheitliches Merkmal der kognitiven Ansätze, dass das Individuum seine Realität aufgrund idiosynkratischer Wahrnehmungs- und Denkmechanismen subjektiv konstruiert[148] und gleichzeitig der Begrenztheit der menschlichen Informationsverarbeitungskapazität unterliegt.[149] In ihrem Kern bezieht sich der MOC-Ansatz auf kognitive Modelle, die die Handlungen der Manager in dem Mittelpunkt der Betrachtung stellen.[150]

---

[133] Vgl. z. B. die Sammelbände und Artikel von Schwenk 1988; Porac und Thomas 1989; Huff 1990; Meindl et al. 1994; Walsh 1995; Finkelstein und Hambrick 1996; Hodgkinson und Thomas 1997; Eden und Ackermann 1998; Eden und Spender 1998; Flood et al. 2000; Hodgkinson 2001; Lant und Shapira 2001; Porac und Thomas 2002; Huff und Jenkins 2002; Hodgkinson und Sparrow 2002; Hodgkinson und Clarkson 2005; Huff 2005
[134] Vgl. Eden und Spender 1998
[135] Vgl. Schneider und Angelmar 1993
[136] Vgl. Fiol und Huff 1992
[137] Vgl. Hodgkinson und Sparrow 2002
[138] Vgl. Huff 1990
[139] Vgl. Huff und Jenkins 2002
[140] Vgl. Lüer 1998
[141] Vgl. Rogers-Wynands 2002
[142] Vgl. Walsh 1995
[143] Vgl. Wrona 2008
[144] Vgl. Stubbart 1989
[145] Vgl. Stubbart 1989, S. 327f.; Hodgkinson und Sparrow 2002, S. 12
[146] Vgl. Wrona 2008, S. 47 sowie Kapitel 2.3
[147] Vgl. Wrona 2008, S. 48
[148] Vgl. Sparrow 1999
[149] Vgl. Hodgkinson 2007, S. 151
[150] Vgl. Hodgkinson und Sparrow 2002, S. 10

Hodgkinson/Sparrow[151] versuchen, die **fundamentalen Annahmen und Hauptprinzipien der MOC Perspektive** zu subsumieren:

1. Individuen sind in ihrer Informationsverarbeitungsfähigkeit, um die Komplexität und Diversität der Umweltstimuli vollständig wahrzunehmen, begrenzt.

2. Daraus folgt, dass sie eine Strategievielfalt anwenden, um die Informations prozesse zu reduzieren, welche andererseits entstehen würden.

3. Diese kulminiert in der Entwicklung einer vereinfachten Repräsentanz der Realität (=Mindset), welche in der Psyche des Individuums verschlüsselt bzw. verankert ist.

4. Einmal entworfen, fungieren die Mindsets als „Filter", welche durch einfließe de Informationen anschließend verarbeitet werden, und welche wiederum zu voreingenommenen und

5. fehlerhaften Entscheidungen führen können, jedoch unter bestimmten Bedingungen die Basis für kreative Ideen und neuen Erkenntnisse darstellen können.

Im Folgenden werden die **Organisational Cognition (OC)** und **die Managerial Cognition (MC)** kurz charakterisiert, weil sich unterschiedliche theoretische Ansätze hinter den Begrifflichkeiten verbergen.[152] In der Literatur werden diese beiden Begriffe eher gemeinsam verwendet, haben in ihrem Kern jedoch eine andere **inhaltliche Betrachtungsweise**. Diese Differenzierung erscheint sinnvoll, weil das Buch sowohl das **individuelle Global Mindset** sowie auch das **organisationale Globale Mindset** detailliert betrachtet.

Grundsätzlich beschränkt sich die Kognition auf ein Individuum, doch gibt es Studien, die besagen, dass auch eine Organisation bzw. ein Unternehmen kognitive Fähigkeiten besitzen kann. Die **Organizational Cognition** nimmt eine stärkere **sozialkonstruktivistische** oder auch **systemtheoretische Sichtweise** ein, wobei die Kognition auf kollektiver, d.h. auf Gruppen- bzw. Organisationsebene erhoben wird.[153] Bspw. Schneider/Angelmar[154] versuchen zu definieren, „... *what is organizational about cognition and what is cognitive about organizations.*" Sie erklären organisationale Kognition mit folgender rationaler Gleichung:

1) "Menschen denken (i. S. der Kognitionspsychologie),

2) Manager sind Menschen (i. S. des Verhalten in Organisationen),

---

[151] Vgl. Hodgkinson und Sparrow 2002, S. 11
[152] Vgl. Hoffmann-Ripken 2003, S. 149ff.
[153] Vgl. Rogers-Wynands 2002, S. 1; Hoffmann-Ripken 2003, S. 150
[154] Vgl. Schneider und Angelmar 1993, S. 348

3)   daher müssen Manager denken (i.S. von MC).

4)   Manager haben es mit Denkprozessen in Organisationen zu tun, weil sie in sotierten

organisatorischen Aufgaben eingebettet sind (wie z. B. Entscheidungsverhalten, strategische oder andere Verhandlungen, Leistungsbewertung), welches dann als **Kognition von Organisationen** verstanden werden kann.

Im Unterschied zu Schneider/Angelmar schlagen Walsh/Ungson[155] den Begriff des „Gedächtnissystems" („organizational memory") anstatt der organisationalen Kognition vor. Ihrer Sichtweise nach bezieht sich das Organisationsgedächtnis auf die abgespeicherte Information der Organisationsgeschichte, welche auf gegenwärtige Entscheidungen übertragen werden kann. Kognitive Organisationskonstrukte stellen z. B. die Organisationskultur, Ideologien, Routinen, still schweigendes und explizites Organisationswissen dar.[156]

Nach Thomae[157] versucht die **kognitive Organisationsforschung** allgemein die **Kognitionsfähigkeit von Organisationen** zu erklären und nähert sich Ihrem Erkenntnisobjekt ebenfalls, indem sie organisationale Kognition hinsichtlich Struktur und Prozess untersucht. Dabei können Mindsets auch auf Gruppen sowie Organisationen bezogen werden.[158] Diese entsprechen dem organisationalen Wissen. Nelson/Winter[159]; Levitt/March[160] meinen, dass sich organisationales Wissen bspw. in Zielen, Strategien, Managementsystemen, Routinen oder Methoden niederschlägt, da in diesen Elementen, Wissen über Fakten, Begriffe, Werte oder zielführende und als wünschenswert erachtete Maßnahmen enthalten sind. Laut Walsh[161] kann organisationales Wissen in folgenden Formen existieren:

•   Neben dem individuellen Wissen der Organisationsmitglieder gibt es in Organisationen, kollektives Wissen in Form gemeinsam geteilter Wirklichkeitskonstruktionen.

•   Dieses organisationale Wissen stellt eine eigene Realität dar; es besteht neben den tatsächlichen Handlungen einer Organisation (in Form von Produkten, Strukturen und Prozessen)

•   Die Wirkung organisationalen Wissens liegt darin, dass es die Handlungen einer Organisation ,gedanklich' vorstrukturiert.

---

[155] Vgl. Walsh und Ungson 1991, S. 61
[156] Vgl. Porac und Thomas 2002, S. 171
[157] Vgl. Thomae 2008, S. 47
[158] Vgl. Porac und Thomas 2002, S. 167f.; Levy et al. 2007a, S. 26
[159] Vgl. Nelson und Winter 1982
[160] Vgl. Levitt und March 1988
[161] Vgl. Walsh 1995

- Organisationales Wissen entwickelt sich im Rahmen von kollektiven Lernpro-zessen, indem Informationen über Handlungen kommuniziert und im Diskurs in-terpretiert werden.[162]

Mindsets sind in einer Organisation oft fest verankert und nur schwer identifizierbar. Aus diesem Grund erweisen sie sich oft als Bremser des Wandels, im Zuge einer Reorganisation. Deshalb ist ein Verständnis für den Auf- und Abbau von Mindsets, also deren Entwicklung („development") essentiell, wenn sie bewusst verändert werden sollen.[163] Ein Beispiel für einen kognitiven Prozess auf der organisationalen Ebene ist organisationales Lernen. Probst und Büchel[164] beschreiben dieses folgendermaßen: Ähnlich wie beim Individuum, das im Laufe der Zeit kognitive Muster entwickelt, welche die Wahrnehmung und Interpretation von Informationen beeinflussen, entwickeln Organisationen über interaktive Prozesse, kognitive Mindsets. Organisationales Lernen ist eine unternehmenseigene Größe, die sowohl quantitativ als auch qualitativ verschieden von der Summe des individuellen Lernens ist. Es erfolgt über Einzelpersonen und deren Interaktionen, die allerdings in diesem Zusammenspiel ein verän-dertes Ganzes mit eigenen Fähigkeiten und Eigenschaften bilden.[165] Auch bei kognitiven Pro-zessen auf der organisationalen Ebene können Defekte auftreten, wenn z.B. über vorhandene Informationssysteme nur ein bestimmter Bereich abgedeckt wird, der auf derzeitige Aktivitä-ten fokussiert ist. Dies wird als Kriterium der Problemnähe bezeichnet.[166]

Eden/Spender[167] definieren **Managerial Cognition (MC)** als die Forschungsinhalte, welche eine kognitive Perspektive annehmen, um zu verstehen, **wie Individuen ihre Umwelt wahr-nehmen und konstruieren.** Darunter fallen Forschungen, die sich auf Themen wie z.B. se-lektive Wahrnehmungen und Agendaabstimmung („agenda setting")[168], kognitive Verzerrun-gen und Heuristiken in der Strategieformulierung[169], strategische Entscheidungsprozesse an sich sowie Informationsverarbeitungsprozesse konzentrieren.[170] Insb. Stubbart[171] legte sehr früh fest, dass die **MC-Perspektive** ihr Augenmerk auf jede Aktivität im Entscheidungspro-zess untersucht, wie z. B. bei der Zielformulierung, Umweltanalyse, Strategieformulierung, der Bewertung und der Strategieimplementierung. Dieses Buch beschäftigt sich konkret mit

---

[162] Vgl. Thomae 2008, S. 46
[163] Vgl. Romhardt 1998, S. 56
[164] Vgl. Probst und Büchel 1998
[165] Vgl: Probst und Büchel 1998, S. 19ff.
[166] Vgl. Wrona 2008, S. 50
[167] Vgl. Eden und Spender 1998, S. 231.
[168] Vgl. Kiesler und Sproull 1982; Dutton et al. 1983
[169] Vgl. Schwenk 1984; Duhaime und Schwenk 1985; Fletcher und Huff 1990;
[170] Vgl. Walsh 1988
[171] Vgl. Stubbart 1989

dem Thema Global Mindset und es wird auch vermutet, dass verschiedene kognitive (mentale) Prozesse die Antworten aus der Umwelt über interpretative kognitive Prozesse herbeiführen und in der Tat das individuelle internationale Verhalten beeinflussen.[172] Gemäß Eden/Spender[173] erscheint es angemessen, die MC-Perspektive zu verfolgen, weil diese die Bedeutung und Interpretation, die Individuen internationalen Events und Handlungen zuschreiben, anschaulich dargestellt.

Dieses Buch verfolgt die Sichtweise, dass **Kognitionen am Individuum**[174] **und bei der Organisation** verankert sind. Zusammenfassend ermöglicht eine kognitive Perspektive, bei welcher angenommen wird, dass nicht nur Individuen, sondern auch Organisationen die Fähigkeit zur Wahrnehmung besitzen, zu erkennen und zu denken, dass deren kognitive Prozesse und deren Mindsets einen signifikanten Einfluss sowohl auf individuelles als auch auf organisationales Handeln (Ausführen einer Unternehmensstrategie) ausüben. [175]

2.4.3 Erhebungsmethoden der Managerial Cognition

In der kognitiven Managementforschung existieren mehrere Erhebungsmethoden bzw. ein Methodenpluralismus,[176] um (individuelle) Mindsets und kognitive Prozesse zu erheben bzw. zu elizitieren. Dies liegt u.a. auch an der großen Heterogenität der breiten kognitiven Strömungen und deren wenig kohärenten Untersuchungsinhalten.[177] Eine komplette Übersicht mit Vor- und Nachteilen der jeweiligen Methoden liegt außerhalb des Rahmens dieses Buches. Derzeitige Überblicksartikel, die versuchen, die verwendeten Forschungsmethoden vorzustellen und miteinander zu vergleichen, sind z. B. Hodgkinson/Sparrow[178] , Huff [179], Huff/Jenkins[180], Roger-Wynands[181], Walsh[182], und Wrona[183]. Wrona/Breuer[184], zitiert in Wrona[185], haben bspw. eine umfangreiche Analyse von insgesamt 112 empirischen Kognitionsstudien vorgenommen und festgestellt, dass fast das gesamte methodische Repertoire an Erhebungs- und Auswertungsmethoden vorliegt. Wrona merkt diesbzgl. an, dass insgesamt

---

[172] Vgl. Kyvik 2006, S. 25
[173] Vgl. Eden und Spender 1998, S. 64
[174] Vgl. Schneider und Angelmar 1993, S. 354
[175] Vgl. Barr et al. 1992, S. 33, Hoffmann-Ripken 2003, S. 152ff.
[176] Vgl. Rogers-Wynands 2002, S. 39
[177] Vgl. Wrona 2008, S. 50f. sowie S. 58
[178] Vgl. Hodgkinson und Sparrow 2002
[179] Vgl. Huff 1990
[180] Vgl. Huff und Jenkins 2002
[181] Vgl. Rogers-Wynands 2002
[182] Vgl. Walsh 1995
[183] Vgl. Wrona 2008
[184] Vgl. Wrona und Breuer 2008 zitiert in Wrona 2008, S. 51
[185] Vgl. Wrona 2008, S. 53

eine **stark explorative empirische qualitative Forschung** vorherrscht. Die Erhebungsmethoden und Auswertungsmethoden reichen von der Repertory-Grid-Methode über Tiefeninterviews bis hin zum klassischen Fragebogen bzw. von Clusteranalysen über Multidimensionale Skalierung bis zur qualitativen bzw. quantitativen Inhaltsanalyse und sogar bis zu der
Grounded Theory.[186] Wrona weist darauf hin, dass einige Untersuchungen einen **Methoden-
mix** an quantitativen und qualitativen Erhebungs- bzw. Auswertungsmethoden benutzen.
Wiederum andere Studien verwenden experimentelle Verhaltensbeobachtungen im Labor,
computergestützte Simulationen[187] sowie Erhebungen und Interventionen, die im Rahmen von
Managementworkshops bzw. in der Unternehmensberatungspraxis durchgeführt werden. [188]
Stellungnahmen von diversen Forschern deuten darauf hin, dass sich bisher noch keine Methodik als „Standard" durchgesetzt hat, um Kognitionen zu erheben.[189] Walsh[190] gibt es wie
folgt wieder: „... *no single approach has emerged as a standard and we cannot yet say that
any one approach is more valid than another.*" Walsh[191] differenziert in seinem Überblicks-
beitrag, dass die **individuelle Kognition** zum einen durch **Selbstbeurteilungen** erhoben werden kann. Dazu bieten sich die Repertory-Grid-Methode, Mittel-Zweck-Analysen, Objektsortierung, paarweise Gegenüberstellung, „Self-Q-Technique"- und „policy-capturing"-
Prozeduren an. Auf der anderen Seite kann die individuelle Kognition auch noch durch **interaktive Reports** auf der Interaktion des Forschers mit dem Untersuchungssubjekt (Manager)
erhoben werden: Methodiken wie z. B. die **kognitiven Landkarten**, Grounded-Theory- Eth-
nografie, strategische Flächenannahmetechnik, unstrukturierte Interviews, halbstrukturierte
Interviews oder ein halbstrukturierter Fragebogen kommen dabei zur Anwendung. Bei der
Betrachtung der Studien, die sich auf die Analyse individueller Kognitionen konzentrieren,
dominieren jedoch die quantitativen Untersuchungen.[192]

In der **Managerial-Cognition-Literatur** wird dominierend zur Erfassung und Analyse individueller kognitiver Strukturen und kognitiver Prozesse (Wahrnehmung, Interpretation) als
methodische Herangehensweise **die Erstellung von kognitiven Landkarten** verwendet. In
den relevanten Studien wird zumeist der Begriff des „cognitive mapping"[193] oder „causal

---

[186] Vgl. Rogers-Wynands 2002, S. 34; Wrona 2008, S. 53
[187] Vgl. Sternberg 1996, S. 197ff
[188] Vgl. Wrona 2008, S. 54 sowie, als ein bekannter Vertreter, die Forschungen rund um **Colin Eden** von
der Strathclyde Universität.
[189] Vgl. Wrona 2008, S. 53
[190] Vgl. Walsh 1995, S. 308
[191] Vgl. Walsh 1995, S. 309f.
[192] Vgl. Roger-Wynands 2002, S. 34ff; Wrona 2008, S. 57
[193] Vgl. Tolman 1932; Eden et al. 1992;

(cognitive) mapping"[194] bzw. „cognitive maps"[195] verwendet. Deren häufige methodische Verwendung und große Popularität stammt v.a. aus seiner einfachen Anwendung ggü. anderen Techniken wie z. B. dem Repertory Grid Technik.[196] Swan[197] definiert **causal cognitive mapping**[198] als „... *describes a set of techniques that are used to try and identify subjective beliefs and to portray this"* und behauptet, dass „causal cognitive mapping" als ein reliables Hilfsmittel geeignet erscheint, um das Mindset eines Managers zu elizitieren. Der generelle Ansatz des „causal cognitive mapping" besteht darin, Aussagen von Individuen über subjektive bedeutungsvolle **Konzepte und kausale Beziehungen** in verschiedene Problembereiche zu extrahieren und diese Konzepte und Beziehungen in einer Art visuellen Kausalitätskarte abzubilden. Swan[199] ist der Überzeugung, dass Causal-cognitive-mapping- Methodiken angewendet werden können, um die **subjektiven Überzeugungen der Entscheidungsträger** zu beschreiben und zu identifizieren, so dass sie zu einem späteren Zeitpunkt einer gründlichen Analyse und Reflektion zugänglich gemacht werden können. In Bezug auf strategische Entscheidungsprozesse sind mehrere Vertreter der Meinung, dass durch die Methodik der „causal cognitive mapping" Einsichten in die Natur und Signifikanz des Mindsets und kognitiven Prozesse der handelnden Akteure gewonnen werden können.[200]

Kognitive Landkarten („cognitive maps") werden nach Fiol/Huff[201] als „... *grafische oder visuelle Repräsentierungen von Gedanken oder Sinngebungen, die Menschen in Bezug auf ihr Informationsumfeld haben, welche speziell mit Entscheidungsprozessen in Verbindung stehen"* definiert. In einer ähnlichen Weise konstatieren Weick/Bougon[202], dass das organisatorische Umfeld zumeist in der Psyche des Managers existiert und diese die Repräsentierung von kognitiven Landkarten annimmt. Es wird derzeit (theoretisch und methodisch) angezweifelt, ob es nicht empirisch möglich ist, dass Manager ihre gegenwärtige kognitive Landkarte in ihren Köpfen haben. Es wird jedoch in der Forschungslandschaft der MOC anerkannt, dass kognitive Landkarten als eine „hilfreiche Metapher" herangezogen werden können, um das Mindset des Individuums zu erheben und zu analysieren.[203] Als solches stellt die **kognitive Landkarte** ein hilfreiches Werkzeug dar, um reflektives Denken, Problemlösungen oder Heu-

---

[194] Vgl. Axelrod 1976; Bougon et al. 1977; Ford und Hegarthy 1984; Eden 1989; Priem 1992
[195] Vgl. Weick und Bougon 1986; Eden 1992;
[196] Vgl. Brown 1992
[197] Vgl. Swan 1995, S. 188
[198] Vgl. Eden und Ackermann 1998, S. 232
[199] Vgl. Swan 1995, S. 196
[200] Vgl. Schwenk 1995; Swan 1997; Marcokzy 1995, 1997; Swan und Newell 1998; Das und Teng 1999; Maule und Hodgkinson 2002; Hodgkinson et al. 2004
[201] Vgl. Fiol und Huff 1992, S. 267
[202] Vgl. Weick und Bougon 1986, S. 102
[203] Vgl. Huff 1990

ristiken in Entscheidungsprozessen zu erklären und zu beschreiben.[204] In der Management-praxis werden v.a. kognitive Landkarten herangezogen, um Individuen bzw. Teams bei der Strategieentwicklung zu unterstützen.[205] Obwohl kognitive Landkarten sehr häufig im Bereich der MC als Methode herangezogen werden, bestehen mehrere **methodologische Einschrän-kungen:** Die Forschungen über das Abbilden von kognitiven Landkarten in einem spezifi-schen Untersuchungsfeld legen zumeist den Schwerpunkt auf **kausale Ursache-Wirkungs-Beziehungen**, die aus der Sicht der Manager in ihren Denkprozessen eingebettet sind. Der generelle Anspruch dieser Arbeiten ist, dass strategische Entscheidungen auf **Überzeugungen über Kausalitäten** basieren.[206]

Wie bereits oben kurz erwähnt, bedeutet das Ergebnis einer kognitiven Landkarte nie die ge-samte Enthüllung des Mindsets, was in der Tat auch unmöglich ist, weil der Manager nie sei-ne impliziten oder auch unbewussten Annahmen für ein spezifisches Problemfeld bewusst wahrnehmen kann.[207] Genauso wenig ist das Ziel der kognitiven Landkarten, ein Modell zu erheben, welche aktuelle Kognitionen simulieren kann. Vor diesem Hintergrund bedeutet das, dass die kognitive Landkarte nur einen Teilausschnitt des individuellen Mindsets erhebt und weder eine richtige (objektive) noch falsche Repräsentierungen der Welt darstellt.[208]

Eine kognitive Landkarte fungiert wie eine Straßenkarte, welche jedoch dem Fahrer nicht sehr viel Informationen über die Beschaffenheit der Straße gibt, und ebenso wenig kann die Karte Vorschläge abgeben, wo es zu Verkehrsbehinderungen kommen kann.[209] Mit anderen Wor-ten: Die **kognitiven Landkartentechniken** kann das gesamte Mindset im psychologischen Sinn nicht enthüllen bzw. elizitieren, weil ein Individuum nicht alles in Worte fassen kann, was es über ein Informationsgebiet selber weiß.[210] Des Weiteren wird an kognitiven Landkar-ten kritisiert, dass das Zeichnen der Karte während des Interviews mit dem Interviewten und dem Analysierten stattfindet.[211] Ein weiterer Nachteil der kognitiven Landkarten besteht in der Tendenz, zu sehr auf das Mindset und weniger auf kognitive Prozesse zu fokussieren.[212]

---

[204] Vgl. Eden et al. 1979; Eden 1992
[205] Vgl. Eden 1988, 1992, Bryson et al. 2007
[206] Vgl. Fiol und Huff 1992, S. 268
[207] Vgl. Swan 1995, S. 193
[208] Vgl. Swan 1995, S. 191
[209] Vgl. Fombrun 1994, S. 71
[210] Vgl. Swan 1995, S. 193
[211] Vgl. Tyler 2001, S. 353
[212] Vgl. Swan 1995, S. 184

2.4.4 Erhebungsmethoden der Organizational Cognition

Neben der individuellen Ebene gibt es in der Literatur[213] in den letzten Jahren die Bemühungen, dass Kognition auch auf Gruppen[214] bzw. auf TMT-Ebene[215], **Unternehmensebene bzw. Organisationsebene**[216] sowie Branchen bzw. Industrieebene[217] erhoben werden kann. *„Im Bereich der Thematisierung von Kognitionen auf der kollektiven bzw. organisatorischen Ebene, gibt es eine Vielzahl an Arbeiten, die sich primär konzeptionell/theoretisch mit dem Thema auseinandersetzen."*[218] Dies führt Wrona darauf zurück, dass schon die Erfassung der Kognition von Einzelpersonen nicht immer problemlos vonstatten geht. Trotzdem gibt es Möglichkeiten, empirische Forschungen auf diesem Gebiet durchzuführen. Als brauchbare Methoden haben sich im Laufe der Zeit **Fallstudien** erwiesen. Es gibt mittlerweile einige tiefgehende, langjährige Betrachtungen einzelner Organisationen im Bereich der Untersuchung von Kognition auf der Organisationsebene.[219]

Eine weitere häufig angewandte Methode stellt wiederum die **cognitive-mapping-Methode** dar. Sie eignet sich allerdings nur bedingt als Messmethode auf der organisationalen Ebene. Doch können **Gruppenkognitionen** mithilfe von **Gruppenkausalitäts-mapping** untersucht werden. Hierbei wird entweder der Durchschnitt individueller Karten errechnet oder, besser, mittels Gruppenkausalitätskarten, die sich als Resultat von Gruppendiskussionen herausbilden, eine Analyse durchgeführt.[220] Walsh[221] nennt in seiner Arbeit mehrere Studien, die mit Hilfe einer „collective cognitive map— Gruppenkognitionen testen.

Das Erfassen und das Verständnis von Kognitionen auf der Organisationsebene können grob gesehen mittels zwei verschiedenen Herangehensweisen erfolgen.[222] Die Erste aggregiert die messbaren Mindsets, Prozesse oder Stile von Einzelpersonen. Die zweite versucht Variablen zu finden, die in einer Organisation, existierende kollektive Kognitionen repräsentieren. *„Möglichkeiten hierfür bieten sich bspw. bei der Analyse der in einer Organisation verwendeten Kommunikationswege (top-down oder bottom-up), Kommunikationsformen (offen, verdeckt, hierarchisch etc.) der jeweiligen Identität oder der Kultur eines Unternehmens."*[223]

---

[213] Vgl. Walsh 1995
[214] Vgl. Iaquinto und Frederickson 1997
[215] Vgl. Prahalad und Bettis 1986; Bettis und Prahalad 1995
[216] Vgl. Sackmann 1992
[217] Vgl. Porac und Thomas 2002, S. 174
[218] Vgl. Wrona 2008, S. 52ff.
[219] Vgl. Wrona 2008, S. 58
[220] Vgl. Wrona 2008, S. 54ff.
[221] Vgl. Axelrod 1976; Robert 1976; Walsh 1995
[222] Vgl. Wrona 2008, S. 58
[223] Vgl. Bougon et al. 1977; Bartunek 1984 zitiert in Wrona 2008, S. 58

Die oben genannten Methoden werden hauptsächlich mittels **großzahligen, quantitativen Erhebungen und Analysen** durchgeführt. Zusätzlich gibt es verschiedene qualitative Forschungsmethoden, um Kognition auf der organisationalen Ebene zu messen. Dazu zählen, neben den Fallstudien auch eine Kombination aus einer Vielzahl an unterschiedlichen Erhebungsmethoden (z.B. un- bzw. halbstrukturierte Interviews, Beobachtungen, Feldnotizen), die in weiterer Folge entweder durch **qualitative oder durch quantitative Inhaltsanalysen** ausgewertet werden.

2.5 Erkenntnisse

In diesem Kapitel wurden Grundbegriffe der Kognitionspsychologie vorgestellt, auf denen die theoretischen Überlegungen der kognitiven Strategie- und Managementforschung basieren. Dabei ist zunächst beschrieben worden, was unter einem „Mindset" zu verstehen ist. Das Mindset-Konstrukt kann auch mit einer Wissensstruktur bzw. Kognitionsstruktur verglichen werden und stellt ein vereinfachtes „Abbild der Wirklichkeit" dar. Es ist ein fundiertes Wissen über ein Themengebiet. Ein Mindset besteht aus Lebenserfahrung, Emotionen, Motivationen, Werten, Annahmen, dem Beruf, der Ausbildung und Erziehung, dem Arbeitsumfeld, der Berufserfahrung und der Kultureinbettung.[224] D. h., das Mindset ist ein Produkt der Vergangenheit und entwickelt sich durch einen schrittweisen Prozess.[225] Das aktuelle Mindset kontrolliert die Auffassung und Interpretation von neuen Informationen. Solange die neuen Informationen mit dem aktuellen Mindset übereinstimmen, werden wir darin bestärkt. Sobald aber neue Information nicht mit dem aktuellen Mindset übereinstimmt, verweigern wir die neue Information oder wir ändern unser Mindset. Je offener jemand der Welt gegenübersteht, desto eher ändert diese Person seine Denkweise.[226]

Dieses Kapitel ist wichtig, um den einen Teil des Global Mindsets und zwar das Mindset-Konstrukt besser zu verstehen. Das **Global Mindset**, welches detailliert im nächsten Kapitel behandelt wird, stellt eine Forschungsrichtung dar, die sich vor allem mit internationalen Themen, Themen der Kognitionspsychologie (MOC) und Themen im Bereich des Global Leadership beschäftigt und seit ca. 10 Jahren in der wissenschaftlichen Forschung Relevanz hat.

---

[224] Vgl. **Abbildung 2-2**
[225] Vgl. Gupta und Govindarajan 2002, S. 116
[226] Vgl. Gupta und Govindarajan 2002, S. 117

3. Global Mindset

3.1 Überblick

In diesem Kapitel wird ein umfassender und eingehender Überblick über das Konstrukt Global Mindset gegeben. Dies umfasst neben wissenschaftlichen Studien auch Fachartikel sowie Bücher, welche Global Mindset bzw. „Synonyme" davon als Forschungsschwerpunkt bearbeiten. Zunächst werden dazu in Kapitel 3.2 die **Entwicklung des Global Mindset** anhand „bahnbrechender" bzw. „häufig-zitierten" Arbeiten vorgestellt. Darauf aufbauend werden die neusten Weiterentwicklungen zum Thema Global Mindset im Kapitel 3.3 anhand der **Thunderbird School of Global Management** vorgetragen. Diese messen das Global Mindset anhand der drei Kapitale und zwar dem psychologischem, sozialem und intellektuellem Kapital. Anschließend werden im Kapitel 3.4 unterschiedliche **Definitionen von Global Mindset** auf der **Individual- und auf der Organisationsebene** aufgelistet und die **Relevanz des Global Mindsets für die Unternehmenspraxis in Kapitel 3.5 anhand einer Diskussion über „Rigour vs. Relevance"** besprochen. In Kapitel 3.6 werden im Anschluss unterschiedliche wissenschaftliche Perspektiven des Konstrukts Global Mindset behandelt und die dabei anerkannten Perspektiven im Detail vorgestellt. Dazu gehören die kulturelle (Kapitel 3.6.1), die strategische (Kapitel 3.6.2) und die multidimensionale (strategisch und kulturelle) (Kapitel 3.6.3) Perspektive. Die Kategorisierung und Unterteilung der Strömungen sowie Forschungsschwerpunkte sind dabei eng an die Vorgehensweise von Levy et al.[227] angelehnt. Eine Einteilung des Global Mindset nach **Gupta/Govindarajan**[228] (Kapitel 3.6.3.1) und einem neueren Beitrag von Gupta et al.[229] sowie nach **Arora et al.**[230] (Kapitel 3.6.3.2) wird hier in den Unterkapiteln vorgenommen. Kapitel 3.7 führt vertiefend dazu die Einteilung der unterschiedlichen Betrachtungsebenen des Global Mindset ein. Hierbei wird in die Individualebene und die Organisationsebene des Konstruktes Global Mindset unterschieden. Abschließend wird in diesem Kapitel auf die verschiedenen Messmethoden eingegangen, zur Messung des Konstrukts an der Individualebene unter Punkt 3.7.1 und der Messung des Global Mindsets auf Unternehmensebene unter Punkt 3.7.2. Diese Messmethoden des Global Mindsets im Spezifischen werden mit den Messmethoden der kognitiven Strategieforschung (vgl. Kapitel

---

[227] Vgl. Levy et al. 2007
[228] Vgl. Gupta und Govindarajan 2002
[229] Vgl. Gupta et al. 2008
[230] Vgl. Arora et al. 2004

2.4.3 und 2.4.4) verglichen. Wichtige Erkenntnisse dieses Kapitels werden unter Kapitel 3.8 zusammengefasst.

3.2 Entwicklungsgeschichte des Global Mindset

Da das **Mindset**-Konzept eine lange Geschichte in der kognitiven Psychologie hat, ist es untrennbar von der Kognitionstheorie sowie den Messmethoden auf diesem Gebiet zu betrachten. Viele Studien definieren die Eigenschaften von Global Mindset, als die **kognitive Fähigkeit und als ein Informationsprozessvermögen von Managern**[231] , die über ein gewisses Themengebiet (hier der Internationalisierung bzw. Globalisierung) Kenntnis erlangt haben und eine Kognitionsstruktur bzw. Mindset aufgebaut haben. D.h., der Manager hat Annahmen über Ursache-Wirkungszusammenhänge, wie die Welt international funktioniert und hat demensprechend eine eigene Brille auf, wie die Sicht der Dinge ist. Dies ist jedoch nur eine (subjektive) Abbildung der Wirklichkeit von vielen.

Das Phänomen des Global Mindsets reicht zurück bis zu den frühen 60er Jahren, welche durch **Aharoni und Kindleberger** geprägt wurde, die den Begriff der **„kognitiven Fähigkeiten"** von Senior Managern einführten.[232] Diese verstanden darunter, dass Manager eine Art „Schema im Kopf" haben, wie die Welt verstanden werden kann.

Perlmutter[233] war der Erste der den eigentlichen Begriff des Global Mindsets 1969 in die Literatur einführt. Dieser heißt bei ihm **„geocentric mindset."**[234] Im Speziellen richtet er seine Aufmerksamkeit auf die **Kognition von Managern** durch das Einsetzen des Mindset-Konstruktes von Managern bei einer **Typologie von MNU**. Er[235] beschreibt in seiner Arbeit detailliert drei verschiedene Führungskonzepte:

- das **ethnozentrische** (Orientierung am Heimatland) Führungskonzept,
- das **polyzentrische** (Orientierung am Gastland) Führungskonzept und
- das **geozentrische** (Weltorientierung) Führungskonzept.

Perlmutter stellt schon damals fest, dass es wichtig ist, auf die Einstellung des Managers zu achten, da die persönliche Einstellung zu unterschiedlichen Führungsstilen und Entscheidungen führt.

---

[231] Vgl. Kapitel 3.3
[232] Vgl. Levy et al. 2007a, S. 11
[233] Vgl. Perlmutter 1969
[234] Vgl. Kapitel 3.2.1
[235] Vgl. Perlmutter 1969

Manager mit einer **ethnozentrischen** Denkweise halten sich an die Kultur und Werte des Heimatlandes. Die eigenen Überzeugungen und Ideen stehen über denen aus anderen Ländern.[236] Die ethnozentrische Managementperspektive ist effektiv in Bereichen, in denen ein hoher Grad an Standardisierung der Tätigkeiten, Prozesse und Technologien rund um die Welt notwendig ist.[237]

Manager z.B. mit einer **polyzentrischen** Denkweise können sich gut an kulturelle Unterschiede anpassen und überwinden diese Verschiedenheiten zwischen Heimatmarkt und Zielmarkt sehr schnell. Sie handeln nach dem Motto: *„Wenn du in Rom bist, mach es wie die Römer."* Eine polyzentrische Perspektive ist angebracht, wenn eine hohe Sensibilität für lokale Märkte verlangt wird.[238] Manager können mit einer polyzentrischen Denkweise sich gut an kulturelle Unterschiede anpassen und überwinden diese Verschiedenheit zwischen Heimatmarkt und Zielmarkt sehr schnell.

Die Beschreibung des **geozentrischen Führungskonzepts** ist eine der ersten Beschreibungen eines Global Mindset. Gemäß Kedia und Mukherji[239] verfolgt der geozentrische Ansatz eine **transnationale Unternehmensstrategie und Denkstruktur**[240], bei der ein Global Mindset von großer Bedeutung ist. Manager mit einer **geozentrischen** Denkweise sind effektiv darin, Gruppen aus verschiedenen Kulturen zusammenzubringen, um ein gemeinsames Ziel zu erreichen. Sie sehen die Welt als einen großen Marktplatz und kulturelle Unterschiede stellen für sie keine Hürden dar. Der geozentrische Ansatz ist besonders wichtig für Unternehmen und Manager, die auf globalem Level tätig sind, um Gemeinsamkeiten verschiedener Kulturen zu erkennen und verschiedene Ansätze zu integrieren.[241] Perlmutter[242] beschreibt im geozentrischen Führungskonzept, dass Mitarbeiter nicht anhand ihrer geographischen Herkunft ausgewählt werden, sondern nach ihrer Kompetenz. Im Gegensatz zum ethnozentrischen oder polyzentrischen Führungsstil, wo entweder bevorzugt Personen aus dem Heimatland oder bevorzugt Personen aus dem Gastland ausgesucht werden, sieht man beim geozentrischen Führungskonzept die Welt als ein „Ganzes" an. Mit der geozentrischen Managementperspektive ist eine Unternehmenskultur gekennzeichnet, die keiner einzelnen Nationalkultur verpflichtet ist und dies auch an ihren unterschiedlichen Standorten in verschiedenen Ländern

---

[236] Vgl. Beaman 2004, S. 45
[237] Vgl. Beaman 2004, S. 45
[238] Vgl. Beaman 2004, S. 45
[239] Vgl. Kedia und Mukherji 1999, S. 241;Osland et al. 2006, S. 200
[240] Vgl. Osland et al. 2006, S. 200
[241] Vgl. Beaman 2004, S. 45
[242] Vgl. Perlmutter 1969, S. 9ff.

durchhält.[243] Insgesamt kommen gute Ideen aus irgendeinem Land und werden an irgendein anderes Land, in dem das Unternehmen vertreten ist, weitergegeben.[244] Manager mit einer geozentrischen Denkweise sind effektiv darin, Gruppen aus verschiedenen Kulturen zusammenzubringen, um ein gemeinsames Ziel zu erreichen. Sie sehen die Welt als einen großen Marktplatz an und kulturelle Unterschiede stellen für sie keine Hürden dar. Der geozentrische Ansatz ist besonders wichtig für Unternehmen und Manager, die auf globalem Level tätig sind, um Gemeinsamkeiten verschiedener Kulturen zu erkennen und verschiedene Ansätze zu integrieren.[245]

Es wird in diem Buch davon ausgegangen, dass internationaler Erfolg davon abhängt, wie die Orientierung eines Managers mit dem Typ der Organisation, für die er arbeitet, zusammenpasst. Eine **transnationale Organisation** erfordert die Fähigkeit mit verschiedenen Perspektiven umzugehen, Komplexität zu managen und Bindungen mit verschiedenen Kulturen aufzubauen. Je weiter das Unternehmen in seiner organisationalen Entwicklung ist, desto wichtiger sind Manager mit einem Global Mindset, um das Unternehmen zu einem internationalen Erfolg zu führen.[246]

Wie aus den vorherigen Ausführungen ersichtlich, beeinflussen die verschiedenen Führungskonzepte verschiedene Aspekte des Unternehmens wie bspw. die Unternehmensstruktur, die Strategie und v.a. die Managerial Cognition und die Prozesse.[247] **Heenan und Perlmutter[248]** fügen später noch das **regiozentrische** Führungskonzept hinzu, das eine regionale Orientierung beschreibt. Perlmutters Beschreibung der Entwicklung von einem ethnozentrischen zu einem geozentrischen Führungsstil ist die Grundlage vieler weiterer Forschungen im Bereich Global Mindset.[249] In folgender Abbildung 3-1 werden die drei Hauptmanagementperspektiven und die organisationale Entwicklung von Perlmutter[250] von dem Ethnozentrismus hin zum Geozentrismus über die Zeit angeführt.

---

[243] Vgl. Perlmutter 1969, S. 17
[244] Vgl. Levy et al. 2007, S. 237
[245] Vgl. Beaman 2004, S. 45
[246] Vgl. Kedia und Mukherji 1999, S. 241
[247] Vgl. Perlmutter 1969, S. 11ff.
[248] Vgl. Heenan und Perlmutter 1979
[249] Vgl. Perlitz 2004, S. 119f; Levy et al. 2007a, S. 7f.;
[250] Vgl. Perlmutter 1969

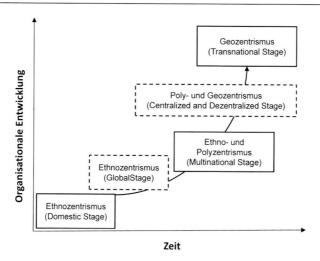

Abb. 3-1: Global Mindset und die organisationale Entwicklung[251]

Je weiter das Unternehmen in seiner organisationalen Entwicklung ist, desto wichtiger sind Manager mit einem Global Mindset (Geozentrismus), um das Unternehmen zu einem internationalen Erfolg zu führen.[252]

Aufbauend auf dem Konzept von Perlmutter arbeiten **Bartlett und Ghoshal**[253] bspw. mit der Idee des geozentrischen Führungskonzepts und entwickelten ein „**transnational**" **mindset**. Ein Unternehmen mit einem transnational mindset versucht möglichst global integriert und gleichzeitig lokal angepasst zu sein.[254] Andere konzeptionelle Phrasen wie z.B: "**transnational mentality**[255]", „**Global Mindset**"[256] und „**multinational mindset**"[257] haben ebenfalls ihren Einzug in akademischer wie Populärpresse genommen. Kognitive Aspekte von MNU wurden anschließend von Doz/Prahalad[258] weiter ausgeführt, wie detaillierter unter Kapitel 3.4.2 der strategischen Perspektive genauer zu sehen ist.

Ein weiterer bedeutender Autor zum Thema Global Mindset ist **Rhinesmith**,[259] der der Meinung ist, dass eine Person mit einem Global Mindset ein umfassenderes Bild anstrebt, das Leben mit widersprüchlichen Faktoren und Unvorhersehbarkeiten akzeptiert, eher Prozessen

---

[251] Vgl. Beaman 2004, S. 46
[252] Vgl. Kedia und Mukherji 1999, S. 241
[253] Vgl. Bartlett und Ghoshal 1989
[254] Vgl. Bartlett und Ghoshal 1989, S. 1ff.
[255] Vgl. Bartlett und Ghoshal 1989
[256] Vgl. Rhinesmith 1992
[257] Vgl. Caproni et al. 1992
[258] Vgl. Doz und Prahalad 1991
[259] Vgl. Rhinesmith 1992, S. 63ff.

als Strukturen in einem Unternehmen vertraut, Diversität schätzt und mit Unsicherheit umgehen kann. Die Person sucht nach unerwarteten Trends und Möglichkeiten, um persönliche, berufliche und unternehmerische Ziele zu erreichen. D. h., Individuen mit einem Global Mindset fühlen sich wohl mit Unsicherheiten und Überraschungen und öffnen sich selbst und Anderen gegenüber.[260] Er beschreibt ein Mindset als einen „Filter", durch den wir die Welt wahrnehmen.[261] Jemand mit einem Global Mindset kann demnach mit Komplexität, Vielfältigkeit, Ungewissheit und Unberechenbarkeit umgehen.[262] Zu jener Zeit wurde das Global Mindset als ein **Individual-Level-Konstrukt** angesehen.

In weiterer Folge definierte **Srinivas**[263] das Global Mindset als eine bestimmte Art, mit der Welt umzugehen und geht davon aus, dass ein Global Mindset die Grundlage für unternehmerische Fähigkeiten wie z.B. die Bewältigung von Unsicherheit ist. Srinivas beschreibt acht Bestandteile, aus dem ein Global Mindset besteht und die eine Person mit einem Global Mindset besitzen sollte:

- Neugierde und Interesse am Kontext

- Akzeptanz von Komplexität und seinen Widersprüchen

- Bewusstsein, dass es Diversität gibt sowie das Einfühlvermögen, damit umzugehen

- Fertigkeit, in überraschenden und ungewissen Situationen immer Chancen zu sehen

- Vertrauen in unternehmerische Prozesse

- Fokus auf fortlaufende Verbesserungen

- Langfristige Sichtweise

- Systemdenken (Wahrnehmung von gegenseitigen Abhängigkeiten und Ursache Wirkungs-Mechanismen)[264]

In ähnlicher Weise wie Rinesmith[265] beschreibt **Kefalas**[266], dass Personen die global orientiert, aber auch lokal effektiv handeln, geeignet sind, eine Führungsposition im globalen Umfeld einzunehmen. Er entwickelt die beiden Variablen Konzeptualisierung und Kontextualisierung, um ein Global Mindset zu beschreiben. **Konzeptualisierung** bezieht sich dabei auf die Bildung von einem mentalen Modell der Welt und beschreibt Personen mit einer globalen Sichtweise. Es beinhaltet die Fähigkeit sich selbst als Teil der globalen Welt zu sehen und

---

[260] Vgl. Rhinesmith 1992, S. 64
[261] Vgl. Rhinesmith 1992, S. 64
[262] Vgl. Earley et al. 2007, S. 75
[263] Vgl. Srinivas 1995
[264] Vgl. Srinivas 1995, S. 30f.
[265] Vgl. Rhinemsith 1992
[266] Vgl. Kefalas 1998

global zu denken.[267] **Kontextualisierung** beschreibt hingegen die Adaption dieser mentalen Modelle während der Handlung und die Möglichkeit einer Person, sich an lokale Gegebenheiten anzupassen. Mit anderen Worten bezieht sich Kontextualisierung auf das Handeln in der lokalen Umgebung und dem lokalen Kontext,[268] also auf die Fähigkeit in einem Kontext zu handeln und sich der lokalen Umgebung anzupassen. Bei einer hohen Punkteanzahl in beiden Variablen (Konzeptualisierung und Kontextualisierung) besitzt eine Person, nach Auffassung von Kefalas, ein hohes Maß an Global Mindset.[269] D. h., dass Individuen, die global denken und lokal handeln sehr geeignet sind für das Management internationaler Geschäftstätigkeiten.[270]

Murtha et al.[271] operationalisierten das Global Mindset an der Individualebene durch Begrifflichkeiten der Kognition von Managern in Bezug zur internationalen Strategie. Im Speziellen messen sie das global mindset als eine Kombination von drei Dimensionen und zwar (Integration, Responsiveness und Koordination).

Kedia und Mukherji[272] schlagen vor, dass das Wissen, die Fähigkeiten und die Intelligenz eines Managers die Grundlage für ein Global Mindset sind. Das Wissen eines Managers umfasst dabei das Verständnis verschiedener Aspekte der interdependenten Welt, wobei die Fähigkeiten dabei helfen, effektiv im globalen Umfeld zu arbeiten. Personen mit einem Global Mindset sind toleranter gegenüber anderen Menschen und anderen Kulturen und sie benötigen somit Wissen über relevante Technologien, sozialpolitische Faktoren verschiedener Kulturen sowie interkultureller Angelegenheiten. Kedia und Mukherji[273] sind der Meinung, dass ein bestimmter Typ von vier Managern Mindset ein Global Mindset besitzt, den sie den „**Integrator**" oder „Global" nennen.

In einer vielfach zitierten Studie von **Gupta und Govindarajan**[274] wird Global Mindset als ein **kognitiver Filter** bezeichnet, durch den wir unsere Welt wahrnehmen und dieser Sinn verleiht. Eine Person besitzt ein Global Mindset, wenn sie bewusst und offen mit Unterschieden bzgl. Kulturen und Märkten umgeht. D. h., dass jemand mit einem Global Mindset Verbindungen zwischen diesen Unterschieden herstellen kann.[275] Gupta und Govindarajan[276] sind

---

[267] Vgl. hierzu auch Arora et al. 2004, S. 399 sowie Kapitel 3.4.3.2.
[268] Vgl. Beechler et al. 2010, S. 8
[269] Vgl. Kefals 1998, S. 547ff.
[270] Vgl. Arora et al. 2004, S. 399
[271] Vgl. Murtha et al. 1998
[272] Vgl. Kedia und Mukherji 1999, S. 230 und S. 235
[273] Vgl. Kedia und Mukherji 1999, S. 245f.
[274] Vgl. Gupta und Govindarajan 2002, S. 117f.
[275] Vgl. Gupta und Govindarajan 2002, S. 117
[276] Vgl. Gupta und Govindarajan 2002, S. 118f.

der Auffassung, das ein Global Mindset auf einer vielfältigen Kognitionsstruktur basiert. Die Integrationsfähigkeit ist sehr wichtig, da ein Unternehmen mit einer globalen Sichtweise ohne **Integrationsfähigkeit** zwar viele verschiedene Märkte bedient, jedoch keine Kombinations- oder Integrationsvorteile erkennen. Integration bedeutet bei Ihnen die Fähigkeit zwischen Kulturen und Märkten die Diversität zu integrieren und Differenzierung beschreibt die Offenheit die Diversität zwischen Kulturen und Märkten.

Begley und Boyd[277] haben eine ähnliche Perspektive wie Kefalas[278] und bezeichnen ein Global Mindset als die Fähigkeit, global zu denken, jedoch lokal zu handeln. Sie beschreiben Global Mindset als „...*the ability to develop and interpret criteria for business performance that are not dependent on the assumptions of a single country, culture, or context and to implement those criteria appropriately in different cultures and contexts*".

Nummela et al. [279] verstehen Global Mindset sehr ähnlich wie Gupta und Govindarajan[280] und sind der Auffassung, dass Global Mindset eine positive Einstellung gegenüber internationalen Angelegenheiten umfasst sowie die Fähigkeit, sich unterschiedlichen Umwelten und Kulturen anzupassen.

Beechler und Javidan[281] beschreiben Global Mindset bestehend aus Wissen, der kognitiven Fähigkeit und psychologischen Attribute, welche Leadership in verschiedenen diversen kulturellen Umwelten unterstützen, welche drei Hauptkomponenten sich beteiligen. Intellektuelle, psychologisches und soziales Kapitel. (Vgl. Kapitel 3.3).

In einer im Jahr 2007 veröffentlichten Meta-Studie von **Levy et al.**[282] lassen sie erkennen, dass das Global Mindset in der Literatur meist anhand der zwei Dimensionen - kulturelle und nationale Diversität sowie die strategische Komplexität, die durch ein globales Umfeld entstehen - ein Global Mindset beschrieben wird. Damit eine Person diese beiden Dimensionen erfolgreich bewältigen kann, beschreiben Levy et al. [283] zwei Kriterien, die zu einem Global Mindset gehören:

---

[277] Vgl. Begley und Boyd 2003, S. 25f.
[278] Vgl. Kefalas 1998, S. 549ff.
[279] Vgl. Nummela et al. 2004, S. 53
[280] Vgl. Gupta und Govindarajan 2002, S. 117
[281] Vgl. Beechler und Javidan 2007
[282] Vgl. Levy et al. 2007, S. 6ff.
[283] Vgl. Levy et al. 2007, S. 9ff.

Kosmopolitismus und **kognitive Komplexität.** Personen mit einem Global Mindset sind toleranter gegenüber anderen Menschen und anderen Kulturen und sie benötigen somit Wissen über relevante Technologien, sozialpolitische Faktoren verschiedener Kulturen sowie interkultureller Angelegenheiten. Nachfolgende Abbildung 3-2 zeigt die Bestandteile des Global Mindsets auf.

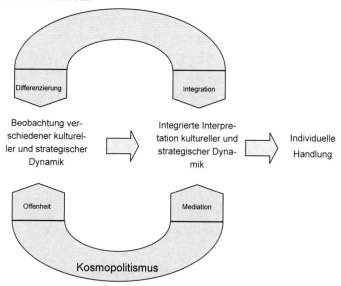

Abb. 3-2: Informationsverarbeitungsmodell des Global Mindset nach Levy et al.[284]

Der Begriff **Kosmopolitismus** stammt aus der Sozialwissenschaft. Auf individueller Ebene versteht man heute unter Kosmopolitismus die Anerkennung einer Person, dass eine andere Person anders ist.[285] Ein Mensch besitzt Kosmopolitismus, wenn er offen gegenüber anderen kulturellen Erfahrungen ist sowie die Fähigkeit besitzt, sich in dieser anderen Kultur zurechtzufinden und davon zu lernen.[286] D.h. ein Kosmopolit wird als ein „Weltbürger" definiert. Kosmopolitismus ist eine Einstellung, die sich an dem Anderen orientiert und wird gekennzeichnet durch die Fähigkeit gleichzeitig global und ortsgebunden zu leben. Ein Kosmopolit ist offen, um andere Systeme und Meinungen kennenzulernen, vergisst dabei aber nicht seine eigenen kulturellen Einstellungen. Er kann zwischen dem Bekannten und dem Fremden verhandeln.[287] Levy et al.[288] definieren Kosmopolitismus als eine Orientierung zum Fremden, die

---

[284] Vgl. Levy et al. 2007, S. 52
[285] Vgl. Köhler 2006, S. 41
[286] Vgl. Hannerz 1996, S. 163ff.
[287] Vgl. Tomlinson 2000, S. 346

anstrebt, vertraute und fremde Dinge zu vereinen. Kosmopolitismus ist die Offenheit und der Wille, alternative Sinnsysteme von anderen Personen zu erforschen und davon zu lernen. **Kognitive Komplexität** und v.a. die Komplexität der Managerial Cognition ist ein wichtiger Faktor, der die Entscheidungsfindung, strategische Entscheidungen und die Unternehmensperformance beeinflusst.[289] Der Grad der **Differenzierung**, der Gliederung und der **Integration** in einem Mindset spiegelt sich in der Komplexität der Kognition wieder.[290] Besteht ein Mindset aus einer großen Anzahl von präzise artikulierten und gut integrierten Elementen, wird es als relativ komplex angesehen. Eine Person muss jedoch ausreichend Wissen besitzen, um überhaupt eine komplexe Repräsentation des Informationsbereichs zu formen. Somit besteht **kognitive Komplexität** nicht nur aus einer gewissen Struktur, sondern auch aus ausreichend Wissen. Forschungen an kognitiver Komplexität haben ergeben, dass Individuen mit einer relativen komplexen Kognition eine bessere Informationsverarbeitungsfähigkeit besitzen.[291] Kognitiv komplexe Personen suchen nach umfangreicheren und neueren Informationen, verbringen mehr Zeit damit, diese Informationen zu interpretieren, nehmen eine größere Anzahl an Dimensionen wahr und besitzen und verwenden gleichzeitig mehrere konkurrierende und komplementäre Interpretationen.[292]

Im multinationalen Kontext wird kognitive Komplexität benötigt, um gleichzeitig die meist widersprüchlichen Anforderungen für globale Integration und lokale Anpassung auszugleichen. Außerdem wird komplexe Kognition mit der Fähigkeit, Probleme neu zu definieren und Widersprüche auszugleichen, der Toleranz von Unsicherheiten sowie mit der Berücksichtigung von verschiedenen Gesichtspunkten in Verbindung gebracht.[293] **Kognitive Komplexität** ist demnach verbunden mit der Kapazität zwischen Widersprüchen, Ambiguitäten und Trade-offs zu balancieren und der Fähigkeit Paradoxes und Dualitäten zu managen. **Kosmopolitismus** bezieht sich auf eine Menge an psychologischen Eigenschaften, die ein Individuum befähigen ein nicht-ethnozentrisches Weltbild einzunehmen. Kosmopolitische globale Führungskräfte spielen ihre eigene nationale Identität herunter. Sie sind offen und sensitiv zu anderen Kulturen und zeigen eine Bereitschaft über andere etwas zu lernen.

In einem kürzlich erschienen Buch von **Gupta et al.**[294] wird davon ausgegangen, dass ein Global Mindset aus einer Kognitionsstruktur besteht, die ein hohes Maß an **Differenzierung**

---

[288] Vgl. Levy et al. 2007, S. 11
[289] Vgl. Weick 1979, S. 261f.
[290] Vgl. Levy et al. 2007, S. 18
[291] Vgl. Levy et al. 2007, S. 18f.
[292] Vgl. Bartunek 1983, S. 273ff.; Dollinger 1984, S. 351ff.
[293] Vgl. Levy et al. 2007, S. 18f.
[294] Vgl. Gupta et al. 2008

und Integration aufweist.[295] Was ein Global Mindset ist, wird in nachfolgender Abbildung 3-3 verdeutlicht.

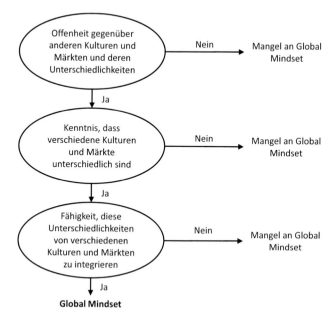

Abb. 3-3: Was ist ein Global Mindset?[296]

Die Graphik 3-3 verdeutlicht, dass ein Global Mindset die Offenheit gegenüber verschiedenen Kulturen, die Kenntnis der Unterschiede sowie auch die Fähigkeit, mit diesen Unterschieden umzugehen, kombiniert. Fehlt eine dieser drei Eigenschaften, herrscht ein Mangel an Global Mindset.

In einer kürzlich erschienen Studie von **Story und Barbuto**[297] beschreiben sie ein Global Mindset bestehend aus **kultureller Intelligenz** (operationalisiert durch drei Dimensionen – kognitiv, metakognitiv und motivational) und **globaler Geschäftsorientierung**, welche sich auf die externe Makro-Umwelt und den strategischen Angelegenheiten einer globalen Unternehmung bezieht. Aus diesen zwei Dimensionen folgen **vier Mindsets**, die jeweils mit hoher und niedriger Repräsentierung beschrieben werden können. Earley und Ang[298] schlagen vor, dass **kulturelle intelligente Individuen** fähig sind "*...are capable of developing a common mindset derived from available information even when an understanding of local practices*

---

[295] Vgl. Gupta et al. 2008, S. 122
[296] Vgl. Gupta et al. 2008, S. 123
[297] Vgl. Story und Barbuto 2011, S. 379ff.
[298] Vgl. Earley und Ang 2003 Literatur im Verzeichnis eingefügt, bitte übernehmen

and norms are limited. Vor diesem Hintergrund hat eine kulturelle intelligente Person die kognitive Kapazität, neue kulturelle Umwelten zu verstehen und sie kann sich in diese Kulturen reindenken und kann auch ein Verhalten an den Tag legen, welches in dieser Umwelt benötigt wird. **Globale Businessorientierung** beschreibt die Einstellung der Individuen zur Internationalisierung und auch die Fähigkeit sich an neue Geschäftsumwelten anzupassen. Nachfolgende Abbildung 3-4 visualisiert die vier Mindsets.

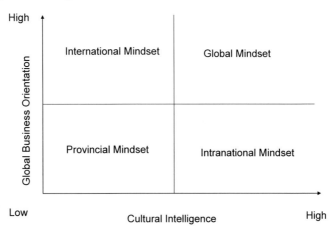

Abb. 3-4: Mindsets nach globaler Geschäftsorientierung und kultureller Intelligenz

Ein hoher Wert von kultureller Intelligenz und ein hoher Wert in der globalen Geschäftsorientierung ergibt ein **Global Mindset**. Global Mindset ist hier vergleichbar mit dem „**integrator-Mindset**" von Kedia und Mukherji 1999, dem „geocentric mindset" von Perlmutter 1969 und dem Global Mindset-Konzept von Kefalas 1998. **Provincial Mindset** ist vergleichbar mit dem „**defender-Mindset**" von Kedia und Mukherji 1999 und dem **ethnocentric mindset** von Perlmutter 1969. International Mindset entspricht dem „controller mindset" von Kedia und Mukherji 1999 und dem **polyzentrischen mindset** von Perlmutter 1969.

3.3 Global Mindset an der Thunderbird School of Global Management[299]

In den letzten Jahren wird zumeist die Forschung des Global Mindsets an der **Thunderbird School of Global Management**[300] in Glendale Arizona/ USA betrieben. Diese haben einen

---

[299] Für die Ausarbeitung des vorliegenden Kapitels bedanke ich mich bei Frau **Astrid Greiner**.

Fragebogen, den sog. **Global Mindset Inventory (GMI)** entwickelt und testen dabei das globale denken sowohl an der Individual- als auch Unternehmensebene durch 76 Fragen, welche sie mittels einer **konfirmatorischen Faktorenanalyse** auswerten. Laut der Thunderbird School of Global Management besteht das Global Mindset aus vielen individuellen Charakteristiken, die globalen Führungskräften dabei helfen, Individuen, Gruppen und Organisationen, die anders sind als sie selbst, besser zu beeinflussen.[301] Sie beschäftigen sich übergreifend auch damit, wie diese Bestandteile des Global Mindsets gemessen und entwickelt werden können.[302] Die individuellen Charakteristika, die im Rahmen des Fragebogens getestet oder abgefragt werden, bestehen aus z.b.:

- logisches Geschäftsdenken, Lösung komplexer Aufgaben, Interesse am Weltgeschehen (**Intellektuelles Kapital**)

- Leidenschaft für Verschiedenheit, Streben nach Abenteuern, Selbstbewusstsein (**Psychologisches Kapital**

- Diplomatie, interkulturelles Einfühlungsvermögen, zwischenmenschliches Einwirkungsvermögen. (**Soziales Kapital**) [303]

Insgesamt stellt der GMI die erste **psychometrische Messmethode** für die Leistung globaler Führungskräftepositionen weltweit dar.[304]

Der Fragebogen (GMI) wurde von 8 Universitätsprofessoren der Thunderbird School of Global Management unter der Regentschaft von Prof. Dr. Javidan - der auch der Mitbegründer der Globe Study ist - entwickelt und basiert auf den Erkenntnissen der bisherigen Forschung. Die acht Thunderbird Professoren haben 200 global agierende Personen persönlich interviewt, um das Konzept eines Global Mindsets zu definieren und wissenschaftliche Instrumente zu entwickeln, die ein Global Mindset auf individueller-, Gruppen- und Organisationsebene messen können.[305] Dabei haben sie zunächst **35 Attribute von Global Mindset** explorativ in einer **Konferenz** mit namhaften Professoren gesammelt.[306] Des Weiteren stellen sie fest, dass das Global Mindset unpräzise definiert ist und dass der Begriff mehrdeutig definiert und deren Anwendung oft idiosynkratisch ist.[307] **Beechler und Javidan**[308] diskutieren, dass das global

---

[300] Vgl. www.thunderbird.edu.com
[301] Vgl. Bowen et al. 2010, S. 1
[302] Vgl. Thunderbird 2010, S. 2
[303] Vgl. Thunderbird Global Mindset Institue 2011, S. 5
[304] Vgl. Javidan et al. 2010, S. 4
[305] Vgl. Javidan et al. 2010, S. 4
[306] Vgl. **Anh. B**
[307] Vgl. Javidan und Teagarden 2011, S. 14
[308] Vgl. Beechler und Javidan 2007, S. 154

mindset as "*a multifaceted construct that represents the fusion between an orientation, toward the external environment, and a person's underlying openness to ideas and experiences" ist.* [309]

Insgesamt stellte der Entwicklungsprozess des **Global Mindset Projekts** einen **multiphasen und multimethoden Forschung dar,** um die Komplexität des Konstruktes Global Mindset einzupfangen. Felduntersuchung und Archivforschung sind angewendet worden. [310] Im Rahmen der Konferenz ist man zur folgenden Definition vom Global Mindset Projekt gekommen [311]: "*Global mindset is the stock of (1) knowledge, (2) cognitive, and (3) psychological attributes that enable the global leader to influence individuals, groups and organizations (inside and outside the boundaries of the global organization) representing diverse cultural/political/ institutional systems to contribute toward the achievement of the global organization's goals.* " Insgesamt ist in der Konferenz festgehalten worden, dass globale Führungskräfte eine Kombination aus verschiedenen Attributen genannt Global Mindset aufbauen müssen, die aus drei abgeleiteten theoretischen Komponenten besteht: intellektuelles Kapital, soziales und psychologisches Kapital.

Zunächst gab es **91 Items** davon 65 zu Global Mindset und 26 Demographika und dies reduzierte sich zu **76 items.** (50 zu Global Mindset und 26 Demographika). [312] Der Internetbasierte Fragebogen besteht aus neun Skalen, die um die drei Faktoren in dem konzeptuellen Modell verdichtet wurden. [313] Zuvor waren es noch 12 Skalen, wie in nächster Abbildung 3-5 festzustellen ist.

Elemente des Global Mindsets [314]

Psychological Capital as:

- Respect for diverse cultures;
- Open attitudes toward diverse cultures;
- Passion for learning about and exploring other cultures;
- Positive personality traits, such as resiliency, curiosity, confidence, and quest for adventure.

Social Capital as:

- International Connections;

---

[309] Vgl. Levy et al. 2007; Rhinesmith 1996; Kedia und Mukherji 1999; Govindarajan und Gupta 2001; Clapp-Smith et al. 2007
[310] Vgl. Javidan und Teagarden 2011, S. 15
[311] Vgl. Javidan und Teagarden 2011, S. 20; Beechler und Javidan 2007, S. 154
[312] Vgl. Javidan und Teagarden 2011, S. 26
[313] Vgl. Javidan und Teagarden 2011, S. 36
[314] Vgl. Thunderbird Global Mindset Institute 2011, S. 5

- Interpersonal competence needed to develop new relationships;
- Leadership skills required to mobilize employees at the global level.

Intellectual Capital is conceptualized as:

- Knowledge of global industries;
- Understanding value networks and organization;
- Understanding complex global issues;
- Possessing cultural acumen.

Des Weiteren wurde der GMI noch durch einen rigorousen theoretischen und empirischen Prozess verfeinert, so dass sehr valide und reliable Eigenschaften des Konstrukts Global Mindset herauskamen.[315]

Das **intellektuelle Kapital**[316] bezieht sich auf "*...to the global leader's intellectual and cognitive capabilities and consists of several key attributes: knowledge of global industries, understanding value networks and organizations, understanding complex global issues and possessing cultural acumen.*"

Das **soziale Kapital**[317] bezieht sich "*...to relationships inside and outside the firm and consists of several key attributes: international connections, interpersonal competence needed to develop new relationships, and leadership skills required to mobilize employees at the global level.*"

Das **psychologische Kapital** bezieht sich "*...to a positive psychological profile, cosmopolitanism, and passion for cross-cultural encounters and consists of several key attributes: respect for diverse cultures, open attitudes toward diverse cultures, passion for learning about and exploring other cultures, positive personality traits, such as resiliency, curiosity, confidence and quest for adventure.*"

Wie schon beschrieben, wird als Resultat der Forschung das GMI entwickelt, um das Global Mindset zu messen.[318] Der GMI ist ein **Internet-basierender Test** mit Fragen der ungefähr zehn Minuten dauert. Durch diesen Test wird es Unternehmen ermöglicht, das Global Mindset ihrer Mitarbeiter und Einheiten innerhalb eines Unternehmens zu messen.[319] Der Test ist im Format der **Selbstbewertung** und der **360 Grad-Bewertung** erhältlich.[320] Dadurch können sich Unternehmen versichern, dass sie Manager haben, die der zunehmenden Komplexität

---

[315] Vgl. Javidan und Teagarden 2011, S. 37
[316] Vgl. Javidan und Teagarden 2011, S. 20f.
[317] Vgl. Javidan und Teagarden 2011, S. 21ff.
[318] Vgl. Javidan et al. 2010, S. 4
[319] Vgl. Bowen et al. 2010, S. 1
[320] Vgl. Swain 2007, S. 29

am globalen Markt gewachsen sind und mit den Unterschieden am Markt umgehen können.[321] Der GMI hilft Unternehmen herauszufinden, welche Manager wahrscheinlich eher im Ausland erfolgreich sind und welches Kapital noch Entwicklungsbedarf aufweist.[322] Insgesamt sind schon 6200 Probanden und über 200 Unternehmen getestet worden.[323] Bekannte Unternehmen wie Wal-Mart, Oracle, Henkel, The World Bank, und viele mehr haben bereits von dem Tool Gebrauch gemacht.[324] Mittlerweile bietet Thunderbird auch neben dem GMI einige Trainingsprogramme an, um das Global Mindset von Individuen zu fördern. Auch alle Studenten, die sich an der Thunderbird School of Global Management bewerben oder bereits dort studieren, müssen den Test absolvieren, um herauszufinden, inwiefern sich das Global Mindset der Studenten im Rahmen der Ausbildung entwickelt hat und wie effektiv die Unterrichtsmethoden an der Universität sind.[325] Nachfolgend wird auf die Bestandteile bzw. Elemente des jeweiligen Kapitals näher Bezug genommen.

3.3.1 Intellektuelles Kapital

Das **intellektuelle Kapital**[326] besteht aus dem Individuen's globalen logischen Geschäftsverstand („business savvy"), der kosmopolitischen Orientierung bzw. dem Interesse am Weltgeschehen und der kognitiven Komplexität. Bei diesem Kapital spielt vor allem tiefes, sowie auch breit gefächertes Wissen und Verständnis eine große Rolle.[327] Wissen ist das Fundament, um effektiv managen zu können und beinhaltet das laufende Beobachten und Informieren über neue Entwicklungen in verschiedenen Bereichen. Nur ein breit gefächertes Wissen kann Managern dabei helfen, Entwicklungen und Handlungen zu verstehen.

Das **logische Geschäftsdenken** beinhaltet das Wissen über globale Industrien [328] sowie das Wissen über die Geschäfts- und Marketingstrategien der Mitbewerber.[329] Individuen mit einem hohen Anteil an intellektuellem Kapital wissen über globale Industrien Bescheid[330], können diese verstehen und wissen, wie sie handeln müssen, um am Markt erfolgreich zu sein.[331]

---

[321] Vgl. Bowen et al. 2010, S. 1
[322] Vgl. Berdan 2009, S. 3
[323] Vgl. Bowen et al. 2010, S. 1
[324] Vgl. Thunderbird global mindset Institute 2010, S. 3
[325] Vgl. Swain 2007, S. 30
[326] Vgl. Bowen und Inkpen 2009, S. 244
[327] Vgl. Swain 2007, S. 28
[328] Vgl. Beechler und Javidan 2007, S. 154
[329] Vgl. Thunderbird global mindset institute 2011, S. 6
[330] Vgl. Earley et al. 2007, S. 77
[331] Vgl. Beechler und Javidan 2007, S. 155

Sie wissen, wie sich die Konkurrenz am Markt positioniert und welche Strategien diese verfolgen.[332]

Weiters beinhaltet das logische Geschäftsdenken auch das Wissen darüber, wie man Geschäfte in anderen Teilen der Welt abwickelt, was globale Kunden erwarten und wie man die Risiken von internationalen Geschäften abschätzt. Auch das Wissen über verschiedene Lieferantenoptionen in anderen Teilen der Welt ist ein wichtiges Element des logischen Geschäftsdenkens. Leute mit einem ausgeprägten intellektuellem Kapital verstehen die Bedeutung von globalen Netzwerken und Wertschöpfungsketten.[333]

Das **Lösen komplexer Aufgaben** besteht aus der Fähigkeit, abstrakte Ideen und komplexe Konzepte schnell zu verstehen und komplizierte Themen in einfachen Worten zu erklären. Weitere Elemente sind starke analytische und problemlösende Fähigkeiten, die für das Lösen komplexer Aufgaben relevant sind.[334] Die Fähigkeit mit komplexen Themen umzugehen ist ein wichtiges Element des Global Mindsets.[335] Individuen mit einem hohen Grad an intellektuellem Kapital haben die Fähigkeit, verschiedene Ansichtsweisen zu betrachten und zu verstehen. Sie wissen, wie man die globalen Möglichkeiten und Herausforderungen ansprechen muss und sie verstehen die natürliche Spannung zwischen globalen und lokalen Anforderungen.[336] Leute mit einem ausgeprägten Global Mindset haben unter anderem starke kognitive Fähigkeiten und eine solide Basis an Wissen.[337]

Das **Interesse am Weltgeschehen** beinhaltet das Wissen über verschiedene Kulturen und Märkte in anderen Teilen der Welt.[338] Dazu zählt auch das Wissen über Geografie, Geschichte, einflussreiche Personen, Wirtschaft, politische Themen, Unruhen und Weltevents in den wichtigen Regionen der Welt, um die Geschäftsmöglichkeiten zu identifizieren.[339] Individuen mit einem Interesse am Weltgeschehen versuchen sich über neue Ereignisse auf dem Laufenden zu halten.[340] Sie haben einen kulturellen Scharfsinn, informieren sich über kulturelle Unterschiede, verstehen diese und beherrschen und lernen andere Sprachen.[341] Neugier über die Welt, das Engagement sich über Weltgeschehnisse und wie die Welt funktioniert zu informieren, sind wichtige Bestandteile des intellektuellen Kapitals.[342]

---

[332] Vgl. Thunderbird global mindset Institute 2011, S. 6
[333] Vgl. Beechler und Javidan 2007, S. 156
[334] Vgl. Thunderbird global mindset Institute 2011, S. 6
[335] Vgl. Earley et al. 2007, S. 79
[336] Vgl. Beechler und Javidan 2007, S. 156
[337] Vgl. Javidan et al. 2008a, S. 6
[338] Vgl. Gupta und Govindarajan 2002, S. 120
[339] Vgl. Ananthram und Chatterjee 2004, S. 7
[340] Vgl. Thunderbird Global Mindset Institute 2011, S. 6
[341] Vgl. Beechler und Javidan 2007, S. 156
[342] Vgl. Gupta und Govindarajan 2002, S. 120

Zusammenfassend reflektiert ein **hoher Wert im intellektuellen Kapital** ein starkes Verständnis der Kultur, Geschichte, Geographie und dem politischen und ökonomischen System in verschiedenen Teilen der Welt. Es reflektiert auch das Verständnis für die Komplexität der globalen Geschäfte und der Fähigkeit adäquate Lösungen zu komplexen Problemen zu generieren. Wie das intellektuelle Kapital entwickelt werden kann, kann vom Autor nachgefragt werden.[343]

3.3.2 Psychologisches Kapital

Ein intellektuelles Kapital zu besitzen ist nur eine Komponente von Global Mindset.[344] Um das vorhandene Wissen richtig umsetzen zu können, wird auch ein gewisses psychologisches Kapital benötigt. Individuen, die nur das Wissen, aber nicht das nötige psychologische Kapital haben, sind erfolgreiche Analytiker, aber keine globalen Führungskräfte.[345]

Das **psychologische Kapital**[346] besteht aus des Individuums Leidenschaft für Unterschiede, das Streben nach Abenteuern und das Selbstbewusstsein.[347]

Die **Leidenschaft für Unterschiede** beinhaltet die Freude daran, andere Teile der Welt und verschiedene Kulturen zu erkunden und unterschiedliche Handlungsweisen kennenzulernen, indem die Person sehr offen ist.[348] Weiters lernt ein Individuum mit einer solchen Leidenschaft gerne Menschen aus anderen Kulturen und anderen Teilen der Welt kennen[349] und respektiert diese. Ein weiteres Element ist die Freude daran, in andere Länder zu reisen und in einem anderen Land zu arbeiten.[350] Solche Personen sehen sich als Weltenbürger (Kosmopolit) und nutzen die Möglichkeit, so viel wie möglich über andere Kulturen und andere Lebensweisen zu lernen. Sie akzeptieren, dass Leute anders sind und andere Werte vertreten und passen sich diesen an.[351] Dieses Element des psychologischen Kapitals spiegelt den Kosmopolitismus eines Managers wieder, indem ein Manager offen gegenüber anderen Kulturen und Ansichtsweisen ist und bereit ist, etwas über Unterschiede zu lernen.[352]

Das **Streben nach Abenteueren** besteht aus dem Interesse, sich mit anspruchsvollen Situationen zu beschäftigen und der Bereitschaft, Risiken auf sich zu nehmen.[353] Jemand, der nach

---

[343] Hierzu gibt es eine **explorative Studie von Astrid Greiner**.
[344] Vgl. Javidan et al. 2008a, S. 6
[345] Vgl. Beechler und Javidan 2007, S. 156
[346] Vgl. Bowen und Inkpen 2009, S. 244
[347] Vgl. Thunderbird Global Mindset Institute 2011, S. 8
[348] Vgl. Javidan et al. 2008, S. 221
[349] Vgl. Thunderbird Global Mindset Institute 2011, S. 8
[350] Vgl. Beechler und Javidan 2007, S. 158
[351] Vgl. Javidan et al. 2008a, S. 7
[352] Vgl. Levy et al. 2007, S. 236
[353] Vgl. Ananthram und Chatterjee 2004, S. 8

Abenteuern strebt, ist auch bereit, seine Fähigkeiten auszutesten und fühlt sich in unvorhersehbaren Situationen wohl.[354] Personen, die sehr risikobereit sind, sind schnell von der Routine gelangweilt und suchen neue Herausforderungen.[355]

Das **Selbstbewusstsein** äußert sich darin, indem eine Person energisch und selbstsicher ist. Er fühlt sich in unbequemer Situation wohl und ist sogar in schwierigen Situationen geistreich und humorvoll.[356] Ein Manager mit einem großen Selbstbewusstsein, übernimmt den notwendigen Aufwand, um eine Herausforderung zu bewälltigen und ist optimistisch, dass er erfolgreich ist.[357] Weiters hilft das Selbstbewusstsein einem dabei, bei Individuen aus anderen Teilen der Welt einen positiven Eindruck zu hinterlassen und sie und sich selbst zu motivieren.[358] Manager benötigen ein starkes Selbstbewusstsein, da sie am globalen Markt immer wieder mit großen Herausforderungen konfrontiert sind und daher auch den Optimismus benötigen, erfolgreich zu sein.[359] Weiters beinhaltet das Selbstbewusstsein, die Fähigkeit gegen Stress und Schwierigkeiten anzukämpfen.[360] Eine Person mit einem hohen psychologischen Kapital sieht jede Herausforderung als eine Chance etwas dazuzulernen.[361]

Vor diesem Hintergrund reflektiert ein **hoher Wert im Bereich des psychologischen Kapitals** einen hohen Level an Selbstvertrauen und der Bereitschaft Risiken einzugehen. Es reflektiert ein Verlangen sich selber herauszufordern und die Fähigkeit in unvorhergesehenen und komplexen Umwelten zu begegnen. Wie ein psychologisches Kapital entwickelt werden kann, kann vom Autor nachgefragt werden.[362]

3.3.3 Soziales Kapital

Das soziale Kapital ist das dritte und letzte große Element eines Global Mindsets.[363] Innerhalb dieses Kapitals werden die Elemente des sozialen Kapitals erläutert. Das **soziale Kapital**[364] besteht aus dem interkulturellen Einfühlungsvermögen, den zwischenmenschlichen Einwirkungsvermögen und der Diplomatiefähigkeit. Das soziale Kapital bezieht sich hauptsächlich

---

[354] Vgl. Thunderbird global Mindset Institute 2011, S. 8
[355] Vgl. Beaman 2004, S. 43
[356] Vgl. Thunderbird global Mindset Institute 2011, S. 8
[357] Vgl. Beechler und Javidan 2007, S. 156
[358] Vgl. Javidan et al. 2008a, S. 7
[359] Vgl. Beechler und Javidan 2007, S. 157
[360] Vgl. Clapp-Smith et al. 2007, S. 116
[361] Vgl. Javidan et al. 2008a, S. 8
[362] Hierzu liegt eine explorative Studie von Frau **Astrid Greiner** vor.
[363] Vgl. Javidan et al. 2008a, S. 8
[364] Vgl. Bowen und Inkpen 2009, S. 244

auf die Fähigkeit wertvolle und vertrauensvolle Bindungen innerhalb und außerhalb des Unternehmens aufzubauen und sich dadurch Vorteile zu verschaffen.[365]

Das **interkulturelle Einfühlungsvermögen** beinhaltet die Fähigkeit, gut mit Individuen aus anderen Teilen der Welt zusammenzuarbeiten und sie zum Zusammenarbeiten zu bewegen.[366] Eine Person mit einem interkulturellen Einfühlungsvermögen hat auch die Fähigkeit, die Körpersprache von Leuten anderer Kulturen zu verstehen. Sie bauen vertrauenswürdige, emotionale Bindungen zu globalen Partnern auf, die anders sind, als sie selbst.[367] Sie behandeln Menschen aus anderen Teilen der Welt mit Respekt und Verständnis und bauen so Vertrauen auf.[368]

Das zweite Element des sozialen Kapitals ist das **zwischenmenschliche Einwirkungsvermögen**. Personen, die diese Fähigkeit besitzen, haben Erfahrung mit der Verhandlung von Verträgen und Vereinbarungen in anderen Kulturen. Sie haben starke Netzwerke, zu Kollegen oder Freunden aus verschiedenen Kulturen und ein gutes Ansehen als Führungskraft.[369] Um die ensprechenden Personen aus verschiedenen Kulturen effektiv beeinflussen zu können, muss das nötige Vertrauen vorhanden sein. Daher ist auch der Aufbau von vertrauensvollen Beziehungen von so großer Bedeutung.[370]

Weiters beinhaltet das soziale Kapital auch die **Diplomatie**.[371] Individuen mit einer ausgeprägten Fähigkeit zur Diplomatie fällt es leicht Unterhaltungen mit Fremden anzufangen und sind sehr extrovertiert.[372] Sie haben auch die Fähigkeit zuzuhören, sind bereit mit Leuten aus anderen Kulturen zusammenzuarbeiten und haben die Fähigkeit verschiedene Perspektiven zu integrieren und Lösungen zwischen unterschiedlichen Parteien zu finden.[373] Um diplomatisch sein zu können, spielt das Vertrauen wiederum eine große Rolle. Manager die eine positive Energie ausstrahlen, mit Anderen zusammenarbeiten und die Fähigkeit haben Bindungen zu Menschen aus anderen Kulturen aufzubauen, können eher vertrauensvolle Beziehungen aufbauen.[374] Manager, die sich in der Position befinden, dass sie starke Netzwerke zu Managern auf der ganzen Welt haben, kommen leichter an Informationen und haben somit einen großen

---

[365] Vgl. Beechler und Javidan 2007, S. 158
[366] Vgl. Thunderbird Global Mindset Institute 2011, S. 10
[367] Vgl. Beaman 2004, S. 43
[368] Vgl. Javidan et al. 2008, S. 221
[369] Vgl. Thunderbird Global Mindset Institute 2011, S. 10
[370] Vgl. Javidan et al. 2008a, S. 8
[371] Vgl. Thunderbird Global Mindset Institute 2011, S. 10
[372] Vgl. Beaman 2004, S. 43
[373] Vgl. Thunderbird Global Mindset Institute 2011, S. 10
[374] Vgl. Javidan et al. 2008a, S. 8

Vorteil gegenüber solchen, die keine ausgeprägten weltweiten Netzwerke haben. Durch diese Netzwerke kann ein Vertrauen bei verschiedenen Personen aufgebaut werden.[375] **Ein hoher Wert im Bereich des sozialen Kapitals** ermöglicht die Fähigkeit Empathie zu zeigen und emotional mit Menschen aus unterschiedlichen Teilen der Welt vertrauensvolle Beziehungen aufzubauen. Es reflektiert die Fähigkeit sich mit anderen zu engagieren und ein extensives Netzwerk von Freunden und Kollegen aus allen Teilen der Welt aufzubauen. Wie man das soziale Kapital entwickelt ist in einer explorativen Feldforschung aufgearbeitet worden und kann vom Autor nachgefragt werden.[376]

3.4 Definition des Global Mindset

Heutzutage sind die Manager im Rahmen der internationalen Aktivitäten und dem erhöhten Wettbewerbsdruck aufgefordert eine neue Einstellung bzw. Denkstruktur zu entwickeln, die als **globale Orientierung bzw. hier als „Global Mindset"** bezeichnet wird. Diese globale Perspektive betrifft sowohl individuelle Manager, als auch die Unternehmensebene (Organisation) im Gesamten[377].

Nachfolgendes Zitat soll den schwierigen Zusammenhang verdeutlichen. *„Die globale Perspektive ist nicht nur erforderlich, weil dringend neue Informationen oder mehr Daten gesammelt werden müssen. Vielmehr verlangt die Komplexität der Wettbewerbskräfte von den Managern, sich Kenntnisse und Erfahrungen anzueignen, die den bestehenden konzeptuellen Rahmen der Managementtätigkeiten sprengen. Er wurde ursprünglich für eine Umwelt konzipiert, deren Grenzen sich mit denen eines einzelnen Landes deckten.[378]"*

Javidan[379], als ein bekannter Vertreter, **definiert** das **Global Mindset** wie folgt: *„Global Mindset has come to denote all things global or transnational, including individual attitudes, skills, competencies and behaviours, as well as organizational orientations, structures, strategies, policies and practices."* D.h., das globale Mindset beinhaltet alle Sachen, egal ob global oder transnational, individuelle Einstellungen, Fähigkeiten, Kompetenzen und Verhalten, ebenso wie organisatorische Orientierungen, Strukturen, Strategien, politische Empfehlungen und Praxisempfehlungen.[380]

---

[375] Vgl. Beechler und Javidan 2007, S. 159
[376] Vgl die Arbeit von Frau Greiner.
[377] Vgl. Jeannet 2000, S. 1
[378] Vgl. Jeannet 2000, S. 41
[379] Vgl. Javidan et al. 2007, S. 12
[380] Vgl. Javidan et al. 2007, S. 12

In der Literatur gibt es verschiedene vage Definitionen von Global Mindset, wobei es keine einheitliche Definition gibt.[381] Levy et al.[382] stellen in ihrer Studie fest, dass der Begriff des „Global Mindset" als **"mehrdeutig"** beschrieben wird und durch die Verwendung zur Beschreibung diverser Orientierungen, Einstellungen, als auch anderen Ideen, widersprüchliche empirische Erkenntnisse hervorgebracht hat. Ebenso ist bisher das Konstrukt nicht ausreichend analysiert und es sind Unschärfen in den Ebenen und der Operationalisierung zu erkennen.[383] Mit anderen Worten hat die Diversität in den Perspektiven und die widersprüchliche Benutzung des Konzepts Global Mindset zu konzeptuellen Ungereimtheiten und auch zu widersprüchlichen empirischen Befunde geführt. In nachfolgender Tabelle 3-1 sind verschiedene Definitionen kurz aufgelistet. Es wird auch noch unterschieden, ob sich diese Definitionen - in ihrer Originalsprache - auf die **Individualebene** oder auf die ganze **Organisation** bzw. Unternehmung beziehen. Diese Einteilung ist für den weiteren Verlauf maßgeblich.

A Global Mindset means that we scan the world from a broad perspective, always looking for unexpected trend and opportunities to achieve our personal, professional, or organizational objectives. Embraces complexity, diversity, ambiguity and unpredictability.	Rhinesmith 1992, S. 63	**Individuelle** Ebene
A Global Mindset as a way of approaching the world and a tendency to scan from a broader perspective. It includes elements of curiosity, flexibility, continuous improvement, faith, awareness of diversity, and acceptance of complexity, diversity and uncertainty.	Srinivas 1995	**Individuelle** Ebene
Tendency to scan the world from a broad perspective, always looking for threats or opportunities. Involves conceptualization (thinking and perceiving globally) and contextualization (adapting actions to local contexts).	Kefalas 1998	**Individuelle** Ebene
Combines an openness to/ awareness of diversity across cultures and markets with a propensity and ability to synthesize across this diversity. GMs involve knowledge structures with great diversity combined with an ability to integrate diverse viewpoints.	Gupta und Govindarajan 2002	**Individuelle** Ebene
Openness and awareness of cultural diversity & the ability to adjust to different environments and cultures	Nummela et al. 2004	**Individuelle** Ebene
Scanning the world from a broad view, being open-minded, rethinking boundaries & modifying behaviour. Involves conceptualization & contextualization.	Arora et al. 2004	**Individuelle** Ebene
Scanning the world from a broad perspective and realizing interdependence of global economy. Includes appropriate knowledge, skills and savvy	Kedia & Mukherji 1999	**Individuelle** Ebene

---

[381] Vgl. Levy et al. 2007, S. 4 und Ananthram 2008, S. 11
[382] Vgl. Levy et al. 2007, S. 4
[383] Vgl. Levy et al. 2007, S. 23

A Global Mindset – a state of mind that allows individuals to understand a business or market without regard to country boundaries (Kobrin 1994, Murtha et al. 1998, Perlmutter 1969).	Bouquet et al. 2003, S. 3	**Individuelle** Ebene
Global Mindset is the ability to influence individuals, groups, organizations, and systems that have different intellectual, social, and psychological knowledge or intelligence from your own. It is now: think and act both globally and locally at the same time	Cohen 2010	**Individuelle** Ebene
A person with a Global Mindset is described as a cosmopolitan with a broader view when dealing with international business activities, with a personal space perspective that extend beyond the personal suroundings, and with the general disposition to be more tolerant of other people and cultures (Boyacigiller et al. 2004, Kedia and Mukherji 1999). This person is able to conceive global thinking in local contexts and to adapt global strategies to the needs of local environments (Kefalas 1998).	Dekker et al. 2005, S. 8	**Individuelle** Ebene
Global Mindset as the ability to develop and interpret criteria for personal and business performance that are independent from the assumptions of a single country, culture or context; and to implement those criteria appropriately in different countries, cultures or contexts.	Maznewski und Lane 2004	**Individuelle** Ebene
: „as one that combines an openness to and awareness of diversity across cultures and markets with a propensity and ability to synthesize across this diversity."	Gupta und Govindarajan 2002, S. 117	**individuelle** Ebene
"[…] the Global Mindset is defined as a state of mind able to understand a business, an industry sector, or a particular market on a global basis	Jeannet 2000, S. 11	**Organisationale** Ebene
Ability to develop and interpret criteria for business performance that are not dependent on the assumptions of a single context and to implement those criteria appropriately in different contexts. Balancing global consistency with local responsiveness.	Begley und Boyd 2003	**Organisationale** Ebene
Do not define Global Mindsets, but discuss transnational organizations. These organizations are committed to competitiveness, flexibility and learning on a global scale.	Bartlett und Ghoshal 1989	**Organisationale** Ebene
Balancing national responsiveness and global integration simultaneously rather than trading one off against the other	Murtha et al. 1998	**Organisationale** Ebene

Tab. 3-1: Definitionen von Global Mindset[384] nach Ebenen

Rhinesmith[385] bspw. definiert Global Mindset auf der **individuellen** Ebene als „ ...a way of being, not a set of skills. It is an orientation to the world that allows you to see certain things

---

[384] Vgl. Earley et al. 2007, S. 93

that others do not see." Global Mindset bedeutet, dass wir die Welt mit einer breiten Betrachtungsweise sehen, immer mit dem Ziel vor Augen, unerwartete Trends und Möglichkeiten aufzuspüren, um persönliche, berufliche oder organisatorische Ziele zu erreichen.

Paul[386] hingegen versteht unter einem **individuellen** Global Mindset "*...a set of deeply held internal mental images and assumptions, which individuals develop through a continuous process of learning from experience. They exist in the subconscious determining how an individual perceives a specific situation, and his or her reaction to it.*" Seiner Ansicht nach entwickelt sich Global Mindset also durch die Art und Weise, wie eine Person die Welt wahrnimmt und wie sie aus Erfahrungen unbewusst oder bewusst daraus lernt.

Levy et al.[387] beschreiben in ihrer Meta-Studie – wie schon unter Kapitel 3.2 kurz gezeigt Personen, die ein Global Mindset besitzen, als **Kosmopoliten** mit einer breiten Sichtweise beim Bearbeiten internationaler Wirtschaftsaktivitäten, die eine persönliche Blickweite inne haben, welche über ihr Umfeld hinausgeht und darüber hinaus in ihrer allgemeinen Grundhaltung toleranter gegenüber anderen Menschen und Kulturen sind. Des Weiteren haben Personen mit einem Global Mindset einen hohen Grad an Neugierde und Interesse für fremde Kulturen sowie das Wissen über verschiedene Werte und Wertdimensionen.[388] Ein Global Mindset erscheint also notwendig, um die Komplexität der miteinander verbundenen Welt, bestehend aus verschiedenen Überzeugungen, Verhaltensweisen und Einstellungen, zu begreifen.

Eine Person mit einem Global Mindset hat nach **Kefalas**[389] die Fähigkeit etwas im lokalen Kontext global zu verstehen und globale Strategien an die Bedürfnisse des lokalen Umfeldes anzupassen. Auch Murtha et al.[390], Begley und Boyd[391] und Arora et al.[392], welche sich auf die **strategische Perspektive**[393] des Global Mindsets beziehen, sprechen von der Balance zwischen globaler Integration und lokaler Anwendung. Hier kommt dem Satz „*think global act local*"[394] eine gewisse Bedeutung zuteil. Daraus lässt sich ableiten, dass Individuen mit einem Global Mindset ihrer Grundhaltung nach Neuem gegenüber aufgeschlossen sind.

---

[385] Vgl. Rhinesmith 1992, S. 63
[386] Vgl. Paul 2000, S. 188
[387] Vgl. Levy et al. 2007, S. 6ff.
[388] Vgl. Levy et al. 2007, S. 9ff.
[389] Vgl. Kefalas 1998
[390] Vgl. Murtha et al. 1998
[391] Vgl. Begley und Boyd 2003
[392] Vgl. Arora et al. 2004
[393] Vgl. Kapitel 3.6.2
[394] Vgl. Kefalas 1998 und Arora et al. 2004

Eine weitere Definition wird von **Levy et al. 2007**[395] vorgelegt die wie folgt lautet: *„Das glo-bale Mindset ist eine Fülle an individuellen Attributen, die zusammengenommen, den global agierenden Manager in der Beeinflussung der an einem gemeinsamen Projekt mit gemeinsa-men Unternehmenszielen Anderer (z.b. Individuen, Gruppen und Unternehmungen aus ver-schiedenen sozialen, kulturellen und institutionellen Körperschaften) zu überzeugen befähigt ist."*

Wie zu sehen ist, gibt es keine einheitliche Definition, sondern für verschiedene Betrach-tungsebenen auch verschiedene Definitionen.

3.5 Rigour versus Relevance?

Seit dem Jahr 2000 gibt es eine Debatte über den Anspruch nach **Wissenschaftlichkeit und praktischer Verwertbarkeit**.[396] Dabei soll die Forschung Richtung Praxisorientierung ge-hen, D.h. sich direkt an den Problemen der Praxis zu orientieren und die Ansprüche nach Wissenschaftlichkeit und praktischer Nutzbarkeit simultan erfüllen. Die Forschungsergebnis-se sollen unmittelbar in praxisrelevante Aussagen übersetzt werden und es besteht ein Ans-pruch, dass die wissenschaftliche Akzeptanz und praktische Relevanz prinzipiell miteinander vereinbar sind oder mehr noch, sich gegenseitig bedingen. Auch bei dem Thema Global Mindset stellt sich die Frage, inwiefern die Forschung der Praxis Handlungsempfehlungen geben kann.

Es wird argumentiert, dass das Global Mindset natürlich auch eine **Relevanz in der Praxis** hat. So müssen in der heutigen dynamischen Geschäftswelt Manager in der Lage sein, mit einer Menge an unterschiedlichen Graden an Mehrdeutigkeit und Diversität umzugehen. Des Weiteren müssen Manager das geeignete Wissen über verschiedene soziokulturelle Systeme und Institutionen besitzen und dabei vor allem die intellektuelle Kapazität besitzen, die hohen Komplexitätsgrade zu absorbieren und nicht davon in Beschlag genommen zu werden. Des Weiteren benötigt es auch Manager, die die persönlichen Eigenschaften mitbringen, die sie befähigt, mit Mitarbeitern aus anderen kulturellen Regionen effektiv zusammenzuarbeiten. Und letztlich benötigt es Manager, die nachhaltige vertrauensvolle Beziehungen mit Individu-en, Gruppen und Organisationen in verschiedenen Ländern sicherstellen, so dass die eigene Marke mit globaler Ambition aufgebaut wird.[397] Das bedeutet, um global wettbewerbsfähig zu sein, müssen globale Manager eine „Offenheit" mitbringen, die es ihnen erlaubt, ein Globales

---

[395] Vgl. Levy et al. 2007, S. 3ff.
[396] Vgl. Nicolai 2004, S. 99ff.
[397] Vgl. Nummela et al. 2004, S. 54; Javidan et al. 2007a, S 2; Levy et al. 2007

Mindset aufzubauen, zu fördern und zu entwickeln.[398] D.h. ein Global Mindset ist eine **Schlüsselquelle für einen Langzeitwettbewerbsvorteil**[399] für globale Akteure.

Die Bedeutung eines globalen Mindsets ergibt sich aus dem zunehmenden Druck, welchem Unternehmen aufgrund der Globalisierung ausgesetzt sind. Es wird nicht nur angenommen, dass ein Global Mindset mit (strategischem) **Erfolg** korreliert,[400] sondern es agiert auch als „Enabler" - also Ermöglicher - für jede Art von globaler Strategie die ein Unternehmen, egal ob MNU oder KMU, verfolgt. [401]

Gemäß Levy et al. [402] hat ein Global Mindset mit dem **effektiven Management von MNU**[403] zu tun. Jedoch ist das Global Mindset nicht auf Manager in MNU beschränkt, sondern hat auch eine Bedeutung bei KMU Managern.

Das Global Mindset hat des Weiteren eine besondere Bedeutung in der **effektiven**[404] **Globalen Leadership-Entwicklung** und dem Erfolg.[405] Jedoch fehlen hierzu noch empirische Testungen, wie dies Story und Barbuto bemerken:[406] *"Empirical testing is necessary to truly advance the field of global leadership beyond speculation and assumptions."*

In diesem Sinne behaupten Gupta und Govindarajan,[407] dass je nachdem wie erfolgreich ein Unternehmen in der Ausschöpfung der Gelegenheiten ist und wie erfolgreich man in der Begegnung der Herausforderungen ist, damit zusammenhängt, wie **intelligent** diese Organisation in der Beobachtung und Interpretation der dynamischen Welt ist, in der es operiert. Sie argumentieren, dass das Schaffen eines Global Mindsets eine der zentralen Zutaten ist, um eine solche „**Intelligenz**" aufzubauen. Es wird weiter vorgeschlagen, dass Individuen grenzüberschreitende und interkulturelle Wege des Denkens entwickeln müssen, damit sie gleichzeitig **globale Effizienz** und **lokale Anpassung** integrieren.[408] Die Literatur unterstützt laut Begley und Boyd[409] des Weiteren die Ansicht, dass solche Handlungen die **finanzielle Leistungs-**

[398] Vgl. Kedia und Mukherji 1999, S. 232
[399] Vgl. Javidan und Teagarden 2011, S. 19; Begley und Boyd 2003; Arora et al. 2004; Javidan et al. 2007 und Levy et al. 2007
[400] Vgl. Osland et al. 2006, S. 200 und Beechler und Baltzley 2008a, S. 45
[401] Vgl. Jeannet 2000, S. 206
[402] Vgl. Levy et al. 2007, S. 2
[403] Vgl. hierzu insbesondere die Studien von Ohmae 1989; Doz und Prahalad 1991; Bartlett und Ghoshal 1998
[404] Vgl. Levy et al. 2007
[405] Vgl. Story und Barbuto 2011, S. 378 sowie darin zitiert Black und Gregersen 2000; Kedia und Mukherji 1999; Oddou et al. 2000, Pucik und Saba 1998
[406] Vgl. Story und Barbuto 2011, S. 383
[407] Vgl. Gupta und Govindarajan 2002, S. 116
[408] Vgl. Murta et al. 1998, Kefalas 1998, Begley und Boyd 2003, Arora et al. 2004
[409] Vgl. Begley und Boyd 2003

fähigkeit, den **Einsatz der Mitarbeiter** sowie die **Empfänglichkeit für organisatorischen Wandel** verbessern können.

Des Weiteren führt ein Global Mindset zur **erfolgreichen Internationalisierung**[410], beeinflusst positiv das **Unternehmensergebnis**[411]; beeinflusst die **Firmenleistung**[412] und ist eine Grundvoraussetzung für **frühe Internationalisierung des Unternehmens.**[413] Darüber hinaus wird ein Unternehmen mit Global Mindset befähigt sein:

- Manager helfen Möglichkeiten zu entdecken, wenn Gelegenheiten sich auftun und die besten Practices in der Umwelt erkennen[414]

- Schnellerer Austausch von Informationen über die Grenzen hinweg

- Markteinführung der Produkte in kürzerer Zeit

- Die Konvergenz von lokalen Anpassungen mit globaler Standardizierung ermöglichen

- Die Fähigkeit des Risikoverhaltens ausbauen[415]

Es wird übergreifend festgestellt, dass das Global Mindset als ein **kritischer Erfolgsfaktor**[416] **für globale Unternehmen** deklariert wird.

Das Global Mindset stellt somit einen **Schlüsselfaktor für die globalisierte Welt** dar, die globale Lösungen, globale Sichtweisen und eine Strategie benötigt, welche über die eigentlichen Landesgrenzen hinausgehen. Das globale Mindset ist eine Fülle an Attributen, die dazu beitragen, dass globale Führungskräfte und Manager ihren Job erfolgreich ausführen, um Andere (Mitarbeiter) zu beeinflussen, die zu einem selber unterschiedlich sind.

Zudem gilt ein globales Mindset gemäß Bouquet[417] als *„Voraussetzung für das Motivieren einer mannigfaltigen und ausgedehnten Belegschaft"*[418]. Nicht zuletzt behaupten Gupta et al.[419], dass ein solches nicht nur für globale Unternehmen erstrebenswert sein kann, sondern auch für solche, die derzeit nur einen Heimmarkt bedienen.

---

[410] Vgl. Nummela et al. 2004
[411] Vgl. Murtha et al. 1998; Harveston et al. 2000; Jeannet 2000; Gupta und Govindarajan 2002; Levy 2005
[412] Vgl. Bartlett und Ghoshal 1989; Gupta und Govindarajan 2001
[413] Vgl. Fletcher 2000; Harveston et al. 2000; 2002; Knight 2001
[414] Vgl. Gupta und Govindarajan 2002, S. 119
[415] Vgl. Rhinesmith 1995, S. 37
[416] Vgl. Javidan und Teagarden 2011, S. 29 und darin zitiert Bartlett und Ghoshal 1992, 1998; Perlmutter 1969; Prahalad und Doz 1987; Murtha et al. 1998; Harveston et al. 2000; Jeannet 2000; Gupta und Govindarajan 2002; Levy et al. 2007; S. 3; Levy et al. 2007; Javidan et al. 2010
[417] Vgl. Bouquet 2005, S. 138
[418] Vgl. Begley und Boyd 2003, S. 32
[419] Vgl. Gupta et al. 2008, S. 135ff.

Ein Global Mindset ist annahmegemäß jedoch notwendig, aber nicht hinreichend, um ein **effektiver globaler Manager** zu werden. Wie Bird und Osland[420] bemerken, muss das Global Mindset mit der Fähigkeit die angemessene Handlungen zu definieren und die Fähigkeit diese Handlungen ordnungsmäßig auszuführen, harmonieren. Ein globales Mindset macht insgesamt den Manager **kompetenter und effizienter**.[421] Global Mindset hat also eine Wirkung auf das Verständnis des Managers auf Diversitäten, ihre Fähigkeit mehrere Standpunkte zu integrieren und die Quellen des Wissens und Erfahrung in dem Unternehmensentscheidungsprozess.

Darüber hinaus hat die empirische Forschung[422] gezeigt, dass eine signifikante Beziehung zwischen dem **Global Mindset** und der **globalen Strategie** besteht und das das TMT-Global Mindset die Globalisierung fördert. Im Gegensatz dazu haben die Arbeiten von Murtha et al.[423], Nummela et al.[424] und Harveston et al.[425] gezeigt, dass das unternehmerische **Global Mindset der Strategie folgt** und nicht umgekehrt. Mit anderen Worten: Manager, die in einem internationalen Kontext arbeiten benötigen eine spezielle Art über die Umwelt, in welcher sie operieren, zu denken, ein so genanntes Globales Mindset. Ein Globales Mindset – so hier angenommen - erfordert ein gewisses Wissen über andere Kulturen sowie ein allumfassender mentaler Bezugsrahmen, welcher die unterschiedlichen Kulturen miteinander verbinden vermag. Ein Global Mindset stellt auch für Paul[426] den **Schlüsselfaktor in der Wahrnehmung von globalen Geschäftsmöglichkeiten** und in der Entwicklung der entsprechenden Strategien für die Nutzung derselbigen dar. Die Unterschiede zwischen diesem Global Mindset und einem eingeschränkten „Parochial Mindset" sind in **Tabelle 3-2** einander gegenübergestellt.

---

[420] Vgl. Bird und Osland 2004, S. 60
[421] Vgl. Kedia und Mukherji 1999, S. 231
[422] Vgl. Levy 2005
[423] Vgl. Murtha et al. 1998
[424] Vgl. Nummela et al. 2004
[425] Vgl. Harveston et al. 2000
[426] Vgl. Paul 2000, S. 193

Parochial/eingeschränktes Mindsets	Global Mindset
Fokus auf nationale Märkte und locale Trends	Fokus auf den Gesamtzusammenhang und Veränderungen in der Unternehmensumwelt
Nachdruck auf headquarter Kontrolle und hierarchischen Organisationsstrukturen	Starkes Vertrauen in Vision und Organisationsprozessen
Limitierte internationale Kooperationen	Hoher Wert von multikulturellen Teams
Diversität wird als Bedrohung zu uniformen Strategien gesehen	Diversität wird als Quelle von Gelegenheiten gesehen
Feststecken in existierenden Paradigma, Schwierigkeiten in der Begegnung mit Veränderung	Constantly challenging own experiences and assumptions; Offen für Veränderung

Tab. 3-2: Verschiedene Mindsets des Managements in Anlehnung an Paul[427]

Abschließend hat das Global Mindset einige Schlüsselvorteile für die globale Unternehmung in Anlehnung an Govindarajan und Gupta: [428]

- "Early mover advantage" in dem Identifizieren von emergierenden Gelegenheiten

- Schnelleres Ausrollen von neuen Produktkonzepten und neuen Technologien

- Schnelleres und effizientes Teilen der best practices über Niederlassungen hinweg

- Niedrigere Fehlerrate in Expatriate Assignments.

3.6 Wissenschaftliche Perspektiven des Konstrukts Global Mindset[429]

Angelehnt an die Kategorisierung von Levy et al. [430] wird in diesem Buch nach den unterschiedlichen Strömungen bzw. Perspektiven unterschieden. Diese definieren drei Perspektiven, aus denen das Konstrukt Global Mindset betrachtet und operationalisiert werden kann. Diese sind – unabhängig von der Ebene des Global Mindsets - die **kulturelle Perspektive** (Vgl. 3.6.1) und die **strategische Perspektive** (Vgl. 3.6.2) - welche jeweils eine unidimensionales Konstrukteigenschaft aufweisen - sowie eine zusammengefasste **multidimensionale Perspektive** (Vgl. 3.6.3). Die multidimensionale Perspektive stellt nach Ansicht der Autoren einen integrativen Ansatz dar, der die beiden vorhergehenden Strömungen zu verknüpfen vermag und sieht dabei Global Mindset als ein Konzept, dass sowohl kulturelle als auch strategische Elemente beinhaltet und dabei durch eine Auswahl an zusätzlichen Eigenschaften

---

[427] Vgl. Paul 2000, S. 198
[428] Vgl. Govindarajan und Gupta 2001
[429] Vgl. Levy et al. 2007
[430] Vgl. Levy et al. 2007, S. 6ff.

ergänzt wird. Die unidimensionale Konzeptualisierung fokussiert sich auf die interkulturellen Aspekte des Global Mindset.[431] Auf der anderen Seite bezieht sich der multidimensionale Ansatz - welcher oft der Internationalen Strategieliteratur zugeordnet wird - auf die Konzeptualisierung von Global Mindset in Bezug auf die Integration und lokalen Herausforderungen von MNU.

3.6.1 Kulturelle Perspektive [432]

Die kulturelle Perspektive fusst in einer im Jahr 1969 verfassten Studie von Howard V. Perlmutter, die den Begriff „**Geocentric Mindset**— verwendet, der dem heutigen „**Global Mindset**— entspricht.[433] Perlmutter unterscheidet drei verschiedene Strategien, um ein multinationales bzw. globales Unternehmen zu leiten. Diese sind die geozentrische, polyzentrische und ethnozentrische Strategie. (Vgl. Kapitel 3.2)

Geozentrismus, äußert sich dadurch, dass das Unternehmen einen weltweiten Fokus hat und Hauptquartier und Tochterunternehmen eng zusammenarbeiten. Darüber hinaus wird bei der Vergabe von vakanten Stellen nicht auf die Nationalität des Bewerbers geachtet. Beim **Polyzentrismus** steht der Markt des Tochterunternehmens bzw. die Niederlassung selbst im Fokus. Bei der Vergabe von vakanten Stellen kommen nur Personen des Landes, in dem sich die Niederlassung befindet, in Frage. **Ethnozentrismus** kann auch als heimatlandorientiert bezeichnet werden. Hier werden bei der Vergabe vakanter Posten nur Bewerber eingestellt, die sich im Land des Hauptquartiers befinden.[434] Laut Levy et. al.[435] zeichnet sich diese Strömung vor allem dadurch aus, dass ihrer gemäß höherrangige Führungskräfte von globalisierenden Firmen „[Anm.: they have to] *face the challenges of overcoming domestic myopia and an ethnocentric mindset, crossing cultural boundaries, interacting with employees from many countries, and managing culturally diverse inter-organizational relationships.*" Übergeordnet besagt also die kulturelle Perspektive, dass Manager ein vorherrschendes **ethnozentrisches Mindset** ablegen müssen, um sich ein **Global Mindset** anzueignen. Dieses soll es ihnen erlauben, ein Selbstverständnis für kulturelle Unterschiede, eine Offenheit und ein Verständnis für fremde Kulturen, sowie eine selektive Wahrnehmung von fremden Werten und Praktiken, zu entwickeln.[436]

---

[431] Vgl. Kobrin 1994, Gupta und Govindarajan 2002,
[432] Für die Bearbeitung dieses Unterkapitels bedanke ich mich bei Herrn **Manuel Schaffer** und **Daniel Raith**.
[433] Vgl. Levy et al. 2007, S. 6ff.
[434] Vgl. Perlmutter 1969, S. 12ff.
[435] Vgl. Levy et al. 2007, S. 6ff.
[436] Vgl. Levy et al. 2007, S. 6ff.

Die kulturelle Perspektive sieht dabei den Übergang von einem „ethnocentric" zu einem „geocentric" (globalen) Mindset als Lösung vor.[437]

Kurz gesagt: Perlmutter unterteilt dabei die Ausrichtung der Hauptquartiere (HQ) zu den
Tochtergesellschaften in die Kategorien „ethnocentric" (Heimatland-Orientierung), „poly-
centric" (Gastland-Orientierung) sowie „geocentric" (globale Orientierung). Die Bedeutung
der Orientierungen nach Perlmutters Einteilung fassen Levy et al.[438] zusammen: „These orientations, Perlmutter proposed, influence and shape diverse aspects of the multinational enterprise, including structural design, strategy and resource allocation and, most of all, management mindset and processes." Die geozentrische Strategie basiert auf dem Glauben, dass
„der beste Mitarbeiter eingesetzt werden sollte, achtlos seiner Nationalität".[439] Später wird d
Geozentrismus mit der transnationalen Strategie und Denkstruktur erweitert.[440]

Viele weitere Studien im Bereich der kulturellen Perspektive des Global Mindsets bzw. Geozentrismus bauen auf der Arbeit von Perlmutter auf.[441] Kobrin[442], bspw., konzentriert sich in
seiner Studie auf den Zusammenhang zwischen einem „geocentric mindset" sowie dem
„geographic scope" und den „strukturellen und strategischen Charakteristika von
Unternehmen und Industrien". Kobrin greift dabei auf empirische Daten, die er durch
Umfragen unter 68 großen amerikanischen produzierenden MNU gesammelt hat, zurück. Er
behauptet dabei, dass Perlmutters Ideen bisher hauptsächlich auf das Human Resource
Management (HRM) angewandt wurden. Für ihn ist das Konzept des geozentrischen Mindset
allerdings nicht nur auf Kernbereiche des HRM - wie Auswahl, Training und Besetzung -
beschränkt, sondern umfasst die „schrittweise Eliminierung jeglichen Ansatzes einer
Denkweise Heimatland- oder Gastland-Kategorien". Abschließend stellt Kobrin fest, dass ein
definitiver Zusammenhang zwischen einem geozentrischen Mindset und der geographischen
Ausweitung eines Unternehmens besteht. Kein signifikanter Zusammenhang besteht
allerdings – so der Autor - mit der Länge der internationalen Erfahrung, der strategischen
Ausrichtung oder der organisatorischen Struktur. Seine Hypothese in Bezug auf die
Entstehung eines organisationalen geozentrischen Mindsets sieht dabei „die Notwendigkeit,
Wissen und Informationen durch erhöhte zwischenmenschliche Interaktion über das globale
Netzwerk zu übertragen" als Einflussfaktor, der sich schließlich als geozentrisches Mindset in
Form von bestimmten Haltungen und internationalen HR-Richtlinien äußert. Der Autor

---

[437] Vgl. **Abbildung 3-1** sowie **Kapitel 3.2** der Entwicklungsgeschichte des Global Mindsets
[438] Vgl. Levy et al. 2007, S. 7f.
[439] Vgl. Perlmutter 1969, S. 14
[440] Vgl. Osland et al. 2006, S. 200
[441] Vgl. Kobrin 1994; Beechler et al. 2005
[442] Vgl. Kobrin 1994

relativiert das, indem er schließlich anmerkt, dass in einem gewissen Umfeld eine globale Strategie sowie globaler Wettbewerb von einem geozentrischen Mindset abhängig sind. In Bezug auf die These der „**transnationalen Organisation**" als Idealform für MNU schränkt Kobrin[443] allerdings ein und meint „*a geocentric mindset is certainly not synonymous with this idea* [Anm.: gemeint ist die Theorie von Bartlett & Ghoshal, 1998] *of a transnational.*" Dennoch beobachtet er in Industrien, die eine geozentrische Einstellung aufweisen, überdurchschnittliche Forschungs- oder Werbeaktivitäten: Sie sind „*information intensive*".

Die Studie von **Beechler et al.**[444] nutzt Kobrins Messgrößen für Ihre Studie mit 521 Mitarbeitern in japanischen MNU und stellen fest, dass Geozentrismus direkt mit Mitarbeiterengagement korreliert. Ebenso wie Kobrin definieren sie Geozentrismus mehr als „*...a multidimensional construct rather than as a single cognitive or attitudinal reflection of firm-level characteristics.*[445]"

Für **Levy et al.**[446] liegt dabei bei allen Studien mit dem kulturellen Ansatz zu Global Mindset **Kosmopolitismus** („cosmopolitanism") als konzeptuelle Dimension zugrunde. Für die Autoren repräsentiert dieser „*a state of mind that is manifested as an orientation toward the outside, the other, and which seeks to reconcile the global with the local and mediate between the familiar and the foreign. A second key characteristic of cosmopolitanism is openness, a willingness to explore and learn from alternative systems of meaning held by others.*[447]" Diese beiden Eigenschaften fassen die kulturelle Perspektive des Global Mindset zusammen.

3.6.2 Strategische Perspektive

Die strategische Perspektive beleuchtet Global Mindset im Zusammenhang mit der durch die Globalisierung steigenden **Komplexität der Märkte.**[448] Komplexität, Heterogenität und Unbestimmtheit von MNU führt dazu, dass Manager ihre Denkweise ändern müssen und ein Global Mindset aufbauen müssen. Dabei stellt die **kognitive Komplexität** ein wichtiges Konstrukt von Global Mindset dar.[449] Im Gegensatz zu den oben diskutierten Studien, die den kulturellen Ansatz verfolgen und die Wichtigkeit des Verstehens kultureller Vielfalt und übergreifender nationaler Grenzen betonen, fokussieren Studien der strategischen Perspektive auf den Kontext der „*erhöhten Komplexität die durch die Globalisierung kreiert wird*". Levy

---

[443] Vgl. Kobrin 1994
[444] Vgl. Beechler et al. 2004, S. 281
[445] Vgl. Levy et al. 2007, S. 9
[446] Vgl. Levy et al. 2007, S. 9
[447] Vgl. Levy et al. 2007, S. 11
[448] Vgl. Levy et al. 2007
[449] Vgl. Boyacigiller et al. 2004

et al.[450] zitieren einige Autoren der Kognitionsforschung, wenn sie den Begriff wie folgt erklären: *„Cognitive complexity represents the degree of differentiation, articulation, and integration within a cognitive structure."* Die Herausforderung für MNU sehen Levy et al.[451] dabei in *"effectively managing environmental and strategic complexity and integrating geographically distant operations and markets, while simultaneously responding to local demands"* und zitieren hierfür unter anderen Prahalad und Doz.[452]

Dabei sehen Levy et al.[453] die Wurzeln der strategischen Perspektive in der **internationalen Strategie-Forschung**, die an der Harvard-Universität in den 1970er und 1980er Jahren durchgeführt wurde, allen voran die Forschung von Bartlett und Ghoshal.[454] Das Idealbild, das diese für ein Unternehmen darstellen, ist das der *„transnational organization"*, welche jedoch weniger durch eine bestimmte Struktur oder strategische Ausrichtung definiert ist, sondern mehr eine **„Management-Mentalität"** beschreibt.[455] Bartlett und Ghoshal[456] definieren die transnationale Organisation durch folgende Attribute: *„It seeks efficency not for its own sake, but as a means to achieve global competitiveness. It acknowledges the importance of local responsiveness, but as a tool for achieving flexibility in international operations. Innovations are regarded as an outcome of a larger process of organizational learning that encompasses every member of the company."*

Folgende Abbildung 3-6 ordnet die unterschiedlichen Strategien ein.

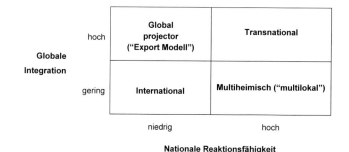

Abb. 3-5: Einteilung der Strategien in Anlehnung an Doz[457]

---

[450] Vgl. Levy et al. 2007, S. 17
[451] Vgl. Levy et al. 2007
[452] Vgl. Prahalad und Doz 1987, S. 5f. zitiert in Levy et al. 2007, S. 11
[453] Vgl. Levy et al. 2007, S. 12
[454] Vgl. Bartlett und Ghoshal 1998
[455] Vgl. Levy et al. 2007, S. 12
[456] Vgl. Bartlett und Ghoshal 1998, S. 68
[457] In Anlehnung an Doz 2005, S. 40

In Abbildung 3-6 findet sich eine Gegenüberstellung der wichtigen Eigenschaften der multi-nationalen, globalen, internationalen sowie transnationalen Organisationen. Die einzelnen Charakteristika sind dabei in sich konsistent und bedingen einander. Zusammen definieren die Konfiguration des Netzwerks, die Differenzierung der Rollen und Verantwortlichkeiten sowie das „Wissensmanagement" bzw. das Management des Innovationsprozesses das jeweilige Organisationssystem.[458] Nachfolgernd werden kurz die unterschiedlichen Organisationsformen in Anlehnung an Bartlett und Ghoshal[459] in Tabelle 3-3 vorgestellt.

Organizational Characteristics	Multinational	Global	International	Transnational
Configuration of assets and capabilities	Decentralized and nationally self-sufficient	Centralized and and globally scaled	Sources of core competencies centralized, others decentralized	**Dispersed, interdependent, and specialized**
Role of overseas operations	Sensing and exploiting local opportunities	Implementing parent company strategies	Adapting and leveraging parent company competencies	**Differentiated contributions by national units to integrated worldwide operations**
Development and diffusion of knowledge	Knowledge developed and retained within each unit	Knowledge developed and retained at the center	Knowledge developed at the center and transferred to overseas units	**Knowledge developed jointly and shared worldwide**

Tab. 3-3: Charakteristika nach Bartlett und Ghoshal[460]

Beim Vergleich der unterschiedlichen Organisationsformen ist zu beachten, dass bspw. die „globale Organisation und globale Strategie", die unter anderem Paul[461] oder Gupta und Govindarajan[462] beschreiben, der **„transnationalen Organisation"** bei Bartlett und Ghoshal[463] oder Doz et al.[464] entspricht und daher nicht mit der dort als „global" bezeichneten Organisationsform verwechselt werden sollte.

---

[458] Vgl. Bartlett und Ghoshal 1998, S. 74
[459] Vgl. Bartlett und Ghoshal 1998
[460] Vgl. Bartlett und Ghoshal 1998, S. 75
[461] Vgl. Paul 2000
[462] Vgl. Gupta und Govindarajan 2002, 2008
[463] Vgl. Bartlett und Ghoshal 1998
[464] Vgl. Doz et al. 2005

Im Zusammenhang mit der strategischen Perspektive wird auch häufig vom Spannungsfeld zwischen „*globaler Konsistenz*" sowie der „*lokalen Reaktionsfähigkeit*" gesprochen.[465] Um die Voraussetzung, also ein Global Mindset, für den richtigen Umgang mit dieser Herausforderung für Unternehmen zu schaffen, sehen die Autoren die Notwendigkeit, dass die einzelnen Manager eine „*glocal mentality*", also eine „glokale Mentalität" an den Tag legen. Diese beinhaltet drei Komponenten:

- Das globale Denken (das Erkennen, wann globale Standards sinnvoll sind),

- das lokale Denken (das Verständnis für lokale und kulturelle Unterschiede des Unternehmens zu fördern) sowie

- das gleichzeitige Anwenden von globalem und lokalem Denken, also die glokale Mentalität.[466]

In diesem Zusammenhang führen Begley und Boyd[467] dazu eine Untersuchung mittels semistrukturierter qualitativer Interviews unter 39 HR-Verantwortlichen in 32 Hightech-MNU durch. Sie streichen dabei besonders den Einfluss der Human Resources bei der Entwicklung der „glocal mentality" eines Unternehmens hervor.

3.6.3 Multidimensionale Perspektive[468]

Die multidimensionale Perspektive kombiniert die beiden oben erwähnten Perspektiven. Levy et al.[469] verfolgen insgesamt eine multidimensionale Perspektive und definieren Global Mindset als "*...a highly complex cognitive structure characterized by an openness to and articulation of multiple cultural and strategic realities on both global and local levels, and the cognitive ability to mediate and integrate across this multiplicity.*" Basierend auf dieser Definition kann das Global Mindset aus drei unterschiedlichen Aspekten charakterisiert werden:

1   Eine Offenheit und Bewusstsein von vielen Sphären der Bedeutung und Handlung;

2   Komplexe Repräsentierung und Artikulierung von kultureller und strategischer Dynamik und

3   Mediation und Integration von Idealen und Handlungen die sich sowohl auf global, als auch auf local beziehen.

Diese drei Elemente kreieren das multidimensionale Spektrum, wo das Global Mindset bewertet und gemessen werden kann. Vor diesem Hintergrund sind Individuen mit dem höhen

---

[465] Vgl. Begley und Boyd 2003, S. 27f.
[466] Vgl. Begley und Boyd 2003, S. 26
[467] Vgl. Begley und Boyd 2003, S. 30
[468] In Anlehnung an **Daniel Raith** und **Manuel Schaffer**
[469] Vgl. Levy et al. 2007, S. 27

Level an Global Mindset gleichzeitig bewusst und offen zu mannigfachen Bedeutungsinhalten und Handlungen und sind in der Lage zwischen diesen Sphären zu synthetisieren und Verbindungen herzustellen. (Vgl. hierzu nächsten Punkt 3.6.3.1)

Vereinfacht ausgedrückt stellt diese multidimensionale Perspektive somit die kognitive Fähigkeit in den Vordergrund, verschiedenen Kulturen und Strategien auf der globalen und lokalen Ebene offen gegenüber zu stehen und gleichzeitig zu integrieren.

Levy et al. bauen ihre Perspektive vor allem auf den Ergebnissen des Autors Rhinesmith[470] auf, der bereits früh Global Mindset durch eine Kombination von Elementen sowohl der kulturellen als auch der strategischen Perspektive definiert hat.

Gemäß Levy et al.[471] ergänzen die Autoren der multidimensionalen Perspektive die bestehenden Fähigkeiten, die durch ein Global Mindset umfasst sind, um weitere individuellen Attribute bzw. Charakteristika, welche aus der „Global-Leadership-Literatur" enstammen wie z.b. Offenheit und die Fähigkeit, komplexe Zusammenhänge zu erkennen.[472]

3.6.3.1 Einteilung des Global Mindset nach Gupta et al.[473] [474]

In der vielfach zitierten Studie von Gupta und Govindarajan[475] wird vor allem der **kognitive Aspekt des Mindsets** betont. Sie verweisen dabei auf die Kognitionsforschung, die festgestellt hat, dass ein Mindset in Form von Kognitionsstrukturen („*knowledge structures*") besteht. Die zwei zugrundeliegenden Eigenschaften jeder dieser Kognitionsstrukturen sind dabei „Differenzierung" sowie „Integration[476]." **Differenzierung** beschreibt dabei die Enge bzw. Breite des Wissensspektrums, das eine Einzelperson oder eine Organisation in einem bestimmten Zusammenhang aufweist. „Differenzierung" wird hier weiterhin als die Offenheit gegenüber unterschiedlichen Kulturen und Märkten beschrieben. Die Bandbreite geht dabei vom fachlichen „*Tunnelblick*" (niedrige Differenzierung) bis hin zu einer hoch differenzierten Kognitionsstruktur. **Integration** hingegen bezieht sich auf das Ausmaß, in dem eine Person oder eine Organisation die Fähigkeit besitzt, den Überblick zu bewahren und verschiedene Perspektiven oder Informationen miteinander zu verflechten bzw. diese zu integrieren. „Integration" wird demgemäß als die Fähigkeit einer Person oder eines Unternehmens beschrieben, einen Überblick über unterschiedliche Kulturen und Märkte zu bewahren und verschiedene

---

[470] Vgl. Rhinesmith 1992, 1993, 1996
[471] Vgl. Levy et al. 2007
[472] Vgl. Z.B. Kedia und Mukherji 1999 und **Kapitel 4** und **Kapitel 8.**
[473] Vgl. Gupta und Govindarajan 2002; Gupta et al. 2008
[474] Vgl. Gupta et al. 2008
[475] Vgl. Gupta und Govindarajan 2002; Gupta et al. 2008
[476] Vgl. Gupta und Govindarajan 2002, S. 117

Informationen und Perspektiven, die daraus entstehen, zu verknüpfen bzw. zu integrieren. Dies ist bei niedriger Differenzierung nicht der Fall, da hier ohnehin keine verschiedenen Perspektiven zugelassen werden. [477]

Menschen mit einem **diffusen Mindset** weisen ein hohes Ausmaß an Differenzierung vor. Sie besitzen nur eine sehr geringe Fähigkeit diese zu verknüpfen und zu integrieren. Individuen, die zwar einen hohen Wert im Bereich der Integration vorweisen, aber über einen sehr niedrigen Wert im Bereich der Differenzierung verfügen, haben ein sogenanntes „**parochial Mindset**—, also eine „engstirnige" bzw. „beschränkte" Kognitionsstruktur. [478]

In diesem Kontext stellt sich Global Mindset als ein hoch differenzierendes, als auch hoch integrierendes Mindset dar. Dies führt zu der, bereits in Kapitel 3.4 erwähnten, Definition eines Global Mindset durch Gupta und Govindarajan [479] „...*We would define a Global Mindset as one that combines an openness to and awareness of diversity across cultures and markets with a propensity and ability to synthesize across this diversity.*" Diese zuvor behandelte Einteilung wird auch noch einmal in Abbildung 3-7 zusammengefasst - dargestellt.

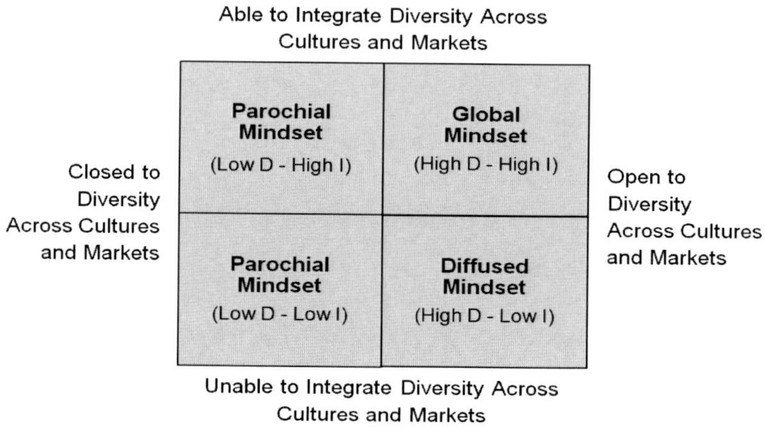

Abb. 3-6: Global Mindset in Anlehnung an Gupta et al. [480]

D.h. Personen, die ständig ihre Meinung ändern, da sie von zuletzt gehörten anderen Meinungen stark beeinflusst werden, besitzen zwar ein hohes Maß an Differenzierung, jedoch eine niedrige Integration bei Kognitionsstrukturen (Mindsets). Im Vergleich dazu besitzt eine Person ein hohes Maß an Integration, wenn sie zwar verschiedene Meinungen anstrebt und

---

[477] Vgl. Gupta et al. 2008, S. 121f.
[478] Vgl. Gupta und Govindarajan 2002, S. 121f. und vgl. **Tabelle 3-2**
[479] Vgl. Gupta und Govindarajan 2002, S. 122
[480] Vgl. Gupta et al. 2008, S. 124

schätzt, jedoch die Fähigkeit besitzt, eine einheitliche Perspektive daraus zu entwickeln.[481]

Gupta et al.[482] gehen davon aus, dass

ein Global Mindset aus einem hohen Maß an Differenzierung und hohem Mass an Integration der verschiedenen Kulturen und Märkte besteht.

3.6.3.2 Einteilung des Global Mindset nach Arora et al. [483]

Ähnlich wie Gupta und Govindarajan[484] sowie Gupta et al.[485] sehen Begley und Boyd[486] und **Arora et al.**[487] in einem Global Mindset die Kombination hoher **Konzeptualisierungs-** („conceptualization") sowie hoher **Kontextualisierungs-fähigkeiten** („contextualization"). Kurz kann man dies mit der bekannten Devise „think global [conceptualization], act local [contextualization]" beschrieben werden. Während **Konzeptualisierung** sich auf das Strukturieren der Sichtweise auf komplexe Zusammenhänge bezieht, beschreibt **Kontextualisierung** die Art, wie das eigene Rahmenkonzept an lokale Gegebenheiten angepasst wird.[488] Im Gegensatz zu anderen genannten Autoren, beschränken sich Arora et al. in ihrer empirischen Studie unter 65 Managern der Textilbranche allerdings auf die Untersuchung von Global Mindset auf der **individuellen Ebene** und nicht wie die zuvor gezeigte Studie von Gupta und Govindarajan auf die organisationale (Unternehmens-) Ebene.[489]

Gemäß **Arora et al.** [490] sind globale Manager, Manager, die mit zusätzlicher Komplexität und Unsicherheit sowie mit unterschiedlichen Arbeitnehmern umgehen können und darüber hinaus das Wissen besitzen, dass es unterschiedliche Lösungen für Businessprobleme in unterschiedlichen Kulturen gibt. Arora et al.[491] sind sich darüber einig, dass Unternehmen Manager benötigen, die ein Global Mindset besitzen, weil davon der Erfolg des gesamten Unternehmens abhängt. Der Zweck ihrer Studie ist es herauszufinden, welche demographischen und biographischen Faktoren dazu beitragen, ein Global Mindset zu entwickeln. Die Autoren analysieren die amerikanische Textil- und Bekleidungsindustrie und überprüfen, ob die Manager der untersuchten Unternehmen die Haltungen und Persönlichkeitseigenschaften eines globa-

---

[481] Vgl. Gupta et al. 2008, S. 122
[482] Vgl. Gupta et al. 2008, S. 122
[483] Vgl. Arora et al. 2004
[484] Vgl. Gupta und Govindarajan 2002
[485] Vgl. Gupta et al. 2008
[486] Vgl. Begley und Boyd 2003
[487] Vgl. Arora et al. 2004, S. 399f.
[488] Vgl. Arora et al. 2004, S. 400
[489] Vgl. zu den Ebenen auch Kapitel 3.7.
[490] Vgl. Arora et al. 2004
[491] Vgl. Arora et al. 2004, S. 394

len Managers besitzen. Die Studie wird mit Hilfe einer **explorativen, empirischen Analyse** der Erhebungsdaten durchgeführt. Arora et al.[492] verwenden in ihrer Studie den konzeptionellen Bezugsrahmen von Kefalas.[493] Dieses Global Mindset Konstrukt identifiziert einige Neigungen, Präpositionen und Tendenzen, die für ein Global Mindset förderlich sind. Das Konzept geht davon aus, dass der ideale Manager für ein international tätiges Unternehmen eine Person ist, die einerseits global denkt und andererseits lokal agiert. Kefalas[494] verwendet in seiner Darstellung ebenfalls die zwei Variablen: Konzeptualisierung und Kontextualisierung. Die Variable Konzeptualisierung beschreibt Personen, die eine globale Sichtweise besitzen. Kontextualisierung bezieht sich auf die Fähigkeit einer Person, in einer bestimmten Umgebung zu arbeiten und die eigenen Ideen an die lokalen Gegebenheiten anzupassen. Arora et al.[495] verwenden dieses Konzept sowie einen Fragebogen in Anlehnung an Kefalas und Neuland.[496] Der erste Teil der Messung besteht aus Fragen zu den beiden Variablen Kontextualisierung und Konzeptualisierung. Verschiedene Aussagen werden von den Befragten mit Hilfe einer Likert-Skala beurteilt. Einen hohen Wert bei Konzeptualisierung haben Personen, die eher global denken, während Personen, die eher lokal agieren eine hohe Punkteanzahl in Kontextualisierung erzielen. Nachfolgende Tabelle 3-4 zeigt einige Beispielaussagen der Studie:

Konzeptualisierung	Kontextualisierung
1. Ich glaube, heutzutage ist es wichtig, strategische Partnerschaften mit Organisationen weltweit zu bilden.	1. Es macht mir Angst, wenn ich in ein Land reise, wo ich die Straßenbezeichnungen nicht lesen kann.
2. Ich bin stolz darauf, zu einer internationalen Organisation zu gehören.	2. Ich bin eng befreundet mit Leuten aus anderen Kulturen.
3. Ich glaube, das Leben ist eine Balance aus widersprüchlichen Kräften, die verstanden und gelenkt werden müssen.	3. Ich habe viel Empathie für Menschen, die sich schwer damit tun, meine Sprache zu sprechen.
4. Mir ist es nicht unangenehm, wenn ich mit Überraschungen, Veränderungen und Unsicherheiten konfrontiert werde.	4. Ich werde ungeduldig, wenn Leute aus anderen Kulturen länger brauchen, um dinge zu erledigen.

Tab. 3-4: Beispiele für die Variablen Konzeptualisierung und Kontextualisierung[497]

---

[492] Vgl. Arora et al. 2004, S. 399
[493] Vgl. Kefalas 1998, S. 547ff.
[494] Vgl. Kefalas 1998, S. 547ff.
[495] Vgl. Arora et al. 2004, S. 401
[496] Vgl. Kefalas und Neuland 1997
[497] Vgl. Arora et al. 2004, S. 409f.

Der zweite Teil der Befragung besteht aus Fragen, um demographische Informationen über die Befragten zu erhalten. Um die Komplexität der Befragung zu minimieren, entscheiden sich die Autoren für eine Umfrage per Mail sowie eine Internetbefragung. Von den 290 kontaktierten Unternehmen nahmen 69 an der Befragung teil. Für die Auswertung werden verschiedene **statistische Tests** verwendet wie z.b. **ANOVA oder t-Tests** für verbundene Stichproben. Arora et al. [498] kommen zu dem Ergebnis, dass die befragten Manager eine positive Einstellung zur Globalisierung haben und bezeichnen sie als global orientiert. Bei dem Vergleich der beiden Variablen konnte festgestellt werden, dass der Wert von Konzeptualisierung höher ist als der Wert für Kontextualisierung. Das bedeutet, dass die Manager eher global denken, auf das größere Gesamtbild achten, eine langfristige Orientierung haben und gegenüber Internationalisierung positiv eingestellt sind. Die statistischen Tests zeigen, dass die Größe des Unternehmens, weder bzgl. der Arbeitnehmeranzahl noch bzgl. des Vermögens, einen Einfluss auf das Global Mindset eines Managers hat. Interessanter Weise kann kein positiver Zusammenhang zwischen einem Global Mindset und der Anzahl an Jahren, die das Unternehmen bereits international tätig ist, festgestellt werden.

Diese Ergebnisse weisen darauf hin, dass ein **Global Mindset ein individuelles Merkmal** ist, das wenig mit den Charakteristiken des Unternehmens zu tun hat. Ein entgegengesetzter Zusammenhang zwischen dem Alter des Managers und einem Global Mindset kann jedoch erkannt werden. Manager in der Altersgruppe zwischen 25-40 Jahren erzielen insgesamt eine höhere Punkteanzahl, als Manager in der Altersgruppe zwischen 51-60 Jahren oder über 60 Jahren. Arora et al.[499] ziehen den Schluss mit Hilfe verschiedener soziologischer Argumente wie bspw., dass jüngere Menschen eher gewillt sind, sich zu verändern, eine nicht so starre, vorgefasste Meinung haben, offener gegenüber Globalisierung und internationalen Themen sind, als ältere Mitstreiter. Die Studie bestätigt einen positiven Zusammenhang zwischen dem Ausbildungsniveau und dem Ausmaß der globalen Sichtweise der Manager. Je höher der Ausbildungsgrad, desto höher ist auch das Global Mindset, das der Manager besitzt. Die Autoren finden heraus, dass die Beschäftigungsdauer keinen signifikanten Einfluss auf das Global Mindset eines Managers hat. Dieses Ergebnis belegt statistisch, dass **Berufserfahrung** nicht unbedingt in Zusammenhang mit der Entwicklung eines Global Mindset steht. Außerdem kann festgestellt werden, dass die Position des Managers im Unternehmen keinen Einfluss auf ein Global Mindset hat. Manager, die ein **Training in internationalem Management** erhalten haben, bereits einmal im **Ausland lebten** oder Familienangehörige im Ausland

---

[498] Vgl. Arora et al. 2004, S. 403
[499] Vgl. Arora et al. 2004, S. 405

haben, besitzen eine größere globale Orientierung, als andere Manager, was nicht überraschend ist. Außerdem besitzen jene Manager, die meinten, dass sie gerne im Ausland arbeiten möchten, ein höheres Maß an Global Mindset als Manager, die lieber im eigenen Land arbeiten. Insgesamt hebt diese Studie die Bedeutung und die Verwendbarkeit des Global Mindset Konzepts von **Kefalas**[500] („think global act local") hervor. Arora et al.[501] ziehen den Schluss, dass ein Global Mindset bei den Managern wirklich wichtig für ein international tätiges Unternehmen ist. Unternehmen sollten unbedingt darauf achten, Mitarbeiter, die ein Global Mindset besitzen, einzustellen und ein Global Mindset bei ihren Mitarbeitern und Managern zu fördern, um den internationalen Erfolg des Unternehmens – so wird angenommen – zu garantieren. Die Autoren kommen zu dem Ergebnis, dass ein Global Mindset eine Charaktereigenschaft ist, die durch Training entwickelt bzw. erworben werden kann. In der nachfolgenden Abbildung 3-8 werden die zuvor gezeigten Zusammenhänge noch graphisch visualisiert.

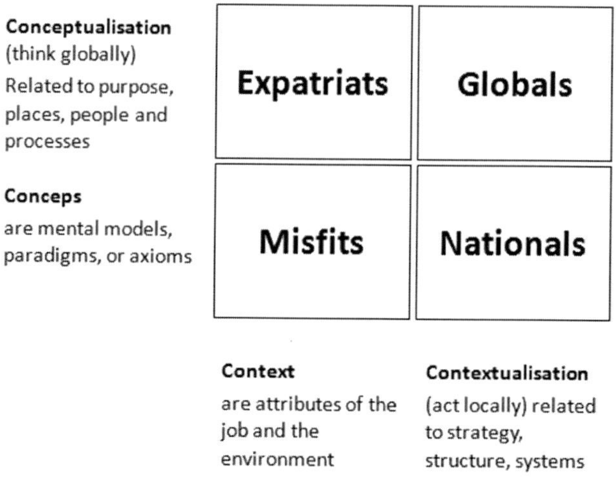

Conceptualisation (think globally) Related to purpose, places, people and processes	**Expatriats**	**Globals**
Conceps are mental models, paradigms, or axioms	**Misfits**	**Nationals**
	Context are attributes of the job and the environment	**Contextualisation** (act locally) related to strategy, structure, systems

Abb. 3-7: Konzeptualisierung- und Kontextualisierungsmodell nach Arora et al. [502]

Globale Führungskräfte oder Manager mit einem Global Mindset haben als ein hohes Mass an Konzeptualisierung ein hohes Mass an Kontextualisierung.

[500] Vgl. Kefalas 1998
[501] Vgl. Arora et al. 2004, S. 408f.
[502] Vgl. Arora et al. 2004, S. 399

3.7 Ebenen des Global Mindset

Wie bereits unter Kapitel 3.4 erwähnt, gibt es unterschiedliche Definitionen des Konstrukts „Global Mindset".[503] Global Mindset wird als ein **multidimensionales Konstrukt** in diesem Buch eingeteilt (Vgl. 3.6.3) und von daher kommen konzeptionelle und methodologische Formen des „**multilevel research**" in Betracht. Zudem herrscht Uneinigkeit darüber, ob Global Mindset auf der individuellen Ebene bspw. mit dem Global Mindset auf der Unternehmensebene vergleichbar ist.[504]

Das Konzept des Global Mindsets kann dabei an unterschiedlichen Ebenen ansetzen und operationalisiert werden. Levy et al.[505] kritisieren dabei allerdings die Anwendung unterschiedlicher Maßstäbe bzw. Messdimensionen je nach untersuchter Ebene. Diese Ebenen sind das **individuelle Global Mindset, Global Mindset auf Gruppen- bzw. Teamebene (TMT-Ebene)** sowie auf **Organisations- und Unternehmensebene** sowie **Global Mindset auf Branchen- bzw. Industrieebene**.[506] Während auf der Ebene der Einzelperson Bezug auf die Informationsverarbeitung im menschlichen Gehirn genommen wird, ist dies auf Unternehmensebene aus nachvollziehbaren Gründen nicht möglich. Dennoch beschreibt Walsh[507], dass beim Zusammenbringen einer Gruppe von Einzelpersonen - jede mit ihrer eigenen Denkstruktur zu einer bestimmten Informationsumgebung ausgestattet – eine Art „kollektive Kognitionsstruktur" entsteht und sich dabei wie die Kognitionsstruktur eines Einzelnen verhält. Es fungiert dabei auch als mentales Schema, das die kognitive Basis für Handlungen darstellt.

Eine ähnliche Einteilung zu Levy et al. nimmt **Ananthram**[508] vor. Dieser versucht mit Hilfe eines theoretischen Bezugsrahmens die Auswirkung der Globalisierung auf ein Unternehmen sowie den Makro- und Mikroebenen herzustellen. Abbildung 3-9 zeigt den konzeptionellen Bezugsrahmen.

Abb. 3-8: Ein konzeptioneller Bezugsrahmen von der Logik der Globalisierung[509]

---

[503] Vgl. Osland et al. 2006; Levy et al. 2007; Ananthram 2008
[504] Vgl. Osland et al. 2006, S. 203
[505] Vgl. Levy et al. 2007, S. 27f.
[506] Vgl. Levy et al. 2007, S. 26
[507] Vgl. Walsh 1995, S.291
[508] Vgl. Ananthram 2008
[509] Vgl. Ananthram 2008, S. 12f.

Die vom Druck der Globalisierung beeinflusste erste Ebene, die **Makro (nationale) Ebene**, übt ihrerseits Druck auf ein Unternehmen aus, seine Strategien abzuändern, Prozesse und Strukturen zu verändern sowie seine Richtlinien und Abläufe umzugestalten. Eine globale Identität und grenzübergreifende Aktivitäten werden gefordert. Die Kräfte der **Meso (organisationalen) Ebene** zwingen Manager zu einer Entwicklung und Förderung der Fähigkeiten, Kompetenzen und Werte, die notwendig sind, um effizient und effektiv in der komplexen, globalen Umwelt zu operieren.[510]

Im Besonderen hebt hier Ananthram die in der Literatur erwähnte Wichtigkeit von Initiativen auf der Meso-, also der **organisationalen Ebene**, hervor, die er in folgendem Zusammenhang beschreibt: „...*the effective management of the simultaneous and often conflicting pressures to globally integrate the operations of the organisation and respond to local demands*". Damit leitet er zur Notwendigkeit der Integration und gleichzeitigen Differenzierung über, die auch bereits von Gupta und Govindarajan[511] diskutiert wurde.[512]

Zusätzlich dazu sieht Ananthram[513] eine Herausforderung im „**Mikro-Level-Management**" in Form von Human Resource Development[514] (HRD). Das umfasst unter anderem stetiges „*on-the-job training, international postings and assignments, cross border negotiations, as well as management development and executive training programmes*" zur Entwicklung relevanter Kentnisse und Fähigkeiten, alles in Ergänzung zu den HRD-Initiativen die von den Unternehmen angeboten werden. Viele weitere Studien unterstützen nach Meinung des Autors diese Sicht, nach der für die Entwicklung eines Global Mindsets HRD zunehmend an Bedeutung gewinnt. Außer Frage steht für den Autor dabei, dass **Global Mindsets durch „Meso"- und „Mikro"-Ebenen-Initiativen geformt werden.**[515] Im weiteren Verlauf dieses Buches wird auf die Mikro bzw. Individualebene und auf die Meso bzw. (organisationale) Unternehmensebene näher eingegangen.

3.7.1 Messung des Global Mindsets auf der Mikro- bzw. Individualebene[516]

In diesem Buch wird der Schwerpunkt auf die **individuelle** und **organisationale Mindset-Ebene** gelegt. Ein Global Mindset besteht aus einer Reihe von Eigenschaften und Fähigkeiten

---

[510] Vgl. Ananthram 2008, S. 12
[511] Vgl. Gupta und Govindarajan 2002; Gupta et al. 2008
[512] Vgl. Ananthram 2008, S. 12f. sowie **Kapitel 3.4.3.1**
[513] Vgl. Ananthram 2008, S. 13f.
[514] Vgl. **Kapitel 6**
[515] Vgl. Ananthram 2008, S, 15
[516] Für die Ausarbeitung dieses Kapitels bedanke ich mich recht herzlich bei Frau **Sandra Bachler**.

eines Individuums, die den Erfolg im globalen Umfeld ermöglichen.[517] Mit anderen Worten hilft uns die **Individualperspektive des Global Mindset**, zu verstehen, wie internationale Manager und Angestellte von MNU kulturell relevante und zukunftsorientierte Strategien bilden, damit sie sich mit zusätzlichem Wachstum ausstatten können. Daher besteht ein großes Interesse daran, wie man ein Global Mindset auf der Individualebene misst. Die Messung eines Global Mindset kann erstens herausfinden, welche Eigenschaften und Fähigkeiten wirklich zu einem Global Mindset gehören, andererseits ermöglicht es die Feststellung, ob eine bestimmte Person ein sogenanntes **Global Mindset** überhaupt besitzt. In der Literatur gibt es viele verschiedene Forschungsmethoden, um ein Global Mindset zu messen bzw. zu erheben (zu elizitieren). Da ein Global Mindset eine gewisse Denkstruktur oder Kognitionsstruktur einer Person darstellt, kann mit Hilfe der empirischen Kognitionsforschung (Managerial Cognition[518]) ein Global Mindset untersucht werden. Die verschiedenen Methoden zur Datenerhebung und Datenauswertung in der kognitiven Strategieforschung sind bereits unter Kapitel 2.4 dargestellt worden.

Sieht man sich jedoch die bisherigen Forschungen des **individuellen Global Mindset** an, erkennt man, dass v.a. **Experteninterviews oder Fragebogen** verwendet werden. Die anderen Forschungsmöglichkeiten werden meist nicht so häufig benutzt, um ein individuelles Global Mindset zu messen. Nachfolgend werden drei verschiedene Studien sowie deren Messmethoden näher vorgestellt.

1) Calori et al.[519] gehen davon aus, dass CEOs einen möglichst hohes Ausmass an kognitiver Komplexität v.a. in diversifizierten MNU benötigen. Sie[520] konstatieren, dass die Umweltkomplexität des Unternehmens einen Einfluss auf die kognitive Komplexität des Managers hat. Die Umweltkomplexität eines CEO kann berücksichtigt werden entweder anhand der Anzahl der Unternehmen und der geographischen Reichweite, die in dieser Arbeit als Wettbewerbssysteme bezeichnet werden, oder anhand der Komplexität jeder dieser Wettbewerbssysteme. Die Autoren entscheiden sich dafür, die Messung anhand der **persönlichen Meinung der CEOs über ihre Umwelt** durchzuführen, da die Interpretationen mit dieser Methode aufschlussreicher sind. Die Studie untersucht zwei unabhängige Aspekte: das Verständnis der CEOs von der Struktur der Umwelt ihrer Unternehmen und das Verständnis der CEOs von den Dynamiken, die in der Umwelt herrschen.

---

[517] Vgl. Thunderbird 2010
[518] Vgl. **Kapitel 2.4.3**
[519] Vgl. Calori et al. 1994
[520] Vgl. Calori et al. 1994, S. 440

Calori et al.[521] verwenden für die Analyse **kognitive Landkarten**, da sie sinnvoll sind, wenn es darum geht, das Verständnis einer Person z.b. von der Umwelt oder der Industrie abzubilden und zu analysieren. Die Autoren untersuchen dabei jedoch nur die **Struktur**[522] dieser **kognitiven Landkarten** und nicht den Inhalt. Für jeden befragten Manager werden zwei Landkarten gezeichnet. Die erste Landkarte zeigt die wahrgenommene Struktur der Umwelt und die zweite Landkarte bildet die wahrgenommene Dynamik der Umwelt ab. In dieser Studie werden **qualitative Tiefeninterviews** mit offenen Fragen verwendet, da diese Methode sehr üblich ist, wenn es darum geht, kognitive Landkarten von Managern zu erstellen. Die Autoren versuchen die möglichen Verzerrungen, die durch wenig strukturierte Tiefeninterviews entstehen können, durch einige Vorkehrungen zu minimieren. Zu diesen Vorkehrungen gehören z.b. die Kontrolle der Fähigkeiten der Interviewer, eine möglichst genaue Definition der Analyse, die Kontrolle der Länge der Interviews oder das Einholen von Feedback zu den Landkarten von den interviewten Managern. Calori et al.[523] gehen ferner davon aus, dass je vielseitiger die Geschäftsaktivitäten und je größer die geographische Reichweite ist, desto größer auch die kognitive Komplexität des CEOs ist. Bei der Vielseitigkeit der Geschäftsaktivitäten wird zwischen der Anzahl der Konstrukte und der Dichte der Verbindungen dieser Konstrukte unterschieden. Vergleich hierzu auch die nachfolgende Abbildung 3-10. Diesbzgl. werden folgende zwei Hypothesen aufgestellt:

Hypothese 1-1: *Die kognitiven Landkarten über die Umwelt der CEOs von Unternehmen mit sehr vielfältigen Geschäftstätigkeiten haben mehr Konstrukte, als die Landkarten von CEOs von fokussierten Unternehmen.*

Hypothese 1-2: *Die Konstrukte der kognitiven Landkarten der CEOs von Unternehmen mit sehr vielfältigen Geschäftstätigkeiten sind nicht so dicht verbunden, wie bei CEOs von fokussierten Unternehmen.*

Multinationale oder transnationale Unternehmen sind weltweit tätig und Topmanager müssen sich mit den Unterschieden der verschiedenen Märkte sowie mit den verschiedenen Managementpraktiken auseinandersetzen. Die Autoren stellen dazu folgende Hypothesen auf:

Hypothese 2-1: *Die kognitiven Landkarten über die Umwelt der CEOs von internationalen Unternehmen sind komplexer als die Landkarten von CEOs von nationalen Unternehmen.*

---

[521] Vgl. Calori et al. 1994, S. 441
[522] Vgl. **Kapitel 2.2.1**
[523] Vgl. Calori et al. 1994, S. 442

Hypothese 2-2: *Die kognitiven Landkarten über die Umwelt der CEOs von MNU mit Verbindungen zu anderen ausländischen Partnerunternehmen sind komplexer als die Landkarten von CEOs von eigenständigen Unternehmen.*

Insgesamt werden 26 leitende Angestellte von 12 französischen und 14 englischen Unternehmen aus vier verschiedenen Industrien befragt. Mit Hilfe einer **qualitativen Inhaltsanalyse** werden die kognitiven Konzepte sowie deren Verlinkungen untereinander festgestellt. Diese Analyse beinhaltet vier Phasen:

Phase 1: Hier werden erste Konzepte und Verlinkungen anhand der Interviewtranskriptionen festgestellt. Insgesamt beinhalten die 26 Interviews 301 verschiedene erste Konzepte der Industriestruktur und 210 verschiedene erste Konzepte der Industriedynamik.

Phase 2: Alle Konzepte werden gewichtet nach den folgenden vier Kriterien: ausdrückliche Erwähnung der Wichtigkeit durch den Manager, Spontanität, Priorität im Interview und relative Länge der Diskussion des Themas während des Interviews. Um Verzerrungen hier zu vermeiden, analysieren zwei unabhängige Analysten die Interviews.

Phase 3: Die Unterkategorien werden analysiert. Bzgl. der Industriestruktur konnten die Unterkategorien Unternehmen, Kunden, Händler, Konkurrenz, Lieferanten und Aufsichtsbehörden festgestellt werden. Die fünf Unterkategorien zu den Verlinkungen der Industriestrategie beinhalten Abhängigkeiten, direkte Konkurrenz, Druck, Kooperationen, Gemeinsamkeiten sowie Unterschiede im Verhalten.

Es konnten außerdem sechs Unterkategorien zur Industriedynamik gefunden werden. Diese beinhalten die Änderung des Umfeldes, strategische Schritte von Mitbewerbern, Veränderungen in der Struktur, Technologie, Gesamtproduktion der Industrie und Erfolgsfaktoren. Zu den Verlinkungen zwischen den Konzepten der Industriedynamik konnten folgende drei Unterkategorien gefunden werden: Nähe zum Markt, Äquivalenz der Konzepte und ursächliche Zusammenhänge. Diese Unterkategorien werden ermittelt, um in der **vierten Phase** die kognitiven Landkarten zeichnen zu können. Die erste Landkarte zeigt die wahrgenommene Industriestruktur und die zweite Landkarte zeigt die wahrgenommenen Industriedynamiken der Befragten.

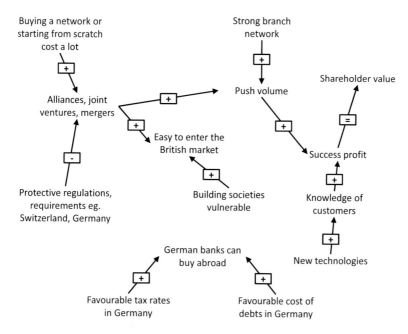

Abb. 3-9: Kognitive Landkarte nach Calori et al.[524]

Insgesamt zeigen kognitive Landkarten die Komplexität der Wahrnehmung der Manager und ermöglichen unkomplizierte Berechnungen der Werte für die Anzahl der Konstrukte sowie die Dichte (Komplexität) der Verlinkungen der Konstrukte. Calori et al.[525] berechnen die Komplexität der kognitiven Landkarten der CEOs anhand von drei Variablen. Der Umfang der kognitiven Landkarte wird anhand der Anzahl Elemente in der Landkarte festgestellt. Die Verbindungen in den kognitiven Landkarten werden mit Hilfe der Anzahl der Verlinkungen zwischen den Konzepten dividiert durch die Gesamtanzahl an Konstrukten berechnet. Aus dem Umfang und den Verlinkungen wird außerdem die Komplexität der gesamten Landkarte berechnet.

Hypothese 1-1 konnte nicht bestätigt werden, da keine Signifikanz festgestellt werden kann. Jedoch sind die Konstrukte der kognitiven Landkarten der CEOs von Unternehmen mit sehr vielfältigen Geschäftstätigkeiten nicht so stark verbunden, wie bei den Landkarten der CEOs von fokussierten Unternehmen.

---

[524] Vgl. Calori et al. 1994, S. 446f.
[525] Vgl. Calori et al. 1994, S. 445f.

Hypothese 1-2 kann somit zugestimmt werden. Die kognitiven Landkarten von CEOs von internationalen Unternehmen sind umfangreicher, als die kognitiven Landkarten von nationalen Unternehmen.

Diese Beobachtung bestätigen auch **Hypothese 2-1**. Leitende Angestellte von internationalen Unternehmen müssen mehr Konkurrenten und Marktsegmente berücksichtigen und mit den Unterschieden der Märkte umgehen. Die kognitiven Landkarten sind dadurch wesentlich komplexer. Die Ergebnisse unterstützen auch die **Hypothese 2-2**. CEOs von Unternehmen, die zu einer multinationalen Unternehmensgruppe gehören, besitzen kognitive Landkarten, die stärker verbunden sind, als CEOs von eigenständigen Unternehmen. Ein Grund dafür ist, dass multinationale Unternehmensgruppen höhere Komplexität durch die Zusammenarbeit mit unterschiedlichen Unternehmenseinheiten in unterschiedlichen Ländern mit sich bringen. Calori et al.[526] bezeichnen die Studie als **explanativ** wegen des **kleinen Stichprobenumfanges**. Eine Studie mit einem größeren Stichprobenumfang ist jedoch erforderlich, um individuelle Faktoren besser testen zu können.

2) Eine andere Studie von **Nummela et al.**[527] leistet einen Beitrag, welche Rolle ein Global Mindset in der erfolgreichen Internationalisierung von KMU spielt. Diese Studie analysiert dabei das Global Mindset von kleinen finnischen Unternehmen im Bereich der Informations- und Kommunikationstechnik. Diese Industrie wird wegen ihrer globalen Natur sowie der sehr schnellen Internationalisierung der Unternehmen in diesem Bereich von den Autoren ausgewählt. Nummela et al. [528] untersuchen dabei die treibenden Kräfte für ein Global Mindset sowie die Beziehung zwischen Global Mindset und der Exportleistung der befragten Unternehmen. Die Autoren bezeichnen ein Global Mindset als ein **multidimensionales Konzept** und versuchen sowohl einstellungsbezogene als auch verhaltensbezogene Aspekte in ihrer Studie zu berücksichtigen. Die Messung basiert auf der **eigenen Beurteilung der befragten Manager**. Nummela et al.[529] gehen davon aus, dass generelle Businesserfahrung, aber auch marktspezifische Erfahrungen von Managern zu einer schnelleren Internationalisierung des Unternehmens führen. Bestimmte Marktcharakteristiken wie z.B. Nischenmärkte, Intensität von Forschung und Entwicklung oder Wettbewerbsintensität können Unternehmen unter Druck setzen und sie zwingen, schneller international tätig zu werden. Die Notwendigkeit eines Global Mindset ist somit auch von den Marktkonditionen abhängig. Das Global Mindset des Managements ermöglicht es dem Unternehmen, schnell und akkurat auf sich verändernde Be-

---

[526] Vgl. Calori et al. 1994, S. 452
[527] Vgl. Nummela et al. 2004, S. 51
[528] Vgl. Nummela et al. 2004, S. 52f.
[529] Vgl. Nummela et al. 2004, S. 56

dürfnisse der Märkte einzugehen. Aufgrund dieser Annahmen stellen die Autoren folgende vier Hypothesen[530] auf:

Hypothese 1: *Es gibt einen positiven Zusammenhang zwischen den Erfahrungen des Managers und einem Global Mindset.*

Hypothese 2: *Es gibt einen positiven Zusammenhang zwischen den Marktcharakteristiken und einem Global Mindset.*

Hypothese 3: *Es gibt einen positiven Zusammenhang zwischen einem Global Mindset und der Wahrnehmung des Managers von der internationalen Leistungsfähigkeit des Unternehmens (subjektive Performance).*

Hypothese 4: *Es gibt einen positiven Zusammenhang zwischen einem Global Mindset und den finanziellen Kennzahlen der internationalen Performance eines Unternehmens (objektive Performance).*

Von insgesamt 493 kontaktierten Software-Unternehmen nahmen 123 an der Befragung im Internet teil. In dieser Studie wird ein Global Mindset anhand einer **fünfteiligen Likert-Skala** (1 = ich stimme gar nicht zu, 5 = ich stimme voll zu) gemessen. Es wird angenommen, dass Erfahrungen des Managements und Marktcharakteristiken die zwei wesentlichen treibenden Kräfte für die Bildung eines Global Mindset sind. Die Managementerfahrungen werden mit Hilfe des Anteils an Managern mit internationaler Berufserfahrung und des Anteils an Managern mit internationaler Ausbildung gemessen. Die Marktcharakteristiken werden anhand folgender drei Faktoren gemessen: Globalität des Marktes, Turbulenzen im Markt sowie das Fehlen von Wettbewerb im Markt. Die subjektive Performance wird anhand einer fünfteiligen Likert-Skala (1 = ich stimme gar nicht zu, 5 = ich stimme voll zu) gemessen. Verschiedene Aussagen wie z.B. „Internationalisierung hat einen positiven Effekt auf den Umsatz unseres Unternehmens" und werden anhand der subjektiv quantitativen und der subjektiv qualitativen Performance analysiert. Die objektive Performance wird auch anhand einer sechsteiligen Likert-Skala festgestellt. Hier werden Faktoren wie der geschätzte Umsatz der nächsten zwei Jahre durch internationale Geschäfte, Anteil an ausländischen Kunden oder die Anzahl an ausländischen Märkten, in denen das Unternehmen tätig ist, analysiert und verglichen.[531]

Der durchschnittliche Umsatz der befragten Unternehmen beträgt 2,03 Millionen Euro und einige der Unternehmen sind noch so klein, dass sie keinen Absatz aufweisen können. 50% der Unternehmen beschäftigen zehn oder weniger Arbeitnehmer und alle wichtigen Sektoren

---

[530] Vgl. Nummela et al. 2004, S. 56
[531] Vgl. Nummela et al. 2004, S. 56ff.

der Softwareindustrie sind unter den befragten Unternehmen vertreten. Der Durchschnittswert für das Global Mindset liegt bei 3,2. Dies bedeutet, dass mehr Unternehmen sich als global orientiert, als inländisch orientiert, bezeichnen. Ein Drittel der befragten Manager hat internationale Arbeitserfahrungen, jedoch nur jeder sechste hat eine Ausbildung im Ausland genossen. Die Befragten bezeichnen das Marktumfeld generell als global und turbulent und sind zufriedener mit der internationalen Performance hinsichtlich der qualitativen Ergebnisse (z.B. Image) als mit der quantitativen Performance (z.B. Marktanteil oder Umsatz).

Die **Hypothese 1** geht davon aus, dass es einen positiven Zusammenhang zwischen den Erfahrungen der Manager und einem Global Mindset gibt. Die Ergebnisse der Studie unterstützen teilweise diese Hypothese. Internationale Arbeitserfahrung hat einen signifikanten Einfluss auf ein Global Mindset, jedoch gibt es keinen eindeutigen Zusammenhang zwischen einem Global Mindset und einer internationalen Ausbildung. Für die **Hypothese 2** kann ein positiver Zusammenhang bestätigt werden. Turbulenzen im Markt haben einen weniger wichtigen Einfluss auf ein Global Mindset, als die Globalität des Marktes, wo es einen signifikanten Zusammenhang mit einem Global Mindset gibt. Die empirische Studie kann die **Hypothese 3** nicht bestätigen. Es wäre möglich, dass es einen positiven Zusammenhang zwischen dem Global Mindset und der Höhe der gesetzten Ziele eines Unternehmens gibt. Die Autoren nehmen an, dass Unternehmen mit einem positiven Mindset sich viel ehrgeizigere Ziele für die Internationalisierung des Unternehmens stellen, als Unternehmen mit keinem Global Mindset. Diese Theorie wird jedoch nicht getestet. Die Ergebnisse der Studie unterstützen die **4. Hypothese**. Unternehmen mit einem Global Mindset haben signifikant mehr ausländische Partner und Kunden und sie erzielen auch einen signifikant größeren Anteil ihrer Umsätze in ausländischen Märkten.

Zusammenfassend sind die Autoren sich darüber einig, dass ein Global Mindset einen deutlichen Einfluss auf die Internationalisierung eines Unternehmens hat. Ein Global Mindset beeinflusst die Entscheidung, wie viele Ressourcen in ausländischen Märkten eingesetzt werden. [532] Nummela et al.[533] schlussfolgern, dass die Ergebnisse ihrer empirischen Studie beweisen, dass diese Art von Messmethode durchführbar ist und auch für andere Forschungsmethoden angewandt werden kann. Sie gehen davon aus, dass es nicht möglich ist, eine allgemeine Schlussfolgerung mit Hilfe dieser Studie aufzustellen, da nur eine einzelne Industrie untersucht wird und nur eine Momentaufnahme der Unternehmensaktivitäten zeigt. Eine konsequentere und genauere Überprüfung kann durch die Verwendung von verschiedenen Stich-

---

[532] Vgl. Nummela et al. 2004, S. 57f.
[533] Vgl. Nummela et al. 2004, S. 59

proben und durch eine Langzeitforschungsstudie ("longitudinal study") erzielt werden. Obwohl die Hypothese 3 nicht bestätigt wird, kann jedoch festgehalten werden, dass ein positiver Zusammenhang zwischen dem Unternehmenserfolg und dem Besitz eines Global Mindset der Manager besteht.[534]

3) Ziel einer anderen Studie von **Ananthram et al.**[535] ist es, herauszufinden, ob die Stärke der Unternehmensstrategie und der Technologieintensität sowie die Unternehmerorientierung ein Anzeichen für die Intensität eines Global Mindset bei Managern sind. Ananthram et al.[536] argumentieren, dass Organisationen dazu neigen, ihre Strategie zu ändern, wenn sie global tätig werden, um mit dem erhöhten Konkurrenzdruck umgehen zu können und teilweise um sich einen Wettbewerbsvorteil zu verschaffen. Dabei ist es wichtig, dass Unternehmen eine Balance zwischen globaler Integration und lokaler Verantwortung finden. Ein Global Mindset hilft dabei, solche komplexen strategischen Perspektiven zu entwickeln und auszunutzen. Ananthram et al.[537] stellen deswegen folgende Hypothesen auf:

Hypothese 1a: *Globale Integrationserwartungen in der Unternehmensstrategie haben einen positiven Einfluss auf die Intensität des Global Mindset bei Managern.*

Hypothese 1b: *Lokale Verantwortungserwartungen in der Unternehmensstrategie haben einen positiven Einfluss auf die Intensität des Global Mindset bei Managern.*

Die Technologieintensität gibt an, in welchem Maße ein Unternehmen seine Kerntechnologie einsetzt, um einen maximalen Wettbewerbsvorteil zu erwirtschaften.[538] In einem technologieorientierten Markt wird es immer wichtiger, dass Unternehmer die beste verfügbare Technologie bevorzugen und ein gewisses Wissen an Technologien besitzen. Daraus entwickeln die Autoren folgende Hypothese:

Hypothese 2. *Technologieintensität hat einen positiven Einfluss auf die Intensität des global mindset bei Managern.*

Die Unternehmerorientierung wird von Ananthram et al.[539] in die ökonomische Orientierung und die Lernorientierung unterteilt. Die Autoren gehen davon aus, dass eine große ökonomische Orientierung eines Unternehmens in Zusammenhang mit dem Risikoverhalten, dem Innovationsverhalten sowie der Eigeninitiative bei internationalen Expansionen steht.[540] Der

---

[534] Vgl. Nummela et al. 2004, S. 59
[535] Vgl. Ananthram et al. 2010
[536] Vgl. Ananthram et al. 2010, S. 150f.
[537] Vgl. Ananthram et al. 2010, S. 151
[538] Vgl. Harveston 2000
[539] Vgl. Ananthram et al. 2010, S. 152
[540] Vgl. Harveston 2000

Lernorientierung kommt immer mehr Bedeutung zu, da der Umgang mit Informationen und Wissen das Entscheidungsverhalten beeinflusst. Die unternehmerische Orientierung erfordert die Entwicklung von umfassenden Kompetenzen und einem globalen Horizont sowie eine Neuausrichtung der Denkweise. Ananthram et al.[541] stellen folgende Hypothese dazu auf:

Hypothese 3a: *Ökonomische Orientierung hat einen positiven Einfluss auf die Intensität des Global Mindset bei Managern.*

Hypothese 3b: *Lernorientierung hat einen positiven Einfluss auf die Intensität des Global Mindset bei Managern.*

Die Autoren untersuchen diese Hypothesen mit Hilfe eines **pluralistischen Forschungsdesigns mit qualitativen und quantitativen Ansätzen** in verschiedenen Dienstleistungsunternehmen aus China und Indien. Die Studie wird in fünf Phasen durchgeführt. Zuerst wird ein Begriffsmodell aus Theorien der internationalen Managementliteratur entwickelt. Dazu wird auch Feedback von verschiedenen Wissenschaftlern eingeholt. In der zweiten Phase werden die Fragen für die Befragung anhand der bestehenden Literatur erstellt. Diese Fragen werden in Mandarin für China und in English für Indien übersetzt. Danach werden Pilottests mit den erstellten Fragen in Indien, China und Indonesien durchgeführt. Die Fragen werden danach nochmals überarbeitet. In der vierten Phase werden die quantitativen Befragungen durchgeführt. Insgesamt werden 239 indische und 210 chinesische Manager aus verschiedenen Sektoren der Dienstleistungsindustrie befragt. Die empirischen Ergebnisse werden dann verschiedenen Managern in Gruppen von 15 Personen präsentiert und in **qualitativen Interviews in Fokusgruppen** in Indien und China diskutiert. Die Autoren versuchten dabei, dass so viele Industriesektoren wie möglich in der **qualitativen Forschung** vertreten sind. Manager liefern dabei ein unmittelbares Verständnis und erfahrungsgemäße Beweise für die Resultate aus der **quantitativen Analyse**.

Globale Integration, lokale Verantwortung, Technologieintensität, ökonomische Orientierung, Lernorientierung sowie die Intensität des Global Mindset werden mit Hilfe verschiedener Aussagen und einer **siebenstufigen Likert-Skala** (1 = ich stimme gar nicht zu, 7 = ich stimme voll zu) gemessen. **Mittelwert- und Korrelationsanalysen** zeigen, dass sowohl die indischen als auch die chinesischen befragten Manager ein hohes Maß an Global Mindset besitzen. Außerdem kann festgestellt werden, dass der Großteil der untersuchten Variablen signifikant korreliert. Besonders auffallend dabei ist die signifikante Beziehung zwischen den Variablen der Unternehmensstrategie sowie der Unternehmerorientierung mit der Intensität des

---

[541] Vgl. Ananthram et al. 2010, S. 152

Global Mindset bei Managern. Diese Ergebnisse unterstützen die beiden **Hypothesen H1** und **H3**.

Um die Untersuchungen und Beziehungen der einzelnen Variablen besser untersuchen und bestätigen zu können, wird außerdem eine **multiple Regressionsanalyse** von den Autoren durchgeführt. Das Ergebnis dieser Untersuchung zeigt, dass es Gemeinsamkeiten, aber auch Unterschiede bei den Stichproben gibt. Technologieintensität und Lernorientierung haben einen signifikanten Einfluss auf die Bildung eines Global Mindset für Befragte aus Indien und China. Ökonomisch unternehmerisches Denken hat für indische Manager einen signifikanten positiven Bezug auf die Intensität des Global Mindset. Diese Aussage wird jedoch von den Befragten aus China nicht unterstützt. Die strategische Orientierung wird von beiden Stichproben nicht mit der Bildung eines globalen Horizontes in Verbindung gebracht. Die Studie befürwortet somit die **Hypothesen H2** und **H3b**. Die **Hypothese H3a** wird jedoch nur von den Befragten aus Indien bestätigt.

Zusammenfassend bestätigen die qualitativen Interviews, dass die Mehrheit der Unternehmen im Dienstleistungssektor in China und Indien stetige Änderungen in ihrer Technologie sowie im globalen Lernverhalten auf Organisationsebene durchführen, um in der komplexen und dynamischen Umwelt des weltweiten Business bestehen zu können. Manager aus Indien und China erklärten auch, dass angemessene Technologien entscheidend sind, um eine erfolgreiche Expansion durchzuführen und um mit anderen globalen Organisationen konkurrieren zu können. Ein hohes Maß an Global Mindset erleichtert es dem Manager, die Vorteile **globaler Technologien**[542] zu erkennen und zu schätzen. In dieser **qualitativen Untersuchung** sind sich die Befragten beider Länder einig, dass es förderlich für ein Global Mindset ist, wenn ein Unternehmen das globale Lernen[543] unterstützt, verschiedene Lernmöglichkeiten anbietet und eine Unternehmenskultur etabliert, in der Informationen und Wissen weitergegeben werden. Die Befragten aus Indien bestätigten die Meinung der Landeskollegen in der **quantitativen Untersuchung**. Sie sind sich einig, dass die ökonomische Orientierung sehr wichtig für das Verständnis von Chancen ist, die durch die Internationalisierung eines Unternehmens entstehen können. [544] Insgesamt stellen Ananthram et al.[545] fest, dass ein Global Mindset bei Managern sehr wichtig ist. Es wird v.a. auch für Unternehmen in China und Indien immer wichtiger, dass sich die Personalabteilungen mit dem Thema Global Mindset auseinandersetzen.

---

[542] Vgl. Kapitel 7.
[543] Vgl. Kapitel 6 und Kapitel 7
[544] Vgl. Ananthram et al. 2010, S. 160f.
[545] Vgl. Ananthram et al. 2010, S. 161

Unternehmen müssen Engagement zeigen und versuchen ihre Mitarbeiter auf internationale Aufgaben vorzubereiten.

Eine Übersicht über die verschiedenen **Messmethoden des individuellen Global Mindset** in der Literatur wird in Tabelle 3-5 nachfolgernd gegeben. Vergleicht man die verschiedenen Messmethoden wird schnell klar, dass sich noch **keine Messmethode** klar durchgesetzt hat, wenn es darum geht, ein Global Mindset auf der Individualebene zu messen. Es werden kognitive Landkarten und Selbstbewertungen vorgenommen wie schon bereits bei den Messmethoden zur Managerial Cognition-Forschung, wo es ebenso keine einheitliche Methode gibt. Für die Unternehmen bzw. Unternehmenspraxis sind also Selbstbewertungsfragebögen wie diese die Thunderbird School of Global Management[546] anwendet eine mögliche Methodik.

#	Autor(en), Jahr	Thema/ Theoretischer Ansatz	Empirische Methodik	Key findings
1	Murtha, Lenway und Bagozzi (1988)	Die Autoren versuchen mit einer Kombination aus individuellem Verhalten und Firmenpolitik ein global mindset zu messen. Dabei werden folgende Themen überprüft: Integration, Zuständigkeit, Koordination, Karrierechancen, globale Verantwortung und das allgemeine Verständnis von Globalisierung.	**Quantitativ:** 370 Manager in Konzernunternehmen aus 13 Ländern von diversifizierten MNU mit Hauptsitz in den USA werden mit Hilfe eines Fragebogens befragt.	Erfolgreiche internationale Manager besitzen eine komplexe Kognition, emotionale Energie sowie geistige Reife zusätzlich zu angelernten Verhalten und Fähigkeiten.
2	Wills und Barham (1994)	Wills & Barham wollen herausfinden, welche Eigenschaften erfolgreiche, international tätige Manager besitzen müssen.	**Qualitativ:** Es werden Interviews mit 60 erfolgreichen international tätigen Managern in globalen Organisationen durchgeführt.	Klare Unterstützung für die Hypothesen die globale Orientierung, Geozentrismus und grenzübergreifende Strukturen und Prozesse mit Engagement und Begeisterung in Zusammenhang bringen.
3	Calori, Johnson und Sarnin (1994)	Die Autoren definieren kognitive Komplexität eines CEOs durch die Anzahl der Konstrukte sowie durch die Dichte der Verlinkungen zwischen diesen Konstrukten der individuellen Kognitionsstruktur.	**Qualitativ:** 26 leitende Angestellte von 12 französischen und 14 englischen Unternehmen werden befragt. Mit Hilfe einer Inhaltsana-	Unterschiedliche Maßnahmen im Bereich jedes Spannungsfeldes werden vorgeschlagen; Global Mindset bringt einen klaren Wettbewerbsvorteil

---

[546] Vgl. Kapitel 3.3

		lyse werden für jeden Interviewten kognitive Landkarten gezeichnet und analysiert.		
4	**Kobrin (1994)**	Diese Arbeit hat das Ziel, den Zusammenhang zwischen geozentrischem mindset, geographischer Reichweite sowie den strukturellen und strategischen Eigenschaften von Unternehmen und Industrien herauszufinden.	**Qualitativ:** Befragungen mit 68 Produktionsunternehmen in den USA werden im Sinne dieser Studie durchgeführt.	Es gibt einen Zusammenhang zwischen einem geozentrischen Führungskonzept und der geographischen Reichweite des Unternehmens, es besteht jedoch kein Zusammenhang zwischen dem geozentrischen Führungskonzept und der globalen Strategie.
5	**Gupta und Govindarjan (2001, 2002)**	Gupta und Govindarajan gehen davon aus, dass ein global mindset eine Wissensstruktur ist, die aus einem hohen Maß an Differenzierung und Integration besteht.	**Qualitativ:** N/A	Eine globale Perspektive besteht aus einem gewissen mindset sowie Wissen und Fähigkeiten. Um die globale Dominanz in einer Industrie nützen zu können, benötigt man ein hohes Maß an global mindset. Dies ermöglicht es einem Unternehmen, auch Chancen zu erkennen und zu nutzen.
6	**Harveston, Kedia und Davis (2000)1**	Die Autoren gehen davon aus, dass Manager von Unternehmen, die schrittweise international tätig werden, eher ein ethnozentrisches mindset besitzen. Manager von born globales besitzen hingegen ein geozentrisches mindset und haben eine positive Einstellung gegenüber Internationalisierung und besitzen mehr internationale Erfahrungen.	**Quantitativ:** 224 Unternehmen aus 38 verschiedenen Staaten werden mittels einer Mailing-Umfrage befragt.	Born globales besitzen ein höheres Maß an global mindset, haben mehr Erfahrungen und haben auch eine höhere Toleranz gegenüber Risiken als Manager von Unternehmen, die schrittweise international tätig werden.

7	Arora, Jaju, Kefalas und Perenich (2004)2	Es wird getestet ob ein positiver Zusammenhang zwischen dem Alter, der Ausbildung, der Beschäftigungsdauer, einem internationalem Managementtraining, Nationalität oder dem Willen im Ausland zu arbeiten und einem global mindset besteht.	**Qualitativ:** Insgesamt werden 69 Unternehmen aus der Textilindustrie mit Hilfe eines Fragebogens befragt. Die Befragten müssen Aussagen zu Konzeptualisierung und Kontextualisierung mit einer fünfteiligen Likert-Skala bewerten. Außerdem werden Fragen zu demographischen Angaben gestellt.	Der Ausbildungslevel sowie eine internationale Managementausbildung haben eine positive Auswirkung auf ein global mindset. Das Alter und die Beschäftigungsdauer haben keine Auswirkung auf ein global mindset. Außerdem ergibt die Studie, dass Manager, die ein Familienmitglied im Ausland haben oder den Willen im Ausland zu arbeiten besitzen, einen höheren Punktestand erreichen und somit ein höheres Maß an global mindset besitzen.
8	Nummela, Saarenketo und Puumalainen (2004)	Die Autoren untersuchen, welche Dinge förderlich sind für ein global mindset. Außerdem soll der Zusammenhang zwischen global mindset und der internationalen Leistungsfähigkeit (Exportleistung) der befragten Unternehmen festgestellt werden.	**Qualitativ:** Mit Hilfe einer internet-basierenden Umfrage und einer siebenteiligen Likert-Skala werden 72 kleine finnische Unternehmen im Bereich Informations- und Kommunikationstechnik befragt.	Die Untersuchung ergibt, dass Erfahrungen von Managern sowie Marktmerkmale förderlich für ein global mindset sind. Global mindset ist außerdem ein Schlüsselparameter für internationale Leistungsfähigkeit.
9	Dekker, Jansen und Vinkenburg (2005)	Dekker, Jansen und Vinkenburg möchten herausfinden, in welchem Zusammenhang ein global mindset mit der Globalisierung und globalen Führungskräften steht.	**Qualitativ:** Es werden persönliche und telefonische Interviews mit 15 globalen Führungskräften aus drei MNU durchgeführt.	Die interviewten Manager sind der Meinung, dass es Unterschiede zwischen inländischen, ausländischen und globalen Führungskräften gibt bzgl. der gesellschaftlichen, unternehmerischen, organisationalen und kulturellen Faktoren. Globale Führungskräfte benötigen einen gewissen Geschäftssinn, interkulturelle Fähigkeiten, Führungskompetenzen und Offenheit gegenüber neuen Dingen.

10	**Thunderbird (2006)**	Thunderbird geht davon aus, dass ein global mindset aus einem intellektuellem, einem psychologischem sowie aus einem sozialen Kapital besteht.	**Qualitativ:** Eine Befragung von Absolventen und Professoren der Thunderbird School of Global Management sowie von verschiedenen international tätigen Führungskräften wird durchgeführt.	Die Befragten sind der Meinung, dass die Fähigkeit, globale Bündnisse und Partnerschaften zu knüpfen, die wichtigsten Eigenschaften bei dem intellektuellen Kapital sind. Bei dem psychologischen Kapital ist es der Respekt gegenüber kulturellen Unterschieden und bei dem sozialen Kapital ist es die Fähigkeit, positive Energie bei Personen aus anderen Ländern der Welt zu generieren.
11	**Acedo und Jones (2007)**	Die Studie untersucht vier Aspekte einer Managerial Cognition: Risikowahrnehmung, Eigeninitiative, Ambiguitätstoleranz und internationale Orientierung. Die Autoren untersuchen, welche dieser Faktoren einen Einfluss auf die Internationalisierungsgeschwindigkeit eines Unternehmens haben.	**Quantitativ** Persönliche Interviews mit einem siebzehnteiligen Fragebogen werden dabei als Methode zur Datensammlung verwendet. Insgesamt werden mit dieser Methode 216 Topmanager von KMUs aus den südlichen Regionen von Spanien befragt.	Eigeninitiative ist eine Grundprämisse für Risikowahrnehmung, was wiederrum eine Schlüsselvariable bzgl. der Internationalisierungsgeschwindigkeit ist. Risikowahrnehmung ist der Faktor, der die Internationalisierung eines Unternehmens komplett verhindern kann oder auch eine gewisse Geschwindigkeit der Internationalisierung verhindert, um Chancen wahrnehmen zu können.
12	**Ananthram, Pearson und Chatterjee (2010)**	Diese Arbeit beschäftigt sich mit der Untersuchung der Stärke der unternehmerischen Strategie, der Technologieintensität und der unternehmerischen Orientierung als Anzeichen für die Intensität eines global mindset im Managementbereich.	**Qualitativ/ Quantitativ:** 239 indische sowie 210 chinesische Manager aus dem Dienstleistungsbereich werden mit Hilfe von quantitativen Befragungen befragt und die empirischen Ergebnisse werden danach in Fokusgruppen diskutiert.	Die Technologieintensität sowie die unternehmerische Orientierung haben einen signifikanten Einfluss auf die Intensität eines global mindset und beeinflussen die Entwicklung eines managerial global mindset.

Tab. 3-5: Empirische Studien chronologisch geordnet von 1994 bis 2010

Laut den 12 Autoren kommen auf der individuellen Ebene hauptsächlich **individuelle Haltungen und Präferenzen**, die mittels Fragebogen gemessen werden, empirisch vor.[547] In Kongruenz mit der **Einstellungsmesstradition** kann das Global Mindset über das Befragen von **Meinungen und Grundhaltungen von Individuen** über die Dimensionen der Globalisierung gemacht werden. Diese Verschiedenartigkeit der Messmethoden ist nach Einschätzung von Levy et al.[548] auch auf die Heterogenität in den Konzepten und der Definitionen zurückzuführen.[549] Derzeitige Forschung auf der Individualebene wenden also **Selbstauskunftsfragebögen**, die insbesondere die **Präferenzen und Einstellungen** der Manager erheben[550] und **individuelle Erwartungen** über die MNU globale Strategie vor.[551] Anschließend werden die Studien noch kurz nach ihrem Forschungsschwerpunkt und Art der Forschung unterschieden in nachfolgender Abbildung 3-11

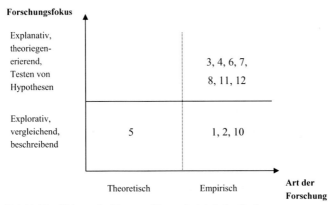

Abb. 3-10: Klassifizierung der 12 ausgewählten und wiederholten Studien

Gemäß **Bouquet et al.**[552] wird also das Global Mindset auf verschiedene Wege gemessen zum einen durch die **kognitive Landkarte der CEOs**, den **Demographika** und **Hintergründen der Top-Manager**, den **Verhalten und Entscheidungen der Top Manager** und den **Praktiken, Politiken und Firmenstandards**.

Murtha et al.[553] bspw. verwenden auf der Individualebene die Wettbewerbsländer, Geschäftswettbewerb und funktionale Belange als die Hauptkonstrukte. Bei Murtha et al.[554] wird

---

[547] Vgl. Arora et al. 2004 und Gupta und Govindarajan 2002
[548] Vgl. Levy et al. 2007, S. 27
[549] Vgl. Kapitel 3.3
[550] Vgl. Gupta und Govindarajan 2002; Arora et al. 2004
[551] Vgl. Murtha et al. 1998
[552] Vgl. Bouquet et al. 2003, S. 3
[553] Vgl. Murtha et al. 1998

das Global Mindset durch die **individuelle Erwartung**, die den Einfluss von Globalisierung und strategischer Wechsel entlang dreier Dimensionen operationalisiert: Integration, Reaktionsfähigkeit und Koordination. Im Zuge einer Langzeitstudie finden sie heraus, dass ein Wechsel der globalen Strategie, in einer kognitiven Veränderung zu mehr Global Mindset entlang aller Manager in verschiedenen Organisationen resultiert. Dabei befragen sie 370 Manager von US niedergelassenen MNU in einem Zeitraum von drei Jahren und haben dabei erkannt, dass sich die Mindsets der Manager hin zu einem Global Mindset entwickelten. Insgesamt verweist die Forschung zu Global Mindset auf das Denken und die Kognition von Managern und zielt weniger auf die Konstrukte wie Motivation und Verhalten ab.

Die große Anzahl an **Messdiversitäten**[555], welche natürlich auch durch die konzeptionelle Heterogenität und Ambiguität dieses Konstrukts Global Mindset reflektiert wird, schreit förmlich nach kritischer Evaluierung des Inhalts und der Konstruktvalidität anhand der verschiedenen Betrachtungsebenen (Individual-, Gruppen- und Unternehmensebene). Vorbedingungen („antecedents") und Output dieser Konstrukte sollten weiterhin überprüft und validiert werden. So fehlen noch Erfolgsfaktoruntersuchungen, die darauf eingehen, wie ein globaler Manager das Unternehmensergebnis beeinflusst. Es fehlt also weiterhin an einer validen Messung, welches jedoch von der Thunderbird School of Global Management mitteils eines Fragebogens geschlossen werden soll[556]. Im Allgemeinen sollte man durch das Errichten einer Inhaltsvalidität des Konstrukts Global Mindset die relevanten Inhalte auf jeder Ebene des Global Mindsets weiterhin spezifizieren. Am Rande sei hier erwähnt, dass das **Global Mindset auf der Gruppenebene** mittels Verhaltensmessungen und Analyse von Texten des Topmanagements untersucht wird. Als Beispiel hierfür gelten die Studien von Levy[557] und Bouquet[558].

3.7.2 Messung des Global Mindsets auf der Unternehmensebene[559]

Da organisationales Global Mindset oftmals als die Summe aller Mindsets einer Organi-sation gesehen wird (vgl. Kapitel 2.2) darf in diesem Zusammenhang der Wissen-schaftsbereich der organisationalen Kognitionstheorie (Organizational Cognition) nicht vernachlässigt werden. Wie im Kapitel 2.4.4 erwähnt, kann die Kognition einer Gruppe, mittels **kognitiver Land-**

---

[554] Vgl. Murtha et al. 1998, S. 14
[555] Vgl. Levy et al. 2007, S. 25
[556] Vgl. **Kapitel 3.3**
[557] Vgl. Levy 2005
[558] Vgl. Bouquet 2005
[559] Für eine Analyse der Studien bedanke ich mich bei den Herren **Daniel Raith** und **Manuel Schaffer**.

karten untersucht werden. Wenn man nun die kognitiven Landkarten der Personen, deren Global Mindset für ein Unternehmen Relevanz hat, zusammenfasst, sollte es möglich sein, auf der kognitiven Ebene **organisationales bzw. unternehmerisches Global Mindset** zu messen. Ebenfalls kann die aggregierte Kognitionsstruktur eine entscheidende Rolle im Global Mindset spielen. Begley und Boyd[560] nennen bei den Möglichkeiten Global Mindset innerhalb eines Unternehmens zu fördern, als einen der ersten Schritte, sich über das aktuelle Mindset bewusst zu werden. Umgelegt auf ein organisationales Mindset bedeutet dies, dass sich Unternehmen über ihr Mindset bewusst werden müssen, um somit eventuelle „blinde Bereiche bzw. Flecken" zu eliminieren. Darüber hinaus werden Methoden der Kognitionspsychologie, wie z.b. **halbstrukturierte Interviews und qualitative Inhaltsanalyse**, beim Messen von organisationalem Global Mindset verwendet.[561] Des Weiteren werden auf der organisationalen Ebene vorwiegend Angaben über die Wahrnehmung der mit der Globalisierung verbundenen organisationalen Richtlinien und Methoden gemacht bzw. entwickelt.[562] **Paul**[563] hingegen verwendet kulturelle Diversität und den Grad an strategischer Kohäsion als Hauptkonstrukte, um das Konzept und die Analyse an der Unternehmensebene vorzunehmen. Ebenso werden – wie bei der Individualebene- auch auf Unternehmensebene das Global Mindset durch die **Top-Managers Einstellung gegenüber Internationalisierung** gemessen[564] Weitere Studien, die Global Mindset auf der Unternehmensebene behandeln, verwenden **quantitative Daten** über die Sichtweise eines Unternehmens hinsichtlich Globalisierung und dementsprechende Personalpolitik und Förderungsmethoden[565]. Darüber hinaus werden Fragebögen und halb-strukturierte Interviews verwendet, um ein Global Mindset zu untersuchen.[566] Auch in diesem Kapitel sollen fünf Studien nach ihrer Messmethodik hin analysiert werden.

1) Kobrin[567], bspw., testet den Zusammenhang zwischen einem **geozentrischen Mindset**, der **geografischen Reichweite** sowie **strukturellen und strategischen Eigenschaften von Firmen und Branchen**. Er stützt seine Untersuchungen dabei auf das Global Mindset Konzept von Heenan und Perlmutter,[568] die das Global Mindset aus der kulturellen Perspektive betrachten. Seine Stichprobe beträgt 131 US-amerikanische Unternehmen der verarbeitenden

---

[560] Vgl. Begley und Boyd 2003
[561] Vgl. **Kapitel 2.4.4**
[562] Vgl. Kobrin 1994 und Gupta und Govindarajan 2002
[563] Vgl. Paul 2000
[564] Vgl. Perlmutter 1969; Begley und Boyd 2003; Nummela et al. 2004
[565] Vgl. Kobrin 1994; Gupta und Govindarajan 2002; Jeannet 2000; Beechler et al. 2004
[566] Vgl. Begley und Boyd 2003
[567] Vgl. Kobrin 1994
[568] Vgl. Heenan und Perlmutter 1979

Industrie. Von diesen 131 Unternehmen liefern 68 ein brauchbares Datenmaterial. Somit liegt die Rücklaufquote bei 53 %. Nachdem die Befragung, Einstellungen und Beurteilungen über die internationale Personalpolitik eines Unternehmens sowie dessen Internationalisierungs-bemühungen abgebildet werden, handelt es sich bei dem Zielbefragten um die Führungskraft des Unternehmensbereiches internationales HRM. Die Daten über Strategie, Industrie und Unternehmensdemografie sind aus Sekundärquellen gewonnen. Ergebnisse dieses Bereiches, die aus den getätigten Antworten der Befragten gesammelt sind, sind unabhängig von den gewonnenen Daten der Sekundärquelle verifiziert. Der Fragebogen beinhaltet folgende Aussagen:

(1) Ein Manager hat unabhängig seiner Herkunft die gleichen Chancen der CEO meines Unternehmens zu werden.

(2) Innerhalb der nächsten Dekade erwarte ich, dass ein außerhalb der USA geborener Manager, CEO meines Unternehmens wird.

(3) Innerhalb der nächsten Dekade, erwarte ich, dass einer oder mehr Nicht-US-Bürger als leitende(r) Manager der höchsten Unternehmensebene tätig ist/sind.

(4) In meinem Unternehmen spielt die Nationalität bei der Auswahl der Personen für Managerpositionen keine Rolle.

(5) Für mein Unternehmen ist es wichtig, dass die Mehrheit des Topmanagements US-Amerikaner sind.[569]

Diese Aussagen müssen von den befragten Managern mittels einer **fünfstufigen Likert-Skala**, nach dem Grad ihrer Zustimmung eingestuft werden. Nachfolgend sind die Ergebnisse dieser Studie zusammengefasst. Die Studie kommt zu dem Ergebnis, dass es einen signifikanten Zusammenhang zwischen einem **geozentrischen Mindset und der geografischen Reichweite** eines Unternehmens gibt. Eine erhöhte Anzahl an Verkäufen und Mitarbeitern im Ausland sowie die Anzahl an Produktionsstätten, die sich im Ausland befinden, korreliert signifikant mit dem Index des geozentrischen Mindsets. Allerdings konnte keine eindeutige Kausalität festgestellt werden. Darüber hinaus gibt es keinen Zusammenhang zwischen der Größe eines Unternehmens und einem geozentrischen Mindset. Betreffend der Personalpolitik kann ein Zusammenhang zwischen einem geozentrischen Mindset und einem bewussten Einstellen von Managern aus Drittländern festgestellt werden. Je höher der Wert im Bezug auf ein geozentrisches Mindset ist, desto höher ist der Anteil an Managern aus Drittländern relativ zur Gesamtanzahl an Mitarbeitern. Weiteres kann eine positive Korrelation zwischen Geo-

---

[569] Vgl. Kobrin 1994, S. 4f.

zentrismus und Auslandsaufenthalten der Manager festgestellt werden. Zur Messung welche Selektionskriterien für die befragten Unternehmen entscheidend sind, um ihre Mitarbeiter ins Ausland zu entsenden, sind die Befragten gebeten worden, auf einer Skala von 1 (sehr unwichtig) bis 5 (sehr wichtig), **Selektionskriterien für die Entsendung von Managern** ins Ausland einzustufen. Im Zuge dieser Untersuchung wird dargelegt, dass Unternehmen mit einem höheren Wert an Geozentrismus, bei ihren Mitarbeitern einen größeren Wert auf kulturelle Anpassung legen und die Fähigkeit mit kulturellen Unterschieden umzugehen. Wohingegen es für Unternehmen mit einem niedrigen Wert an Geozentrismus wichtiger ist, dass Angestellte Berufserfahrung im Inland gesammelt haben. Keine signifikanten Ergebnisse konnten im Bereich der **Unternehmensstruktur und der Unternehmensstrategie** dargelegt werden. Kobrin[570] versucht, die Beziehung zwischen Geozentrismus und einer Unternehmensstruktur herauszufinden, indem er Entscheidungsregeln bei drei Untersuchungsfragen anwendet. Somit lassen sich die befragten Unternehmen in vier allgemeine Organisationsstrukturen gliedern. Zusätzlich hat der Autor eine **multivariate Analyse**[571] durchgeführt, um die relative Wichtigkeit von geografischer Reichweite, Richtlinien, Einstellungen und strukturellen Faktoren als Determinanten von Geozentrismus abzuschätzen und den Erklärungsgehalt der Variablen einzuschätzen. Kobrin kommt zu dem Schluss, dass **Global Mindset als multidimensionales Konstrukt** in Zukunft betrachtet werden sollte.

2) In einer anderen Studie untersuchen **Beechler et al.**[572] den Zusammenhang zwischen dem Engagement und Begeisterung von Individuen für die Arbeit in ihren Unternehmen und der **globalen Orientierung** des Unternehmens, des Top-Management Teams, grenzübergreifende Prozesse und Strukturen sowie eine geozentrische Personalpolitik. Dazu werden folgende Hypothesen aufgestellt.

Hypothese 1A (*"Employees,, perceptions of the global orientation of the top management team will be positively related to employee commitment."*),

Hypothese 1B (*"Employees' perceptions of the global orientation of the top management team will be positively related to employee excitement"*,

Hypothese 2A (*"Employees' perceptions of the presence of structures and processes that span geographic boundaries will be positively related to employees. Commitment"*) sowie

---

[570] Vgl. Kobrin 1994
[571] „Multivariate Analyseverfahren erschließen durch die simultane Untersuchung von mindestens drei Variablen die Möglichkeit, das im Fall einer Vielzahl von erhobenen Variablen enthaltene Informationspotential umfassend auszuwerten und die diesen inhärente Struktur offenzulegen oder zu verdichten." (Müller, 2005, S. 14f.)
[572] Vgl. Beechler et al. 2004

Hypothese 2B (*"Employees' perceptions of boundary spanning will be positively related to employees. feelings of excitement."*)[573],

Hypothese 3A (*"Employee's perceptions of geocentrism will be positively related to employees. Commitment."*) sowie

Hypothese 3B (*"Employees. perceptions of geocentrism will be positively related to employees' excitement"*)

Diese Hypothesen sind für das Global Mindset Konzept von besonderer Bedeutung, nicht zuletzt deshalb, da sich diese Hypothesen auf die zuvor durchgeführte Studie von **Kobrin**[574] beziehen. Beechler et al.[575] untersuchen, ob der von den Mitarbeitern empfundene Grad an Geozentrismus ihres Unternehmens, eine positive Auswirkung auf die Bindung zum Unternehmen seitens der Mitarbeiter sowie die Begeisterungsfähigkeit der Mitarbeiter hat. Wenn Unternehmen Personen unabhängig ihrer Nationalität für Managerposten auswählen, kann die Mitarbeiterbindung – so wird angenommen- zum Unternehmen gefestigt werden, da die Mitarbeiter für sich selbst größere Chancen sehen, diese Position zu bekommen. Die Ergebnisse der Studie unterstützen die aufgestellten Hypothesen. Die Stichprobe dieser Studie besteht aus 521 Angestellten, die in 10 verschiedenen Geschäftseinheiten von zwei japanischen multinationalen Unternehmen (MNU) der High-Tech-Branche arbeiten. Die zwei Unternehmen sind sich in ihrer Produktlinie, der Größe (ca. 150.000 Mitarbeiter weltweit) und im Grad ihrer Internationalisierung ähnlich. Die Stichprobe umfasst sowohl Mitarbeiter des Hauptunternehmenssitzes als auch Mitarbeiter der Tochtergesellschaften in 5 verschiedenen Ländern, wobei diese mindestens 100 Angestellte haben müssen. Die Daten werden mittels Fragebogen erhoben. Bei der Auswahl der Stichprobe wird eine **geschichtete Zufallsstichprobenstrategie**[576] in den Geschäftseinheiten angewandt. Zusätzlich beinhaltet die Umfrage, falls vorhanden, bereits gesammelte Ergebnisse. Darüber hinaus führen die Mitglieder des Forschungsteams in jedem Standort face-to-face Interviews mit zumindest 5 Mitarbeitern des Top-Management-Teams durch. Die Interviews dauern im Schnitt 1 bis 2,5 Stunden. Sie werden mittels Tonaufnahmegerät aufgenommen und danach transkribiert. Die Daten, die aus diesen Interviews gewonnen werden, werden später verwendet um die quantitativen Ergebnisse zu interpretieren und zu validieren. Für die Messung des Geozentrismus sind die Fragen aus der

---

[573] Vgl. Beechler et al. 2004, S. 266f.
[574] Vgl. Kobrin 1994
[575] Vgl. Beechler et al. 2004
[576] Bei der geschichteten Zufallsstichprobe wird die Stichprobe anhand einer ausgewählten Schichtungsvariablen in Schichten geteilt, die sich nicht schneiden dürfen und hinsichtlich eines Merkmales homogen sind. Diese Schichten sollten sehr unterschiedlich sein. Aus diesen Schichten wird eine Zufallsstichprobe gezogen. (Bortz 1999, S. 88)

von Kobrin[577] verfassten Studie verwendet, wobei die **Likert-Skala** von 5 auf 7 Antwortmöglichkeiten erweitert worden ist. Der Wert 1 stand für „strongly disagree—, Wert 7 stand für „strongly agree—. Je höher der Wert war, desto höher war die geozentrische Ausrichtung der Personalpolitik eines Unternehmens.[578]

3) Gupta und Govindarajan[579] verwenden in ihrer vielfach zitierten Studie „wahrgenommene Daten— („perceptual data—) über globalisierungsbezogene Unternehmenspolitik und – methoden. Dabei analysieren sie zuerst die bestehende Literatur. Aus den daraus gewonnenen Erkenntnissen formulieren sie acht Diagnosefragen für Organisationen, um festzustellen, ob bzw. in welchem Ausmaß sie ein **Global Mindset** besitzen:

(1) " Zählen Sie Ihr Unternehmen zu den führenden Unternehmen ihrer Branche, wenn es darum geht, neue Möglichkeiten, die in den neuen Märkten entstehen, zu finden bzw. zu verfolgen?

(2) " Sind für Sie alle Kunden, unabhängig ihrer Herkunft gleich wichtig?

(3) „ Beziehen Sie Ihre Mitarbeiter aus einem weltweiten Talente-Pool?"

(4) " Haben die Mitarbeiter, unabhängig ihrer Herkunft, die gleichen Möglichkeiten um die höchste Stufe der Karriereleiter zu erreichen?

(5) „ Betrachten Sie sämtliche Wirtschaftsregionen der Welt, wenn Sie potenzielle Mitbewerber identifizieren wollen?

(6) "Versuchen Sie ihre Auswahl für einen neuen Standort, auf einer globalen Basis zu treffen?

(7) " Ist für Sie die globale Welt nicht bloß ein Markt, der ausgeschöpft werden soll, sondern auch eine Quelle für neue Ideen und Technologien? "

(8) "Empfinden Sie, dass Ihr Unternehmen eher viele "Heimaten" hat oder sehen Sie Ihr Unternehmen als eines an, das eine starke nationale Identität besitzt?[580] "

Gupta und Govindarajan führen **Audits mit leitenden Angestellten** von drei Unternehmen durch. Diese Unternehmen gehören zu den Fortune Global 500. Die Mitarbeiter müssen auf einer **5-stufigen Likert-Skala**, die oben genannten Aussagen einstufen. Danach werden die Bewertungen addiert und nach Unternehmen aufgeschlüsselt Ein Beispiel für eine solche Einteilung zeigt Abbildung 3-12.

---

[577] Vgl. Kobrin 1994
[578] Vgl. Beechler et al. 2004, S. 268-288
[579] Vgl. Gupta und Govindarajan 2002
[580] Vgl. Gupta und Govindarajan 2002, S. 126f.

Survey Results from Global Mindset
Audits in Three Major Corporations

The following list shows the percentage of executives who, using a five-point scale ranging from "Strongly Disagree" to "Strongly Agree," responded with "Agree" or "Strongly Agree" to the mindset assessment questions.

Mindset Assessment Questions	Alpha	Beta	Gamma
1. My company is a leader in discovering and pursuing emerging market opportunities in all corners of the world.	70	47	5
2. My company regards each and every customer wherever they live in the world as being as important as a customer in our own domestic market.	46	27	5
3. My company draws employees from the worldwide talent pool.	67	27	5

Abb. 3-11: Beispiel für Umfrageresultate[581]

Die befragten Unternehmen sind in unterschiedlichen Industriezweigen tätig. Unternehmen Gamma verfolgt in seinem Industriezweig eine vergleichsweise langsame Globalisierungsstrategie, was in der Studie durch geringe Werte hinsichtlich Global Mindset auch klar deutlich wird. Unternehmen Alpha und Beta erzielen mehr als 50 Prozent ihres Umsatzes im Ausland, obwohl ihr Hauptfirmensitz in den USA ist. Das Global Mindset von Unternehmen Alpha ist besser entwickelt als das Global Mindset von Unternehmen Beta. Das legt den Schluss nahe, dass Alpha effektiver darin ist, seine globale Präsenz auszunutzen. Diese These wird durch Interviewaussagen von Angestellten beider Unternehmen unterstützt. Darüber hinaus kann bei dieser Studie festgestellt werden, dass das **Global Mindset ein multidimensionales Konstrukt** ist, da das Mindset eines Unternehmens in unterschiedlichen Bereichen entweder mehr oder weniger global ausgeprägt sein kann.[582]

4) Begley und Boyd[583] leisten mit ihrem Beitrag ein Verständnis darüber wie Unternehmen die Spannung zwischen globaler und lokaler Verantwortung meistern. Global Mindset stellt für sie die Fähigkeit dar, zu erkennen, wann globale Standards, wann lokales Denken und

---

[581] Vgl. Gupta und Govindarajan 2002, S. 127
[582] Vgl. Gupta und Govindarajan 2002, S. 128f.
[583] Vgl. Begley und Boyd 2003

wann eine Kombination der beiden Ansätzen notwendig ist. Darüber hinaus stellen sie Richtlinien und Methoden, sowie die Machtverteilung und Struktur eines Unternehmens in den Mittelpunkt ihrer Studie. Um zu diesen Erkenntnissen zu gelangen, untersuchen Begley und Boyd 32 US-amerikanische High-Tech Unternehmen und befragen dazu 39 Human Ressource Manager. Zunächst analysieren die Autoren die weltweite Personalpolitik eines multinationalen Unternehmens. Dabei führen sie Interviews mit Führungskräften, die für HR-Richtlinien zuständig sind. Zusätzlich sind weitere HR-Manager mittels Fragebogen befragt worden. Um diese Pilotphase abzuschließen, sind die gesammelten Ergebnisse mit einer Literaturanalyse abgeglichen. Aus diesen Ergebnissen erstellen sie weitere Fragebögen, die zur Befragung weiterer 39 Human Ressource Managern dienen. Die Auswahl der zu interviewenden Personen geschieht durch persönliche Kontaktaufnahme und in weiterer Folge durch einen Schneeballeffekt (potenzielle Interviewpartner sind von bereits interviewten Managern empfohlen worden). Die verwendete Interviewmethode ist ein halbstrukturiertes Interview. Während des Interviews sind Notizen aufgeschrieben und zusätzlich ist das Gespräch mit einem Tonaufnahmegerät aufgezeichnet worden. Die transkribierten Interviews sind danach codiert und die Antworten in thematische Konstrukte eingeteilt worden. Die Analyse konzentriert sich auf die Unternehmenskultur, die nationale Kultur, Human Ressource Systeme und die Interaktion zwischen diesen Bereichen.[584]

5) Kyvik[585] benutzt in seiner Dissertation, um das global Mindset zu beschreiben, die folgenden erklärenden Variablen: Neugier über die Welt, Persönlichkeitsmake-up in früher Kindheit, Streben sich zu verändern, Ausbildung (Fremdsprachenkenntnisse, Wissen über fremde Kulturen und Märkte) grenzübergreifende Projekte, internationale Teamarbeit/ Netzwerken und ausländische Berufserfahrung. In dieser Studie findet der Autor einen positiven Zusammenhang zwischen dem global Mindset und finanziellen Indikatoren (von der internationalen Performance) heraus, jedoch keine signifikante Beziehung zwischen dem Global Mindset und der subjektiven Bewertung der Performance aus Sicht der Manager. Die empirischen Daten sind im Rahmen eines Webbasierten Fragebogen erhoben worden und das konzeptionelle Modell wurde getestet und mit den empirischen Ergebnisse verglichen durch ein Strukturgleichungsmodell. Dabei untersuchte Kyvik 215 norwegische kleine Unternehmen mit einer Mitarbeiterzahl von 10-50 mit einer Antwortquote von 51 % quer durch verschiedene Industrien mit dem Ergebnis einer starken Beziehung zwischen dem **Global Mindset und dem Internationalisierungsverhalten der Unternehmen** mit einem Wert von +0,71. Bei den erklärenden

---

[584] Vgl. Begley und Boyd 2003, S. 26
[585] Vgl. Kyvik 2011, S. 317ff.

Variablen ist der stärkste kausale Effekt erkennbar zwischen der **Auslandsberufserfahrung und dem Global Mindset** mit einem Wert von +0,49. Internationale Erfahrung stellt also ein fundamentales formatives Element dar, welches durch das Management beeinflusst und gesteuert werden kann. Das Firmencharakteristikkonstrukt hat einen Wert von +0,44. Dieses Konstrukt enthält Indikatoren wie Dynamik, Turbulenz und Grad der Internationalisierung der Märkte, in welchen sich das Unternehmen befindet und daraus resultiert, dass Unternehmen, die in einem durch schnellen Wandel, Dynamik und hohen Internationalisierungsgrad gekennzeichneten Markt befinden, werden die Manager eher ein Global Mindset entwickeln, als Manager in einer stabilen und homogenen heimischen Markt. Dieses Ergebnis bestätigt auch das Ergebnis von Nummela et al. 2004.

6) Jeannet[586] beschäftigt sich mit seinem Buch mit einem Leitfaden, um die innovativsten Ansätze im internationalen Management für das eigene Unternehmen umzusetzen. Der Schwerpunkt seiner Arbeit liegt auf der **Globalen Perspektive**, welche er als **Global Mindset** definiert. Sowohl individuelles als auch organisationales Global Mindset wird von Jeannet näher betrachtet. Jeannet[587] definiert die globale Grundhaltung eines Unternehmens als *„Gesamtheit jener kulturellen Merkmale, von denen die Fähigkeit des Unternehmens zu globalem Denken und Handeln abhängt."* Der Autor entwickelt ein **Diagnoseinstrument** mit dem ein Unternehmen feststellen kann inwieweit es ein Global Mindset einnimmt. Es handelt sich hierbei um eine **„Selbsteinschätzung".**

Das Diagnoseinstrument besteht aus Fragen, die in drei Gruppen unterteilt werden. Es soll somit die strategische Situation und das Managerreservoir eines Unternehmens sowie die globalen Qualitäten dieser Manager eingestuft werden. Dadurch erhält ein Unternehmen einen Aufschluss über den momentanen Status seines Global Mindsets. Die Bewertung der Fragen soll anhand von Prozentangaben, in Stufen von 0, 25, 50, 75 und 100, erfolgen. Wenn sich ein Unternehmen 100 Prozent gibt, bedeutet dies, dass es die Kriterien einer Frage vollständig erfüllt. 0 Prozent bedeutet, dass eine bestimmte Eigenschaft gar nicht vorhanden ist. Nachfolgend werden die 3 Gruppen in Anlehnung an Jeannet[588] näher betrachtet:

a) Strategien für die Unternehmensbereiche:

Diese Fragen richten sich an Unternehmen, die in unterschiedlichen Geschäftsfeldern tätig sind. Wenn sich ein Unternehmen auf ein Geschäft konzentrieren sollte, würden sich die Fra-

---

[586] Vgl. Jeannet 2000
[587] Vgl. Jeannet 2000, S. 211
[588] Vgl. Jeannet 2000

gen auf einzelne Segmente, strategische Geschäftseinheiten oder Ergebniseinheiten beziehen.

Jeannet formuliert folgende Fragen:

„Wie viele Unternehmensbereiche sollten tatsachlich auf globaler Ebene tätig sein?"

Die Beantwortung dieser Frage wird durch die Ausprägung der globalen Logik (das Vorhandensein eines Zwangs zur Globalisierung für ein Unternehmen) wesentlich beeinflusst.

„Gibt es Unternehmensbereiche mit ausdrücklich globalen Mandaten?"

Wenn ein Unternehmen eine sehr ausgeprägte globale Grundhaltung besitzt, müssten alle Unternehmensbereiche die zur Globalisierung gezwungen werden sollen, mit einem globalen Mandat ausgestattet sein. Somit kann sichergestellt werden, dass die Zentrale den Prozess steuert und öffentliche Ziele für jede seiner Einheiten festlegen kann. All dies deutet auf ein hohes Global Mindset eines Unternehmens hin.

„Wie hoch ist das Geschäftsvolumen der Unternehmenseinheiten, die unter ausdrücklichen globalen Mandaten arbeiten?"

Mit dieser Frage soll ausgeschlossen werden, dass Unternehmen falsche Bereiche mit einem globalen Mandat ausstatten. Sollte ein Unternehmen einen hohen Anteil ihres Geschäftsvolumens in Bereichen lukrieren, die mit einem globalen Mandat ausgestattet sind, wäre es ein Indiz für ein ausgeprägtes Global Mindset.

„Wie viele Einheiten verfolgen eine formale globale Strategie?"

Hier soll jedoch nicht nur die Verteilung von globalen Mandaten und die globale Logik betrachtet werden. Wenn ein Unternehmen tatsächlich eine globale Grundhaltung besitzt, hat es, zusätzlich zu den oben genannten Maßnahmen, formale Strategien entwickelt, schriftliche Pläne verfasst und klar dokumentierte Ziele festgelegt.[589]

b) Die Analyse des Reservoirs an Managementtalenten:

Zusätzlich zu einer globalen Strategie muss ein Unternehmen auch über Manager verfügen, die global denken. Um herauszufinden ob diese vorhanden sind, formulierte Jeannet folgende Fragen:

„Wie viele Manager betrachten ihre Tätigkeit unter globalen Gesichtspunkten?" Sollte ein Unternehmen zwar global ausgerichtet sein, seine Führungskräfte aber eine nationale oder multinationale Perspektive haben, können globale Strategien nicht umgesetzt und somit ein Global Mindset nicht gefördert werden.

---

[589] Vgl. Jeannet 2000, S. 212 ff.

„Wie viele Manager auf der oberen Führungsebene handeln gemäß globalen Manda-
ten?"

Eine hohe Anzahl an verteilten globalen Mandaten ist ein Indiz für eine ausgeprägte globale
Perspektive eines Unternehmens. [590]

c) Die Analyse der Organisation:

Die Organisation eines Unternehmens muss einem Global Mindset gerecht werden. Andern-
falls kann der maximale Effekt einer globalen Perspektive nicht genutzt werden. Die folgenden Fragen richten sich auf die Organisation eines Unternehmens.

„Auf welcher Ebene ist die geografische Trennlinie in der Organisation zu erken-
nen?"

„Wie viele Funktionsmanager erfüllen globale Mandate?"

„Wie viele Teams oder Task Forces haben globale Mandate?"

„Welchen Umfang hat die globale Informationstechnologiestruktur?[591]"

Als nächstes stellt sich die Frage wie ein **organisationales Global Mindset dargestellt wer-**
den kann?

Anhand der oben behandelten Fragen wurde die Position des Unternehmens bzgl.e Global
Mindset festgestellt. Jeannet entwickelt ein „**Spinnennetz**", das die Ausdehnung des Global
Mindsets eines Unternehmens darstellt. Um den Fortschritt in jeder Dimension darzustellen,
muss man sich vom Mittelpunkt des Diagramms (keinerlei Globalisierung in der betreffenden
Dimension) auf der entsprechenden Achse nach außen bewegen. Somit entsteht ein Fingerabdruck eines Unternehmens, der dafür steht, inwieweit ein Unternehmen sein *„globales Poten-*
zial in Bezug auf Strategie, individuelle und Organisationsfähigkeiten nutzt." Die grafische
Darstellung des Global Mindsets erlaubt es nun, die Resultate auszuwerten und mit der Diag-
nose der globalen Strategie für einen gegebenen Unternehmensbereichs zu verknüpfen. Ein
Unternehmen muss zunächst ein Global Mindset besitzen, d.h. es muss global denken können,
bevor es eine globale Strategie verfolgt. Jeannet[592] drückt dies wie folgt aus:*„Die unterneh-*
mensumspannende globale Perspektive muss das Unternehmen in die Lage versetzen, jegliche
globale Strategie umzusetzen." Abbildung 3-13 zeigt, wie ein solches „Spinnennetz" ausse-
hen kann, wo Unternehmen sich dann positionieren:

---

[590] Vgl. Jeannet 2000, S. 215f.
[591] Vgl. Jeannet 2000, S. 215ff.
[592] Vgl. Jeannet 2000, S. 218f.

Teilnahme am globalen Wettbewerb

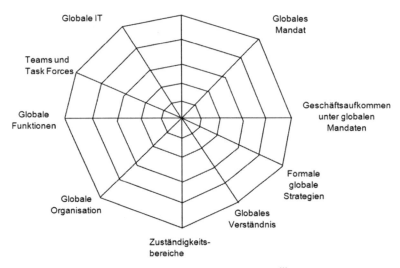

Abb. 3-12: Fingerabdruck der globalen Perspektive bzw. des Global Mindsets[593]

Nachfolgernd sollen – wie im vorherigen Kapitel in der Tabelle 3-6– die Studien kurz aufgelistet werden, welche die **Unternehmensebene des Global Mindsets** messen.

#	Autor(en), Jahr	Thema/ Theoretischer Ansatz	Empirische Methodik	Key findings
1	Kobrin, 1994	Zusammenhang zwischen einem **geozentrischen Mindset**, der geografischen Reichweite sowie strukturellen und strategischen Eigenschaften von Firmen und Branchen soll festgestellt werden. Basiert auf Heenan und Perlmutter (1979)	**Quantitativ:** Fragebogen mit 5-stufiger Likert-Skala 68 US-amerikanische Unternehmen der verarbeitenden Industrie.	Zusammenhang zwischen geozentrischen Mindset und geografischen Reichweite eines Unternehmens; kein Zusammenhang mit Unternehmensstruktur und – strategie. Global Mindset muss als multidimensionales Konstrukt betrachtet werden.

593 Vgl. Jeannet 2001, S. 218

2	Beechler et al., 2004	Zusammenhang zwischen dem Engagement und Begeisterung von Individuen für die Arbeit in ihren Unternehmen und der globalen Orientierung des Unternehmens, des Top-Management Teams, grenzübergreifende Prozesse und Strukturen, sowie eine geozentrische Personalpolitik.	**Quantitativ:** Fragebogen mit 7-stufiger Likert-Skala, angelehnt an Kobrin 1994 **Qualitativ:** Interviews mit min. 5 Top-Managern. 521 Angestellte aus 10 verschiedenen Geschäftseinheiten von 2 japanischen multinationalen Unternehmen der High-Tech-Branche	Hypothesen werden unterstützt. Signifikanter Zusammenhang zwischen globaler Orientierung, Geozentrismus & grenzübergreifende Strukturen und der Hingabe und Begeisterung der Mitarbeiter.
3	**Gupta und Govindarajan, 2002**	Die Autoren behandeln folgende Fragen: Wie kann ein Unternehmen Global Mindset kultivieren? Wie wichtig ist Global Mindset für ein Unternehmen? Was ist ein Global Mindset? Wofür brauchen Unternehmen ein Global Mindset? Außerdem wird der Grad von Global Mindset getestet	**Qualitativ:** Analyse bestehender Literatur Case Studies und Expertengespräche **Quantitativ:** Audits mit 5-stufiger Likert-Skala leitende Angestellte von 3 Unternehmen, die zur Fortune 500 gehören.	Ausmaß der Differenzierung und Integration entscheidend für Global Mindset. Global Mindset ist ein multidimensionales Konstrukt. Global Mindset kann in unterschiedlichen Bereichen des Unternehmens mehr oder weniger stark ausgeprägt sein
4	**Begley und Boyd, 2003**	Verständnis darüber wie Unternehmen die Spannung zwischen globaler und lokaler Verantwortung meistern. Im Mittelpunkt der Arbeit stehen Struktur, Machtverteilung und Prozesse.	**Qualitativ:** semistrukturierte Interviews 39 Human Ressource Manager	Es werden unterschiedliche Maßnahmen vorgeschlagen um das Spannungsfeld in den Griff zu bekommen. Global Mindset wird als Wettbewerbsvorteil bezeichnet
5	**Jeannet, 2001**	Auswirkungen von Globalisierung auf Unternehmen; Der Autor entwirft Diagnoseinstrumente, um den Unternehmen eine Selbsteinschätzung zu ermöglichen und nennt Werkzeuge zur Förderung von Global Mindset	**theoretische Studie**	Der globale Druck betrifft Unternehmen jeder Branche und Größe, Ein sogenannter Fingerabdruck des Unternehmens gibt Aufschluss darüber, inwieweit ein Unternehmen sein globales Potenzial nutzt

| 6 | Paul, 2000 | Der Autor beschreibt warum manche Unternehmen erfolgreicher sind als andere und versucht einen Zusammenhang zum Global Mindset eines Unternehmens herzustellen. Darüber hinaus nennt er Einflussfaktoren auf und Entwicklungsmöglichkeiten für ein Global Mindset. | **theoretische Studie** | Ein organisationales Global Mindset setzt sich aus der Summe der Mitglieder einer Organisation zusammen. Insbesondere das Mindset der Führungskräfte beeinflusst ein Global Mindset auf der Unternehmensebene. Darüber hinaus sollten die Unternehmensvision und -prozesse im Fokus stehen. |
| 7 | Ananthram, 2008 | Die Auswirkung der wirtschaftlichen Globalisierung auf das vom Autor entwickelte konzeptuelle Rahmenwerk der Makro-Meso-Micro-Ebene steht im Mittelpunkt.

Anm.: Diese Arbeit befasst sich nicht explizit mit organisationalem Global Mindset | **Quantitativ:**
Fragebögen
Qualitativ:
Einzelgespräche, Fokusgruppen
239 indische und 210 chinesische Manager der Dienstleistungsindustrie | Global Mindset ist ein wesentlicher Erfolgsfaktor im globalen Umfeld, Organisationen müssen die Logik, die aus der Wechselwirkung zwischen Makro-, Meso- und Mikroebene entsteht, verstehen und Maßnahmen entwickeln um diese zu ihrem Vorteil zu kultivieren. |

Tab. 3-6: Empirische Studien chronologisch geordnet von 1994 bis 2008[594]

Des Weiteren wird wieder eine Einteilung in Art der Forschung und Forschungsschwerpunkt in Abbildung 3- 14 vorgenommen.

---

[594] Eigene Darstellung

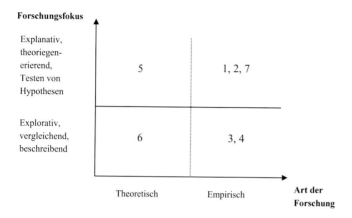

Abb. 3-13: Klassifizierung der sieben ausgewählten und wiederholten Studien[595]

Anhand der Abbildung 3-14 wird ersichtlich, dass es theoretische und empirische Forschung sowohl bei explanativen, als auch explorativen Forschungsschwerpunkten gibt.

3.8 Erkenntnisse

In diesem Kapitel sind viele Modelle, Studien und Bezugsrahmen zum Global Mindset vorgestellt worden, aber es gibt keinen klaren Konsens. Es ist das Global Mindset als spezielle Forschungsrichtung detailliert betrachtet worden. Dabei wurde die Geschichte des Global Mindset anhand bahnbrechender Studien behandelt. Insgesamt soll deutlich geworden sein, dass das Global Mindset ein **multidimensionales Konstrukt** ist und welches anhand unterschiedlicher Perspektiven beleuchtet werden kann.

Solche Studien die versucht haben Global Mindset zu untersuchen, haben sich an den „Antezedens" wie Alter, Ausbildung, Dauer der Betriebszugehörigkeit, internationales Managementtraining, Nationalität und Bereitschaft im Ausland zu arbeiten, orientiert.[596] Von anderen Autoren sind folgende Variablen als antecedents betrachtet worden: Neugier[597], Fremdsprachenkenntnisse, persönliche Geschichte, Authentizität[598] und globaler Organisationsstrategie.[599] Insgesamt ist erstaunlich, dass nur wenige Forscher die Rolle des Global Mindset in

---

[595] Eigene Darstellung
[596] Vgl. Arora et al. 2004
[597] Vgl. Kyvik 2011
[598] Vgl. Clapp-Smith und Hughes 2007
[599] Vgl. Murtha et al. 1998

unternehmerischen Ergebnis (organizational outcome[600]) testeten. Des Weiteren konnte das Global Mindset[601] als **unabhängige Variable,** die die Globalisierung antreibt,[602] als auch als **abhängige Variable,** die einen Einfluss auf die unternehmerische Strategie, Struktur und anderen Bezugsgrößen[603] legt, identifiziert werden. Ananthram et al.[604] betonen, neben anderen Autoren, die besondere Bedeutung des Global Mindset und deren Kultivierung auf den unternehmerischen globalen Erfolg.[605] Des Weiteren weisen einige Studien[606] darauf hin, dass das Besitzen eines hohen Levels an Global Mindset zu erhöhter **organisatorischer Performance** führt, wo jedoch noch weiterer Forschungsbedarf besteht. Zusammenfassend kann dazu gesagt werden, dass wenn der Einfluss des Global Mindset auf das Organisationsverhalten und der Leistung testbar ist, dann haben auch die „Antezedens" mehr Relevanz.

---

[600] Vgl. Story und Barbuto 2011, S. 378
[601] Vgl. Ananthram et al. 2010, S. 147
[602] Vgl. Levy 2005
[603] Vgl. Murtha et al. 1998
[604] Vgl. Ananthram et al. 2010, S. 149
[605] Vgl. Gupta und Govindarajan 2002; Rhinesmith 1995; Harveston 2000; Jeannet 2000
[606] Vgl. Ananthram et al. 2010, S. 161 und darin zitiert Bouquet 2005; Fayerweather 1969; Prahalad und Doz, 1987; Calori et al. 1994; Bartlett und Ghoshal, 1998; Murtha et al. 1998; Gupta und Govindarajan 2002; Fayerweather 1969

4. Messung des individuellen Global Mindsets in der Praxis[607]

4.1 Überblick

Im Rahmen dieses Buches wird eine explorative qualitative Forschung[608] angewendet. Dazu sind Experten zu verschiedenen Themen befragt und mittels der qualitativen Inhaltsanalyse ausgewertet worden. Dieses Kapitel behandelt die nachfolgenden Fragen und deren Beantwortung:

1. Welche Faktoren ermöglichen eine erfolgreiche Bewältigung von Aufgaben mit großem internationalem Bezug?

2. Wie werden diese Faktoren gemessen und welche andere Messmethoden gibt es, um feststellen zu können, ob eine Person ein Global Mindset besitzt oder nicht?

Das Kapitel beschäftigt sich also mit den Antworten der 30 interviewten Managern und welche Messmethoden des Global Mindset im Unternehmen angewandt werden. Es werden direkte Zitate von den international agierenden Interviewpartnern angeführt, um ein „ganzheitliches" Verständnis zu erlangen. Die Ergebnisse zu der Frage, welche Faktoren ein Bewerber oder Mitarbeiter nach Meinung der Befragten mitbringen muss, um Aufgaben mit großem internationalen Bezug erfolgreich bewältigen zu können, werden im Kapitel 4.2 präsentiert. Kapitel 4.3 beschreibt die Ergebnisse zu der Frage, wie die Befragten die angegebenen Faktoren messen und welche anderen Messmethoden im Unternehmen angewandt werden, um festzustellen, ob ein Mitarbeiter für internationale Aufgaben geeignet ist oder nicht bzw. ein Global Mindset besitzt oder nicht. Unter Kapitel 4.4 wird ein Vergleich zwischen den gewonnen Daten und der bisherigen Forschung hergestellt. Kapitel 4.5 zeigt die gewonnenen Erkenntnisse auf.

4.2 Faktoren zur Bewältigung von internationalen Aufgaben bei Bewerbern

Um die Messmethoden des Global Mindset herauszufinden, ist es im ersten Schritt notwendig, zu fragen, welche **Eigenschaften und Fähigkeiten**[609] ein Bewerber überhaupt bereits mitbringen muss, um nach Meinung der interviewten Manager Aufgaben oder Projekte mit

---

[607] Für die Bearbeitung dieses Kapitels bedanke ich mich sehr bei Frau **Sandra Bachler**.
[608] Vgl. Kapitel 1.3
[609] Vgl. hierzu noch spezieller in der Ausführung das **Kapitel 8**

großem internationalen Bezug erfolgreich bewältigen zu können. Einer der befragten Manager meint diesbzgl.:

> *Ich glaube, es ist schwierig, solche Dinge anzutrainieren. Ich bin eher der Meinung, dass eine Person entweder offen und aufgeschlossen gegenüber anderen Kulturen und neuen Dinge ist oder nicht. Die persönliche Einstellung ist hier ganz wichtig. Man kann ein paar Dinge schulen, aber nicht antrainieren.*[610]

Folgende Abbildung 4-1 visualisiert die Erkenntnisse aus dem Datenmaterial und zeigt die identifizierten Kategorien bzgl. der Faktoren für eine erfolgreiche Bewältigung von internationalen Aufgaben auf.

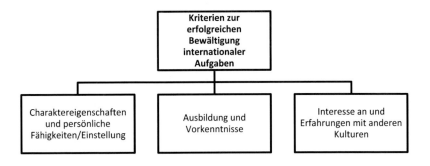

Abb. 4-1: Kriterien zur erfolgreichen Bewältigung internationaler Aufgaben[611]

Die abgebildeten drei Kategorien werden in den nachfolgenden Unterkapiteln genauer betrachtet.

4.2.1 Charaktereigenschaften und persönliche Fähigkeiten/ Einstellung

Eine der Eigenschaften, die am häufigsten genannt wird, ist die **Reisebereitschaft** einer Person. Die Befragten geben an, dass eine gewisse Reisebereitschaft ein „...*absolutes Muss*"[612] in Berufen mit großem internationalem Bezug ist. Jedoch fällt es vielen Unternehmen schwer, solche Personen überhaupt zu finden.

---

[610] Vgl. Interview 1, Absatz 29
[611] Eigene Darstellung
[612] Vgl. Interview 9, Absatz 22

„Wir suchen ... überhaupt nach der Bereitschaft, ins Ausland zu gehen. Wobei das eh schon schwierig genug ist, die Richtigen zu finden, die noch dazu bereit sind, ins Ausland zu gehen. Das ist in der Praxis ein sehr, sehr schwieriges Thema.[613]*"*

Personen mit einer starken sozialen Bindung zur Familie sind meist nicht so reisefreudig wie jüngere Personen, die noch keine Familie gegründet haben und unabhängig sind.[614] **Offenheit** gegenüber neuen Dingen wird auch als eine sehr wichtige persönliche Eigenschaft angegeben. Einer der Interviewten meint dazu:

„Für unser Unternehmen sind Personen, die nur karriereorientiert sind, nicht so interessant. Es ist besser, wenn die Person einfach sehr offen ist gegenüber neuen Dingen."[615]

Flexibilität und Kreativität werden außerdem als Grundvoraussetzungen gesehen, wenn es um internationale Tätigkeiten geht.

„Ich glaube, was wichtig ist, ist eben diese Flexibilität zu haben, speziell wenn es um diese „emerging markets" geht, wo auch für bestimmte Situationen bestimmte Kreativität und Pionierleistung erforderlich ist, weil man da natürlich, wenn sie da in der Mongolei tätig sind, nicht immer mit Geschäftssituationen konfrontiert sind, die sie aus der Erfahrung heraus lösen können. D.h., wenn jemand in Westeuropa ist, dann können bestimmte Dinge lehrbuchartig gelöst werden, während, wenn man in Osteuropa und da speziell in jungen Märkten tätig ist, man da gewisse neue Wege beschreiten muss, wo man sich da nicht so sehr verlassen kann, dass etwas Bestehendes vorhanden ist, auf das ich mich draufsetzen kann oder das man adaptieren kann.[616]*"*

Teamfähigkeit, Lernfähigkeit, Geduld, Hausverstand, soziale Kompetenzen, sogenannte **„social skills"** oder auch **emotionale Intelligenz** werden außerdem als Kriterien genannt, die ausschlaggebend sind, ob jemand im internationalen Bereich erfolgreich ist oder nicht. Generell ist vielen Interviewten aber auch die persönliche Einstellung der Bewerber sehr wichtig. **Große Einsatzbereitschaft, Engagement und gutes Auftreten** finden die interviewten Manager wichtig bei Bewerbern. Sehr wichtig ist auch, dass die Persönlichkeit des Bewerbers zur Unternehmenskultur und zum Team passt. Der Bewerber muss einfach eine gewisse **„Charakterstärke"**[617] besitzen, um im internationalen Umfeld bestehen zu können.

---

[613] Vgl. Interview 23, Absatz 33
[614] Vgl. Interview 12, Absatz 23
[615] Vgl. Interview 1, Absatz 16
[616] Vgl. Interview 8, Absatz 18
[617] Vgl. Interview 3, Absatz 31

4.2.2 Ausbildung und Vorkenntnisse

Die passende schulische oder universitäre Ausbildung sowie fachliche Qualifikationen werden als eine Grundvoraussetzung bei vielen Befragten angesehen. V.a. junge Personen mit einer **internationalen/globalen Ausbildung** haben nach Meinung vieler Befragter einen erheblichen Vorteil und sind sehr begehrt.

> *„Es haben auch gerade diejenigen Studenten Riesenvorteile, nicht nur beim Finden eines Jobs, sondern auch bei dessen Ausübung, wenn sie irgendwann einmal bereit waren, vielleicht einmal ein Auslandsstudium zu machen, ein Praxissemester irgendwo in Europa, in Amerika, in Australien, oder sonst irgendwo, in Russland oder Japan, egal wo.*"[618]

Ein anderer interviewter Manager hat jedoch bzgl. der Ausbildung Bedenken, dass

> *„...die fachliche Ausbildung meist eher wenig hilft, wenn die menschliche Disposition nicht gegeben ist.*"[619]

Ein meistgenanntes Kriterium und als eine der wichtigen Vorkenntnisse werden immer wieder **Fremdsprachenkenntnisse** angegeben. Fremdsprachen sind wichtig, um im internationalen Umfeld und in gewissen Ländern überhaupt „*...Überleben zu können.*"[620] Gute Englischkenntnisse in Wort und Schrift werden von vielen als eine Grundvoraussetzung angesehen. Einige Unternehmen haben jedoch Probleme damit, Personen mit passenden Kenntnissen in Englisch zu finden. Dazu meint ein Befragter folgendes:

> *„Also im Grunde genommen, er muss gut in Englisch sein. Das ist fast das Wichtigste. Wenn er noch weitere Sprachen kann, ist es natürlich von Vorteil, findet man aber nicht so oft. Aber ein gutes Englisch ist eigentlich unverrückbar, muss man ganz ehrlich sagen. Und da sehen wir eben auch die meisten Defizite. Es ist sehr häufig, dass wir Leute finden, die eigentlich sonst gut passen würden, aber deren Sprachkenntnisse derart unterausgeprägt sind, dass man sagen kann, dass wird nichts in den nächsten paar Jahren. Und dann kann man das vergessen.*[621] "*

Neben Englisch ist es in einigen Ländern auch notwendig, die Landessprache zu verstehen und zu sprechen. In den Interviews wird bspw. die Mongolei als ein Land bezeichnet, wo Kenntnisse in Mongolisch unumgänglich sind, da viele Leute dort kein Englisch verstehen oder sprechen können. Die Sprachkenntnisse sind hier eine Mindestvoraussetzung, um Prob-

---

[618] Vgl. Interview 21, Absatz 57
[619] Vgl. Interview 16, Absatz 61
[620] Vgl. Interview 18, Absatz 38
[621] Vgl. Interview 7, Absatz 29

leme überhaupt lösen zu können.[622] Ein gewisses **unternehmerisches Denken und Kommunikationsstärke** wird außerdem in den Interviews als Kriterium genannt.

4.2.3 Interesse an und Erfahrungen mit anderen Kulturen

Aufgeschlossenheit sowie ehrliches **persönliches Interesse an verschiedenen Kulturen**, Auslandserfahrungen oder Erfahrungen mit internationalen Projekten werden immer wieder genannt, wenn es um Kriterien geht, die einen erfolgreichen Umgang mit internationalen Bezug ermöglichen sollen. Zum Thema **Offenheit** meint einer der Interviewten folgendes:

„Wenn es jetzt um die Internationalisierung geht, dann muss er einmal offen sein für andere Kulturen d.h. also, er braucht schon bestimmte social skills, wo er ein Gefühl entwickelt für eine Kultur, in der er in Zukunft arbeiten soll. Wenn er dieses Sensorium nicht hat, dann kann er der beste Techniker sein, das nützt nichts und er wird verloren sein und es wäre schade, jemanden so zu entsenden, weil da wahrscheinlich damit keinem gedient ist. Es ist oft besser, vielleicht von den technischen skills Abstriche zu machen, aber jemanden zu haben, der bereit ist, sich in dieser Kultur oder mit dieser Kultur auseinanderzusetzen und in dieser Kultur zu leben.[623]"

Eine weitere wichtige Fähigkeit, die auch schon in der vorherigen Aussage beschrieben wird, ist **kulturelles Einfühlungsvermögen** oder eine gewisse **kulturelle Empathie**. Unter kulturellem Einfühlungsvermögen versteht einer der interviewten Manager, dass sich die Person in eine Kultur *„...reindenken"* kann.[624] Mit **Respekt, Sensibilität und Wertschätzung gegenüber anderen Kulturen** bringt ein anderer Befragter kulturelles Einfühlungsvermögen in Verbindung.[625] Ein weiterer befragter Manager beschreibt diese Fähigkeit so:

„Das ist der Umgang miteinander, das Verständnis, dass Dinge auch anders gemacht werden können. Ja, mentale Offenheit, das sind Indizien.[626]"

Eine gewisse **Anpassungsfähigkeit** wird auch immer wieder in den Interviews genannt. Dazu meint einer der Interviewten:

„Und was noch wichtig ist, ist, dass die Leute die man auswählt, wirklich anpassungsfähig sind bzgl. Kulturen. Und das ist etwas, was man über Jahre...ich sag einmal, was man entweder mitbringt oder entwickeln muss über die Zeit.[627]"

---

[622] Vgl. Interview 22, Absatz 41
[623] Vgl. Interview 24, Absatz 35
[624] Vgl. Interview 14, Absatz 37
[625] Vgl. Interview 11, Absatz 21
[626] Vgl. Interview 20, Absatz 21

4.3 Messung des Global Mindsets auf Individualebene in der Praxis

Um die zuvor genannten Kriterien zu messen, verwenden die befragten Unternehmen unterschiedliche Messmethoden, die in diesem Kapitel vorgestellt werden. Zwei der befragten Manager betreiben auch Outsourcing, wenn es um das Suchen und Finden von passendem Personal geht. Die Interviewten gaben an, sogenannte „**Headhunters**" zu engagieren v.a. wenn es darum geht, Spitzenpositionen im Unternehmen zu besetzen, aber auch um im Ausland Leute zu rekrutieren. Einer der Befragten meint dazu:

> *„Wir versuchen in den Märkten die Besten zu uns zu holen. Je weiter man sich weg*
> *bewegt, desto schwieriger wird es, den Überblick zu behalten und deswegen wird mit*
> *Headhuntern gearbeitet. Es geht gar nicht anders."*[628]

Bewerber und Mitarbeiter müssen, nach Meinung der befragten Manager, unbedingt offen gegenüber anderen Kulturen sein. Keiner der Befragten gab an, interne Messungen durchzuführen, wenn es z.B. darum geht, Führungspositionen zu besetzen. Verschiedene Messmethoden werden lediglich bei der Einstellung neuer Mitarbeiter durchgeführt. Die folgende Abbildung 4-2 zeigt die Kategorien, die im Sinne dieser Arbeit aus den unterschiedlichen Kodes entwickelt werden.

Abb. 4-2: Messmethoden der befragten Unternehmen

Die verschiedenen Kategorien, die sich aus der qualitativen Inhaltsanalyse ergeben, werden nachfolgend genauer beschrieben.

---

[627] Vgl. Interview 6, Absatz 25
[628] Vgl. Interview 11, Absatz 27

4.3.1 Berücksichtigung der Bewerbungsunterlagen

Viele der vorher genannten Kriterien zur erfolgreichen Bewältigung von internationalen Aufgaben können, laut der befragten Manager, mit Hilfe der Bewerbungsunterlagen bereits festgestellt werden. Besonders die **Berücksichtigung des Lebenslaufes** wird hier von vielen Befragten angegeben. Dabei wird bei dem Lebenslauf nicht nur auf die schulische und universitäre Ausbildung und die fachlichen Qualifikationen geachtet, sondern v.a. auf die „Vergangenheit" der Bewerber und welche Aufgaben oder Verantwortungen die Person bereits in vorherigen Berufen übernommen hat. Dazu meint einer der interviewten Manager folgendes:

> *„Vieles lässt sich ja aus dem Lebenslauf herauslesen. Nicht im Sinne der fachlichen Qualitäten, sondern wo sich jemand, wie bewegt hat. Die Vergangenheit ist schon sehr aussagekräftig....* "[629]

Als Beweis für spezielle Kenntnisse wie bspw. Fremdsprachenkenntnisse dienen auch spezielle **Zertifikate**, die bei den befragten Managern berücksichtigt werden.[630] Außerdem werden hier auch **Referenzen von vorherigen Arbeitgebern** berücksichtigt.[631] Neben Ausbildung und Vorkenntnissen geben der Lebenslauf und die restlichen Bewerbungsunterlagen auch Aufschluss darüber, ob die Person ein gewisses Interesse an anderen Kulturen besitzt oder nicht.

> *„...natürlich eine Aufgeschlossenheit, und ein Interesse gegenüber anderen Kulturen. Das sieht man schon ein bisschen im Lebenslauf, was die Person vorher gemacht hat oder wenn da jemand noch nie im Ausland war oder irgendwas im Ausland gemacht hat, kann man davon ausgehen, dass das Interesse nicht so gegeben ist oder dass ein Interesse für andere Dinge da ist.*[632] "

Natürlich müssen die Angaben in den Bewerbungsunterlagen auch hinterfragt werden, was meistens im Sinne eines persönlichen Gespräches passiert.

4.3.2 Persönliches Gespräch

Das persönliche Gespräch wird in den Interviews am häufigsten genannt, wenn es um die Frage geht, wie man die angegebenen Kriterien misst. Dieses persönliche Gespräch kann jedoch sehr unterschiedlich ablaufen. Von **bibliographischen Interviews**, wo es v.a. um die bisherige Lebensgeschichte der Person geht, über **nachgespielten Kundengespräche**, bis hin

---

[629] Vgl. Interview 15, Absatz 65
[630] Vgl. Interview 2, Absatz 23
[631] Vgl. Interview 18, Absatz 42 sowie Interview 19, Absatz 3
[632] Vgl. Interview 2, Absatz 23

zu **Befragungen zu Fachliteratur und Fachzeitschriften** reichen die Antworten, wenn es darum geht, wie solche Gespräche ablaufen.[633] Außerdem kann das Gespräch entweder nur mit dem zuständigen Vorgesetzten oder auch mit mehreren Personen aus der Personalabteilung und anderen internen Personen durchgeführt werden.[634] Im Gespräch wird dabei näher auf den Lebenslauf eingegangen und man versucht, Tendenzen und Neigungen bei den Bewerbern festzustellen[635] sowie Angaben in den Bewerbungsunterlagen zu hinterfragen.

> *„Im Endeffekt kann man es nur im Rahmen eines Interviews festhalten.... Dass man sich seine Referenzprojekte ansieht, wo er sagt bei der Firma hab ich das so und so gehandhabt. Sehr wichtig sind auch die Aspekte der Verantwortung, die diese Leute hatten. Waren sie rein operative Leute oder waren sie selbst in der Verantwortung, was die Termine und die Inhalte angeht. ... Projektmanager, klingt sehr toll, in Wirklichkeit hatten die weder Projekt- noch Kostenverantwortung. Und da muss man halt hinterfragen, wofür waren diese Leute wirklich verantwortlich. Aber wirkliche Messmethoden gibt es nicht. Da kann man nur versuchen, das im persönlichen Gespräch abzufragen.[636]"*

Neben bisherigen Berufserfahrungen und Ausbildungen hilft ein persönliches Gespräch, gewisse **Aspekte der Persönlichkeit** festzustellen.[637] Ein Gespräch hilft auch bei der Beurteilung, ob die Person bereits Erfahrungen mit anderen Kulturen gesammelt hat und

> *„...relevante Kontakte zu anderen Kulturen hat, Menschen aus anderen Kulturen kennt.[638]"*

Um Fremdsprachenkenntnisse zu testen, gaben viele der Interviewten an, das Gespräch teilweise oder ganz in einer anderen Sprache zu führen.

> *„Ok, wenn man z.B. Sprachkenntnisse testet, dann mach ich das einfach so, dass ich im Bewerbungsgespräch einfach die Sprache einmal wechsle und zwar ziemlich überraschend, weil, wenn einer weiß, dass das Bewerbungsgespräch auf Englisch ist, dann bereitet er sich für die Bewerbung auch ganz anders vor, aber wenn ich mitten im Bewerbungsgespräch einfach, ich sag einmal „gemein" die Sprache wechsle, dann ist das für den Bewerber schon eine gewisse Herausforderung.[639]"*

[633] Vgl. Interview 1, Absatz 18; Interview 5, Absatz 27; Interview 22, Absatz 49
[634] Vgl. Interview 2, Absatz 19; Interview 4 Absatz 31
[635] Vgl. Interview 15, Absatz 65
[636] Vgl. Interview 9, Absatz 19
[637] Vgl. Interview 1, Absatz 18
[638] Vgl. Interview 22, Absatz 49
[639] Vgl. Interview 3, Absatz 47

„Man kann Teile des Gesprächs in anderen Sprachen machen, wo man auch gleich ein bisschen ein Gefühl bekommt, wie gut die Person in Fremdsprachen ist.[640] "

Persönliche Gespräche alleine sind jedoch manchmal nicht ausreichend, um eine objektive Beurteilung vorzunehmen. Dies ist v.a. der Fall, wenn es sich um Gespräche handelt, die mit Personen von anderen Kulturkreisen geführt werden. Einer der befragten Manager äußert seine Bedenken dazu folgend:

„ ...das mit den persönlichen Gesprächen ist ein bisschen eine kritische Geschichte. Bei Mitarbeitern aus unserem Kulturkreis wie z.b. Deutschland, Österreich, Schweiz, Italien aber auch Jugoslawien oder ehemaliges Jugoslawien geht das relativ einfach, weil die Mentalitäten recht ähnlich und erkennbar sind. Wenn man aber z.b. jetzt Leute aus dem Balkan anstellt oder ich habe früher auch viel in China rekrutiert, da muss man sich im Klaren sein, dass man da von den ziemlich unterschiedlichen Mentalitäten getäuscht werden kann. Naja, getäuscht nicht, das ist ja nicht die Absicht, aber da kann man sich auf sein Urteilsvermögen nicht mehr so verlassen. Also, wenn ich jetzt irgendwo oder auch in China rekrutiere, dann habe ich eine weit geringere Erfolgsquote als z.B. in Österreich, und da muss man schauen, dass man mehr mit HR-Beratern arbeitet, wenn man im Ausland rekrutiert und mehr die Reputation von jemandem berücksichtigt.[641]"

Das persönliche Gespräch wird als sehr wichtig angesehen, da es die einzige Methode ist, die Raum bietet für sehr persönliche Dinge. Einer der Interviewten hat dazu ein klassisches Beispiel:

„Es ist gefährlich, wenn ich Bewerbungen nur über einen Computer laufen lasse. Das taugt auch nichts. Da steht dann z.B. in einer Bewerbung drin, dass jemand für sein Studium sechs Jahre gebraucht hat ... weil meine Eltern waren krebskrank und ich hab die gepflegt. In dem Computerprogramm ist für den krebskranken Vater kein Platz. Da steht dann sechs Jahre Studium, durchs Raster gefallen, bum. Deswegen halt ich da nichts davon.[642] "

4.3.3 Aufnahmetest/ Assessment Center

Die Durchführung eines Assessment Centers oder von anderen Aufnahmetests wird nur von einigen der befragten Unternehmen gemacht, um festzustellen, ob die Person für internationa-

---

[640] Vgl. Interview 2, Absatz 31
[641] Vgl. Interview 3, Absatz 39
[642] Vgl. Interview 20, Absatz 67

le Aufgaben oder Projekte geeignet ist. Mit Hilfe eines Assessment Centers wird eine Vielzahl an Kriterien überprüft wie z.b. **Teamfähigkeit, Kommunikationsfähigkeit, Umgang mit Kunden, Umgang mit Problemen oder die Fähigkeit, kreative, realistische Lösungsvorschläge zu entwickeln.** Dabei kann das Verhalten der Person in bestimmten Situationen überprüft werden.

„Wir haben immer ein Assessment Center mit speziellen Übungen und Präsentationen. Da werden auch meistens Kundensituationen nachgespielt, da der Umgang mit Kunden sehr wichtig für uns ist.[643]*"*

„Beim Assessment Center, sind immer bestimmte Planspiele, die auch auf die Persönlichkeit Bezug nehmen. Es sind da bestimmte Planspiele verbunden d.h. es werden bestimmte Situationen dargestellt, die mit dem Job verbunden sind und dann wird eben geschaut inwieweit die Problemlösungsvorschläge, die von der Person angeführt werden, eben realistisch sind, inwiefern die passen, wie weit die kreativ sind, wie weit die Person letztendlich die Wünsche, die das Unternehmen hat, eben erfüllen kann.[644]*"*

„Und dann gibt es natürlich das Assessment Center, wo dann geschaut wird, wenn es sich um eine Person von außen handelt, die für irgendeinen Job gesucht wird, ob die Person den Ansprüchen oder den unternehmensinternen Anforderungen entspricht.[645]*"*

Die **Bearbeitung einer Fallstudie** überprüft nicht nur das spezifische Fachwissen, sondern hilft auch dabei festzustellen, zu welchen Lösungsvorschlägen der Bewerber kommt und welche Präsentationsfähigkeiten er besitzt. Durch Fallstudien in Englisch oder anderen Sprachen können außerdem die Fremdsprachenkenntnisse überprüft werden. Einer der Befragten meint dazu:

„Ich arbeite bei allen Positionen mit Business Cases, wo man Fallbearbeitungen macht, die für diese Stelle relevant sind, wo das Ergebnis diskutiert und präsentiert wird. ...Business Cases in Englisch oder in einer anderen Sprache sind auch sehr hilfreich.[646]*"*

Neben Fallstudien können auch mit Hilfe von **praxisnahen Aufgaben** die Fähigkeiten des Bewerbers überprüft werden. Damit kann festgestellt werden, wie die Person denkt, arbeitet

[643] Vgl. Interview 1, Absatz 14
[644] Vgl. Interview 8, Absatz 16
[645] Vgl. Interview 22, Absatz 49
[646] Vgl. Interview 2, Absatz 3 und Absatz 10

und zu welchen Resultaten sie kommt.[647] **Verhaltensprofilanalysen**, die sich mit der Persönlichkeit der Person auseinandersetzen, werden auch angewandt, um festzustellen, welcher Bewerber am besten zum Stellenprofil passt.

> *„Verhaltensprofilanalyse ... das ist so ein Test, den man relativ einfach über das Internet mit einem Link zuschicken kann und das ist so ein Test, in dem man Präferenzen angibt z.B. ist man eher dominant oder eher introvertiert. Da hat man so einen Fragenkatalog, den klickt man durch und da bekommt man dann ein bestimmtes Persönlichkeitsprofil am Ende heraus...[648]"*

Einige der befragten Manager geben an, keine Aufnahmetests oder Assessment Centers durchzuführen. Insgesamt ist die Sinnhaftigkeit von Aufnahmetests auch bei den Befragten sehr umstritten. Die folgenden Zitate zeigen Beispiele für solche Meinungen:

> *„...Ich halte mittlerweile alle diese Tests für Schwachsinn. Die bringen nix langfristig. ... diese ganzen Assessment Center und so bringen relativ wenig. Man kann eigentlich alles Wesentliche in persönlichen Gesprächen herausarbeiten.[649]"*

> *„...Aber wir haben keine großen Assessment Center oder dergleichen.[650]"*

> *„Ich muss Ihnen ehrlich sagen, ich halte von diesen ganzen Tests nicht sehr viel. Es gibt sehr viele Tests und Profile, die können einen Anhaltspunkt geben, aber das ist nicht alles im Leben.[651]"*

> *„...Und das hat man sich angelernt im Laufe des Lebens und deswegen würde ich jetzt auch keine messbaren Kriterien oder irgendwelche Fragebögen einführen wollen.[652]"*

> *„...Also da gibt es jetzt nicht unbedingt irgendwelche Tests oder sonst irgendwelche Hilfsmittel, wo man sagen kann, ok wenn er das jetzt positiv erfüllt , dann wäre er dafür bereit. Wichtig in dem Punkt ist einfach das persönliche Gespräch.[653]"*

> *„...Also wir messen es nicht nach mathematischen Kriterien und wir halten auch von trickreichen Testbatterien oder sonstigen Themen nichts, sondern wir bauen einfach auf die Erfahrung, die wir mit bestimmten Mitarbeitern und Mitarbeiterinnen haben.*

---

[647] Vgl. Interview 3, Absatz 51
[648] Vgl. Interview 2, Absatz 27
[649] Vgl. Interview 3, Absatz 43
[650] Vgl. Interview 16, Absatz 33
[651] Vgl. Interview 19, Absatz 9
[652] Vgl. Interview 20, Absatz 29
[653] Vgl. Interview 21, Absatz 7

Es ist sehr, sehr viel auch eine Bauchentscheidung oder eine Gefühlsentscheidung. Und das lassen wir auch zu.[654]

4.4 Vergleich zwischen den gewonnenen Daten und der bisherigen Forschung

Dieses Kapitel vergleicht die identifizierten Kategorien, aus den Ergebnissen der qualitativen Experteninterviews, mit der bestehenden Literatur zu diesem Thema.

1) Die **erste Forschungsfrage** beschäftigt sich mit den Faktoren einer Person, die notwendig sind, für die erfolgreiche Bewältigung von internationalen Aufgaben oder Projekten.

1.1) Die erste Kategorie bei dieser Frage sind die Charaktereigenschaften, die persönlichen Fähigkeiten und die persönliche Einstellung einer Person. Die interviewten Manager sind hier der Meinung, dass **Reisebereitschaft** eine wichtige Eigenschaft ist.[655] Auch die bestehende Literatur[656] ist der Meinung, dass Reisen und die daraus gewonnenen Erfahrungen wichtig sind. Reisen erweitern den Horizont einer Person und verändert die Einstellung zur Globalisierung.[657] Oddou et al.[658] geben an, dass Reiseerfahrungen einer Person dabei helfen, verschiedene Sichtweisen zu verstehen und mit Unsicherheiten umzugehen. Außerdem fördert es die Entwicklung einer gewissen **Neugierde** sowie ein **Feingefühl gegenüber Unterschieden bei verschiedenen Kulturen.** Levy et al.[659] geben mit dem Zitat von Kanter[660] jedoch zu bedenken, dass einige weitgereiste Personen aussichtslos provinziell in den Ansichten und in deren Verhalten bleiben und dass ein gewisses mindset und eine gewisse Einstellung einer Person dazugehören, um etwas aus den Erfahrungen einer Reise zu lernen.

Eine weitere Übereinstimmung zwischen befragten Managern und bisheriger Literatur gibt es bei der Eigenschaft **Offenheit**. Dekker et al.[661] bspw. unterscheidet zwischen der Offenheit gegenüber der Welt, dem Geschäft, der Organisation und gegenüber anderen Menschen. **Offenheit gegenüber der Welt** ist wichtig, da Personen mit dieser Eigenschaft ein größeres Interesse daran haben, im Ausland zu leben und zu arbeiten, gerne reisen und verschiedene lokale gesellschaftliche Prioritäten verstehen. Offenheit gegenüber dem weltweiten Geschäft

---

[654] Vgl. Interview 24, Absatz 39

[655] Vgl. Interview 2, Absatz 23; Interview 4, Absatz 43; Interview 9, Absatz 22; Interview 10, Absatz 24; Interview 12, Absatz 23; Interview 18, Absatz 38; Interview 21, Absatz 23; Interview 23, Absatz 33

[656] Vgl. Oddou et al. 2000; Dekker et al. 2008

[657] Vgl. Dekker et al. 2008, S. 9

[658] Vgl. Oddou et al. 2000, S. 39ff.

[659] Vgl. Levy et al. 2007, S. 10

[660] Vgl. Kanter 1995, S. 23

[661] Vgl. Dekker et al. 2008, S. 16f.

und multinationalen Organisationen hilft dabei, unterschiedliche Märkte und Unternehmens-
organisationen zu verstehen. Personen, die offen gegenüber anderen Menschen sind, haben
eine positive Einstellung gegenüber anderen kulturellen Werten anderer Personen. Kedia und
Mukherji[662] beschreiben u.a. auch, dass Offenheit eine Eigenschaft ist, die unbedingt zu einem Global Mindset gehört.

Flexibilität und Kreativität wird sowohl von den Interviewten für diese Arbeit, als auch in
der existierenden Literatur erwähnt.[663] Die Autoren sind sich einig, dass eine Person, die ein
Global Mindset besitzt, auch flexibel ist. Eine gewisse Kreativität, v.a. bei Problemlösungen
ist außerdem von Vorteil, um in einem internationalen Umfeld Erfolg zu haben. **Teamfähigkeit** sowie in späterer Folge die erfolgreiche Leitung eines Teams werden u.a. von Rhinesmith[664] sowie von den befragten Interviewten genannt. Mit **sozialen Kompetenzen** setzen
sich v.a. Beechler und Javidan[665] auseinander. Die beiden Autoren teilen ein Global Mindset
in drei Kapitale ein, wobei eines das soziale Kapital ist. Soziale Fähigkeiten sind nach Meinung von Beechler und Javidan[666] hilfreich, um wertvolle und vertrauensvolle Bindungen
innerhalb und außerhalb eines Unternehmens aufzubauen und um sich dadurch Vorteile zu
verschaffen. Außer der sozialen Kompetenz werden von den interviewten Experten auch
emotionale Intelligenz und **Charakterstärke** als wichtige Eigenschaften zur erfolgreichen
Bewältigung von internationalen Aufgaben genannt. Emotionale Intelligenz wird auch von
Kets de Vries und Florent-Treacy[667] als wichtige Eigenschaft eines Global Leader genannt.
Conner [668] führt u.a. auch eine gewisse Charakterstärke als eine wichtige Eigenschaft an.
Hausverstand und Geduld, die von den befragten Managern außerdem genannt werden,
werden in der bestehenden Literatur nicht explizit genannt, wenn es um ein Global Mindset
geht. Eine Eigenschaft, die von einigen Autoren der bestehenden Literatur[669] mit einem Global Mindset in Verbindung gebracht wird, jedoch nicht von den befragten Experten erwähnt
wird, ist die **Neugierde**. Andere Eigenschaften, die zwar in der existierenden Literatur erwähnt werden, jedoch nicht von den befragten Managern dieser Arbeit, sind bspw. **Selbstbe-**

---

[662] Vgl. Khedia und Mukherji 1999, S. 230f.
[663] Vgl. z.B. Rhinesmith, 1992, S. 63f.; Graen und Hui 1999; S. 239; Gupta und Govindarajan 2002; Arora et al.
2007, S. 394; Earley et al. 2007, S. 79
[664] Vgl. Rhinesmith 1992, S. 63f.
[665] Vgl. Beechler und Javidan 2007
[666] Vgl. Beechler und Javidan 2007, S. 158
[667] Vgl. Kets de Vries und Florent-Treacy 2002, S. 295ff.
[668] Vgl. Conner 2000, S. 147ff.
[669] Vgl. Gupta und Govindarajan 2002, S. 120; Clapp-Smith und Hughes 2007; Beechler und Baltzley 2008a, S.
45; Javidan et al. 2010, S. 1;

wusstsein, Hilfsbereitschaft sowie die **Fähigkeit mit Risiko**[670], **Komplexität**[671] und **Konkurrenz**[672] umzugehen.

1.2) Die zweite identifizierte Kategorie beschäftigt sich mit der **Ausbildung und den Vorkenntnissen**. Levy et al.[673] sind der Meinung, dass ohne angemessenes Wissen, eine Person keine komplexen Repräsentationen von einem bestimmten Informationsbereich bilden kann. Tiefes, spezifisches Wissen hilft dabei eine komplexe Kognition zu entwickeln. Für Arora et al.[674] ist das **Wissen über globale Geschäftstätigkeiten** ein sehr bedeutendes Kriterium zur Bildung eines Global Mindset. Early et al.[675] zählen u.a. auch einen breiten und tiefen Wissensumfang zu einem Global Mindset. Die interviewten Manager betonen hier v.a. auch die Vorteile einer **globalen/internationalen Ausbildung**. Der positive Einfluss einer internationalen Ausbildung auf ein Global Mindset ist jedoch in der Literatur umstritten. Laut der Studie von Nummela et al.[676] gibt es keinen positiven Zusammenhang zwischen einer internationalen Ausbildung und einem Global Mindset. Arora et al.[677] hingegen stellen jedoch fest, dass der Ausbildungsgrad einen signifikanten Einfluss auf ein Global Mindset hat. **Fremdsprachenkenntnisse** werden vielfach sowohl bei den interviewten Experten als auch bei verschiedenen Autoren genannt.[678] Kets de Vries und Florent- Treacy[679] sind der Meinung, dass es sehr wichtig ist, gute **verbale und non-verbale Kommunikationsfähigkeiten in unterschiedlichen Sprachen** zu besitzen, um im internationalen Umfeld erfolgreich bestehen zu können. Neben der Kommunikationsstärke geben die Interviewten auch **logisches Geschäftsdenken** als wichtiges Kriterium an. Das logische Geschäftsdenken wird in der Literatur eher als „**business savvy**" und somit als **Geschäftswissen** bezeichnet.[680]

1.3) Der dritten Kategorie „*Interesse an und Erfahrungen mit anderen Kulturen*" kommt in der Literatur besonderes Interesse zuteil. Viele Autoren sind sich darüber einig, dass ein gewisses **kulturelles Verständnis** zu einem Global Mindset gehört.[681] Die von den Befragten genannte Eigenschaft **Aufgeschlossenheit**, wird auch in der bestehenden Literatur erwähnt.[682]

---

[670] Vgl. Javidan et al. 2010, S. 10
[671] Vgl. Rhinesmith 1992, S. 63f.; Earley et al. 2007, S. 79
[672] Vgl. Rhinesmith 1992, S. 63f.
[673] Vgl. Levy et al. 2007, S. 18
[674] Vgl. Arora et al. 2004, S. 409
[675] Vgl. Early et al. 2007, S. 79
[676] Vgl. Nummela et al. 2004, S. 58
[677] Vgl. Arora et al. 2004, S. 405
[678] z.B. Kets de Vries und Florent-Treacy 2002; Deal et al. 2003; Caligiuri 2006; Clapp-Smith und Hughes 2007
[679] Vgl. Kedia und Vries und Florent-Treacy 2002, S. 295ff.
[680] Vgl. Kedia und Mukherji 1999, S. 236 und Javidan et al. 2010, S. 35
[681] (z.B. Perlmutter, 1969; Bartlett und Ghoshal, 1989; Kefalas, 1998; Kedia und Mukherji, 1999; Gupta und Govindarajan, 2002; Nummela et al. 2004; Levy et al. 2007)
[682] Vgl. Beechler und Baltzley 2008a, S. 45

Javidan et al.[683] sind u.a. auch der Meinung, dass das **Interesse und der Wille von anderen Kulturen zu lernen**, eine wichtige Eigenschaft ist, wenn es um ein Global Mindset geht. Die **Offenheit gegenüber anderen Kulturen** wird nicht nur von den befragten Experten explizit genannt, sondern auch in der Literatur.[684] Das **kulturelle Einfühlungsvermögen** oder die **kulturelle Empathie**, die von den Interviewten dieser Arbeit auch genannt werden, werden bspw. in der Literatur beschrieben, als die **Fähigkeit emotionale und vertrauenswürdige Bindungen mit anderen Personen aufzubauen** und die Körpersprache von Menschen aus anderen Kulturkreisen zu verstehen.[685]

Kriterien zur erfolgreichen Bewältigung internationaler Aufgaben	Existierende Literatur	Interviewte Experten dieser Arbeit
Reisebereitschaft	Ja	Ja
Offenheit	Ja	Ja
Flexibilität	Ja	Ja
Kreativität	Ja	Ja
Teamfähigkeit	Ja	Ja
soziale Kompetenz	Ja	Ja
emotionale Intelligenz	Ja	Ja
Charakterstärke	Ja	Ja
Hausverstand	**Nein**	Ja
Geduld	**Nein**	Ja
Neugierde	Ja	**Nein**
Selbstbewusstsein	Ja	**Nein**
Hilfsbereitschaft	Ja	**Nein**
Umgang mit Risiko	Ja	**Nein**
Umgang mit Komplexität	Ja	**Nein**
Umgang mit Konkurrenz	Ja	**Nein**
fachspezifisches Wissen	Ja	Ja
internationale Ausbildung	Ja, jedoch umstritten	Ja
Fremdsprachenkenntnisse	Ja	Ja
logisches Geschäftsdenken	Ja (Geschäftswissen)	Ja
Aufgeschlossenheit	Ja	Ja
Interesse an anderen Kulturen	Ja	Ja
Offenheit gegenüber anderen Kulturen	Ja	Ja
kulturelles Einfühlvermögen	Ja	Ja
Anpassungsfähigkeit	Ja	Ja
Bewusstsein von Unterschieden	Ja	**Nein**

Tab. 4-1: Kriterien zur Bewältigung von internationalen Aufgaben[686]

Javidan et al.[687] bezeichnet die **Anpassungsfähigkeit** einer Person als eine der **35 Haupteigenschaften**[688] eines **Global Mindset**. Anpassungsfähigkeit wird auch von den interviewten

[683] Vgl. Javidan et al. 2010, S. 10f.
[684] Vgl. z.B. Gupta und Govindarajan 2002, S. 117; Levy et al. 2007, S. 21
[685] Vgl. Beaman 2004, S. 43
[686] Eigene Darstellung
[687] Vgl. Javidan et al. 2010, S. 10

Managern erwähnt.[689] Das **Bewusstsein, dass es Unterschiede zwischen verschiedenen Kulturen gibt,** wird bspw. von Levy et al.[690] und Gupta/Govindarajan[691] erwähnt, jedoch nicht von den befragten Experten. In der nachfolgenden Tabelle 4-1 werden die in der existierenden Literatur erwähnten und von den interviewten Experten identifizierten Kriterien zur erfolgreichen Bewältigung von internationalen Aufgaben abgebildet. Wie man aus der Tabelle 4-1 erkennen kann, stimmt die bestehende Literatur zu Global Mindset mit den Ergebnissen aus den Befragungen größtenteils überein.

2) Die **zweite Forschungsfrage** dieses Kapitels beschäftigt sich mit den Messmethoden eines Global Mindset.

2.1) Die erste identifizierte Kategorie zu dieser Forschungsfrage ist die **Berücksichtigung der Bewerbungsunterlagen.** In der bestehenden Literatur wird zwar die Dokumentenanalyse, als mögliche Methode zur Analyse von Kognitionsstrukturen angegeben, jedoch dient diese zur Feststellung von Kausal- und anderen Beziehungen zwischen den dort verwendeten Konzepten.[692] Bei Bewerbungsunterlagen wäre eine solche Analyse nicht möglich. Der Lebenslauf kann jedoch dazu dienen, demographische Daten sowie Informationen zur Ausbildung der Befragten zu bekommen, die in vielen Studien berücksichtigt werden. Meistens werden jedoch diese Informationen in der Literatur mittels Fragebogen oder Fragen im Interview festgestellt.[693]

2.2) Die nächste identifizierte Kategorie, aus den qualitativen Experteninterviews, ist das **persönliche Gespräch.** Interviews kommen in der Literatur sowohl in der kognitiven Strategieforschung[694] als auch in der Global-Mindset-Forschung[695] zur Anwendung. Dabei werden meist offene Fragen gestellt mit Hilfe eines unstrukturierten oder halbstrukturierten Fragenkataloges. Die interviewten Manager sind der Meinung, dass persönliche Gespräche im Aufnahmeverfahren sehr wichtig sind, da sie die Möglichkeit bieten von dem Bewerber mehr Informationen zu bekommen und v.a. auch persönliche Dinge zu erfahren. Die Literatur sieht das ähnlich und vertritt die Ansicht, dass Interviews sich besonders dazu eignen, tiefere Einsichten und Informationen zu erhalten. Interviews werden v.a. dann angewandt, wenn das

---

[688] Vgl. **Anh. A**
[689] (Interview 6, Absatz 25; Interview 7, Absatz 35; Interview 12, Absatz 27; Interview 23, Absatz 12)
[690] Vgl. Levy et al. 2007, S. 21
[691] Vgl. Gupta und Govindarajan 2002, S. 117
[692] Vgl. Wrona 2008, S. 56
[693] Vgl. Acedo und Jones 2007; Arora et al. 2007; Nummela et al. 2004
[694] Vgl. z.B.; Hackner 1991; Cossette und Audet 1992; Eden und Ackermann 1998; Calori et al. 1994
[695] Vgl. z.B. Wills und Barham 1994; Dekker et al. 2005; Thunderbird 2006; Acedo und Jones 2007

Problem noch weniger bekannt ist oder wenn es darum geht, einen ersten Eindruck über Meinungen und Informationen zu einem Thema zu bekommen.

2.3) Die dritte Kategorie beschäftigt sich mit **Aufnahmetests und dem Assessment Center.** In der kognitiven Strategieforschung und in der Global-Mindset-Forschung verwendet man auch Fragebögen zur Datenerhebung.[696] Dabei müssen die Befragten meistens Fragen oder Aussagen mit Hilfe von fünf- oder siebenteiligen Likert- Skalen beantworten.[697] Die befragten Manager, die angeben Aufnahmetests oder andere Testverfahren im Sinne eines Assessment Centers durchzuführen, geben leider keine genaueren Informationen darüber, wie diese Tests aufgebaut sind, was einen direkten Vergleich mit der Literatur in dieser Arbeit nicht möglich macht. Einige der Befragten geben an, keine Aufnahmetests durchzuführen und finden Aufnahmetests auch nicht sinnvoll.[698] Mendenhall und Oddou[699] geben jedoch zu bedenken, dass Unternehmen, die bei der Personalauswahl nur die Ausbildung und die Vorkenntnisse berücksichtigen, nicht die beste Person für internationale Aufgaben auswählen könnten. Nach Meinung der beiden Autoren können Unternehmen mit Hilfe von einfachen standardisierten psychologischen Tests herausfinden, ob eine Person gewisse Eigenschaftsmerkmale besitzt, die mit der erfolgreichen Bewältigung von internationalen Aufgaben in Verbindung gebracht werden kann. Weitere Methoden zur Datenerhebung, die in der Literatur genannt werden, sind bspw. die **Repertory-Grid Technik** oder die **Self-Q Technik**, die als mögliche Methoden von Calori et al.[700] angeführt werden, um Informationen über die Komplexität von kognitive Landkarten zu gewinnen. Die Autoren argumentieren jedoch, dass diese Methoden sehr zeitaufwändig sind und deswegen auf Ablehnung bei vielen Befragten stoßen könnten, was wiederum zu einem sehr niedrigen Stichprobenumfang führen kann. Deshalb entscheiden sich Calori et al.[701] bei ihrer Analyse für Tiefeninterviews mit offenen Fragen, da diese Methode bei den Befragten sehr gut angenommen wird. Weitere Methoden, die in der kognitiven Strategieforschung angeführt werden, sind Beobachtungen, Visual card sorting, Means-Ends-Analyse, Szenariotechnik, paarweise Vergleiche, Objektsortierung oder Entscheidungsanalyse.[702] Die in der Literatur vielfach zitierten **kognitiven Landkarten** für jeden Bewerber wäre eine sehr aufwendige Methode für ein Unternehmen. Außerdem muss man hier berücksichti-

---

[696] Vgl. z.B. Murtha et al. 1988; Harveston et al. 2000; Arora et al. 2007; Nummela et al. 2004; Ananthram 2010
[697] Vgl. Z.b. Arora et al. 2004; Nummela et al. 2004
[698] Vgl. Interview 3, Absatz 43; Interview 16, Absatz 33; Interview 19, Absatz 9; Interview 20, Absatz 29; Interview 21, Absatz 33; Interview 24, Absatz 39
[699] Vgl. Mendenhall und Oddou 1985, S. 39ff.
[700] Vgl. Calori et al. 1994, S. 441
[701] Vgl. Calori et al. 1994
[702] Vgl. Walsh 1995, S. 309f.; Wrona 2008, S. 51

gen, dass sehr viele der befragten Manager angaben, dass Schlüsselpositionen und Führungskräfte nicht extern rekrutiert werden, sondern intern entwickelt werden. Unternehmen führen
eine externe Personalsuche eher für niedrigere Positionen durch, die mit Personen besetzt
werden können, die weniger Erfahrungen, Fachwissen und Vorbildungen mitbringen und somit auch nicht so ausgeprägte Mindsets besitzen wie bspw. Führungskräfte. Kognitive Landkarten im Aufnahmeverfahren zu erstellen, wäre somit nicht nur sehr aufwendig für die Unternehmen, sondern auch teilweise nicht möglich, da die Bewerber teilweise, je nach der offenen Stelle, keine besonders ausgeprägten Mindsets besitzen. Um Mindsets in einem Unternehmen zu testen, können bspw. fachspezifische Fragen gestellt werden. Eine andere Methode hierfür wäre auch die Bearbeitung einer Fallstudie. Fallstudien testen das fachspezifische
Wissen sowie auch die Fähigkeit Lösungen für Probleme zu finden und geben einen guten
Überblick über die Fähigkeiten einer Person. Eine weitere Methode in der Literatur ist die
Befragung mit Hilfe von Likert-Skalen.[703] Dabei müssen die Befragten Aussagen oder Fragen bspw. von „1 = ich stimme gar nicht zu" bis „5 = ich stimme voll zu" beurteilen. Diese
Art von Fragestellung wird bereits bei einigen psychologischen Tests angewandt und ist auch
in einem Aufnahmeverfahren für ein Unternehmen relativ einfach umzusetzen. Solche Befragungen werden meistens direkt an einem Computer durchgeführt, was für ein Unternehmen
die Auswertung erleichtert.

4.5 Erkenntnisse

Insgesamt kann gesagt werden, dass es bisher nur sehr wenige empirische Studien gibt, die
versuchen ein Global Mindset beim Individuum zu messen. Dabei werden jedoch sehr unterschiedliche Methoden verwendet, die einen Vergleich mit den hier erhobenen qualitativen
Ergebnissen schwierig macht. Die Erhebung des Global Mindset von Mitarbeitern ist für jedes Unternehmen sehr wichtig, da die Besetzung einzelner Positionen mit den geeigneten Personen essentiell für den Unternehmenserfolg ist. Für die Manager bzw. für die Personalabteilungen können folgende **Erfolgsfaktoren** identifiziert werden, die aber auch wieder in einer
Studie quantitativ getestet werden müssen.

Dazu zählen die Offenheit gegenüber Neuem und das aufgeschlossen sein gegenüber anderen
(fremden Kulturen) sowie ein persönliches Interesse an Kulturen wird als eine Grundvoraussetzung gesehen. Kulturelles Einfühlungsvermögen und kulturelle Empathie sollte auch schon
vorhanden sein oder sollte zumindest bei Personaleinstellungen abgeprüft werden. Weitere

---

[703] Vgl. Arora et al. 2004; Nummela et al. 2004

Charaktereigenschaften sind ein hohe Einsatzbereitschaft (Reisebereitschaft), Engagement und gutes Auftreten sowie Flexibilität und Kreativität. Fremdsprachenkenntnisse und „social skills" sind wichtige Grundvoraussetzungen, um international erfolgreich zu sein. Auch jüngere Mitarbeiter sind bereiter ins Ausland zu gehen, als Manager mit familiären Verpflichtungen. Die Auswahlkriterien, ob ein Manager global denkt, können mit den üblichen Methoden (Berücksichtigung der Bewerbungsunterlagen, persönliches Gespräch und Aufnahmetest/ Assessment Center) abgeprüft werden. Eine Frage bleibt offen, wie man speziell Assessment Center aufbaut, die überprüfen soll, ob ein Manager international bzw. global denkt und durch welche Übungen dies festgestellt werden kann. Dazu bedarf es noch weitergehender Forschung.

5. Messung des organisationalen Global Mindsets in der Praxis[704]

5.1 Überblick

Im Folgenden wird näher darauf eingegangen, wie man feststellen kann, ob ein Unternehmen bzw. die Organisation ein Global Mindset besitzt.

Begley und Boyd[705] beziehen Global Mindset auf der Unternehmensebene darauf, wie Unternehmen organisatorische Prozesse, Organisationsstrukturen und Machtver-hältnisse abgleichen. In anderer Weise verbindet Jeannet[706] das Global Mindset auf der Unternehmensebene mit dem Grad der Internationalisierung eines Unternehmens (lokal, international, multinational, regional oder global), wobei er darauf hinweist, dass nicht jeweils die vorhergehende Stufe erreicht werden muss, um die nächste Stufe zu erreichen. Dekker et al.[707] verweisen darüber hinaus auf Autoren, die organisationales Global Mindset auf das Human Resource Management[708] oder Marktcharakteristika[709] beziehen. Gupta und Govindarajan[710] beleuchten hingegen die kulturelle Dimension. Anhand dieser Aufzählung wird schon ersichtlich, dass es mehrere Bezugsebenen gibt, um das organisationale Global Mindset in der Praxis zu messen.

Im Folgenden soll die Perspektive von **Paul** weiter verfolgt werden. Paul definiert das Global Mindset auf der Unternehmensebene als die Summe aller Mindsets der Mitglieder einer Organisation. *"An organizational mindset can be simply defined as the aggregated mindset of all of its members.[711] "* Die Definition impliziert, dass ein organisatorisches Mindset, durch die Interaktion und Zusammenstellung der Mitarbeiter entsteht und beeinflusst werden kann. Dieses Mindset wird geformt durch das **administrative Erbe eines Unternehmens** sowie durch **strukturelle oder branchenspezifische Einflussfaktoren**. Neben diesen Faktoren beschreibt Paul zwei weitere Kategorien, die einen Einfluss auf die globale Ausrichtung eines Unternehmens haben. Dazu gehören die Art und Weise wie einzelne **Top-Manager eines Unternehmens** die Welt betrachten sowie die **dominierende Organisationsstruktur** eines Unternehmens aufgebaut ist. Wie diese und andere Faktoren sich auf die Entwicklung von einem organisationalen Global Mindset auswirken, ist im folgenden Kapitel beschrieben.[712]

---

[704] Für die Ausarbeitung dieses Kapitels bedanke ich mich bei Herrn **Daniel Raith**.
[705] Vgl. Begley und Boyd 2003
[706] Vgl. Jeannet 2000
[707] Vgl. Dekker et al. 2005, S. 8
[708] Vgl. Kobrin 1994
[709] Vgl. Nummela et al. 2004
[710] Vgl. Gupta und Govindarjan 2001
[711] Vgl. Paul 2000, S. 188
[712] Vgl. Paul 2000, S. 190

5.2 Einflussfaktoren des organisationalen Global Mindsets

Paul[713] nennt vier Faktoren, die ein organisationales Global Mindset beeinflussen. Dazu zählen:

1) Ein administratives Erbe

Das "administrative Erbe" einer Organisation "...*describes both the company's tangible and intangible inheritance, and above all, recognizes that the company has a history which constrains its ability to adapt.*" Sowohl die greifbare, als auch die immaterielle Geschichte eines Unternehmens hat also einen Einfluss auf die Möglichkeit des Unternehmens sich an neue Situationen anzupassen. Zu einem immateriellen Gut einer Organisation zählen die Strategie, die ein Unternehmen bisher verfolgt hat, seine Kernkompetenzen sowie die Unternehmenskultur. Da eine Veränderung dieser Schlüsselelemente eines Wirtschaftssystems sehr kostspielig sein können, schränkt sie die Möglichkeit einer globalen Strategie eines Unternehmens ein. [714]

2) Globale Sicht des Top-Managements

Die persönliche Einstellung des Top-Managements bzw. des Führungsstabs spielt eine wesentliche Rolle für das organisationale Global Mindset. Führungspersonen mit einer geozentrischen Sicht treiben ihr Unternehmen eher dazu global zu expandieren, während Manager mit einem vorwiegend ethnozentrischen Blickwinkel den lokalen Markt für ihr Unternehmen bevorzugen. [715]

3) Organisationsstruktur

Auch die Organisationsstruktur eines Unternehmens hat einen signifikanten Einfluss auf das organisationale Global Mindset. Eine *produktorientierte* Struktur führt zu einem vermehrten globalen Denken bei Managern, wohingegen eine Organisationsstruktur, die in *Länder oder Regionen* eingeteilt wird, dazu führt, dass Manager eher den lokalen Markt im Fokus haben. In einer *Matrixorganisation*, die sowohl eine produktorientierte, als auch eine geographische Struktur vorweist, sollte das Global Mindset des Managements sowohl die globale als auch lokale Perspektive beinhalten.

4) Umfeldfaktoren

Eine Reihe von Umfeldfaktoren bewegt ein Unternehmen dazu global zu agieren. Dazu zählen unter anderem „economies of scale", eine weltweite Einkaufspolitik sowie ge-ringe Transport- und Kommunikationskosten. Darüber hinaus ist die steigende Homo-genisierung

---

[713] Vgl. Paul 2000
[714] Vgl. Paul 2000, S. 191
[715] Vgl. Paul 2000, S. 190

von Bedürfnissen der Konsumenten, ein Grund für eine globale Ausrich-tung eines Unternehmens.

Die vier beschriebenen Dimensionen greifen ineinander und bilden die Voraussetzung für das Formen eines Global Mindsets auf der Unternehmensebene. Allerdings variiert die Intensität der einzelnen Einflussfaktoren von Unternehmen zu Unternehmen.[716]

Proactive forces	Reactive forces
• Geocentric view of top management	• Ethnocentric view of top managment
• Adminstrative heritage with focus on centralization	• Administrative heritage with emphasis on decentralization
• Structure based on wordlwide product divisions	• Countries/regions dominant structural dimensions
• Industry drivers promoting global approach	• Industry drivers favoring local responsiveness

Abb. 5-1: Kräfte, um ein organisationales Global Mindset aufzubauen717l

Abbildung 5-1 gibt einen Überblick über proaktive sowie reaktive Kräfte, die entweder ein Global Mindset auf Organisationsebene unterstützen oder behindern können. Klar erkennbar ist hierbei, dass die zuvor beschriebenen Kräfte dann ein Global Mindset fördern, wenn sie zu den **proaktiven Kräften** gezählt werden können.

Gupta und Govindarajan[718] meinen, der zentrale Wert eines Global Mindsets liegt *"...in enabling the company to combine speed with accurate response."* Ein Global Mindset ermöglicht den Unternehmen den Überblick über lokale Märkte zu behalten und das Angebot an deren Bedürfnisse anzupassen, sowie gleichzeitig kognitive Brücken zwi-schen diesen Bedürfnissen und der unternehmenseigenen globalen Erfahrung sowie Ressourcen zu bilden. Dadurch haben sie Vorteile im globalen Wettbewerb. Dazu zählen, um ein **ausgeprägtes Global Mindset** vorzuweisen: [719]*"*

(1) eine größere Chance einen Vorteil dadurch zu generieren, früher als ihre Mitbewerber aufstrebende Möglichkeiten zu identifizieren,

---

[716] Vgl. Paul 2000, S. 192
[717] Vgl. Paul 2000, S. 191
[718] Vgl. Gupta und Govindarajan 2002, S. 118f.
[719] Vgl. Gupta und Govindarajan 2002, S. 119

(2) mehr Erfahrung und gute Möglichkeiten, detailliertere Analysen bzgl. der Abwägung zwischen globaler Standardisierung und lokaler Anpassung durchzuführen,

(3) eine verbesserte Koordination zwischen gegensätzlichen Aktivitäten, die über die Grenzen hinausgehen,

(4) die Möglichkeit Produktkonzepte und Technologien schnell am Markt einzuführen

(5) die Möglichkeit effizient und schnell grenzüberschreitend optimale Lösungen auf die verschiedenen Niederlassungen zu verteilen.

Laut Gupta and Govindarajan[720] spielt es eine große Rolle, wie ein Unternehmen organisiert ist und wie Entscheidungsmacht und –einfluss in der Organisation verteilt werden, wenn es darum geht ein **kollektives Global Mindset** zu bilden, um die oben genannten Vorteile zu generieren. Dieses organisationale Mindset kann sich auf vier verschiedenen Arten ändern und entwickeln und zwar durch:

a)   neue Erfahrungen, welche eine Veränderung im Mindset von Mitgliedern eines Unternehmens verursachen.

b)   eine Veränderung der Machtverteilung von verschiedenen Einzelpersonen.

c)   eine Veränderung in organisatorischen und sozialen Prozessen, die es Mitarbei-tern ermöglicht, sich zu treffen und miteinander zu kommunizieren.

d)   eine Veränderung in der Zusammensetzung der Mitarbeiter eines Unternehmens, wo-bei das Mindset von neuen Mitarbeitern vom Mindset der ehemaligen Mit-glieder abweicht.

Aufbauend auf Ideen der kognitiven Psychologie, sowie Organisationstheorie, die sich mit der Entwicklung von Wissen beschäftigen, hängt demnach die Geschwindigkeit mit der eine Organisation oder eine Einzelperson Global Mindset aufbauen kann, laut Gupta und Govindarajan[721] von **verschiedenen vier Faktoren** ab:

(a) *"Curiosity about the world and a commitment to becoming smarter about how the world works."*

Ein Unternehmen hat die Möglichkeit die **Neugierde** ihrer Mitarbeiter zu erhöhen. Doch schon bei der Auswahl der potenziellen Mitarbeiter kann seitens einer Organisation auf gewisse Punkte geachtet werden, die bei der Entwicklung eines organisationalen Mindsets eine wichtige Rolle spielen. Hierzu zählen Mitarbeiter, die von sich aus eine natürliche **Neugier gegenüber fremden Kulturen und Märkte** mitbringen. Darüber hinaus wird durch die Be-

---

[720] Vgl. Gupta und Govindarajan 2002, S. 117
[721] Vgl. Gupta und Govindarajan 2002, S. 120

förderung langjähriger, global erfahrener Mitarbeiter ins Top-Management, ein Signal für die Wichtigkeit der Offenheit gegenüber fremden Kulturen und Märkte gesetzt.

(b) *"An explicit and self-conscious articulation of current mindsets."*

Mindsets entstehen durch die Interaktion zwischen Menschen und ihrem Umfeld. Die Interpretation der Umwelt hängt bei jedem Einzelnen vom aktuellen Mindset ab. Um eine Erweiterung des Mindsets zu ermöglichen, ist es wichtig zu akzeptieren, dass jede persönliche Wahrnehmung der Welt nur eine von vielen möglichen Alternativen der Wahrnehmung darstellt. Auf die organisationale Ebene umgelegt, bedeutet dies, dass durch Vergleichsanalyse festgestellt werden kann, wie verschiedene Unternehmen die Realität interpretieren. Ein Beispiel hierfür ist Hewlett-Packard, das eine Analyse durchgeführt hat, wie HP den europäischen PC-Markt im Vergleich mit Microsoft, Compaq, IBM etc. sieht. Dadurch kann ein tief vergrabenes Mindset eines Unternehmens aufgedeckt werden.

(c)„*Exposure to diversity and novelty"*

Unternehmen können auf zwei Arten das Engagement und Wissen hinsichtlich diverser Kulturen und Märkte fördern. Einerseits mit einer Förderung auf individueller Ebene und andererseits in der Zusammenstellung der Mitarbeiter. Somit kann eine Fokussierung auf die kognitive Diversifikation des Mindsets von Individuen gewährleistet werden und zusätzlich eine diversifizierte Wissensbasis, durch unterschiedliche Mitarbeiter, aufgebaut werden. Beide Ansätze sind wichtig für MNU.[722]

(d) *"Integration of new knowledge and the development of a new mindset"*

Damit ist gemeint, dass sich das Mindset über die Zeit anhand neuen Wissens ständig erneuert und modifiziert. Dies stellt einen iterativen „ongoing process dar." Die **Geschwindigkeit mit der diese Entwicklung** erfolgt wird in Abbildung 5-2 dargestellt. Es handelt sich hierbei um mehrere S-Kurven, die die oben beschriebenen Einflussfaktoren[723] zeitlich einordnet.

---

[722] Vgl. Gupta und Govindarajan 2002, S. 120f.

[723] Diese sind die zuvor genannten (ein Bewusstsein über das bestehende Mindset; Neugier und Lernbereitschaft; das Integrieren und Verknüpfen neuer Erfahrungen zu einem neuen Global Mindset; sowie Vielfalt und Neuheit, die eine Person oder Organisation gegenüberstehen)

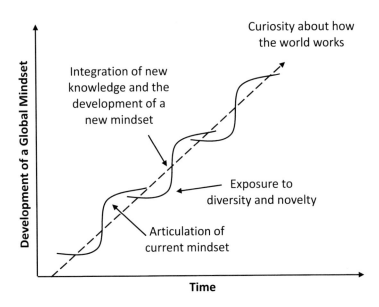

Abb. 5-2: Entwicklung eines organisationalen Global Mindsets über die Zeit[724]

D.h. es ist möglich über die Zeit ein Global Mindset zu entwickeln.

5.3 Voraussetzungen zur Etablierung eines organisationalen Global Mindsets

Unternehmen können weitere Methoden anwenden, um ein **Global Mindset auf der Unternehmensebene** zu etablieren. In erster Linie geht es darum eine brauchbare Struktur innerhalb einer Organisation zu schaffen, die es den Mitarbeitern bzw. Managern erlaubt, ihr individuelles Global Mindset auszubauen. Hierbei kommt es zu einer Wechselwirkung. Ein Unternehmen braucht **global denkende Manager**. Gleichzeit muss eine globale Unternehmenskultur vorhanden sein, die es den Mitarbeitern erlaubt effizient zu arbeiten und sich weiterzuentwickeln. Die folgenden Punkte beschreiben eine Unternehmensstruktur, -vision und -strategie die Global Mindset nachhaltig fördern.[725]

1) Einteilung der Verantwortlichkeit[726]

---

[724] Vgl. Gupta und Govindarajan 2002b, S. 139
[725] Vgl. Babics 2009, S. 10
[726] Vgl. Babics 2009, S. 10

"By strengthening the role of regional headquarters, companies can counterbalance the current predominance of industry-based structures and worldwide divisions that push for standardization.[727]"

Wenn Unternehmen den regionalen Unternehmenssitzen mehr Verantwortung übergeben, kann das Unternehmen besser auf die Bedürfnisse der Kunden und auf kulturelle Ähnlichkeiten innerhalb einer Gruppe von Ländern eingehen. Ein sehr starkes HQ kann zu einem Fokus auf globale Standardisierung und somit zu einem Ignorieren von kultureller Heterogenität führen. Eine vermehrte Anpassung an lokale Besonderheiten kann allerdings auch zu einer erhöhten Isolation führen. Wenn Manager eines MNU die Verantwortung für eine Niederlassung im Ausland übernehmen, sollten sie immer die allgemeinen Unternehmensziele und – werte im Kopf haben. Ein Unternehmen braucht ohnedies eine starke Unternehmenskultur, um alle regionalen und nationalen Einheiten der Organisation zusammenzuhalten.[728]

2) Informations- und Kommunikationstechnologien[729]

Die moderne Informations- und Kommunikationstechnologie ermöglicht eine einfache Kommunikation zwischen den Menschen auf der gesamten Welt. Das bringt die Menschen näher zusammen und gibt ihnen ein Gefühl zu einer Unternehmenskultur zu gehören. Projektteams mit Mitgliedern aus verschiedenen Regionen der Welt sind nur möglich, wenn das Projektteam ohne großen zeitlichen Aufwand miteinander kommunizieren kann. Gerade der Informationsaustausch zwischen dem Firmensitz und den Niederlassungen sowie zwischen den Niederlassungen selbst hat eine hohe Wichtigkeit.[730] Um dies zu gewährleisten müssen seitens des Unternehmens die richtigen Kommunikationswerkzeuge gewählt und zur Verfügung gestellt werden. (Unverzichtbar sind mittlerweile Notebooks und Mobiltelefone für Mitarbeiter.)

3) Multikulturelle Teams[731]

"Contrasting views and values can force members to think globally. Managed well, a culturally diverse team can also produce better business decisions.[732]"

Wenn Menschen unterschiedlicher Kulturen zusammenarbeiten, kann bei den Mit-gliedern des Teams oft eine positive Veränderung hinsichtlich globaler Denkweise und Offenheit festgestellt werden, da verschiedene Sichtweisen und Werte aufeinandertref-fen. Es braucht allerdings eine Führungskraft innerhalb dieses Teams, die ein Global Mindset besitzt. Einen weiteren Vorteil hinsichtlich Global Mindset kann sich ein Unternehmen verschaffen, indem es

---

[727] Vgl. Begley und Boyd 2003, S. 31
[728] Vgl. Bartlett und Ghoshal 2002, S. 221
[729] Vgl. Babics 2009, S. 11
[730] Vgl. Paul 2000, S. 196
[731] Vgl. Babics 2009, S. 12
[732] Vgl. Gregersen 1998, S. 6

gezielt Managementtalente einstellt, die über Erfahrung in Führungsmärkten verfügen.[733]

Jeannet[734] definiert Führungsmärkte als „...*ein bestimmtes Land oder eine Region, das oder die weiter entwickelt ist, als die übrige Welt. Neue Entwicklungen auf einem solchen Markt setzen Trends, denen andere Märkte folgen.*" „*Auf der Ebene des Unternehmens muss dafür gesorgt werden, dass die Organisation ungehinderten Zugang zu den Führungsmärkten hat und...durch Marketingaktivitäten, Unternehmensgründungen oder Beobachtung der Trends Aufschluss über ihre Entwicklung erhält, um die Lehren anderswo im System anwenden zu können.*"

4) Unternehmensvision und - werte[735]

Neue Managementphilosophien legen wenig Wert auf einen strengen strategischen Plan, son-dern fokussieren sich auf die Entwicklung starker Unternehmensvisionen und Pro-zesse einer Organisation.[736] Begley und Boyd haben in ihrer 2003 durchgeführten Studie herausgefunden, dass die Vision und die Werte eines Unternehmens eine globale Konsistenz besitzen müssen. Globale Übereinstimmung bedeutet für ein Unternehmen, eine Firmenpolitik zu haben, die Standardisierung, globale Vorschriften und einheitliche Regeln und Vorgänge hervorhebt.

> „*A need for global consistency would favor policies that accentuate formalization, standardization and global dictates.*[737]"

Von den Autoren werden drei Spannungsfelder identifiziert, in denen es gilt, eine Balance zu erreichen, um ein Global Mindset zu unterstützen. Die „**Structure Tension**" beschreibt die Spannung zwischen globaler Formalisierung und lokaler Flexibilität. Hier gilt es die richtige Zusammensetzung aus Regeln und Richtlinien, die informal oder formal sein können, zu fin-den. Die „**Process Tension**" beschreibt die Spannung zwischen globaler Standardisierung und lokaler Anpassung. Eine Anpassung an örtliche Besonderheiten erfordert Flexibilität, kunden-spezifische Adaptierungen und Delegation von Verantwortlichkeit. Die „**Power Tension**" beschreibt den richtigen Mix aus zentraler Entscheidungsgewalt und lokaler Delegierung. Starke Werte und eine einheitliche Unternehmensvision, erlaubt es Mitarbeitern weltweit, innerhalb einer lokalen Kultur zu arbeiten und gleichzeitig Teil einer großen Unternehmens-kultur zu sein. Im besten Fall ist diese **Unternehmenskultur global orientiert**. Wichtig dabei ist, dass die Vision eines Unternehmens ein weltumfassendes Denken beinhalten und wert-schätzen soll. Eine Organisation muss eine strukturelle Ausrichtung über den globalen Markt

---

[733] Vgl. Jeannet 2000, S. 116
[734] Vgl. Jeannet 2000, S. 107 und S. 116
[735] Vgl. Babics 2009, S. 12
[736] Vgl. Paul 2000, S. 195
[737] Vgl. Begley und Boyd 2003, S. 29

besitzen, um weltweit wettbewerbsfähig zu sein. Um als Unternehmen erfolgreich zu sein, benötigt es aber auch Manager mit einem Global Mindset, die auf die Bedürfnisse, entstehend aus dem globalen Wettbewerb, reagieren können.[738]

5) Globale Mandate für Unternehmensbereiche

Bisher wurde in dieser Arbeit auf die Organisation als Ganzes eingegangen, doch darf nicht vergessen werden, dass ein Unternehmen oft aus vielen Unternehmenseinheiten besteht.

„Die eigentliche Herausforderung für ein Unternehmen, das sich global am Wettbewerb beteiligt, entsteht aus der Notwendigkeit, verschiedene globale Strategien unter dem Dach einer einzigen Organisation zu verknüpfen.[739] "

Demzufolge kann bei den unterschiedlichen Unternehmens- bzw. Geschäftseinheiten eine unterschiedliche globale Strategie verfolgt werden. Dadurch gibt es auch innerhalb des Gesamtunternehmens einen andersartigen Bedarf an Global-Mindset-Strukturen bzw. Managern. Ein Unternehmen, das eine **weltumfassende Strategie** anstrebt und da-bei Global Mindset als notwendig ansieht, muss innerhalb der Organisation eine Modi-fikation vornehmen, um diese Strategie zu etablieren. Verantwortungs- und Zuständig-keitsbereiche müssen gegenüber der bisher bestehenden Organisationsform neu defi-niert werden. Eine Möglichkeit dazu bietet sich mit der Verteilung von **globalen Mandaten** an einzelne Unternehmens- oder Geschäftsbereiche an. Von einem globalen Mandat spricht man:

„...wenn die übertragenen Zuständigkeiten Entscheidungs- und Koordinationsbefugnisse beinhalten, die sich auf den gesamten Erdball oder spezifischer auf all jene Märkte erstrecken, auf denen das Unternehmen tätig ist. "

Nur wenn ein Unternehmensbereich mit einem geeigneten Mandat ausgestattet ist, kann sichergestellt werden, dass eine globale Strategie von einem Unternehmensbereich umgesetzt wird.[740]Die Einheiten, die ein globales Mandat erhalten, sind dafür verantwortlich globale Lösungen zu finden.

5.4 Einflussfaktoren für organisationales Global Mindset – Empirie[741]

Die in Kapitel 5.2 erläuterten Einflussfaktoren bilden für diese Frage die Grundlage. Abbildung 5-3 soll nochmals einen Überblick über wichtige Einflussfaktoren bieten:

---

[738] Vgl. Beechler et al. 2005
[739] Vgl. Jeannet 2000, S. 169
[740] Vgl. Jeannet 2000, S. 183f.
[741] Für die Ausarbeitung dieses Kapitels bedanke ich mich bei Herrn **Daniel Raith**.

Abb. 5-3: Einflussfaktoren für ein organisationales Global Mindset

Wie zu erkennen, gibt es vier Kategorien.

5.4.1 Global denkende Mitarbeiter

In der Literatur (vgl. Kapitel 5.2) wird als bedeutender Einflussfaktor für die Bildung eines Global Mindsets oft eine **diversifizierte Mitarbeiterkonstellation** genannt. Darüber hinaus sollten Unternehmen, die international tätig sind, schon bei der Einstellung neuer Mitarbeiter darauf achten, dass diese über eine globale Denkstruktur (Global Mindset) verfügen. Im Bezug auf das bewusste Einstellen von global denkenden Mitarbeitern, unterstützt ein Großteil der befragten Unternehmen diese Ansicht mit folgenden Aussagen:

> *„Was wir natürlich auch noch stark machen ist, dass wir ganz bewusst Leute mit einem starken internationalem Background ins Boot holen; dadurch entsteht natürlich auch ein eigener Spirit im Unternehmen, der dieses Global Mindset fördert.*[742]*"*

> *„Ein neuer Mitarbeiter sollte eher „open-minded" sein. Man muss sich ja im Endeffekt an die Kulturen der jeweiligen Länder anpassen und benötigt gewisse „Social Skills" um sich schneller zu integrieren.*[743]*"*

Neben der Fähigkeit global zu denken, ist es den Unternehmen nachvollziehbarerweise auch sehr wichtig, dass zukünftige Mitarbeiter über eine hohe Fachkenntnis verfügen.

> *„Man wählt Leute aus, die sehr offen sind und keine kulturellen Ressentiments haben, pragmatisch arbeiten und vor allem fachlich gut sind.*[744]*"*

---

[742] Vgl. Interview 3, Absatz 37
[743] Vgl. Interview 16, Absatz 27
[744] Vgl. Interview 21, Absatz 32

„Es muss ein gewisses Grundinteresse vorhanden sein. Es muss die Bereitschaft vorhanden sein, ins Ausland zu gehen und es muss die Bereitschaft vorhanden sein, die Sprache zu beherrschen. Zusätzlich ist es bei uns auch immer wichtig eine naturwissenschaftliche/technische Fähigkeit zu haben.[745]*"*

Teilweise definieren sich die befragten Unternehmen selbst als global ausgerichtet, schränken diesen globalen Bereich allerdings auf eine bestimmte Region ein.

„Für mich ist sehr wichtig, dass jemand einen Bezug zu den Ost- bzw. Südosteuropäischen Märkten hat. In welcher Form, sprachlich, Herkunft, was auch immer. Zusätzlich sollte er sehr international ausgerichtet sein, also flexibel und mobil in seiner Denke. Das eine bedingt das andere. Ich habe selten jemanden getroffen der mobil und flexibel ist, aber es nicht auch im Kopf ist.[746]*"*

Die Wichtigkeit eine hohe Diversifikation in der Zusammenstellung der Mitarbeiter zu haben, wird durch folgende Aussagen untermauert:

„Wir haben eine Spanierin als Vertriebsleiterin, wir haben früher eine Chinesin gehabt, wir haben einen Engländer, wir haben eine Französin, wir haben eine Deutsche.[747]*"*

„Wir haben hier einen Anteil von Nicht-Österreichern im Unternehmen von, ich glaube über 16 Prozent und in Führungspositionen ist es sogar noch mehr.[748]*"*

Selbst finanzielle Ressourcen werden nicht als Hindernis gesehen, Diversifikation in-nerhalb eines Unternehmens zu forcieren:

„Als mittelständisches Unternehmen sind wir nicht in der Lage, viel Geld für Leute von irgendwo zu zahlen. Wir haben aber trotzdem Mitarbeiter aus unterschiedlichen Ländern... Wir haben hier im Haus Mitarbeiter aus Frankreich und auch Slowenen."

Eine diversifizierte Mitarbeiterkonstellation kann auch fernab der kulturellen Dimension geschehen, wie folgende Aussage beweist:

„Das ist ein großes strategisches Ziel eben diesen „Diversity" Aspekt zu stärken, wobei „Diversity" nicht nur mit den Nationalitäten zu tun hat, sondern, das ist auch der Punkt, mehr Frauen ins Management zu bekommen bzw. auch beim Alter ausgeglichene, ausgewogene Teams zu haben. Weil es auch nicht sinnvoll ist nur lauter Junge oder nur lauter Alte drinnen zu haben, sondern es kommt auf den besten Mix an, auch was

---

[745] Vgl. Interview 20, Absatz 53
[746] Vgl. Interview 20, Absatz 24
[747] Vgl. Interview 22, Absatz 15
[748] Vgl. Interview 24, Absatz 13

das Alter betrifft und Geschlechterausgewogenheit und mehr Nationalitäten in Teams.[749] "

Nicht für alle befragten Unternehmen spielt eine hohe Diversifikation im Bezug auf die Mitarbeiter eine entscheidende Rolle und wurde deshalb nicht gesondert erwähnt.

5.4.2 Maßnahmen zur Förderung globaler Interessen

Gupta und Govindarajan[750] betonen die Bedeutung zur Förderung des Gedankenguts der Mitarbeiter in einer Organisation hinsichtlich Internationalisierung, Globalisierung und Interkulturalität, um ein Global Mindset innerhalb eines Unternehmens zu etablieren. Die befragten Unternehmen unterstreichen die Wichtigkeit dieser Förderung und nennen Methoden, wie sie dies bewerkstelligen.

> *„Es ist uns sehr wichtig, dass alle immer informiert sind, was im Weltgeschehen und vor allem am Markt so passiert. Wir haben da auch wieder spezielle Seminare. Wir haben auch viele Magazine und Wirtschaftsnachrichten, die im Unternehmen durchgehen, damit alle informiert sind, was in der Welt so passiert. Außerdem erstellen wir auch interne Magazine, um die Leute zu informieren, was am Markt so passiert.*[751] "

> *„Wir versuchen es ein bisschen durch unsere interne Kommunikation zu verstärken. D.h. in unserer Mitarbeiterzeitung oder unserem Intranet versuchen wir eigentlich immer wieder einzelne Länder den Leuten halt schwerpunktmäßig nahe zu bringen, um einfach das globalere Denken etwas zu verstärken.*[752] "

> *„Über Veranstaltungen, wo man über Land und Leute etwas kennenlernt. Über Berichte und persönliche Gespräche von Erfahrungen, die unsere eigenen Mitarbeiter aus dem Ausland mitbringen. Ja, das ist auf jeden Fall im Unternehmen einzuführen, das ist mir schon sehr wichtig. Da ist auch die Durchmischung von verschiedenen Kulturkreisen ein ausgesprochenes hilfreiches und probates Mittel.*[753] "

Dieser Informationsaustausch kann auch durchaus informell geschehen:

> *„Das muss im Dialog zwischen den Leuten im informellen Bereich passieren und deswegen ist mir auch die Durchmischung mit Leuten unterschiedlicher Herkunft ausgesprochen wichtig.*[754] "

---

[749] Vgl. Interview 2, Absatz 12
[750] Vgl. Gupta und Govindarajan 2002
[751] Vgl. Interview 1, Absatz 34
[752] Vgl. Interview 10, Absatz 61
[753] Vgl. Interview 24, Absatz 23
[754] Vgl. Interview 24, Absatz 33

„Ich glaube die größere Herausforderung ist es, eine Organisation dazu zu bringen, zu erkennen, dass das Geschäft im internationalen Kontext eine win-win Situation auch für den eigenen Standort ist. Das ist sehr schwer und das geht halt nur über einen sehr langen Zeitraum. Insbesondere über vertrauensbildende Maßnahmen und insbesondere dadurch, dass man einfach das Management und die betroffenen Mitarbeiter immer wieder involviert, immer wieder zusammenbringt, und gemeinsam wachsen lässt.[755]*"*

5.4.3 Organisationsstruktur

Einige Autoren nennen die Organisationsstruktur eines Unternehmens als Einflussfaktor auf ein Global Mindset auf der Unternehmensebene.[756] Paul[757] meint, dass eine **produktorientierte Struktur** zu einem vermehrten globalen Denken bei Managern führt. Eine Matrixorganisation, die sowohl eine produktorientierte, als auch geografische Struktur vorweist, eignet sich demnach auch um Global Mindset zu fördern. Diese These wird von einigen der befragten Unternehmen unterstützt:

„Und die Herausforderung ist da eigentlich, wie baut man eine Organisation auf, auf der globalen Ebene, die das Ganze dann auch leben kann. Und bei uns ist eher das Thema da jetzt Struktur reinzubringen. Und wir haben bei uns jetzt eine Matrix- Organisation aufgebaut global, wo also die globalen und die Geschäftseinheiten miteinander arbeiten. Aber an dem Thema arbeiten wir noch. Also das Thema ist, so etwas wirklich global zu organisieren. Das ist die echte Herausforderung.[758]*"*

„Aber wir haben zum Beispiel unsere Organisationsstruktur komplett verändert, in die Richtung, dass wir jetzt vier Produktgeschäftsfelder haben und dass wir in den sogenannten Functional Departments eine globale Verantwortung drin haben. D.h. also trotz Dezentralität haben unsere Functional Departments eine globale Verantwortung. Zum Beispiel der HR-Bereich, meine Funktion, hat auch eine globale Verantwortung. D.h. also ich habe hier zum Drüberschauen von Amerika bis Japan über bestimmte HR-Prozesse. Und damit ergibt sich automatisch, dass man offen sein muss für verschiedene Themen.[759]*"*

---

[755] Vgl. Interview 8, Absatz 41
[756] Vgl. Paul 2000; Begley und Boyd 2003
[757] Vgl. Paul 2000
[758] Vgl. Interview 9, Absatz 73
[759] Vgl. Interview 8, Absatz 67

Anm.: Diese Organisationsform ist vergleichbar mit der Idee von Jeannet[760], der in seiner Arbeit „globale Mandate" definiert. (siehe Kapitel 5.3)

5.4.4 Unternehmensvision und Unternehmenswerte

Paul[761], Begley und Boyd[762] sowie Levy et al.[763] betonen, dass die Unternehmensvision eines Unternehmens eine globale Konsistenz besitzen sollte, um organisationales Global Mindset zu begünstigen. Dazu gehören neben weltweiten Standards und Richtlinien, allgemein betrachtet, auch starke Werte, die ein globales Denken wertschätzen und fördern. Die befragten Manager teilen diese Meinung und unterstützen diese Einschätzung durch folgende Aussagen:

„Es gibt [...] Visionen in einem Unternehmen und auch Werte in einem Unternehmen, wenn es ein erfolgreiches Unternehmen ist, die global gelten. Da ist egal, ob man jetzt sagt in Österreich, wir wollen diese oder jene Ausbildung oder wir wollen dies und das erreichen. Das gilt genauso in Amerika, wie auch in Japan oder in China. D.h., wenn die Strategie des Unternehmens, wo wollen wir hin in den nächsten 3-4 Jahren, klar kommuniziert wird, klar definiert ist, dann ist es keine Kunst das global über die Tochterfirmen und die Vertriebspartner drüber zu ziehen. Es muss die Strategie, das Grundverständnis der Firma, was sind ihre Stärken, was sind ihre Schwächen und wo will sie hin, klar definiert sein.[764] "

„Zum Thema Vision haben wir letztes Jahr einen Prozess abgeschlossen. Wir haben hier gemeinsam ziemlich lange an einer Vision gearbeitet, die geendet hat mit einem Managementsymposium in Slowenien, wo wir wirklich 3 Tage lang für alle Führungskräfte, inklusive Aufsichtsrat und Vorstand, Zahlen, also makroökomische Daten sowie Berichte und Vorträge [...] geboten haben. Wir haben alle Landesgesellschaften einbezogen und österreichische Führungskräfte. Wir waren über 100 Leute und der Aufsichtsrat, was sehr spannend war. Wir haben dort gemeinsam Visionen erarbeitet bzw. eine Vision erarbeitet.[765] "

Die Art und Weise, wie diese Visionen und Werte an alle Mitarbeiter über die Standorte hinweg verbreitet werden, ist unterschiedlich. Oftmals werden die Werte und die Vision des Un-

---

[760] Vgl. Jeannet 2000
[761] Vgl. Paul 2000
[762] Vgl. Begley und Boyd 2003
[763] Vgl. Levy et al. 2005
[764] Vgl. Interview 6, Absatz 51
[765] Vgl. Interview 19, Absatz 145

ternehmens durch den CEO oder andere Führungskräfte kommuniziert, wie folgende Aussagen bestätigen:

„Die Werte werden sehr stark durch unseren CEO kommuniziert. Es gibt ein jährliches Meeting mit allen General Managern des Konzerns. Ein wesentlicher Teil, der meistens am Ende stattfindet, davon, ist eine Unterhaltung über unsere Werte. Dabei kommt auch immer die Nachfrage: Wie setzt der einzelne regionale Manager diese Werte um. Wir sind ein Unternehmen, in dem die Menschen durchaus im Mittelpunkt stehen. Jeder Einzelne wird dann befragt, wie er dies handhabt. [..] Ich möchte damit zum Ausdruck bringen, dass dies bei uns ein Thema ist, das von höchster Ebene verfolgt wird. [...] Sprich es war so, dass jede Führungskraft die Aufgabe hatte mit seinem Team, mit seinem unmittelbaren Team d.h. maximal 10-12 Personen, workshopartig über diese Werte und über diese Unternehmensvision zu diskutieren und dabei auch zu überlegen und zu erarbeiten wie jedes einzelne Team seinen Bereich zur Stärkung dieser Werte und zur Stärkung dieser Unternehmensvision beitragen kann d.h. es wurde danach ein sogenannter Action Plan pro working group erarbeitet, mit einem Zeitplan dahinter wo man sagt, ok wir für unseren Teil können das und das machen um z.B. den Wert Nachhaltigkeit zu stärken und wir wollen daher ganz konkret das vorbereiten und umsetzen bis zu dem und dem Zeitpunkt.[766]

Häufig werden neben der Top-Down-Methode, also die Weitergabe der Werte durch die Führungskräfte, zusätzliche Informationskanäle verwendet, um die Werte und die Vision weiterzugeben.

„Wir haben unterschiedliche Ansätze, wie wir das machen. Da ist zum einen, dass es in Tafelform überall hängt, in der Landessprache. Es gibt entsprechende Folder die jeder Mitarbeiter bekommen hat. Wir setzen auch zeitlich Schwerpunkte, d.h. wenn wir irgendwelche Betriebsversammlungen machen usw. dann wird jeweils ein Schwerpunkt aus diesen Leitsätzen herausgenommen und den Leuten wieder vor Augen gehalten. Und im Endeffekt ist es das Vorleben aller Führungskräfte, die diese normativen Regeln einfach vorleben müssen und damit werden sie auch von den anderen Leuten verstanden.[767]*„ „Einerseits haben wir als Medium das Intranet, das ist ein Kommunikationsmedium, wo unsere Mission und Vision festgehalten sind, schriftlich aber auch und das ist jetzt natürlich nicht zu unterschätzen, in Ansprachen, Rundschreiben, internen Mitarbeiterzeitungen, wo die Mission oder Vision, wenn auch oft nur in Ne-*

---

[766] Vgl. Interview 2, Absatz 60
[767] Vgl. Interview 13, Absatz 70

bensätzen, sozusagen nochmal verstärkt in Erinnerung gerufen wird. Besuche der Ge-
schäftsführer in den einzelnen Ländern sowie der Vertreter der einzelnen Disziplinen,
wo besprochen wird, wo diskutiert wird, strategische Meetings wo nochmal dran fest-
gehalten wird, das ist unsere Mission, da wollen wir hinarbeiten, wo dann strategisch
festgelegt und diskutiert wird, wie erreichen wir das.[768]"

Wenn man, die von Begley und Boyd[769] identifizierte, „**Structure Tension**— betrachtet und
mit den Aussagen der Manager vergleicht, ist zu erkennen, dass ein Teil der be-fragten Unternehmen globale Regeln aufstellt:

„Wir haben 10 Unternehmensgrundsätze, die gibt es in jedem Unternehmen, in jedem
Geschäftsführerbüro als Wandtafeln, wo sie auch niedergeschrieben stehen. Die wir
auch in jeder Empfangshalle stehen haben. An diesen Grundsätzen haben auch alle
Geschäftsführer mitgewirkt. Damit sind sie auch einmal verpflichtend innerhalb der
Gruppe. Die gibt es auch in jedem Strategiedokument als einleitenden Satz. In allen
strategischen und Managementunterlagen finden sich die irgendwo. Und vor allem,
sie werden von uns als Geschäftsführung gelebt.[770]"

Andere Unternehmen wiederum geben nur Richtlinien vor, die lokal angepasst werden können:

„Wir überlassen es teilweise sehr stark den lokalen Organisationen, die Adaptierungen
zu machen. D.h., wir schreiben es dann nicht sehr zentral vor. Zum Beispiel, einen be-
stimmten Prozess, ja, einen bestimmten Ablauf. Das schreiben wir nicht fest, dass wir
sagen der gilt in der ganzen Welt gleich, sondern beschreiben es nur und die Ausfüh-
rung, das müsst ihr adaptieren, so wie es bei euch am besten passt. Weil damit stelle ich
sicher, dass es kulturell dazu passt und damit stelle ich sicher, dass es auch rechtlich
dazu passt.[771]"

5.4.5 Vergleich zwischen Literatur und den empirischen Ergebnissen

Abbildung 5-4 vermittelt einen Überblick über die gewonnenen Ergebnisse im Vergleich mit
der, in Kapitel 5.2 behandelten Literatur. Es sind Gemeinsamkeiten und Unterschiede ersichtlich.

---

[768] Vgl. Interview 3, Absatz 85
[769] Vgl. Begley und Boyd 2003
[770] Vgl. Interview 13, Absatz 67
[771] Vgl. Interview 8, Absatz 111

Literatur	Interviews
Global denkende Mitarbeiter sind wichtig für das Unternehmen.	Nahezu alle Unternehmen betonen die Wichtigkeit global denkender Mitarbeiter
Diversifikation in der Mitarbeiterkonstellation fördert Global Mindset.	Wird unterstützt, allerdings nicht von allen befragten Unternehmen tatsächlich forciert.
Die Organisationsstruktur hat eine Auswirkung auf Global Mindset.	Einige Unternehmen geben an, dass sie ihre Organisationsstruktur bewusst verändert haben um globales Denken zu etablieren.
Eine unternehmensweite individuelle Förderung der Interessen für Internationalisierung, Globalisierung und Interkulturalität ist wichtig für die Bildung eines Global Mindsets.	Wird unterstützt und durch unterschiedliche Methoden bewerkstelligt.
Einheitliche Unternehmensvision und –werte sind ein Einflussfaktor für Global Mindset.	Wird unterstützt. Unternehmen geben Auskunft darüber, wie sie diese verbreiten. Ein Bezug zur Literatur ist dabei herstellbar.

Abb. 5-4: Einflussfaktoren im Vergleich zwischen Literatur und Ergebnissen

5.5 Indikatoren für ein Global Mindset auf der Unternehmensebene

Angelehnt an eine quantitative Untersuchung von organisationalem Global Mindset, die 2002 von Gupta und Govindarajan durchgeführt wird, wird in diesem Kapitel, mit Hilfe einer qualitativen Untersuchung, das Global Mindset der befragten Unternehmen gemessen. Die folgenden Fragen werden im Rahmen der Interviews den Managern ge-stellt:

Frage (1) Würden Sie Ihr Unternehmen als stark global ausgerichtet bezeichnen oder nehmen Sie Ihr Unternehmen als eines mit starker nationaler Identität wahr?

Frage (2) Wie wichtig ist für Ihr Unternehmen ein weltweiter Kundenkreis? Sind für Sie internationale Kunden gleich wichtig wie Kunden des nationalen Marktes?

Frage (3) Werden die Mitarbeiter Ihres Unternehmens aus einem weltweiten Pool an Bewerbern und Bewerberinnen ausgesucht?

Frage (4) Versucht Ihr Unternehmen Möglichkeiten die sich durch die „Neuen Märkte— ergeben bewusst zu suchen und auszunutzen?[772]

---

[772] Vgl. Gupta und Govindarajan 2002b, S. 126f.

In weiterer Folge wird jede Frage gesondert betrachtet und am Ende des Kapitels wird ein Versuch gestartet, die gesammelten Ergebnisse hinsichtlich Ausprägung des Global Mindsets zu analysieren.

5.5.1 Globale Identität

Die Frage zur globalen Identität wird immer zu Beginn der Interviews gestellt. So kann getestet werden, ob die subjektive Einschätzung der befragten Manager mit ihren später getätigten Aussagen bestätigt wird. Ein Indikator für ein Global Mindset ist die **globale Ausrichtung eines Unternehmens**. Wohingegen Unternehmen mit starker nationaler Identität, ein schwächer bis gar nicht ausgeprägtes Global Mindset besitzen. Von den insgesamt 30 befragten Managern geben 19 an, dass sie ihr Unternehmen als globales Unternehmen wahrnehmen. Einige begründen ihre Ansicht:

> *„Also wir sind stark global ausgerichtet, weil unser Konzern in 125 Ländern der Welt präsent ist und auch wir hier in Wien für 32 Länder verantwortlich sind. Also das reicht über das klassische Osteuropa hinaus bis hin in die Region von Zentralasien/Kaukasus. Also Frage schlichtweg beantwortet mit global ausgerichtet.[773]"*

> *„Wenn es etwas wie „born global" gibt, dann ist es auf jeden Fall A. Ist auch eine bemerkenswerte Leistung der Gründer von A, dass sie schon sehr früh weit in die Welt hinaus gezogen sind. Das Unternehmen wurde 1994 gegründet. Drei Jahre danach ist das vonstatten gegangen, wo ein erster substanzieller Vertrag in Malaysia abgeschlossen wurde. Das sieht man in diesem Rahmen nicht so oft.[774]"*

> *„Wir sehen uns als globales Unternehmen mit sehr starker regionaler Verankerung. Das ist uns durchaus wichtig. Wir sind nicht abgehoben oder dergleichen. Ganz im Gegenteil: Wir sehen uns als steirisches Unternehmen, das weltweite Bedeutung erlangt hat.[775]*

Insgesamt zwei Manager geben an, dass sie ihr Unternehmen als eher national einstufen würden. Allerdings betonen beide die Wichtigkeit des globalen Marktes.

> *„B ist ja ein deutsches Unternehmen. Wobei man sagen muss, dass die ganzen Süßigkeiten [...] eine starke deutsche Tradition ist und einen deutschen Hintergrund hat.*

---

[773] Vgl. Interview 5, Absatz 3
[774] Vgl. Interview 17, Absatz 18
[775] Vgl. Interview 20, Absatz 8

Obwohl wir global eigentlich unsere Süßigkeiten auf der ganzen Welt verkaufen, sind für uns immer noch diese deutschen Urprodukte die da dahinter stehen.[776]"

„Wir haben eine nationale Identität. Das ist für uns ganz wichtig, hat aber jetzt mit unserem Betätigungsfeld nur insofern was zu tun, da wir Wert darauf legen, dass wir im Ausland als österreichisches Unternehmen auftreten. Wir gehen aber in jedem Land auf die Nationalitäten ein [...]was die Sprache betrifft, was die Mentalität betrifft und was die komplette Nationalität und die Kultur des Landes betrifft. Darauf legen wir auch großen Wert.[777]"

Drei Manager geben an, dass für sie die Beschreibung ihres Unternehmens sowohl glo-bal, als auch national als Attribute zutreffen.

„Also ich glaube beides. Das Unternehmen hat eine sehr nationale Identität, das ist ein österreichisches Unternehmen, ein Traditionsbetrieb im Prinzip aus Österreich, der halt global ausgerichtet ist und mit Exportquoten über 99% eigentlich sehr international.[778]"

„Das Thema Internationalisierung ist immer ein Thema in der Holding. Da läuft es permanent in der Schleife. Je weiter man in die Fachbereiche bzw. Gesellschaften runter geht, wird es immer weniger. Nach oben hin ist man sehr international ausgerichtet, gleichzeitig mit dem sehr starken nationalen Selbstverständnis. Unten wird es eher national gesehen im Unternehmen und auch so. Es ist eine Mischung. Man kann nicht eindeutig sagen, dass wir ausschließlich als internationales Unternehmen wahrgenommen werden, ganz im Gegenteil.[779]"

Durch die Beschränkung der Zielgruppe auf österreichische bzw. vorwiegend steirische Unternehmen, die weltweit tätig sind, überrascht die hohe Anzahl an Unternehmen, die sich als global einstufen würden, nicht. Die nächste Frage versucht festzustellen, ob die von den Managern genannte globale Ausrichtung, eine Auswirkung auf den Kunden-kreis des Unternehmens hat. Gupta und Govindarajan[780] bezeichnen einen überwiegend weltweiten Kundenkreis als Indiz für Global Mindset auf der Unternehmensebene.

---

[776] Vgl. Interview 1, Absatz 6
[777] Vgl. Interview 25, Absatz 10
[778] Vgl. Interview 7, Absatz 3
[779] Vgl. Interview 19, Absatz 15
[780] Vgl. Gupta und Govindarajan 2002

5.5.2 Internationaler Kundenkreis

Alle Manager, die ihr Unternehmen zuvor als global bezeichneten, geben bei dieser Frage an, dass **internationale Kunden** durchwegs wichtiger sind als nationale Kunden.

„Selbstverständlich. D.h. also, wenn man das Geschäft nicht nur lokal betreiben möchte, was immer schwieriger wird, muss man sich zwangsläufig internationaler ausrichten und muss schauen, wo die Kunden der Zukunft zu Hause sind. Man muss die Kunden vor Ort bedienen und man muss auch die Möglichkeiten und Ressourcen, die sich international bieten, um wettbewerbsfähig zu sein, viel stärker nutzen.[781]"

„Ja natürlich. Ausschließlich, nationale muss ich ganz ehrlich sagen interessieren mich überhaupt nicht. Ja, weil ein Prozent unseres Umsatzes kommt aus Österreich und den wird man schon hin bekommen. Das Wachstum ist auch sicherlich nicht in Österreich, sondern international und wenn man sich nicht danach ausrichtet, was der internationale Markt bedarf, dann wird das nicht funktionieren.[782]"

Bei den Unternehmen, die bei der ersten Frage angegeben haben, dass sie ihr Unter-nehmen im gleichen Maße national wie global sehen, gibt es unterschiedliche Antwor-ten. Während zwei Unternehmen den internationalen Kundenkreis als wichtiger erach-ten, gibt ein Unternehmen an, dass auch hier sowohl der internationale als auch der na-tionale Markt die gleiche Bedeutung hat.

„Auf jeden Fall haben die Kunden, in den Märkten in denen wir bereits sind, die gleiche Bedeutung. Da werden keine Unterschiede gemacht.[783]"

Die beiden Unternehmen, die sich als national bezeichnet haben, geben ebenfalls unter-schiedliche Antworten auf diese Frage:

„Natürlich sind wir in den anderen Märkten auch ganz stark, aber der Fokus ist trotz-dem noch immer zuerst auf dem Heimmarkt und dann erst die anderen Länder.[784]"

„Auf alle Fälle sind internationale Kunden wichtig. Wir haben die Firma ja deswegen so aufgestellt jetzt, dass wir auf dem internationalen Parkett eigentlich unseren Platz haben.[785]"

---

[781] Vgl. Interview 8, Absatz 9
[782] Vgl. Interview 24, Absatz 11
[783] Vgl. Interview 19, Absatz 19
[784] Vgl. Interview 1, Absatz 8
[785] Vgl. Interview 25, Absatz 14

5.5.3 Weltweiter Bewerberpool

Mit dieser Frage kann eine tendenzielle Richtung der strategischen Ausrichtung eines Unternehmens nach Perlmutter[786] untersucht werden. In mehreren Studien wird festgestellt, dass **Geozentrismus** eine starke Relevanz für die Bildung eines organisationalen Global Mindsets hat.[787] Unternehmen, die Mitarbeiter unabhängig ihrer Nationalität einstellen, haben meist eine geozentrische Ausrichtung. Diese Frage wird von den Unternehmen sehr unterschiedlich beantwortet und steht nur in seltenen Fällen im direkten Zusammenhang mit der ersten Frage (national oder global). Unternehmen die eine **geozentrische Grundhaltung** bzgl. ihrer Personalpolitik be-sitzen geben u.a. folgende Antworten:

„Bei offenen Stellen kann sich jeder bewerben. Ich kann jetzt nicht einen Vorteil oder Nachteil sagen. Wir nehmen gerne fremde Kulturen für die Softwareentwicklung. Wir haben aber auch Deutsche, Amerikaner, Australier, Südafrikaner, Bosnier; ich bin aus Kroatien. Also bei uns ist es eigentlich egal. Nur die Qualifikation ist ausschlaggebend. Auf allen Ebenen. Von Softwareentwicklung bis zum oberen Management. Woher die Leute kommen ist total egal.[788] "

„Wir haben auch viele Leute, die auch keine Österreicher sind, in Österreich. Der Country Manager für die Firma in Österreich ist z.B. ein Belgier. Also wir haben quer durch viele internationale Leute im Unternehmen und da wird auch in den Küchen oft Englisch miteinander gesprochen statt Deutsch. Unsere interne Sprache ist auch Englisch.[789] "

„Ja, natürlich werden sie das. Wir haben eine eigene HR-Abteilung. Als Pool würde ich das nicht bezeichnen. Es gibt verschiedene Anforderungen die verschiedene Positionen bedürfen, und gewisse Grade wie Führungs-persönlichkeiten werden genau ausgewählt, nicht vom Handel, sondern unternehmensintern. Vieles wird über Internet gemacht und weltweit wird stark zusammen gearbeitet, da jeder Standort seine HR-Manager hat und mit der globalen HR-Abteilung namens Corporate sich austauscht und alles abstimmt. Die verschiedenen Stellen sind in einem Tool, wo jeder - wenn man jemanden sucht - reinschauen kann, eine Art Bewerbungsportal.[790] "

Allerdings merken viele Manager an, dass die Mitarbeiterbesetzung von der Bedeutung bzw. der Art der vakanten Stelle abhängt, wie folgende Aussage repräsentativ darlegt:

---

[786] Vgl. Perlmutter 1969
[787] Vgl. Kobrin 1994 und Beechler et al. 2004
[788] Vgl. Interview 14, Absatz 15
[789] Vgl. Interview 3, Absatz 13
[790] Vgl. Interview 21, Absatz 17-18

„Wenn z.B. ein General Manager gesucht wird, also jemand der das Geschäft leitet, dann ist das natürlich eine Stellenbesetzung die dann überregional stattfindet, weil die Situation gegeben sein kann, dass man im Land selbst nicht eine für diese Position geeignete Person finden kann d.h. dann wird sehr wohl international oder regional gesucht.[791] "

Neben einer geozentrischen Grundhaltung kann bei einigen Unternehmen auch eine **polyzentrische Einstellung** identifiziert werden, wie die folgende Aussage beispielge-bend zeigt:

„Nein, also Mitarbeiter werden eigentlich je nach Standort, also wenn wir jetzt hier von Österreich ausgehen, [...] eigentlich in einem lokalen Umkreis gesucht. Wir schauen dann natürlich ein bisschen, wie weit sich die in der Welt zurechtfinden, aber primär suchen wir also nicht global aus, sondern wir suchen sehr lokal unsere Leute aus und schauen dann eben, ob die mit der globalen Herausforderung zurechtkommen werden. Das Gleiche machen unsere Töchter. Die suchen auch eigentlich an ihren Standorten und nicht irgendwo weit herum.[792] "

Kobrin[793] untersucht in seiner Studie, ob es für die **Karriereentwicklung der Mitarbeiter** der befragten Unternehmen eine Rolle spielt, aus welchem Land sie stammen. Bei einem Unternehmen mit einem Global Mindset hat die Nationalität keine Auswirkung auf die Aufstiegschancen eines Individuums innerhalb eines Unternehmens. Einer, der von uns befragten Manager hebt diese **Personalpolitik** extra hervor:

„Grundsätzlich wird jedem, der bei uns anfängt die Möglichkeit geboten, verschiedene Karriereleitern zu besteigen. Die eine davon ist die personelle Ebene mit Führungsverantwortung, welche quasi die Klassische Ebene beschreibt. Eine weitere ist die fachliche Karriereleiter.[794] "

Zusammenfassend kann gesagt werden, dass die befragten Manager nicht eindeutig sa-gen können, ob sie nun eine globale Mitarbeiterstrategie verfolgen oder nicht. Oftmals gibt es in-nerhalb des gesamten Unternehmens eine unterschiedliche Personalpolitik. Diese hängt von der Wichtigkeit der zu besetzenden Position und auch vom Unterneh-mensbereich ab.[795]

---

[791] Vgl. Interview 2, Absatz 10
[792] Vgl. Interview 10, Absatz 15
[793] Vgl. Kobrin 1994
[794] Vgl. Interview 21, Absatz 48
[795] Vgl. Jeannet 2000

5.5.4 Neue Märkte

Die letzte Frage mit deren Hilfe ein eventuelles Global Mindset festgestellt werden soll, betrifft die sogenannten Neuen Märkte. Dabei ist vor allem die Unterscheidung zwi-schen **proaktiv und reaktiv** wichtig. Unternehmen die proaktiv neue Märkte suchen, gelten in der Literatur als solche, die über einen hohen Grad an Global Mindset verfü-gen. Dieser Indikator für ein Global Mindset auf der Unternehmensebene wird bei einer Vielzahl an Unternehmen festgestellt. Folgende Aussagen sollen exemplarisch einen Überblick darüber geben:

> *„Wir sind z.b. in den letzten Jahren sehr stark in den Osten gegangen, also Osteuropa haben wir sehr stark erschlossen, aber wir haben auch z.b. einen Testmarkt in den USA, in Australien, in Afrika. Wir sind da für die ganze Welt offen.*[796]*"*

> *„Wir machen es sehr proaktiv. Wir arbeiten nach wie vor mit sehr vielen Vertriebspartnern. Wir hatten bis zu 100 Vertriebspartner gehabt. Mittlerweile hat die Zahl etwas abgenommen, da wir Tochterfirmen gegründet haben. Wir haben immer gesehen, wenn man in Märkten von Vertriebspartnern zu eigenen Tochterfirmen übergeht, lässt sich der lokale Umsatz mindestens verdoppeln oder sogar verdreifachen oder vervierfachen. Daher machen wir das sehr aktiv. Wir sind natürlich zuerst in die großen Industrienationen gegangen, aber der nächste Schritt sind die vier bekannten „Emerging Markets". Brasilien, Russland, Indien und China. Wobei wir in Indien und China schon vertreten sind.*[797]*"*

Einige Unternehmen sagen, dass sie hinsichtlich Neuer Märkte vorwiegend **reaktiv** sind. Als Grund dafür wird u.a. die Branche, in der die Unternehmen tätig sind, genannt. Zu- sätzlich ist es von großer Bedeutung, ob ein Unternehmen Produkte oder Dienstleistungen verkauft.

> *„Aktive Akquise in den sogenannten "emerging markets" wird bei uns ganz bestimmt nicht betrieben. Der einfache Grund dafür ist, dass gerade in der Branche in der wir tätig sind, derzeit noch kein Potenzial an Kunden vorhanden ist. Wenn Anfragen aus diesen Märkten kommen, reagieren wir natürlich schon darauf. Wir sind dem aber immer sehr kritisch eingestellt. Schwellenländer wie Indien sind keine favorisierten Kundenländer von uns. In unserem Beispiel reagiert man nur auf Kundenanfragen. Es gibt immer einen Unterschied, ob man ein Produkt oder einer Dienstleistung verkauft und wir verkaufen nur Dienstleistungen.*[798]*"*

---

[796] Vgl. Interview 3, Absatz 17
[797] Vgl. Interview 20, Absatz 20
[798] Vgl. Interview 16, Absatz 15-19

Wenn man die Aussagen der befragten Manager zusammenfasst, kann nicht immer ein durchgehendes organisationales Globales Mindset festgestellt werden. Während die beiden ersten Fragen von nahezu allen Managern so beantwortet wurden, dass es ein Global Mindset vermuten lässt, gab es bei Frage 3 und 4 eine große Streuung. Trotzdem ist zu erkennen, dass Unternehmen, die zumindest 2 Indikatoren, die für ein Global Mindset sprechen, identifizieren und nennen, eher global denken, als Unternehmen die nur eine oder keine dieser Indikatoren nennen. Darüber hinaus wird durch die Beantwortung der Fragen, die in der Literatur[799] genannte These, wonach Global Mindset ein multidimensionales Konstrukt ist, das in verschiedenen Bereichen des Unternehmens verschieden stark ausgeprägt sein kann, unterstützt.

5.6 Erkenntnisse

Ziel des Kapitels ist es, Global Mindset auf der Unternehmensebene näher zu betrachten, Einflussfaktoren und Indikatoren zu identifizieren, die für ein organisationales Global Mindset sprechen, herauszuarbeiten. Es werden dazu **Einflussfaktoren** und Vorausetzungen für ein Global Mindset auf der Unternehmensebene beschrieben. Hierzu zählen vor allem die **Mitarbeiter,** die **Organisationsstruktur, Machtverhältnisse von Abteilungen, Förderungsmethoden, der Grad der Internationalisierung** und die **Unternehmensvision.**

Die Analyse zeigt, dass die befragten Manager Global Mindset als wichtig erachten. Sie wenden auch bewusst Methoden an, um eine Internationalisierung bzw. eine **weltumfassende (globale) Ausrichtung ihres Unternehmens** zu fördern. Die Methoden, die dabei angewendet werden, entsprechen größtenteils den Methoden, die in der Literatur genannt werden. Vor allem im Bereich der Mitarbeiterkonstellation, Interessensförderung, Unternehmensvision und Organisationsstruktur findet sich eine große Übereinstimmung mit der Literatur. Bei der qualitativen (explorativen) Messung von Global Mindset auf der Unternehmensebene ist erkennbar, dass eine Vielzahl der befragten österreichischen Manager ihr Unternehmen als global bezeichnen. Hier wäre ein Sample von verschiedenen Unternehmen mit einem hohen Internationalisierungsgrad mit unterschiedlichen Branchen angebracht, um zu überprüfen, wie die Mitarbeiter ihr Unternehmen als global wahrnehmen.

Um diese Aussage zu überprüfen sind noch weitere Indikatoren abgefragt worden, die für ein Global Mindset auf der Unternehmensebene sprechen. Dazu zählt ein **internationaler Kundenkreis.** Auch hier gibt es eine hohe Zahl an Unternehmen, die einen solchen als wichtig erachten. Das **Rekrutieren neuer Mitarbeiter** aus einem **weltweiten Bewerberpool,** ist

---

[799] Vgl. Kobrin 1994; Gupta und Govindarajan 2002

ebenso Indikator für ein Global Mindset. Hier stellt sich heraus, dass nicht alle befragten Unternehmen sich eines solchen bedienen. Darüber hinaus kann nur selten ein Zusammenhang zwischen einer globalen Identität, einem internationalen Kundenkreis und einer weltweiten Rekrutierung festgestellt werden. Auch das bewusste Nutzen Neuer Märkte, als weiterer Indikator, wird zwar von vielen Unternehmen als wichtig hervorgehoben, allerdings ist auch hier kein klarer Zusammenhang mit den zuvor genannten Indikatoren erkennbar.

Insgesamt ist der Bereich des **organisationalen Global Mindsets** noch weitgehend unerforscht. Die Ergebnisse der qualitativen explorativen Analyse lassen allerdings darauf schließen, dass Global Mindset auch für österreichische Unternehmen eine immer größere Bedeutung gewinnt und im Wettbewerb des globalen Marktes einen Vorteil darstellt. Die befragten Unternehmen verwenden bereits, bewusst oder unbewusst, Methoden, um Global Mindset zu fördern. Dabei kann an der Organisationsstruktur, den Umfeltfaktoren und der jeweiligen Unternehmensvision und –werte angesetzt werden. Die Messung von Global Mindset auf der Unternehmensebene ist allerdings noch ausbaufähig und steckt in den Kinderschuhen. Es gibt bis dato nur eine geringe Anzahl an Methoden, die ein organisationales Global Mindset messen lassen (Vgl. **Tabelle 3-6**) Die allgemein angewandte Methodik stellt eine **quantitative Untersuchung**, ergänzt mit Experteninterviews dar („**mixed**" method). Da Global Mindset allerdings auch aus der organisationalen Kognitionssichtweise betrachtet werden kann, sollte in Zukunft versucht werden, noch mehr Methoden, die in der Kognitionstheorie angewandt werden, um die Sichtweise von Individuen oder Organisationen möglichst wirklichkeitsnah wiederzugeben, auch in der Erforschung von Global Mindset auf der Unternehmensebene zu nutzen. (Vgl. Kapitel 2.4.4)

Dazu zählt insbesondere ein **Gruppenkausalitätsmapping**. Dieses ermöglicht es Sichtweisen von Gruppen oder ganzen Organisationen abzubilden. Wenn es Unternehmen möglich gemacht wird, ihr aktuelles Global Mindset zu messen, haben sie die Möglichkeit, die gewonnen Einschätzung zu ihrem Vorteil zu nutzen, indem sie Bereiche, in denen noch Aufholbedarf herrscht, gezielt fördern können. Hier sind dann auch Organisationsentwicklungsmaßnahmen anzusetzen, auf die im Kapitel 7 detailliert näher eingegangen wird.

6. Personalentwicklungmaßnahmen zur Förderung eines Global Mindsets

6.1 Überblick

Das folgende Kapitel 6 beschäftigt sich mit den Studien, die auf die Kultivierung und Entwicklung eines individuellen Global Mindsets eingehen. Dazu werden insbesondere Personalentwicklungsmaßnahmen und Trainings- und Weiterbildungsmaßnahmen, die beim Individuum ansetzen, erläutert.

Die Voraussetzungen, damit Manager und Mitarbeiter eine globale Kompetenz und globale Perspektive entwickeln - damit sie auf dem internationalen Parkett erfolgreich sind - haben einen großen Anklang in der jüngsten Forschung gefunden.[800]
Wie auch immer, viele Unternehmen haben einen Engpass an solchen global kompetenten Mitarbeitern.[801] In einer kürzlich erschienen Studie von Bouquet[802] im Jahr 2005 haben alle interviewten Führungskräfte betont, dass MNU sehr häufig ein Defizit an Managern haben, die ein ausgeprägtes Global Mindset besitzen. Es ist annahmegemäß dieser Engpass in Humanressourcen zu sehen, welches die größte Einschränkung in den meisten globalen Geschäftsangelegenheiten nach sich zieht.[803]

In der derzeitigen Forschung gibt es eine Menge an Studien[804] die hervorheben, dass ein Global Mindset eine Fähigkeit ist, welche über die Zeit entwickelt werden kann, aber es gibt nur wenige Studien[805] die an diesem Thema anknüpfen, wie genau sich das Global Mindset aktuell (weiter-) entwickelt.

Ein ähnliches Problem existiert bei den Forschungen, die bei den Trainings- und Entwicklungsmethoden bzw. Personalentwicklungsmaßnahmen ansetzen. Es gibt in der Tat viele Studien,[806] die sich mit Entwicklungsmethoden für Individuen und Trainingsmethoden, die beim Unternehmen ansetzen, beschäftigen. Jedoch herrscht Uneinigkeit darüber, welche Einfluss-

---

[800] Vgl. Rhinesmith 1995; Srinivas 1995; Gregersen et al. 1998; Suutari, 2002
[801] Vgl. Suutari 2002, S. 218
[802] Vgl. Bouquet 2005, S. 103
[803] Vgl. Bartlett und Ghoshal 2003, S. 102
[804] Vgl. Rhinesmith 1993, 1995; Srinivas 1995; Gregersen et al. 1998; Kedia und Mukherji 1999; Bird und Osland 2004; Lane et al. 2004; Bouquet 2005; Beechler et al. 2010; Cohen 2010
[805] Vgl. Gupta und Govindarajan 2002; Maznevski und Lane 2003; Bird und Osland 2004; Clapp-Smith und Hughes 2007; Gupta et al. 2008; Clapp-Smith 2009
[806] Vgl. Rhinesmith 1993, 1995; Srinivas 1995; Gregersen et al. 1998; Aycan 2001; Osland 2001; Gupta und Govindarajan 2002; Maznevski und Lane 2003; Arora et al. 2004; Ananthram 2008; Gupta et al. 2008; Beechler et al. 2010; Cohen 2010

faktoren und welche gezielten Methoden eine nachhaltige Rolle in der Entwicklung und Kultivierung eines individuellen Global Mindsets spielen bzw. nach sich ziehen.

Darüber hinaus stellt sich die Frage, ob bei der Entwicklung eines Global Mindset bestimmte **angeborene Eigenschaften**, wie bspw. „Offenheit" oder „Neugierde", wie von Bird und Osland[807] vorgeschlagen werden, eine besondere Rolle spielen. Einige Autoren[808] beschäftigen sich mit der Frage, resultierend, welche inkonsistenten und widersprüchlichen Vorschläge gemacht werden, welche Charaktereigenschaften überhaupt benötigt werden. Weniger Aufmerksamkeit[809] ist hingegen auf die relative Effizienz dieser Trainingsmethoden bzw. Personalentwicklkungsmaßnahmen gelegt worden und der Frage, wie man Trainingsmaßnahmen oder auch Lernentwicklungsmodelle „designed" und „leitet", um sicherzustellen, dass es einen Ausbau bzw. weiteren Aufbau des Global Mindsets gibt. Dabei wird ersichtlich, dass es einen großen Mangel an empirischen Studien gibt, die dieses Thema detailliert beleuchten. Nur wenige Beiträge[810] haben sich auf Entwicklungskennzahlen bzw. –maßnahmen zum Aufbau eines Global Mindsets konzentriert.

Der Fokus dieses Kapitels liegt also auf den Einflussfaktoren, welche die Entwicklung und Kultivierung eines individuellen Global Mindsets fördern. Dazu wird zunächst die Rolle der „Pflege" des Global Mindsets dem „Angeborenseins" entgegengestellt und erarbeitet, ob einige Teile des Global Mindsets an der Persönlichkeit des Managers verankert sind. Dies zu beantworten ist grundlegend, um Implikationen zu erarbeiten, ob ein gewisses Verhalten durch das Rekrutieren geeigenter Personen abgedeckt werden kann.

Des Weiteren ist es das Ziel dieses Kapitels die Lernentwicklungsmethoden, die von den Individuen und Organisationen angewandt werden, um ein individuelles Global Mindset zu kultivieren, detailliert herauszufiltern und diese vorzustellen.

Die relative Effizienz dieser Trainingsmaßnahmen bzw. Personalentwicklungs-maßnahmen und personalpolitische Maßnahmen werden ebenfalls beleuchtet. Dieses Kapitel hebt insbesondere hervor, welche Trainingsmaßnahmen, welche Kriterein erfordern und stellt darüber hinaus dar, welche Herausforderungen die Manager gegenüberstehen, damit sie ein effizientes oder effektives Global Mindset bei ihren Mitarbeitern ausbauen können. Im Rahmen dieses Kapitels werden also die folgenden Fragen beantwortet:

---

[807] Vgl. Bird und Osland 2004
[808] Vgl. Osland und Taylor 2001; Arora et al. 2004; Bird und Osland 2004; Boyacigiller et al. 2004; Osland et al. 2006; Ananthram 2008; Beechler und Baltzley 2008
[809] Vgl. Srinivas 1995; Jeannet 2000; Osland und Taylor 2001; Aycan 2001; Boyacigiller et al. 2004; Beechler et al. 2010;
[810] Vgl. Caligiuri und Di Santo 2001; Arora et al. 2004; Bouquet 2005; Dekker et al. 2005; Ananthram 2008

Frage 1: Benötigt es zur Entwicklung eines individuellen Global Mindsets bestimmte angeborene Charaktereigenschaften und wenn ja, was sind die Implikationen für die Unternehmen?

Frage 2: Welche Lernentwicklungsmethoden können Individuen und Organisationen nutzen, um die Entwicklung eines individuellen Global Mindsets zu unterstützen?

Frage 3: Welche Trainingsmethoden bzw. Personalentwicklungsmaßnahmen sind effizienter?

6.2 Entwicklung des individuellen Global Mindsets

Es wird in diesem Kapitel davon ausgegangen, dass das Global Mindset aus beiden - sowohl **entwickelbare** als auch **nicht entwickelbare Komponenten** - besteht.

Wie bereits in Abbildung 5-2 gezeigt, verläuft die Entwicklung eines individuellen Global Mindset S-förmig. Zu einem Zeitpunkt besitzen wir ein gewisses Mindset und wir wissen, wie die Welt funktioniert. Dieses Mindset lenkt uns in der Sammlung und Interpretation von neuen Informationen. Solange wie diese neue Information mit dem derzeitigen Mindset übereinstimmt, bestätigt es das Mindset.[811]

Von Zeit zu Zeit passiert etwas Neues und wir verwerfen die neuartigen Informationen oder wir sind gezwungen wieder zu unserem „Reissbrett" zurückzukehren. Nach einigen Anstrengungen „emergiert" ein neues Mindset und wir beginnen neu zu Lernen und neue Daten innerhalb des Bezugsrahmens zu „assimilieren" bis die nächste Diskrepanz oder Herausforderung uns dazu zwingt, wieder von neuem anzufangen.[812] Eine **Neugier** über die Welt zu besitzen und wie sie funktioniert, erscheint folglich als elementar. Die zuvor erwähnte Perspektive wird insbesondere von Maznevski und Lane[813] unterstützt, die behaupten, dass das Global Mindset durch „Akkomodierung" entwickelt wird und anschließend wieder neu definiert und neu entwickelt wird durch die „Iterationen der Assimilierung und Akkomodierung". **Akkomodierung** bedeutet, dass neue Information dem derzeitigen Schema zuwider läuft und aufgrunddessen muss sich das Mindset verändern. Hingegen bei der **Assimilierung** ist die neue Information konsistent mit dem derzeitigen Mindset und wird somit verinnerlicht, vielleicht auch neu- bzw. umdefiniert.

---

[811] Vgl. Gupta und Govindarajan 2002, S. 116f.; Gupta et al. 2008, S. 138ff.
[812] Vgl. Gupta et al. 2008, S. 138ff.
[813] Vgl. Maznevski und Lane 2003, S. 173

Bird und Osland[814] bieten eine ähnliche Perspektive an, indem sie zwischen „neuartigen" und „Experten" an globalen Manager unterscheiden, und folgernd schließen, daß das Global Mindset durch Erfahrung sich entwickelt bzw. evolviert. **„Neuartige" Manager** beginnen dies durch folgende Regel. Wenn sie praktische Erfahrung sammeln, starten sie, indem sie generelle Muster verstehen und später, wenn sie kompetenter werden, erkennen sie die Komplexität und die größeren Zusammenhänge. Sie sind fähig die Zusammenhänge zu identifizieren, welche besonders wichtig sind und bewegen sich in strikter Befolgung in den Regeln des Gewinnmaximums. Wenn sie den **Expertenlevel** erreicht haben, lesen die Manager Situationen ohne rationale Gedankengänge. Sie diagnostizieren die Situation unbewußt und antworten intuitiv, weil sie über die Jahre hinweg eine ganzheitliche mentale Denkstruktur entwickelt haben, welche es ihnen erlaubt, ein effizientes Umschalten und Anwenden von Strategien und schnelle Anpassungen vorzunehmen.

In jüngster Zeit betont Clapp-Smith[815] zur Entwicklung eines Global Mindsets, das dieses durch einen Prozess der „Neuausrichtung" aus einem kognitiven Referenzpunkt sich entwickelt oder die Weltsicht sich ändert, indem sie meint, dass dies durch **kulturelle induzierte Triggermomente** geschieht. Dies sind Momente, die eine paradoxe Information repräsentieren und die so sehr neu sind, dass es die neue Information mit ihren Annahmen herausfordert, welche wir über die Welt und in der lebenden Menschen verinnerlicht haben. Ein **kultureller Schock** von Führungskräften wird als ein **„trigger moment"** identifiziert, welcher höchstwahrscheinlich zu einer **Bewusstseinsänderung** führt. Clapp-Smith[816] schlägt des Weiteren vor, dass wie ein Individuum zu einer solchen „Dissonanz" reagiert, sehr stark von dem **positiven Psychologieansatz** (positives Denken) abhängt, die bestimmten Events zugeordnet werden. Sie schlägt vor, dass die positive Einstellung notwendig ist, um ein Mindset weiter aufzubauen.

Nimmt man alle Ansätze zusammen, erscheint es eindeutig, das die **Global Mindset-Entwicklung** ein **evolutionärer Ansatz** ist und kontinuierlich natürlich aufgebaut wird.[817] Effektives Lernen ist ein kontinuierlicher „ongoing" Prozess[818] und das Streben nach einem Global Mindset ist eine „nicht-endende" Reise. In dieser komplexen und dynamischen Welt, in der wir Leben, gibt es kein oberes Limit in dem Ausmass, indem einer die Diversität der

---

[814] Vgl. Bird und Osland 2004, S. 58f.
[815] Vgl. Clapp-Smith 2009, S. 12
[816] Vgl. Clapp-Smith 2009, S. 32
[817] Vgl. Kedia und Mukherji 1999, S. 247; Clapp-Smith 2009, S. 96,
[818] Vgl. Maznevski und Lane 2003, S. 174

Welt erfährt und die Verbindungen zwischen diesen Diversitäten herstellt. [819] Gupta et al.[820]fassen diese Bemerkung wie folgt zusammen:

"Cultivating a global mindset at the individual level is a slow process that can take years of learning through experience in multiple cultures."

6.3 Angeboren oder Erworben?

Nachdem zuvor geklärt worden ist, wie das Global Mindset sich über die Zeit entwickelt, stellt sich nun die Frage, ob die Charakteristika überhaupt entwickelt werden können oder ob das Individuum bereits einige Charakteristika besitzen bzw. „innehaben" muss zum Zeitpunkt der Mitarbeiter- bzw. Personaleinstellung.

Eine Vielzahl an Studien821 ist der Auffassung, dass gewisse **angeborene Charakterzüge und Kompetenzen** beim Individuum vorhanden sein müssen, welche zu einem gewissen Ausmass „natürlich" durch die Manager entwickelt wurden und die einen Beitrag zu einer Kultivierung (Aufbaus) des Global Mindsets leisten. Von den Managern und Arbeitnehmern wird erwartet, dass diese die **angeborenen Charakteristika** bereits besitzen, wenn sie in die Organisastion eintreten.822 Angeborene und tiefverwurzelte Persönlichkeitseigenschaften representieren relativ anhaltende Charakteristika, Tendenzen und Temperamente, welche signifikant durch Vererbung oder durch sozio-kulturelle und Umweltbedingungen sich herauskristallisieren. Aufgrund ihrer hartnäckigen „Natur" bzw. Eigenschaft, konnen Persönlichkeitseigenschaften nich einfach verändert werden. 823

Osland und Taylor[824] sind sogar der Meinung, dass **Neugierde und kognitive Komplexität** angeborene Charakteristika sind, die Teil des individuellen Global Mindsets sind, die nicht entwickelt und unterrichtet werden können; währenddessen andere Charakteristika verbessert und entwickelt werden können durch Training bzw. Personalentwicklungsmaßnahmen. Sie behaupten, dass globale Führungskräfte "*…must be born with the openness towards other cultures that makes up cosmopolitanism and the mental capacity to move beyond black-and-white thinking.*"

---

[819] Vgl. Rhinesmith 1993, S. 164; Gupta et al. 2008, S. 138
[820] Vgl. Gupta et al. 2008, S. 143
[821] e.g Estienne 1997; Gregersen et al. 1998; Jeannet 2000; Caligiuri und Di Santo 2001; Osland und Taylor 2001; Gupta und Govindarajan 2002; Bird und Osland 2004; Boyacigiller et al. 2004; Arora et al. 2004; Osland et al. 2006; Beechler und Baltzey 2008; Ananthram 2008
[822] Vgl. Ananthram 2008, S. 41
[823] Vgl. Bird und Osland 2004, S. 71
[824] Vgl. Osland und Taylor 2001, S. 1

Einige andere Autoren[825] unterstützen die Auffassung, das Neugierde, auch bezogen auf Wissenssdurst, Offenheit oder Aufgeschlossenheit wichtige Komponenten von Global Mindset sind und insgesamt als Basis die **Individualpersönlichkeit** ausmachen. Wie auch andere Teile der Persönlichkeit ist Neugierde durch frühkindliche Erfahrung geprägt worden und von daher widerstandsfähiger gegen Veränderung (Beeinflussung) im höheren Alter.[826]

Die Forschungsergebnisse von Caligiuri und Di Santo[827] belegen diese Zusammenhänge empirisch. Deren Studie findet heraus, dass die Persönlichkeitsdimensionen wie Offenheit und Flexibilität nicht entwickelt werden können durch globale Aufgabenstellungen; während andere Dimensionen entwickelt werden können. Die Bedeutung der Charaktereigenschaft Neugierde für die Global Mindset-Entwicklung wird insbesondere hervorgehoben von Gregersen et al.,[828] die behaupten, dass Neugierde die Motivation und die Schmierstoffe in Gang setzt, um durch einen **Bewusstseinsveränderungsprozess** zu gehen.

Gemäß Jeannet[829] gibt es klare Indikatoren, ob Individuen diese **internationale Neugierde** besitzen: z.B. Interesse an ausländischen Prozeduren haben, ohne Anstrengung Kontakt mit Ausländern aufnehmen, Fähigkeit um ausländische Dinge nicht mit der heimischen Umwelt zu vergleichen, Kenntnisse von ausländischer Sprachen und so weiter.

Im Einklang mit der früheren Aussage von Osland und Taylor[830] argumentieren Boyacigiller et al.[831], dass **kognitive Komplexität** eine von den **angeborenen hauptkognitiven Prozessen** darstellt und deshalb ein sehr schwieriges Element darstellt, welches nach einer Manifestation schwierig zu verändern ist. Mit kognitiver Komplexität ist gemeint, die Fähigkeit komplexe Dinge zu sehen und Verbindungen zwischen scheinbar unvereinbaren Stücken herzustellen.

Eine vielfach zitierte Studie von Bird und Osland[832] schlägt vor, dass **vier Persönlichkeitseigenschaften** essentiell für die **Entwicklung des Global Mindset sind**: Diese sind:

- Integrität,
- Bescheidenheit,
- Faszination und
- Widerstandsfähigkeit.

---

[825] Vgl. Estienne 1997; Gregersen et al. 1998; Jeannet 2000; Caligiuri und Di Santo 2001; Gupta und Govindarajan 2002; Beechler und Baltzley 2008
[826] Vgl. Gupta und Govindarajan 2002, S. 120
[827] Vgl. Caligiuri und Di Santo 2001, S. 33
[828] Vgl. Gregersen et al. 1998, S. 23, 29
[829] Vgl. Jeannet 2000, S. 221
[830] Vgl. Osland und Taylor 2001
[831] Vgl. Boyacigiller et al. 2004, S. 84f.
[832] Vgl. Bird und Osland 2004, S. 67ff.

Sie benennen diese Eigenschaften als „**Grenzwerteigenschaften**", weil ohne diese ein globaler Manager nicht über die Zeit erfolgreich sein kann, so wird zumindest angenommen. **Integrität** bedeutet das Festhalten an stringtem ethischen Kode, welches die Basis für Manager ist, um sich Respekt von den Anhängern zu verschaffen. Für globale Manager, bedeutet Intergrität das Handeln mit Konsistenz. **Bescheidenheit** in diesem Kontext bedeutet, das man dem Lernen gegenüber anderen Kulturen und Organisationen „offen" ist und die Bereitschaft mitbringt, Anderen zuzuhören und von diesen zu Lernen. Bescheidenheit, wie auch immer, kann eine passive Offenheit verbunden mit einer inneren Neugier verbunden mit Abenteuerlust und dem Verlangen neue Erfahrungen zu machen und von Anderen zu lernen, sein. Diese Kombination ist, was Bird und Osland[833] **Faszination** nennen. Faszination repräsentiert ein Interesse an dem, was Menschen unterschiedlich und einheitlich macht, eine Neugier über andere Menschen und deren Kulturen. Die letzte Eigenschaft, welche die drei zusasmmenhält ist **Widerstandsfähigkeit**, welches Beständigkeit bedeutet, emotionale Stabilität, und Stressbelastbarkeit. Ohne Widerstandsfähigkeit wird es schwierig die Intergrität zu bewahren, bescheiden zu bleiben und den neugierigen „Spritit" aufrecht zu erhalten.

Gemäß Arora et al.[834] haben auch die **Demographika** wie Geschlecht, Rasse, Alter und soziale Herkunft einen Einfluss auf die Erfahrungen des Individuums und dementsprechend auf seinen und ihren Mindset. Dekker et al.[835] stimmen überein mit dieser Perspekjtive, indem sie annehmen, dass Demographika einen signifikanten Einfluss in der Entwicklung des individuellen Global Mindset ausüben. In änlicher Weise schlägt Srinivas[836] vor, dass einige Kulturen Aspekte haben, die bereitwillig bei der Entwiclung des Global Mindset unterstützend wirken. In einer kürzlich erschienen Studie von Ananthram[837] kommt dieser zu der vorher genannten Erkenntnis, dass das Geschlecht einen Einfluss auf die Intensität des Global Mindset ausübt in dem Beispiel bestehend aus chinesichen und indischen Managern. Die Beurteilung des chinesischen Samples enthüllt, dass weibliche Führungskräfte einen höheren Level in der Globalen Identitätsorientierung aufweisen und darauf schließen lässt, dass sie ein besseres Verständnis von globalen Angelegenheiten ausweisen, als ihre männlichen Kollegen. Arora et al.[838] gelangen zu der Erkenntnis, dass jüngere Menschen globaler orientiert sind, als ihre älteren Mitstreiter. Sie nennen drei soziologische Argumente, die diese Aussage bekräftigen:

1) Jüngere Menschen sind bereiter sich zu verändern.

---

[833] Vgl. Bird und Osland 2004
[834] Vgl. Arora et al. 2004, S. 397
[835] Vgl. Dekker et al. 2008, S. 18
[836] Vgl. Srinivas 1995, S. 42
[837] Vgl. Ananthram 2008, S. 145
[838] Vgl. Arora et al. 2004, S. 404f.

2)   Jüngere Menschen haben niedrigere Level von rigiden („starren"), vorgefassten

Meinungen und

3)   Jüngere Menschen sind der Globalisierung gegenüber aufgeschlossener, als ältere

Menschen.

In ähnlicher Weise finden andere Autoren[839] ebenso heraus, dass die jüngeren Menschen dazu tendieren „neugieriger" und „offener" zu sein, um die Welt zu verstehen und sind dementsprechend „fähiger" ein Globales Mindset in einer kürzeren Zeit zu kultivieren bzw. aufzubauen. Einige wenige Studien[840] kommen zu dem Schluss, dass nicht alle Individuen gleich aus der Erfahrung Lernen und bemerken, dass die **Fähigkeit zu Lernen ein angeborenes Charakteristika** ist, welches in dem Auswahlselektionsprozess von zukünftigen globalen Führungskräften und Angestellten berücksichtigt werden sollte.

Adler und Bartholomew[841] behaupten, dass die Entwicklung von Managern mit einem Global Mindset Manager benötigt, die sowohl Lernen wollen, als auch die Fähigkeiten besitzen, von anderen Menschen und Kulturen schnell und kontinuierlich zu Lernen. Insgesamt herrscht jedoch in der Literatur und bei den Experten Uneinigkeit bei der Frage, welche Persönlichkeitseigenschaften zur Entwicklung eines Global Mindset essentiell sind. Ebenso gibt es kein Übereinkommen, welche Charakteristika tatsächlich entwickelt werden sollten und welche weniger entwickelbar sind.

Vorangehendes soll verdeutlicht haben, dass es wenige empirische Befunde gibt, die sich mit der Entwicklung des Global Mindsets beschäftigen und die klare Vorschläge unterbreiten. Trotz dieser Tatsache stimmen viele Autoren[842] überein, dass das individuelle Global Mindset aus den angeborenen Eigenschaften und Charakteristika besteht, welche über die Zeit entwickelt werden können.

Wie schon bereits an anderer Stelle erwähnt, unterscheidet Ananthram[843] zwischen den individuellen Charakteristika und den organisationalen Charakteristika. Mit **individuellen Charakteristika** sind vor allem angeborene Eigenschaften gemeint, wo erwartet wird, dass die Manager diese besitzen sollten, sobald sie in die Unternehmung eintreten. **Organisatorische Charakteristika** sind gemäß Ananthram[844] Kompetenzen und Fähigkeiten, welche bei den Managern mithilfe von gewissen globalen Trainingsprogrammen und Plänen (Weiterbil-

---

[839] Vgl. Jeannet 2000, S. 221; Gupta et al. 2008, S. 140f.
[840] Vgl. Adler und Bartholomew 1992; Kedia und Mukherji 1999; Suutari 2002
[841] Vgl. Adler und Bartholomew 1992, S. 56
[842] Vgl. Gregeresen et al. 1998; Gupta und Govindarajan 2002; Boyacigiller et al. 2004; Osland et al. 2006; Beechler und Baltzley 2008
[843] Vgl. Ananthram 2008, S. 41f.
[844] Vgl. Ananthram 2008

dungsprogramme) erworben werden können, die von der Organisation gefördert werden. Im Hinblick auf Ananthram bestätigt Arora[845], dass obwohl bestimmte Eigenschaften deren Entwicklung fördern, stellt das **Global Mindset ein erworbenes bzw. anerzogenes** und weniger eine vererbte Eigenschaft dar. Beechler und Baltzley[846] unterstützen diese vorherige Aussage und behaupten, dass viele Elemente des Global Mindset sich langsam über die Zeit entwickeln und dass die Erfahrung neue Situationen integriert, dass jedoch das Talentmanagement bereits bei der Bewerbung beginnt und demensprechend Kandidaten mit gewissem intellektuellem und psychologischen Profil ausgesucht werden müssen. Ebenso betonen dies auch die Praktiker. Basierend auf qualitativen Interviews finden Gregersen et al.[847] die Gemeinsamkeit zwischen den partizipierenden Firmen, dass globale Führungskräfte "...*first born and then made*" sind.

Die Akademiker und Praktiker kommen resultierend demenstrechend zu der Einsicht, dass sowohl **angeborene als auch erworbene Charktereigenschaften** essentiell für die Entwicklung eines individuellen Global Mindsets sind und auch wichtige Implikationen für das Unternehmen haben. Mehrere Autoren[848] heben deutlich hervor, dass der Auswahlprozess und die Förderung von solchen Mitarbeitern wichtig ist, die bereits über die gewünschte Persönlichkeitsstruktur verfügen, und diesem einen kritischen Entscheidungsaspekt für die Organisation darstellt. Die respektiven Eigenschaften müssen in der Organisation vorhanden sein.[849]. Empirische Befunde wie die Ergebnisse von Ananthram[850]. belegen, dass das HRM und die Personalentwicklungsabteilungen Grundsätze zum Rekrutieren und Auswählen bereitstellen muss, um die erforderlichern Kenntnisse zu entwickeln.

Osland und Taylor[851] schlagen des Weiteren vor, dass Organisation ebenso nach gewissen Schwellenwerten in den anderen Kompetenzen schauen: solche die entwickelt werden können und dann sicherzustellen, dass die ausgewählten Individuen das notwendige Weiterbildungsprogramm erhalten.

Boyacigiller et al.[852] empfiehlt Unternehmen den Einsatz von Assessment Centern und den Einsatz von verschiedenen Übungen, um herauszufinden, ob der Kandidat die Charakreigenschaften besitzt, um ein Global Mindset überhaupt zu entwickeln. Wie auch immer, der Aus-

---

[845] Vgl. Arora 2004, S. 409
[846] Vgl. Beechler und Baltzley 2008a, S. 45
[847] Vgl. Gregersen et al. 1998, S. 28
[848] Vgl. Bartlett und Ghoshal 1990, S. 142; Gupta und Govinadarjan 2002, S. 120; Osland et al. 2006, S: 211; Ananthram 2008, S.159
[849] Vgl. Gupta und Govindarajan 2002b, S. 140f.
[850] Vgl. Ananthram 2008, S. 159
[851] Vgl. Osland und Taylor 2001, S. 1f.
[852] Vgl. Boyacigiller et al. 2004, S. 84

wahlprozess und die Einschätzung sind ein erster Teil, in dem „Schaffen" von Managern und Angestellten mit einem Global Mindset.[853] Sogar Individuen mit Potenzial brauchen gute Entwicklungsmöglichkeiten.[854] Kontinuierliches Training der ausgewählten Manager und Arbeitnehmer ist von daher definitiv wichtig.[855]

6.4 Lernentwicklungsmaßnahmen

In der Tat gibt es in der Literatur substantielle Argumente, wie das Global Mindset kultiviert und gefördert werden kann.[856] Maznevski und Lane[857] argumentieren, dass es nicht möglich ist, ein Global Mindset zu „lehren", aber es kann sicherlich angelernt bzw. erlernt bzw. erworben werden. Eine Vielzahl an Forschern[858] haben die Bedeutung der Unternehmenspraxis hervorgehoben und zwar in der Gestaltung des Global Mindset von individuellen Managern. Gemäß Rhinesmith[859] ziehen alle globalen Unternehmen den Schluss, dass ohne eine integrierte und tatkräftige Human Resource Funktion - wo ein bestimmtes Mindset notwendig ist, um die neue Geschäftskomplexität zu managen - entwickelt werden muss, damit die Organisation nicht „Schiffsbruch" erleidet. Wie auch immer, Global Mindset-Entwicklung betrifft jedoch nicht nur Unternehmen.

Es ist eine zweiseitig befahrbare Strasse, in welcher beide sowohl Manager als auch Organisation Hand in Hand zusammen arbeiten sollten.[860]

Durch einen **multidimensionalen Ansatz**, der verschiedene Lern- und Entwicklungsmethoden kombiniert, indem sorgfältig die Organisation und das Individuum betrachtet werden, wird insbesondere von einigen Autoren vorgeschlagen, dass dieser der **effektivste Weg** ist, um individuelle Global Mindsets zu entwickeln.[861] . In den beiden nachfolgenden Unterkapiteln 6.4.1 und Kapitel 6.4.2 werden Global Mindset- Entwicklungsmaßnahmen und Entwicklungsmethoden sowohl auf Individualebene, als auch Organisationsebene[862] herausgearbeitet.

---

[853] Vgl. Rhinesmith 1993, S. 172
[854] Vgl. Gregersen et al. 1998, S. 28
[855] Vgl. Ananthram 2008, S. 159
[856] Vgl. Ananthram 2008, S. 30
[857] Vgl. Maznevski und Lane 2003, S. 171
[858] Vgl.; Jeannet 2000; Gupta und Govindarajan 2002; Bouquet 2005; Ananthram 2008
[859] Vgl. Rhinesmith 1993, S. 168
[860] Vgl. Cohen 2010, S. 9
[861] Vgl. Rhinesmith 1993, S.169; Osland und Taylor 2001; Cohen 2010, S.8
[862] Vgl. zu **organisationalen Traingsmaßnahmen bzw. Organisationsentwicklungsmaßnahmen** auch Kapitel 7.

6.4.1 Individuelle Aneignung des Global Mindsets als Grundvoraussetzung

Im Folgenden werden **Globale Mindset Kultivierungs- bzw. Aneignungsmethoden für Individuen** vorgestellt. Abbildung 6-1 vermittelt einen Überblick über Trainingsmethoden, die beim Individuum ansetzen, um ein Global Mindset zu kultivieren und zeigt die relevanten Autoren auf.

Trainingsmethoden für Individuen	Basisliteratur
a) Kultivierung des Selbstbewusst- seins/ Praxis der voranschreiten- den Entwicklung	Cohen, 2010; Gupta et al.; Gupta & Go- vindarajan, 2002; Matznevski & Lane, 2003
b) Artikulierung von Selbstbewuss- tsein und anderen Bewusstseins	Boyacigiller et al., 2004; Maznevski & Lane, 2003
c) Wertschätzung und Verständnis der eigenen Kultur	Solomon & Schell, 2009; Srinivas, 1995; Rhinesmith, 1993
d) Lebenslanges Lernen	Beechler et al., 2010; Solomon & Schell, 2009; Rhinesmith, 1995, 1993
e) Teilnahme an formeller Bildung	Ananthram, 2008; Gupta et al., 2008); Arora et al., 2004; Maznevski & Lane, 2003; Gupta & Govindarajan, 2002
f) Eigeninitiativische Weiterbildung	Cohen, 2010; Bouquet, 2005; Arora et al., 2004; Rhinesmith, 1995, 1993
g) Interaktionen mit Anderen	Cohen, 2010; Clapp-Smith & Hughes, 2007; Bouquet, 2005
h) Reisebereitschaft	Dekker et al., 2008; Maznevski & Lane, 2003; Gregersen et al., 1998

Abb. 6-1: Trainingsmethoden für Individuen

Es sind hierbei acht verschiedene Trainingsentwicklungen identifiziert worden.

a) Kultivierung des Selbstbewusstseins/ Praxis der voranschreitenden Entwicklung:
Ein wichtiger Schritt beim Entwickeln des Global Mindset beim Individuum ist die Kultivierung des Selbstbewusstseins über das eigene Mindset. Desto expliziter eine Person selbstbewußt über das derzeitige Mindset ist, desto höher ist die Wahrscheinlichkeit, das das Mindset eine Änderung vollzieht. Desto versteckter und unbewußter unsere kognitiven Filter sind,

desto größer ist die Wahrscheinlichkeit der Rigidität („Starrheit").[863] Die selbstbewußte Artikulierung betrifft das Identifizieren und das Herausarbeiten von Aspekten des eigenen Blickwinkels, welche als selbstverständlich gelten. Des Weiteren muss das Akzeptieren der Feststellung vorhanden sein, das der eigene Blick nur einer von vielen „alternativen Interpretationen" darstellt. Der Gedankenprozess hinter dieser Artikulierung (des derzeitigen Mindsets) erhöht signifikant die Wahrscheinlichkeit des neuen Lernens oder in anderen Worten: das Entwickeln eines neuen Mindsets.

Wie auch immer, das Beschreiben des eigenen Mindsets ist zumeist ungewöhnlich und schwierig, weil es ja einfach als „gegeben" angesehen wird.[864]

In Übereinstimmung mit den vorherigen Studien betont Cohen[865] die Kultivierung des Selbstbewusstseins anhand des derzeitigen Level des Mindsets und nennt diesen Prozess "**Auseinandersetzung**". Nach seiner Ansicht müssen Manager herausfinden, wo sie sind, um ihre Entwicklungsmöglichkeiten und relativen Defizite zu lokalisieren. Gemäß Gupta et al.[866] gibt es zwei Ansätze um Selbstbewusstsein zu kultivieren: das direkte Abbilden und das indirekte vergleichbare Abbilden.

Beim **direkten Abbilden** artikulieren die Manager ihre Werte über ein bestimmtes Thema oder Domäne (z.B. was ist meine Wertvorstellung betreffend der Struktur über den PC Markt in Europa?) Das **indirekte vergleichbare Abbilden** („comparative mapping") auf der anderen Seite verlangt eine Überprüfung, wie verschiedene Menschen oder Unternehmen dieselbe Realität interpretieren. Beim Vergleichen dieser beiden Ansätze wird klar, dass das indirekte vergleichende Abbilden effektiver ist, weil es auf der Voraussetzung basiert, dass jedes Mindset nur eine von vielen Möglichkeiten darstellt und dadurch hilft, die zumeist **verborgenen kognitiven Landkarten** aufzudecken.[867] Mit einer ähnlichen Perspektive betonen Maznevski und Lane[868] das Individuen lernen mussen, dass ein Global Mindset kontinuierlich erneuert wird durch eingehende (neue) Informationen. Managers müssen ab er auch sich persönlich weiterentwickeln, damit sie besser in dem Erkennen und weniger in dem Ignorieren von Informationen ausgebildet werden, welches ihre derzeitigen Mindsets mit Unbehagen versorgt. Um ein Global Mindset zu entwickeln, müssen Individuen ihre eigenen Annahmen („assumptions") betrachten, diese in Frage stellen und diese in einen größeren

---

[863] Vgl. Rhinesmith 1993, S. 192; Gupta und Govindarajan 2002, S. 117
[864] Vgl. Maznevski und Lane 2003, S. 177; Gupta et al. 2008, S. 141
[865] Vgl. Cohen 2010, S. 8
[866] Vgl. Gupta et al. 2008, S. 141
[867] Vgl. Gupta et al. 2008, S. 141f.
[868] Vgl. Maznevski und Lane 2003, S. 181

Zusammenhang bringen.[869] Der Schritt der Erkenntnis, dass man sich umorientieren muss, ist jedoch der Schwierigste.[870]

b) Artikulierung von Selbstbewusstsein und anderen Bewusstseins

Eine nützliche Struktur für die Initialentwicklung eines individuellen Global Mindset wird von Maznevski und Lane behandelt[871], welches in nachfolgender Tabelle illustriert wird. Das Modell illustriert, dass der kritische Punkt in dem Entwickeln des Global Mindset darin besteht, Selbstbewusstsein und andere Bewusstseins zu erreichen. Im Spezifischen werden den Individuen die Beziehungen und Zusammenhänge zwischen dem Kontext, Institutionen, Kulturen und Professionen bewußter und die Charakteristika von einem selber und von Anderen werden klarer. Manager müssen sich selbst und Andere als Individuen und als Mitglieder von gemeinschaftlichen Einheiten sehen und akzeptieren und dabei die Erkenntnisse bzw. Einsichten über Individuen und soziale Verhalten und Perspektiven generieren. Im Einklang mit dieser Perspektive, stellt Boyacigiller et al.[872] fest, dass die Entwicklung des Global Mindsets ein voranschreitender Prozess ist, welcher auf die Artikulierung der Einsicht bzw. Erkenntnis und anderen Bewusstseinsebenen aufbaut.

	Individuell	**Organisationell**
Selbst	Typ 1: Ich Mich selbst verstehen und wer ich bin wird assoziiert mit dem Kontext in dem ich mich befinde.	Typ 1: Eigene Organisation Verstehen der eigenen Organisationen wie ihre Charakteristika und Effektivität mit dem Kontext in dem wir uns befinden assoziiert werden.
Andere	Typ 1: Andere Verstehen wie Charakteristika von Personen anderer Länder, Kulturen und Zusammenhänge mit dem Kontext in dem sie sich befinden assoziert werden.	Typ 1: Andere Organisationen Verstehen wie Charakteristika und Effektivität Organisationen von anderen Ländern, Kulturen und Zusammenhängen mit dem Kontext in denen sie sich befinden assoziiert werden

Abb. 6-2: Organisierende Struktur für die Entwicklung eines Global Mindsets[873]

---

[869] Vgl. Maznevski und Lane 2003, S. 182
[870] Vgl. Srinivas 1995, S. 37
[871] Vgl. Maznevski und Lane 2003, S. 172f.
[872] Vgl. Boyacigiller et al. 2004, S. 87
[873] Vgl. Maznevski und Lane 2003, S. 173

c) Wertschätzung und Verständnis der eigenen Kultur

Individuelle Global Mindsets streben ebenso nach konsistentem und selbstsicheren Verhalten. Selbstvertrauen ist essentiell für die Initiierung von ausländischen Geschäftsgepflogenheiten. Wie auch immer, dieses Selbstvertrauen benötigt ein beständiges Verankern in die eigenen Werte und Glaubensgrundsätze. Vor diesem Hintergrund müssen Individuen, die dazu bestrebt sind ein Global Mindset zu kultivieren, zunächst ein gutes Verständnis und die Wertschätzung der eigenen Kultur und Institution aufweisen.[874] Darüber hinaus ist die Wertschätzung, dass wir alle ein Produkt unserer Werte und Hintergründe sind, nicht außer Acht zu lassen.[875]

d) Lebenslanges Lernen

In jüngster Zeit bekräftigen Beechler et al.[876] das die Lernagilität von Managern und Angestellten als eine wichtige Bedingung in der Entwicklung des Global Mindsets darstellt. Manager müssen neue Wege finden in schwierigen Situationen sich richtig zu verhalten und ständig neu zu experimentieren und neu zu Lernen. Ebenso unterstreichen Solomon und Schell[877] und Rhinesmith[878], dass das lebenslange Lernen als kritisch in der Entwicklung des Global Mindsets angesehen werden muss. Kontinierliche Lerner nehmen die Flut an Informationen und Erfahrungen in sich auf, indem sie ihr Verständnis über die Welt erhöhen. Das Anerkennen, das das persönliche und organisationale Lernen ein lebenslanger Prozess darstellt, ist eine Grundvoraussetzung, um Global Mindsets überhaupt zu entwickeln.[879]

e) Teilnahme an formeller Bildung

Gemäß Gupta et al.[880] kann formelle Bildung in Form von Selbststudiumskursen, Universitätslehrgängen oder durch in der Unternehmung angebotenen Seminaren und Entwicklungsprogrammen an der Formierung eines individuellen Global Mindsets beitragen. Bspw. die Studie von Arora et al.[881] liefert empirische Belege, dass je höher der Level an formeller Bildung ist, desto globaler ausgerichtet sind die Manager in ihrem Denken.

---

[874] Vgl. Rhinesmith 1993, S. 182 und Srinivas 1995, S. 39
[875] Vgl. Solomon und Schell 2009, S. 228
[876] Vgl. Beechler et al. 2010, S. 24
[877] Vgl. Solomon und Schell 2009, S. 234
[878] Vgl. Rhinesmith 1995, S. 42
[879] Vgl. Rhinesmith 1993, S. 196
[880] Vgl. Gupta et al. 2008, S. 143
[881] Vgl. Arora et al. 2004, S. 405

In ähnlicher Weise weist Ananthram[882] auf den positiven Effekt von Ausbildung auf die Bildung eines Global Mindsets hin. Maznevski und Lane[883] stellen fest, dass die formelle Bildung zur Entwicklung des **Systemdenkens** beiträgt. Das Bilden von Denkkategorien, das Entwickeln von Querverbindungen und Generalisierungen, das Erkennen von Zusammenhängen zwischen individuellen Komponenten und das Verstehen des Ganzen sind wichtig in der Kultivierung des individuellen Global Mindsets. Vorgeschlagene Übungen beinhalten bspw. diskutierende Fragen und Aufgabenerfüllungen, welche dazu beitragen, dass Studenten eigene Entwicklungsverbindungen und Perspektiven herstellen, die diese dazu zwingen, über den Tellerrand mit ihrem Denken zu schauen. Gupta und Govindarajan[884] lenken hingegen ihre Aufmerksamkeit mehr auf den Zusatznutzen der Teilnahme an **Inhouse Schulungen**. Hier wird das Lernen an verschiedenen Ebenen ermöglicht, nicht nur im Klassenraum, sondern vor allem durch Interaktionen mit Kollegen aus anderen Ländern.

f) EigeninitiativischeWeiterbildung

Wie einige Studien[885] belegen, erweitern Manager ihr Mindset weiter durch **proaktives Tun,** um sich selber weiterzuentwickeln und um ihre globalen Fähigkeiten zu verbessern. Ebenso versuchen sie das externe Geschäftsumfeld besser zu verstehen und sind weniger selbstzufrieden mit ihrem derzeitigen Wissenstand und der Beschaffenheit des Jobs. Eigeninitiativische Weiterbildung und die Entwicklung von interkulturellen Fähigkeiten ist wichtig und darf nicht unterschätzt werden.[886] Ein Weg eigeninitiavischer Weiterbildung ist das Lesen von Zeitungen und Magazinen, welche verschiedene Perspektiven der Welt reflektieren. Ein anderer Weg ist das Teilnehmen an international orientierten Seminaren, Workshops oder Konferenzen, um das Ausmass von internationalem Denken auszubauen.[887] Dazu zählen zum Beispiel das aktive „Scannen" von ausländischen Wechselkursen und das Betrachten andere Länder. Ländergegebenheiten zu durchleuchten und die generelle Wachsamkeit auf alle äußeren Ereignisse zu legen - welche Implikationen auf das Netzwerk eines Unternehmens einnehmen, kann auch eine Form der eigeninitiavistischen Weiterbildung sein.[888] Das **proaktive Lernen** einer neuen Sprache und neugierig sein über Kunden in fremden Ländern, die Teilnahme an diversen Meetings wenn möglich oder das Eintauchen in anderen Kulturen durch

---

[882] Vgl. Ananthram 2008, S. 148
[883] Vgl. Maznevski und Lane 2003, S. 176ff.
[884] Vgl. Gupta und Govindarajan 2002, S. 121f.
[885] Vgl. Rhinesmith 1993, 1995; Arora et al. 2004; Bouquet 2005; Cohen 2010
[886] Vgl. Arora et al. 2004, S. 409
[887] Vgl. Rhinesmith 1993, S. 196 und Rhinesmith 1995, S. 42
[888] Vgl. Bouquet 2005, S. 43f.

das Leben oder Besuchen dieser Länder hilft ebenso in der Kultivierung des individuellen Global Mindsets.[889]

g) Interaktionen mit Anderen

Eine andere wichtige Sache, die Individuen tun können, um ein global Mindset sich anzueignen, ist das Lernen aus Erfahrung, obwohl dieses die Teilnahme in sog. „Task Forces" von Start-ups oder Interaktionen mit Chefs, Mentoren und weiteren Vorgesetzen nach sich zieht.[890] Globale Manager müssen sich engagieren in dem Kommunikationsaustausch mit wichtigen weltweiten Akteuren wie bspw. Überseemanager, Überseekunden, Wettbewerbern oder Regierungsoffiziellen, um insbesondere Informationen aus erster Hand und wichtigen Angelegenheiten zu bekommen.[891]

h) Reisebereitschaft

In ihrer Studie erwähnen Gregersen et al.[892] das Reisen als eine Grundvoraussetzung, um das Global Mindset zu kultivieren. Um effizient zu sein bedeutet das Reisen inmitten des Landes zu sein, deren Kultur, Ökonomie, politischen System, Markt und so weiter kennenzulernen, anstatt in einem Cokoon isoliert zu sein in einem westlich-orientierten Hotel, mit Auto einem Fahrer und anderen Luxus. Das Ziel ist es die andere Kultur „direkt" zu erfahren und in ihr zu agieren. [893] Interviewte in einer Studie von Dekker et al.[894] erwähnten insbesondere, dass „Nicht-Arbeitserfahrung" solche wie das Leben in einer ausländischen lokalen Gemeinschaft, das Besuchen von sozialen Events und Freunde haben mit anderem kulturellen Hintergrund, eine wichtige Rolle in der Entwicklung eines individuellen Global Mindset spielt.

6.4.2 Organisatorische Trainingmethoden, die beim Individuum ansetzen[895]

Die meisten Autoren stimmen zu, dass das **Organisationsklima** die Global Mindset-Entwicklung fördert oder hindert. [896] Die Entwicklung von global kompetenten Managern mit einem geeigneten Mindset hängen dementsprechend stark von der Unternehmnensfähigkeit ab, ein **Globales Human Resource System** zu designen und aufzubauen.[897]. Globale Human

---

[889] Vgl. Cohen 2010, S. 9
[890] Vgl. Cohen 2010, S. 9
[891] Vgl. Bouquet 2005, S. 44
[892] Vgl. Gregersen et al. 1998, S. 29
[893] Vgl. Maznevski und Lane 2003, S. 179
[894] Vgl. Dekker et al. 2008, S. 17
[895] Vgl. Hierzu auch **Kapitel 7 über Organisationsentwicklungsmaßnahmen.**
[896] Vgl. Clapp-Smith und Hughes 2007, S. 103
[897] Vgl. Adler und Bartholomew 1992, S. 53 und Bouquet 2005, S. 105

Resource Systeme sind solche, die rekrutieren, entwickeln, bewahren und Manager ausschöpfen und diese dann einstellen, welche global kompetent sind. [898]

Im Einklang mit dieser Aussage behauptet Ananthram[899], dass Organisationen unbedingt *"...develop measures to ensure that managers and employees across all levels cultivate and nurture a global mindset that fosters global thinking and the appreciation of the benefits of globalization."*Seine Studie enthält vor allem empirische Belege, dass die Wichtigkeit des Human Resource Management und der Personalentwicklung die organisationalen Initiativen stark beeinflusst. Beide sowohl die indische als auch die chinesische Stichprobe ergab einen hohen Wichtigkeitsgrad in Bezug zu Menschen und ihrer Instandhaltung und Pflege des Global Mindsets, als ein kritisches organisatorisches Werkzeug gegenüber global ökonomischem Erfolg.[900] Die verschiedenen Trainingsmaße und Entwicklungsmasse, welcher in der Literatur erwähnt und bewertet werden, sind in Abbildung 6-3 aufgelistet.

Individual	Organisationell
a) Interkulturelles Training	Solomon & Schell, 2009; Beechler & Baltzley, 2008; Bouquet, 2005; Arora et al., 2004, Suutari, 2002; Osland & Taylor, 2001; Osland, 2001; Jeannet, 2000; Gregersen et al., 1998; Estienne, 1997; Rhinesmith, 1993; Adler & Bartholomew, 1992
b) Multikulturelle Teams und Projekte	Ananthram, 2008; Beechler & Baltzley, 2008; Gupta et al., 2008; Bouquet, 2005; Suutari, 2002; Osland, 2001; Jeannet, 2000; Gregersen et al., 1998
c) Internationale Aufgabenstellungen („international assignments") und Auswanderung	Solomon & Schell, 2009; Ananthram, 2008; Beechler & Baltzley, 2008; Dekker et al., 2008; Gupta et al., 2008; Bouquet, 2005; Arora et al., 2004; Aycan, 2001; Caligiuri & Di Santo, 2001; Osland, 2001; Jeannet, 2000; Gregersen et al., 1998; Rhinesmith, 1993; Adler & Bartholomew, 1992
d) Bereitstellen von Mentoren und Coaches	Beechler et al., 2010; Beechler & Baltzley, 2008; Arora et al.,2004

[898] Vgl. Adler und Bartholomew 1992, S. 56
[899] Vgl. Ananthram 2008, S. 152
[900] Vgl. Ananthram 2008, S. 126, 132

e) Systematischer Arbeitsplatzwechsel/ „Job rotation"	Gupta et al., 2008; Bouquet, 2005; Jeannet, 2000
f) Internationale gemeinsame Treffen	Gupta et al., 2008; Bouquet, 2005; Suutari, 2002; Jeannet, 2000
g) Globale Stellenbezeichnung/Mandate	Ananthram, 2008; Bouquet, 2005; Jeannet, 2000
h) Internationale Assessment Center	Osland & Taylor, 2001; Stahl, 2001
i) Selbstbewusstseins-Training	Gupta et al., 2008; Rhinesmith, 1993
j) Platz und Raum für Reflexion	Beechler et al., 2010; Beechler & Baltzley, 2008; Clapp-Smith & Hughes, 2007; Maznevski & Lane, 2003
k) Positive Einstellung und positive Lernansätze	Beechler et al., 2008; Clapp-Smith & Hughes, 2007; Jeannet, 2000
l) Symbolische Anreize	Bouquet, 2005
m) Geschäftsreisen	Arora et al., 2004; Osland, 2001
n) Wiedereingliederung bzw. „Impatriation"	Suutari, 2002

Abb. 6-3: Trainingsentwicklung für Individuen

a) Interkulturelle Trainings

Interkulturelles Training und Entwicklungsmethoden sind die zumeist erwähnten Entwicklungsmethoden, die vom Unternehmen angewendet werden, um bei den Managern Global Mindsets zu kultivieren bzw. zu fördern.[901] Diese Trainings bringen vor allem Wissen über andere Kulturen zum Ausdruck und bewerten Annahmen, die den hiesigen Businessgepflogenheiten unterliegen. [902] Die Bedeutung dieser Trainings wird besonders durch die empirischen Ergebnisse von Arora et al. hervorgehoben. Sie finden heraus, dass Manager die an **Internationalem Managementtraining** teilnehmen weitaus globaler orientiert sind, als solche die kein Training bekommen haben.[903] Vom Prinzip her können interkulturelle Trainings sowohl „intern" als auch „extern" organisiert sein, mit beiden Anwendungen, die ihre Vor- und Nachteile haben. Während **interne Programme** vor allem das Lernen auf die Organisati-

---

[901] Vgl. Adler und Bartholomew 1992; Rhinesmith 1993; Gregersen et al. 1998; Jeannet 2000; Osland und Taylor 2001; Osland 2001; Arora et al. 2004; Bouquet 2005; Beechler und Baltzley 2008; Solomon und Schell 2009
[902] Vgl. Estienne 1997, S. 15
[903] Vgl. Arora et al 2004, S. 405

on beziehen, erscheinen **externe Programme** vor allem dann sinnvoll, wenn die internen Trainer nicht gut genug ausgebildet sind.[904] Gregersen et al.[905] heben besonders hervor, dass internationale Trainingsprogramme besonders die Global Mindset-Entwicklung fördern, wenn sie an bestimmte „Attribute" geküpft sind, die da sind: Lernverhaltenskomponenten, das Beteiligen von Menschen von den Auslandsniederlassungen und das Erklären bzw. Öffentlichmachen der internationalen Strategie, Change Managment, interkulturelle Kommunikation und mit Unsicherheit umzugehen und so weiter.

Idealerweise basieren solche Trainingsprogramme auf dem Weltklassestandard, fördern globales Denken durch Diskussionen und sind geplant und werden durchgeführt innerhalb von **multikulturellen Teams**.[906] Globale Trainingsprogramme können nicht in einer Kultur geplant werden und einfach an andere Orte hin „exportiert" bzw. übertragen werden[907] Das funktioniert nicht. Solomon und Schell[908] argumentieren, dass jeder in globalen Organisationen **kulturelle Trainings** braucht. Im Speziellen sprechen sie von **online Kulturkursen** als die effizientesten Wege, um die gesamte Belegschaft zu erreichen, weil diese zu jeder Zeit online verfügbar sind. Lernprogramme, die Online Werkzeuge mit face-to-face Lerneinheiten kombinieren, erscheinen effektiver zu sein, weil sie den Prozess anreichern und verschiedene Lernstile zu vereinbaren vermögen.

b) Multi-kulturelle Teams und Projekte

Die Organisation von multi-kulturellen und interkulturellen Teams und Projekte ist auch eine sehr starke Organisationstrainingsmassnahme, um individuelle Globale Mindset zu kultivieren.[909] Das Errichten von Teams, in welcher die Individuen verschiedene Hintergründe und Perspektiven in der Zusammenarbeit aufweisen, ermöglicht Managern internationale Erfahrungen und interkulturelle Interaktionsfähigkeiten zu entwickeln. Gegensätzliche Blickwinkel und Werte helfen höchstwahrscheinlich den Teammitgliedern globaler zu denken und ein Global Mindset zu entwickeln.[910] Das „Fördern" des Teams sich regelmäßig in Face-to-Face-Meetings in verschiedenen organisationalen Einheiten zu treffen und das Planen von Kulturausflügen und Networkingmöglichkeiten in den Meetings fördert des Weiteren die Effi-

---

[904] Vgl. Suutari 2002, S. 228
[905] Vgl. Gregersen et al. 1998, S. 30
[906] Vgl. Adler und Bartholomew 1992, S. 59; Jeannet 2000, S. 220
[907] Vgl. Adler und Bartholomew 1992, S. 59
[908] Vgl. Solomon und Schell 2009, S. 286
[909] Vgl. Gregersen et al. 1998; Jeannet 2000; Osland 2001; Suutari 2002; Bouquet 2005; Ananthram 2008; Beechler und Baltzley 2008; Gupta et al. 2008
[910] Vgl. Gregersen et al. 1998, S. 30

zienz.[911] Als eine Spezialform von internationalen Teams nehmen einige Autoren **Aktionslerngruppengemeinschaften, Projekte** oder sog. **Task Forces** ins Visier.[912] Diese beinhalten das Formieren eines multi-kulturellen Teams mit einer spezifischen Zielsetzung, welche innerhalb einer bestimmten Zeit erledigt werden muss und welche eine Bedeutung für das gesamte Geschäft hat. Das Ziel solcher Projekte ist es, die Teilnehmer herauszufordern, um über ihren derzeitigen Job hinweg nachzudenken und sich auf die zukünftigen Herausforderungen, die dieser (internationale) Job mit sich bringt, bewusst zu werden.[913]

c) Internationale Aufgabenstellungen („international assignments") und Auswanderung

Die meisten Studien und Autoren kommen mit Abstand zu dem Ergebnis, dass **internationale Aufgabenstellungen**[914] von unterschiedlichen Längen und besonders Auswandereraufgabenstellungen als machtvolle Organisationstrainingsmaßnahmen in der Global Mindset-Entwicklung darstellen. Adler und Bartholomew[915] behaupten sogar, das ausländische Aufgabenerfüllungen eine Kernkomponente des organisatorischen Karriereentwicklungsprozesses sind. In einer durchgeführten Studie von Arora et al.[916] bestärken sie die Aussage, dass **internationales (sich) Kennenlernen** die Global Mindset-Entwicklung vereinfacht. Interviewte Manager, die im Ausland gelebt oder im Ausland gearbeitet haben oder ein Familienmitglied einer ausländischen Herkunft haben, sind annahmegemäß globaler orientiert, als solche die diese Erfahrung nicht gemacht haben. In Gegensatz zu den Erkenntnissen von Arora et al.[917] findet Ananthram[918] in seiner Studie keine Bestätigung zwischen dem Ausmass der internationalen Erfahrung und der Global Mindset-Entwicklung in seiner Stichprobe.

Auswanderung wird als besonders hilfreich angesehen, weil es Managern die Möglichkeit bietet, ihre interkulturelle Kommunikation, Konfliktlösungen, Verhandlungsfähigkeiten, Networking und Coachingfähigkeiten zu entfalten. Diese interkulturelle Erfahrung bereitet Manager vor, mit Unsicherheit umzugehen und um insbesondere manigfaltige Perspektiven miteinander integrieren zu können.[919]

---

[911] Vgl. Suutari 2002, S. 228
[912] Vgl. Jeannet 2000, S. 225; Suutari 2002, S. 228,
[913] Vgl. Suutari 2002, S. 228
[914] Vgl. Adler und Bartholomew 1992; Rhinesmith 1993; Gregersen et al. 1998; Aycan 2001; Caligiuri und Di Santo 2001, S.33; Osland 2001, S.137; Arora et al. 2004, S.406; Bouquet 2005, S.105; Beechler und Baltzley 2008a, S.44; Dekker et al. 2008, S.15; Gupta et al. 2008; Solomon und Schell 2009, S.317f.
[915] Vgl. Adler und Bartholomew 1992, S. 60
[916] Vgl. Arora et al. 2004, S. 405
[917] Vgl. Arora et al. 2004
[918] Vgl. Ananthram 2008, S. 111
[919] Vgl. Aycan 2001, S. 128ff.

d) Bereitstellen von Mentoren and Coaches

Organisationen entwickeln auch das Global Mindset, indem sie Zugang zu international erfahrenen Mentoren und Coaches innerhalb der Organisation zur Verfügung stellen.[920] Ein Mentor oder Coach belichtet, enthüllt und fordert das mentale Modell des Managers heraus und unterstützt dieses mentale Modell, indem es auf neue Denkwege und Verhalten hinweist, diese neu auszuprobieren und auszutesten.[921]

e) Systematischer Arbeitsplatzwechsel/ „Job rotation"

Systematischer Arbeitsplatzwechsel über geographische Regionen, Geschäftseinheiten und Funktionen hinweg sind auch machtvolle Werkzeuge, um das Global Mindset von Managern und Mitarbeitern zu gestalten.[922] Solche Rotationen haben lange Zeit als ein effektiver Mechanismus gewirkt, um Bewusstsein über Kenntnisse über verschiedene Kulturen und Märkte zu erlangen. Wenn diese zielgerecht geplant werden, helfen diese, die Fähigkeit die Diversitäten miteinander zu integrieren, zu kultivieren[923]

f) Internationale gemeinsame Treffen

Das Schaffen von internationalen gemeinsamen Treffen und Forums ist eine häufig vorgeschlagene organisationale Trainingsmethode.[924] Organisationen fördern die Global Mindset-Entwicklung durch Meetings, indem sie sicherstellen, dass Teilnehmer unterschiedlicher Kulturen und Nationen an unterschiedlichen Orten und durch standig wechselnde Treffpunktsorte in anderen Ländern zusammenkommen.[925] Moderne Technologien wie bspw. die Videokonferenz und e-mail ermöglichen dem Unternehmen zwar Einsparungen in diesem Zusammenhang, aber virtuelle Teilnahme an Meetings ist ebenso möglich.[926] Befragte in einer Untersuchung von Bouquet[927] erwähnen **Aufsichtsratstreffen** als eine bedeutende Form, um Global Mindset auf höheren Ebenen in der Organisationshierarchie zu kultivieren. Die intensive Auseinandersetzung über globale Themen, das Rotieren der Treffen über Landesgrenzen hinweg und die Einladung von internationalen Sprechern wird als wichtige Komponente von solchen Meetings erachtet.

---

[920] Vgl. Bouquet 2005, S. 105; Beechler und Baltzley 2008a, S. 44
[921] Vgl. Beechler et al. 2010, S. 28
[922] Vgl. Jeannet 2000, S.220; Bouquet 2005, S.105; Gupta et al. 2008, S.149
[923] Vgl. Gupta et al. 2008, S. 149f.
[924] Vgl. Suutari 2002, S. 226
[925] Vgl. Jeannet 2000, S. 222; Gupta et al. 2008, S. 144
[926] Vgl. Jeannet 2000, S. 222
[927] Vgl. Bouquet 2005, S. 46f.

g) Globale Stellenbezeichnung / Mandate

Das Formulieren von globalen Stellenbezeichnungen/ Mandate auf allen Ebenen der Organisation hilft ebenso bei der Entwicklung eines individuellen Global Mindsets.[928] Das Ziel ist die zweckmäßige Stellenbesetzung von zukünftigen Managern und Angestellten in der Organisation. Insbesondere globale Stellenausschreibungen und Verantwortlichkeiten sollen sicherstellen, dass Manager die Akquisition und Aufrechterhaltung der globalen Perspektive als ihre Aufgabe ansehen, welche sich als ein wichtiger Bestandteil von Stellenanforderungen abzeichnet.[929] Globale Mandate sind besonders für Manager am Anfang ihrer Karriere geeignet, so dass sie dann später schon bereits Erfahrungen an internationalen/ globalen Aufgabenstellungen gesammelt haben.[930]

h) Internationale Assessment Centers

Internationale Assessment Center sind sowohl in der Potentialanalyse für Global Mindset-Entwicklung hilfreich, als auch in der Entwicklung von Managern mit einem Global Mindset. Übungen wie bspw. interkulturelle Rollenspiele, Gruppendiskussionen, und Verhandlungssimulationen ermöglichen Manager ihr Verhalten in einer Vielzahl an internationalen Geschäftssituationen zu testen und zu modifizieren und hilft insgesamt bei der Kultivierung eines Global Mindset.[931] Assessment Center helfen auch Organisationen ihre Trainingsmodelle zurechtzuschneiden, um die spezifischen Wünsche der Individuen zuzulassen, indem ihe Stärken und Schwächen sichtbar werden.[932] Des Weiteren sind Assessment Center ein Werkzeug um die Effektivität der Global Mindset-Entwicklungsausmasse zu bewerten, indem die Ergebnisse von Managern vorher mit nachher überprüft werden können. Assessment Centers unterstützen Personalverantwortliche effektiv in der Identifikation, Karriereplanung und Entwicklung von Managern mit einem Global Mindset.[933]

i) Selbstbewusstseins-Trainings

Organisationen haben die Möglichkeit ihre Manager und Angestellte in der Kultivierung ihres Selbstbewusstseins über das derzeizige Mindset zu unterstützen.[934] Durch kulturelle Selbstbewusstseinstrainings lernen Individuen, welche Neigungen und Ansichten sie basierend auf

---

[928] Vgl. Jeannet 2000, S.223; Bouquet 2005, S.104; Ananthram 2008
[929] Vgl. Bouquet 2005, S. 104
[930] Vgl. Jeannet 2000, S. 223
[931] Vgl. Stahl 2001, S.204; Osland und Taylor 2001
[932] Vgl. Osland und Taylor 2001
[933] Vgl. Stahl 2001, S. 208f.
[934] Vgl. Gupta et al. 2008, S. 142

dem eigenen Hintergrund entwickelt haben und können dies als besseres Verständnis in der Beziehung zu anderen Menschen mit unterschiedlichem kulturellem Hintergrund reflektieren. Das ermöglicht Manager und Angestellte in verschiedenen Ländern zu operieren, ohne für jeden Teil der Welt ein spezifisches Landestraining zu absolvieren. [935]

j) Platz und Raum für Reflektion

Manager zu helfen ein Global Mindset zu kultivieren, beinhaltet auch Platz und Raum für Reflektion zu schaffen.[936] Obwohl der Stundenplan von globalen Managern sehr gefüllt ist, benötigt die Entwicklung von komplexen Perspektiven viel Zeit und Aufmerksamkeit.

k) Positive Einstellung und positive Lernansätze

Organisationen mit einer positiven Einstellung und einem positiven Lernansatz stimulieren die Global Mindset-Entwicklung bei ihren Mitarbeitern. Es ist insgesamt wichtig, dass Organisationen das Lernen in sicheren Umgebungen ermöglichen, um besser mit Fehlern und das Experimentieren mit Lösungen umzugehen. Dabei wirken formelles und informelles Lernen unterstützend.[937] Das Fördern einer Mentalitätsuntersuchung zwischen den Angestellten ist hilfreich. Im Konkreten bedeutet dies, das Angestellte ermutigt werden, Fragen zu stellen und nach unterschiedlichen internationalen Quellen zu suchen.[938] Das Aufstellen von globalen Datenbanken vereinfacht ein solches Verhalten und führt zur Entwicklung eines Global Mindset.[939] Das Schaffen einer **globalen lernenden Organisation** wird auch als wertvoll betrachtet. In einer solchen Organisation fließen die gemachten Erfahrungen in verschiedenen Orten in einer einfachen Lernkurve zusammen. Das Ergebnis ist, dass Manager und Angestellte befähigt sind, diese Erfahrungen, die von anderen Kollegen gemacht worden sind, für die eigenen Handlungen anwendbar machen. Mit anderen Worten, ein Manager, der in einem Land positive Ergebnisse gelernt hat, kann diese in ein anderes Land übertragen. Es ist, wie auch immer wichtig, dass diese Erfahrungen für mögliche ökonomische und kulturelle Unterschiede korrigiert werden. Der Nutzen des globalen Lernens ist, dass Manager in der Lage sind, sich schneller entlang der Lernkurve zu entwickeln.[940]

---

[935] Vgl. Rhinesmith 1993, S. 192
[936] Vgl. Maznevski und Lane 2003, S.179; Clapp-Smith und Hughes 2007, S.103; Beechler und Baltzley 2008a, S.44; Beechler et al. 2010, S.28
[937] Vgl. Beechler et al. 2010, S. 25
[938] Vgl. Clapp-Smith und Hughes 2007, S. 103
[939] Vgl. Jeannet 2000, S. 224
[940] Vgl. Jeannet 2000, S. 225

l) Symbolische Anreize

In einer durchgeführten Studie von Bouquet[941] wird herausgefunden, dass symbolische Anreize ebenso eine effektive Methode darstellen, um die Global Mindset-Entwicklung anzukurbeln. Er schlägt vor, dass Organisationen eine Kultur entwickeln und die Zielsetzung mit symbolischen Anreizen (z.b. Karriereaussichten, öffentliche Anerkennung) verbunden sind mit der Verfolgung eines Global Mindset-Verhaltens.

m) Geschäftsreisen

Geschäftsreisen - wie z.b. "beobachten-sehen-fühlen" Ausflüge oder das Reisen in verschiedene Länder – ist ein weiterer Weg um das Global Mindset bei Managern und Angestellten zu fördern.[942]

n) Wiedereingliederung bzw. „Inpatriation"

Suutari[943] bekräftigt, dass die „Inpatriation" auch als ein mögliches Trainingsmass von Organisationen genutzt werden kann. Inpatriation bedeutet der Transfer von Mitarbeitern ausländischer Niederlassungen hin zum Headquarter mit dem Ziel des Trainings vor Ort. Zusätzlich zu der Inpatriation´s eigenen Entwicklung aquirieren die Angestellten in der Hauptniederlassung ein besseres Verständnis von lokalem Kontext und von ausländischen Kulturen, und ebenso auch neue Ideen und Perspektiven. Ein anderer möglicher Vorteil besteht in der vereinfachten Kommunikation mit Gastgebereinheiten und lokalen öffentlichen Autoritäten.

6.4.3 Effizienz von verschiedenen Lernmaßnahmen

Für Cohen[944] und viele andere Autoren[945] besteht keinerlei Frage, dass kulturelle Empathie und neue Perspektiven am besten durch aktuelle und persönliche Erfahrungen in ausländischer Kultur erworben werden können, wie bspw. durch Auslandsentsendungsaufgaben, durch das Leben im Ausland und durch Job Rotation. Dieser Bemerkung unterstützend behauptet Rhinesmith[946], das Mobilität der beste Weg ist, um ein Global Mindset zu kreieren. In der Studie von Gregersen et al.[947] wird diese Sichtweise verfolgt. Achtzig Prozent der inter-

---

[941] Vgl. Bouquet 2005, S. 105f.
[942] Vgl. Osland 2001, S. 137 und Arora et al. 2004, S. 408
[943] Vgl. Suutari 2002, S. 227
[944] Vgl. Cohen 2010, S. 9
[945] Vgl. Bartlett und Ghoshal 1990; Rhinesmith 1993; Gregersen et al. 1998; Suutari 2002; Nummela et al. 2004
[946] Vgl. Rhinesmith 1993, S. 183
[947] Vgl. Gregersen et al. 1998, S. 30

viewten globalen Führungskräfte identifizierten, dass das Leben und Arbeiten im Ausland als große Bereicherung in ihrem Leben gewertet werden kann. Die Befragten, die aus unterschiedlichen Nationen, funktionaler Erfahrung und Unternehmensniederlassungen kommen, fanden diese Erkenntnisse signifikant. Ebenso in der durchgeführten Forschungsstudie von Nummela et al.[948] hat die internationale Arbeitserfahrung einen signifikanten Einfluss auf des Managers Global Mindset, während internationale Ausbildung dies nicht tut!

Viele Autoren[949] scheinen sich darüber einig zu sein, dass die Trainingsmasse wie formale Ausbildung, interkulturelle Trainingsprogramme und andere Klassenraumaktivitäten als nicht besonders effektiv deklariert werden. Obwohl Aycan[950] wahrnimmt, dass die formale Ausbildung ihren Wert in der Entwicklung eines Global Mindsets hat, ist er davon überzeugt, dass wirkliches know-how jedoch erst dann entwickelt wird, wenn die Theorie zur Praxis wird. Ein individuelles Global Mindset wird ihm demgemäß entwickelt, wenn Menschen mit dem gegebenen Potential die Möglichkeit geboten wird, über nationale Grenzen hinweg zu agieren.[951] Befragte in einer Studie von Dekker et al.[952] präsentieren eine änliche Sichtweise, indem sie behaupten, dass interkulturelles Training oder das Lesen über andere Teile der Welt, obwohl vorteilhaft, jedoch niemals die wertvolle persönliche Erfahrung mit diesen Ländern vor Ort ersetzen kann. Auch in einer getätigten Untersuchung von Clapp-Smith und Hughes[953] wird ersichtlich, dass von der Firma gesponsorte Trainingsprogramme als nicht effizient, oder zu einem minimum als hilfreich, aber als ineffizient deklariert wurden.[954]

Internationale Aufgabenstellungen („international assigments") mit unterschiedlicher Länge auf der anderen Seite sind jedoch als sehr effektiv von einer großen Anzahl an Autoren bestätigt worden.[955] Im Einklang mit anderen Forschern hat Osland[956] argumentiert, dass internationale Aufgabenstellungen das mächtigste Instrument in der Entwicklung des Global Mindsets sind, weil sie eine bewusstseinsverändernde Erfahrung entwickelt, die kontinuierliches Lernen, Geschäftsverstand, kognitive Flexibilität, Verhaltensflexibilität, interkulturelle Fähigkeiten und die Fähigkeit mit Unsicherheit umzugehen, formiert. Im Speziellen sehen

---

[948] Vgl. Nummela et al. 2004, S. 58
[949] Vgl. Jeannet 2000; Aycan 2001; Clapp-Smith und Hughes 2007; Dekker et al. 2008; Beechler et al. 2010
[950] Vgl. Aycan 2001, S. 120
[951] Vgl. Aycan 2001, S. 120
[952] Vgl. Dekker et al. 2008, S. 18
[953] Vgl. Clapp-Smith und Hughes 2007, S. 105
[954] Vgl. Bouquet 2005, S. 26
[955] Vgl. Rhinesmith 1993; Osland 2001; Suutari 2002; Gupta et al. 2008; Beechler et al. 2010; Cohen 2010
[956] Vgl. Osland 2001, S. 138f.

Gupta et al.[957] mehrjährige Auslandsentsendungsaufgaben als die meist intensivsten Mechanismen durch die ein Individuum ein Global Mindset kultivieren kann.

Wie auch immer, Auslandsentsendung ist wahrscheinlich die teuerste und zeitkonsumierenste Methode, um ein Global Mindset zu kultivieren für das Unternehmen, aber häufig auch für das Individuum selbst.[958] Demgemäß müssen Unternehmen mehr Aufmerksamkeit auf die Auswahl von High-potential Manager für Auslandsentsendungsaufgaben legen, anstelle wie die Unternehmenspraxis zeigt, dass Menschen ausgewählt werden, die man für eine gewisse Zeit nicht sehen will![959] Weiterhin ist es wichtig „geführte" Lernerfahrungen zu machen. Internationale Erfahrung ist noch kein Garant für die Global Mindset-Entwicklung und deren Ausbau.[960]

Organisationen müssen sicherstellen, dass das sich im Ausland befinden die jeweiligen richtigen Lerneinheiten generiert anstatt nur kulturell isoliert zu sein.[961] Das Beiseitestellen von Mentoren und Coaches erhöht die Wahrscheinlickheit das solche Erfahrungen zum Lernen führen.[962] In der Tat, der Erfolg in dem Auslandsentsendungsprozess ist eine kollektive Leistung, welche insbesondere vorsichtiger Planung bedarf, der Organisation und Koordination von allen Beteiligten Parteien und der lokalen Einheit vor Ort.[963] Um die Effektivität von internationalen Aufgabenstellungen zu gewährleisten, müssen Organisationen jede Phase sorgfältig planen, startend mit der vorsichtigen Auswahl und der Vorausschau, wie diejenige Person und das Unternehmen von dieser internationalen Erfahrung profitieren kann. Nicht minder ist es sicherzustellen, dass die Familie sich auf diese außergewöhnliche Situation vorbereitet. Schwierigkeiten in diesem Aspekt kann dazu führen, dass der Manager nicht die gewünschten Erfolge generiert. Damit eine ausländische Entsendung wirklich den gewünschten Nutzen bringt, sind einige Formalitäten zu treffen sowie auch kulturelle Trainings und Sprachentraining als notwendige Bedingungen zu erfüllen. [964] Zuletzt, die Wiederengliederung („repatriation") soll auch sichergestellt werden, dass der Manager seine neu erworbenen Fähigkeiten für das Unternehmen nutzbar macht und das diese Erkenntnisse anderen Menschen, die eine internationale Erfahrung vor sich haben, helfen.[965]

---

[957] Vgl. Gupta et al. 2008, S. 146f.
[958] Vgl. Rhinesmith 1993, S.175; Suutari 2002, S.227
[959] Vgl. Rhinesmith 1993, S. 175
[960] Vgl. Beechler et al. 2010, S. 28
[961] Vgl. Rhinesmith 1993, S. 179
[962] Vgl. Rhinesmith 1993, S.179; Beechler et al. 2010, S.25
[963] Vgl. Aycan 2001, S. 124
[964] Vgl. Rhinesmith 1993, S.176; Srinivas 1995, S.37
[965] Vgl. Rhinesmith 1993, S.179; Gregersen et al. 1998, S.31; Suutari 2002, S.227

Um weiter die **Effektivität von Trainingsmaßnahmen** auszuführen, um ein Global Mindset zu entwickeln, schlagen Forscher verschiedene Ansätze vor. In Anlehnung an die Bemerkung, dass die Global Mindset-Entwicklung ein voranschreitender Prozess ist, argumentiert Clapp-Smith[966] zum Beispiel, dass Personalentwicklungsinitiativen wenig Sinn machen, wenn sie einmal stattfinden, oder ein Zweistundenseminar oder dergleichen. Aber wichtiger ist es, einen Ansatz zu wählen, der es den Managern und Angestellten erlaubt kontinuierlich ihr derzeitiges Mindset zu entdecken und zu reflektieren, um dieses Mindset weiter zu kultivieren. Suutari[967] entwickelt einen ähnlichen Ansatz, indem er unterstreicht, dass der höchste Grad an tiefenpsychologischen Lernen bei Managern erreicht werden kann, wenn sie eine grenzenlose Karriere, mit vielen internationalen Aufgabenstellungen in verschiedenen Ländern gesammelt haben, die über das Arbeitsleben hinausgehen. Solche Manager entwickeln gewöhnlich das Tiefenverständnis für globale Angelegenheiten und sind in der Lage global anwendbare Fähigkeiten zu entwickeln.[968] Alternativ betonen Osland et al.[969] die Bedeutung von all den erwähnten Trainingsmtehoden, um diese gewissenhaft zur Zielsetzung des Unternehmens zu setzen, deren **Strategie zu prüfen.** Wiederum anderen Autoren[970] sehen die Integration von Trainings und persönlichen on the job Erfahrungen als besonders wichtig an. In anderer Weise betonen Autoren[971], dass das Coaching und die Entwicklung hin zu einem globalen Mindset für jeden Manager angepasst werden soll, basierend auf den individuellen Stärken und Schwächen. Sie sind des Weiteren der Meinung, dass damit Manager ein Global Mindset entwickeln, Organisationen ihre Aufgabenstellungen variieren müssen und dabei an zwei und drei Aufgabenstellungen im voraus denken müssen, weil viele von den hochwertigen integrativen Fähigkeiten der globalen Manager erst im Laufe der Zeit kommt oder durch nachfolgende Aufgabenstellungen.[972] Maznveski und Lane[973] schlagen insbeondere ein Arsenal an Methoden vor, um die verschiedenen Lernstile zu vereinbaren und sicherzustellen, dass Informationen und Prinzipien die gelernt wurden, auch in verschiedenen Wegen zustande kommen. Das Aufdecken von kulturellen Einflüssen auf die Effizienz von verschiedenen Trainingsmaßnahmen, unterstreicht Rhinesmith,[974] dass die Lernansätze und Personalentwicklung nicht dieselbe ist in jeder Kultur. Individuen in aller Welt Lernen unterschiedlich und brauchen

---

[966] Vgl. Clapp-Smith 2009, S. 96
[967] Vgl. Suutari 2002
[968] Vgl. Suutari 2002, S. 227
[969] Vgl. Osland et al. 2006, S. 213
[970] Vgl. Rhinesmith 1993, S.164; Beechler et al. 2010, S.24
[971] Vgl. Kedia und Mukherji 1999, S. 249; Beechler und Baltzley 2008a, S.44; Beechler et al. 2010, S.9
[972] Vgl. Beechler und Baltzley 2008a, S.44f
[973] Vgl. Maznevski und Lane 2003, S. 174
[974] Vgl. Rhinesmith 1993, S. 188f.

kulturell angemessene Trainingsmethoden. [975] Srinivas[976] findet heraus, dass während in westlichen Kulturen nicht-direktive Methoden am besten zum Lernen funktionieren, sind direktive Methoden in anderen Ländern wünschenswert und effizienter. Speziell in der Dritten Welt haben es Manager lieber eine Vorlesung zu hören, anstatt aktiv zu diskutieren.[977] In hohen Leistungsdistanzkontexten wie z.b. Teamtrainingsmethoden haben wir es häufig mit kultureller Limitierung zu tun. Wie auch immer, Simulationen und Managementspiele sind realitätsfremd und münden in einer "**play-acting**" Atmosphäre, die Teamtraining erlaubt. Das verdeutlicht, dass jedes Trainingsinstrument von der jeweiligen Kultur und der Passung abhängt. Natürlich sind globale Unternehmenstrainings häufig mit Teilnehmern unterschiedlicher Kulturen belegt. In diesem Fall, ist es wichtig, sich der verschiedenen Lernstile bewußt zu werden und dabei den besten Weg zu finden, um ihre Teilnahme zu fördern und Lerneffekte sicherzustellen.[978]

Wie in der nachfolgenden Abbildung 6-4 veranschaulicht, entwickelte Srinivas[979] einen Bezugsrahmen, in welcher er die Gruppentrainingsansätze und Techniken, welcher in der Managementausbildung und personeller Weiterentwicklung anerkannt sind und er arbeitete ihre Adäquatheit heraus, um Global Mindset zu entwickeln. Das Modell unterscheidet zwischen generischen und spezifischen Lerntechniken. Die **generische** oder breite Technik zielt dabei auf das Anwachsen der Generalisierbarkeit und Transferierbarkeit von dem was gelernt wird, ab, während demgegenüber die **spezifischen Techniken** auf das besondere Wissen und deren Vermittlung fokussieren. Die generische vs. spezifische Dimension wird durch die horizontale Achse reflektiert. Die vertikale Achse repräsentiert zwei verschiedene Lernansätze – den didaktischen oder erklärenden Ansatz vs. der erfahrungsmäßige oder Entdeckungsansatz. Während der **didaktische Ansatz** versucht intellektuelles und kognitives Verständnis zu erhöhen, versucht der **erfahrungsmäßige Ansatz**, das Lernen durch des Lernenden eigener Erfahrung und Reflektion zu bestimmen. Der generelle Glaube ist, dass der didaktische Ansatz ausreichend ist für kognitives Lernen.

---

[975] Vgl. Solomon und Schell 2009, S. 282
[976] Vgl. Srinivas 1995, S. 36
[977] Vgl. Srinivas 1995, S. 38
[978] Vgl. Solomon und Schell 2009, S. 283
[979] Vgl. Srinivas 1995, S. 32ff.

Didactic/expository

| Traditional academic courses (e.g.: inter-cultural communication) | Traditional academic course with specialized focus (history, geography, anthropology...of an area of people) |

Video case and incident analysis to illustrate assumptions and values

Specific language training

Cultural assimilator (analysis of communication failure)

Multifunctional management education curriculum

	Quadrant 1	**Quadrant 2**	
General			Specific
Applicability			Applicability
	Quadrant 3	**Quadrant 4**	

In-basket exercise
Simulation: business game
Simulation: negotiations
Assertiveness training
Transnational analysis workshop
Bi- and intercultural workshop
Sensitivity training
Organizational development
intervention (inter- and intra-personal focus)

Tour and travel to a specific country
Job posting to a foreign country
Mock world forums (i.e. UNO, GATT)
Bi-cultural discussion group of specific cultural incidents
Organizational development intervention (socio-technical focus)
Achievement motivation training)

Experiential/discovery

Abb. 6-4: Potentielle global Mindsettraining und Entwicklungstechniken[980]

Im Allgemeinen erscheint die bestehende Literatur[981] zumeist die experimentellen oder erfahrungsbasierte Methoden über den didaktischen Methoden in der Entwicklung von Managern mit einem Global Mindset zu bevorzugen. Gemäß Osland und Taylor[982] machen die erfahrungsbasierten Lernmethoden die höchsten Ausgaben in Trainingsdollar aus und Boyacigiller et al.[983] behaupten, dass insgesamt 50% des Lernens auf Arbietserfahrung fällt. Maznevski und Lane[984] argumentieren, dass Erfahrungslernen im generellen effizienter ist in der Entwicklung des Global Mindsets, als passive Wissensaufnahme, weil es hoch motivierend und sofort Feedback generiert, was wichtig für die Manager ist, um ein angemessenes Verhalten

---

[980] Vgl. Srinivas 1995, S. 33
[981] Vgl. Srinivas 1995; Jeannet 2000; Aycan 2001; Osland und Taylor 2001; Boyacigiller et al. 2004; Beechler et al. 2010
[982] Vgl. Osland und Taylor 2001
[983] Vgl. Boyacigiller et al. 2004, S. 85
[984] Vgl. Maznevski und Lane 2003, S. 174

an den Tag zu legen.[985] Ein Manko ist, wie auch immer, dass die effizientesten Werkzeuge um Global Mindset zu entwickeln auch die am teuersten sind.[986]

6.5 Empirische Analyse aus den Experteninterviews

Im folgenden Abschnitt wird wieder auf Meinungen und Wahrnehmungen der Manager in international operierenden Unternehmen in Österreich näher eingegangen Die Ergebnisse werden anschließend wird mit der bestehenden Literatur verglichen. Insgesamt haben sich vier Kategorien aus dem Kodierungsprozess herausentwickelt und zwar die nicht entwickelbaren Charaktereigenschaften, Trainingsmethoden für Individuen, organisationale Trainingsmethoden und die Effektivität der vorliegenden Trainingsmethoden.

6.5.1 Nicht-entwickelbare Charaktereigenschaften

Die bestehende Literatur scheint übereinzustimmen, dass eine gewisse Komponente des Global Mindset wichtig ist und zwar die sogenannten angeborenen Charaktereigenschaften, welche nicht entwickelt werden können.[987] Die Befragten in dieser Untersuchung stimmen alle dieser Theorie zu, bekräftigen, dass es einige Charakteristika sind, die eine Person bereits innehaben muss, damit Global Mindsettrainingsmaßnahmen überhaupt „Sinn" machen. Wie auch immer, die vorherrschende Meinung ist, dass diese Charaktereigenschaften das Ergebnis aus den gemachten Erfahrungen in früher Kindheit resultiert und von der Familie her abhängig ist, anstelle dass diese Eigenschaften angeboren oder reingeboren sind. Das folgende Zitat zeigt die Meinung eines Managers:

"Also ich glaube nicht, dass das angeboren ist ehrlich gesagt, ich glaub dass sich das entwickelt hat im Laufe der Zeit, es ist eine Frage der Kultur und es ist auch eine Frage der Familie muss man dazusagen. wie man aufwächst da wird man von klein auf schon geprägt.[988] "

"Nein angeboren ganz sicherlich nicht. Das sind Sachen die in der frühen Kindheit, also der Kindheit passieren und in der Schulzeit passieren. Wie sehr man auf seinen kleinen Horizont fixiert ist und nur den kennt, und damit alles andere was fremd ist ablehnt oder ob man auch von Kind an bereits mit verschiedenen Bereichen und vor allem Kulturen zu tun hatte. Über ein Elternhaus was sehr offen ist, über Funk und

---

[985] Vgl. Maznevski und Lane 2003, S. 178
[986] Vgl. Bouquet 2005, S. 108
[987] Vgl. Kapitel 6.2
[988] Vgl. Interview 4, Absatz 49

Fernsehen sicherlich ganz genauso, da kommen ja auch Aspekte hinein, über Urlaubs-
reisen, die man als Kind gemacht hat, die Schule, wen man da kennenlernt, wer da mit
drin ist. Das sind alles Einflüsse die man nicht steuern kann, die passieren im Leben
und so entwickeln sich dann offene und weniger offene Mentalitäten.[989]*"*

"Na die Bereitschaft sich grundsätzlich auf solche Dinge einzulassen, hängt sicher am
Elternhaus oder der primären Sozialisation. Man wächst auch so auf. Es gibt genü-
gend Menschen die, bevor sie 10 Jahre alt sind in 3-4 Ländern gelebt haben, zweimal
die Schule gewechselt haben, und einmal den Kindergarten..[990]*"*

Abbildung 6-5 illustriert nicht nur die Annahme, dass diese Charaktereigenschaften die die Grundlage für die Global Mindset-Entwicklung darstellt, sich aus dem Familienhintergrund und der Kindheit resultiert, sondern auch die Charaktereigenschaften und ihre Zusammenhänge untereinander, welche im Folgenden näher erläutert werden.

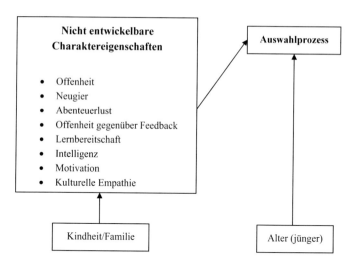

Abb. 6-5: Nicht entwickelbare Charaktereigenschaften

Bezugnehmend auf die Frage, welche Charaktereigenschaften nicht entwickelbar sind, aber Teil des Global Mindsets sind, wurde „**Offenheit**" von allen Befragten genannt. Einige Interviewte benutzen auch den Ausdruck „*nicht voreingenommen sein*" statt Offenheit, aber im Grunde genommen bedeutet dies dasselbe.[991] Die Bedeutung des „offen seins" gegenüber

---

[989] Vgl. Interview 6, Absatz 37
[990] Vgl. Interview 12, Absatz 97
[991] Vgl. Interview 2, Absatz 30; Interview 10, Absatz 41

anderen Kulturen und gegenüber neuen Dingen und Veränderungen wird im nachfolgenden Zitat verdeutlicht:

"Ich glaube es ist schwierig solche Dinge anzutrainieren. Ich bin eher der Meinung, dass eine Person entweder offen und aufgeschlossen gegenüber andere Kulturen und neuer Dinge ist oder nicht. Die persönliche Einstellung ist hier ganz wichtig. Man kann ein paar Dinge schulen, aber nicht antrainieren.[992] "

"Ich glaube es muss schon eine gewisse Offenheit oder Tendenz in der Persönlichkeit verankert sein.[993] "

"Und deswegen eine Neugier, eine internationale und vor allem kulturelle Offenheit sind die Grundvoraussetzungen die Sie heute mitbringen müssen. Wenn diese Offenheit und die Neugier auf Andersartigkeit nicht da ist, dann glaube ich ist es auch schwer dort eine interkulturelle Komponente vermitteln zu können.[994] "

"Naja, es gibt Personen, die sind grundsätzlich offen ihrer Welt gegenüber und es gibt Personen, die sind halt eher mehr verschlossen. Und wenn ich anderen gegenüber, anderen Kulturen verschlossen auftrete, dann werde ich sicher Probleme damit bekommen.[995] "

Eine Eigenschaft, welche auch ziemlich häufig von den Befragten erwähnt wurde und Hand in Hand mit Offenheit korrespondiert ist **Neugier** – auch beschrieben als **Interesse in anderen Kulturen** in einigen Interviews genannt wird. Neugierig sein zu Erfahrungen und Kulturen zu erforschen wird oft als eine Vorbedingung um ein Global Mindset zu kultivieren gesehen

„ Es würde nicht funktionieren den Leuten die ich im Unternehmen habe gewisse Neugier und Aufgeschlossenheit gegenüber bestimmten Themen von oben herab einzuimpfen d.h. diese Einstellung muss von Haus aus vorhanden sein und ich glaube nicht das ein Unternehmen diesbzgl. die Aufgabe hat oder die Aufgabe erfüllen kann das was Sie jetzt gesagt haben in gewisser Weise bei den Leuten aktuell zu halten oder bei den Leuten zu verstärken..[996] "

"Ja erstmals eine gesunde Neugier andere Kulturen betreffend mitzubringen. Das ist das Allererste.[997] "

---

[992] Vgl. Interview 1, Absatz 31
[993] Vgl. Interview 3, Absatz 5
[994] Vgl. Interview 6, Absatz 35
[995] Vgl. Interview 8, Absatz 55
[996] Vgl. Interview 2, Absatz 41
[997] Vgl. Interview 6, Absatz 35

Die zwei zuvor genannten Eigenschaften, und zwar Offenheit und Neugier sind die am meisten genannten während der Interviews. Befragte scheinen hauptsächlich auf ihre Bedeutung für die Entwicklung des Global Mindsets bei Individuen übereinzustimmen. Verschiedene andere Eigenschaften wurden auch als wichtig erachtet, jede nur von einer kleinen Anzahl an Befragten. **Abenteuerlust** ist eine von diesen Charaktereigenschaften:

" was man braucht ist Abenteuerlust, also wenn du zu bodenständig bist und ein Angsthase bist dann wirst du da draußen nicht überleben. [998]

"Das eine ist Abenteuerbereitschaft, D.h. sich auf etwas einzulassen und D.h. aber auch zum einen hoher zeitlicher Einsatz meisten.. [999] *"*

".Grundsätzlich glaube ich geht es um diese Offenheit und Lernwillen und auch die Bereitschaft Feedback auf das persönliche Wachstum zuzulassen. Ich glaube, dass sind so Grundeigenschaften, die man braucht um eine Weiterentwicklung zuzulassen. [1000] *"*

Kulturelle Empathie wurde auch von einem Befragten genannt, der wie folgt dem Bedeutung schenkt:

"ich glaube kulturelles Verständnis hat etwas mit emotionalem Einfühlungsvermögen zu tun und das muss man also auch mitbringen. [1001] *"*

... Ja, das ist Einfühlungsvermögen. Also wenn das zu wenig ausgeprägt ist, dann tut sich einer immer sehr schwer. Oder er ist halt immer nur an der Oberfläche. Das ist halt so das reine Abwickeln, aber er wird nie warm werden mit den Leuten oder mit den Kulturen. [1002] *"*

Eine kleine Anzahl der Befragten erwähnten noch **Intelligenz und Motivation** als notwendige Bedingung für Global Mindset-Entwicklung. Ein Interviewter berichtet:

"Wenn jemand motiviert ist, hat er mal eine gute Qualifikations-Voraussetzung und dann das Hirn auch noch und motiviert ist, dann kann er sich normalerweise in jedem Job zurechtfinden. [1003] *"*

Nicht direkt verknüpft mit den nicht-entwickelbaren Eigenschaften, aber auch wichtig, ist, dass einige Befragte der Meinung sind, dass **jüngere Menschen** einen Vorteil gegenüber älteren Menschen haben und ein Global Mindset einfacher entwickeln können. Sie argumentie-

---

[998] Vgl. Interview 13, Absatz 66
[999] Vgl. Interview 12, Absatz 71
[1000] Vgl. Interview 3, Absatz 15
[1001] Vgl. Interview 11, Absatz 47
[1002] Vgl. Interview 11, Absatz 49
[1003] Vgl. Interview 4, Absatz 37

ren, dass die globale Ausbildung, die sie empfangen, aber auch ihr globaleres Aufwachsen für die Entwicklung eines globalen Mindsets förderlich ist. Ein Befragter stellt dies wie folgt dar:

> *"Mit Sicherheit. Es haben auch gerade diejenigen an Studenten Riesenvorteile, nicht nur beim Finden eines Jobs, sondern auch bei dessen Ausübung, wenn sie irgendwann einmal bereit waren, vielleicht einmal ein Auslandsstudium zu machen, ein Praxissemester irgendwo in Europa oder in Amerika oder in Australien, sonst irgendwo, in Russland oder Japan, egal wo.*[1004]*"*

Mit Bezug auf die Implikationen für die Organisation gab es eine starke Übereinstimmung bei den Befragten. Natürlich bedeutet dies, dass es einige nicht-entwickelbare Eigenschaften gibt zur Entwicklung eines Global Mindset, und dies hat nätürlich Implikationen für die Organisation. Wie das nachfolgende Zitat verdeutlicht, müssen Organisationen früh genug oder in dem Selektionsprozess herausfinden –ob die Mitarbeiter die gewünschten Eigenschaften bereits entwickelt haben für die Entwicklung eines Global Mindsets oder ob diese in der Zukunft irgendwie „nachholbar" oder erlernbar sind:

> *"Wenn ein Mensch nicht offen ist und gewillt ist, ständig zu lernen und auf Neues zuzugehen, dann helfen die ganzen Trainingsmethoden nichts. Und das ist das wesentliche das bei den Mitarbeitern zu erkennen, rechtzeitig zu erkennen..*[1005]*"*

6.5.2 Trainingsmethoden für Individuen

Die nächste Forschungsfrage beschäftigt sich mit den Trainingsmethoden für Individuen, um ein Global Mindset und deren Entwicklung zu fördern. Die Ergebnisse dieser Frage können in drei Kategorien eingeteilt werden. Und zwar

a) Methoden, um die eigene Einstellung und Wahrnehmung zu verändern,

b) didaktische oder Informationsmethoden und

c) erfahrungsbedingte Methoden.

Abbildung 6-6 zeigt die verschiedenen Trainingsmethoden

[1004] Vgl. Interview 8, Absatz 57
[1005] Vgl. Interview 7, Absatz 19

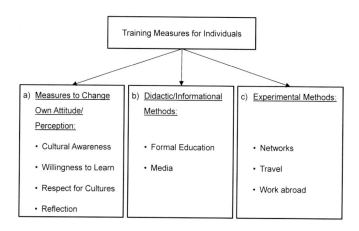

Abb. 6-6: Illustrierung der Ergebnisse – Trainingsmethoden für Individuen

a) Methoden, um die eigene Einstellung und Wahrnehmung zu verändern

Die Entwicklungsmethoden, die in dieser Kategorie integriert sind, handeln alle von psychischer Arbeit und mentalen Prozessen, die im Inneren der Individuen ablaufen. Manager und Angestellte müssen aktiv und mental bei der Sache sein, um diese Entwicklungsmethoden auszunutzen. Die Methoden, die zu dieser Kategorie gehören, sind von allen Befragten als sehr wichtig erachtet worden. Eine von diesen Methoden beinhaltet die **Kultivierung des Bewusstseins über die neuartige Kultur**, bezugnehmend das es Kulturen gibt, die andersartig von der eigenen sind. Das nachfolgende Zitat bringt dies stark zum Ausdruck, welches von einem Viertel der Befragten als wichtig erachtet wurde:

"Ich glaub, dass man sehr unvoreingenommen an bestimmte Herausforderungen herangeht, dass man neugierig bleibt und dass man offen ist ganz einfach sowohl für Veränderungen als auch für anderes denken weil es natürlich wichtig ist, dass einem klar wird das bestimmte Einstellungen, Problemlösungen, was die Prioritätensetzung angeht nicht eins zu eins von einem Land ins andere übertragen werden kann. Das muss man sich immer bewusst sein und sich bewusst machen damit man eben nicht in diese Falle hineintappt und das man glaubt das alles was selbst in Österreich funktio-

niert kann auch wo anders funktionieren. Es ist ein Persönlichkeitstypus der passen muss und der gewisse Eigenschaften haben sollte die ich da kurz erwähnt habe.[1006] "

"Es hilft einmal den eigenen Bias zum eigenen Land ins Auge zu fassen, das man sieht aha die Welt kann auch anders sein.[1007] "

Eine andere Methode, die von der Hälfte der untersuchten Manager hervorgebracht wurde, ist die **kontinuierliche Lernbereitschaft** und das bewußtbar werden, dass Lernen einen lebenslangen Prozess darstellt. Die Lernbereitschaft ist, wie auch immer, manchmal anzusehen als eine Einstellung, die nicht entwickelt werden kann, zumindest nicht in der Organisation (siehe vorheriger Gliederungspunkt) und somit eine Charakteristik ist, die schon im Selektionsprozess stattfindet.

"Und die Bereitschaft dazu, das lernen zu wollen und dieses, hier steht es als logisches Denken, aber auch die Bereitschaft, sich auf Kulturen einzulassen, also das ist die Basis, die man erst einmal mitbringen muss. Wenn man die nicht mitbringt, dann wird das Ganze sicher nicht funktionieren.[1008] "

Ein anderer untersuchter Manager behauptet sogar, dass es wichtig ist, nicht nur andere Kulturen zu verstehen, sondern diese auch zu **respektieren und die Unterschiede zu akzeptieren**, die diese andere Kultur mit sich bringt:

"Wir sagen unseren Mitarbeitern und Kollegen immer, sie sollen die Augen einfach aufhalten. Sie sollen einfach einmal schauen, bevor sie sich über gewisse Situationen aufregen, wie man sich vielleicht in unseren Gefilden darüber aufregt. Weil der eine mir etwas nicht gibt, was er mir versprochen hat, da regt man sich in Österreich recht gern auf oder in Deutschland auch. Dass man da einfach anders darauf schaut und sagt, ja es ist einfach so. Auch wenn das für uns, für unseren Kulturkreis etwas schwierig ist, diese Sachen zu verstehen. Und wenn man es vielleicht noch versteht, das ist der eine Schritt, aber sie auch zu akzeptieren. Genauso wie es für jemanden aus Südamerika schwierig ist, diese... der wird wahrscheinlich diese pedantische Art, diese verplanerische Art - die Leute wissen schon 4 Wochen vorher, was sie an dem Tag tun oder oft viel länger - der würd das vielleicht auch verstehen, aber die Frage ist, wie sehr respektiere ich das dann auch. .[1009] "

Zuletzt spricht sich ein Manager für die Bedeutung der **Reflektion** aus. Seiner Meinung nach müssen Manager und Angestellte kontinuierlich ihre Erfahrungen reflektieren und ihre Wahr-

---

[1006] Vgl. Interview 2, Absatz 30
[1007] Vgl. Interview 12, Absatz 56
[1008] Vgl. Interview 10, Absatz 53
[1009] Vgl. Interview 8, Absatz 49

nehmungen und Meinungen überdenken, damit sie ein Global Mindset kultivieren. Seine Meinung wird durch folgendes Zitat zum Ausdruck gebracht:

"Also wenn es erstmal um das eigene Verhalten geht. Man muss immer darüber reflektieren, darüber nachdenken was man tut und versuchen, immer wieder zu hinterfragen, ob das richtig war. Sehen kann man das eigentlich an der Wirkung, die man dann beim anderen erzielt. Wenn man jetzt auf jemanden in einem anderen Land zugeht und sagen wir etwas Bestimmtes von dem will und sieht man bekommt die Reaktion nicht, kann man darüber reflektieren, was kann ich selbst anders machen, dass es funktioniert. Ich persönlich bin davon überzeugt, man kann nur sich selbst ändern und nicht die anderen. Also ich muss dann überlegen, was kann ich an meinem Angang ändern muss, damit das Ganze dann besser wird.[1010] "

b) Didaktische/Informationale Methoden:

Die Entwicklungsmethoden, die sich in dieser Kategorie befinden, beinhalten alle Methoden, die mit der Akquisition von Informationen verknüpft sind. Der erste Ansatz besteht darin, eine gute formale Ausbildung mit internationalem Bezug zu bekommen. Darunter sind vor allem Schulen und Universitäten gemeint:

"Auf der anderen Seite ist immer die Frage, inwieweit wir auch schon in unserer Globalisierung und unserer Internationalität, die wir in Summe auch schon bei der Ausbildung in Schulen und auch in Universitäten mitbekommen, wie hoch ist überhaupt noch der Prozentsatz der Personen, die sich nie mit Ausland beschäftigt haben."[1011]

Zumeist alle Befragte haben einen speziellen Nachdruck auf Kenntnisse von ausländischen Sprachen gelegt. Trotz der Tatsache, dass sie das Lernen von Sprachen als Trainingsmethoden beim Individuum ansiedeln, nennen sie diese als eine von den Top-Kriterien die Angestellte in dem Selektionsprozess begegnen. Darüber hinaus ist es die generelle Meinung von den Befragten, dass gewisse Kenntnisse von ausländischen Sprachen – insbesondere Englisch – notwendig ist, um einige Aufgaben mit internationaler Komponente erfolgreich zu meistern.

"Außerdem sind Fremdsprachen sehr wichtig. In unserem Unternehmen müssen alle Englisch fließend sprechen und schreiben können. Weiter Fremdsprachenkenntnisse sind auch sehr wichtig, da wir zB auch viel mit Italien zu tun haben, und da die Italiener oft nicht so gut in English sind ist es wichtig vielleicht auch Italienisch zu sprechen. Für unser Unternehmen sind Personen die nur karriereorientiert sind, nicht so

---

[1010] Vgl. Interview 10, Absatz 57
[1011] Vgl. Interview 8, Absatz 55

interessant. Es ist besser wenn die Person einfach sehr offen ist gegenüber neuen Dingen.[1012] "

"Wir gehen davon aus, dass die Leute, die bei uns angestellt sind die in den entsprechenden Sprachen, ihre entsprechenden Fähigkeiten haben und nicht erst sich die Fähigkeiten erwerben müssen.[1013] "

"Die Sprachen. Also im Grunde genommen, er muss gut in Englisch sein. Das ist fast das Wichtigste. Wenn er noch weitere hat ist es natürlich von Vorteil, findet man aber nicht so oft. Aber ein gutes Englisch ist eigentlich unverrückbar, muss man ganz ehrlich sagen. Und da sehen wir eben auch die meisten Defizite. Das ist dann am häufigsten, dass wir Leute finden, die eigentlich sonst gut passen würden, aber deren Sprachkenntnisse derart unterausgeprägt sind, wo man sagen kann, das wird nichts in den nächsten paar Jahren. Und dann kann man das vergessen..[1014] "

Der andere Ansatz, der von einigen Befragten vorgestellt worden ist, ist es sich selber zu informieren, indem bspw. Zeitungen gelesen oder das zur Rate ziehen von anderen Medien wie bspw. Internet oder Bücher zu fokussieren.

"Also ja natürlich, auch lesen, einfach ein Buch zu lesen bereichert natürlich auch irrsinnig und da kann man auch schon sehr viel über Kultur oder andere Kulturen lernen also das kann auch manchmal einfach nur irgendein Roman sein in dem einfach sehr viel Backgroundwissen über eine Kultur oder ein Land hineinverarbeitet ist.[1015] "

"Durch Zeitung lesen, durch Nachrichten hören. Dann spürt man, was weltweit passiert.[1016] "

"Es gibt so viele Informationskanäle inzwischen, meist elektronischer Art natürlich, aber ja, dort hinein schnuppern, da kommt eh alles raus[1017]

c) Erfahrungsbedingte Methoden:

Die letzte Kategorie der Global Mindset-Entwicklungstrainingsmethoden für Individuen beinhaltet solche Methoden, die eine erfahrungsbedingte Komponente beinhalten. Mit anderen Worten, diese Methoden sind charakteristiert durch ständigen Kontakt mit anderen Kulturen und ihrer Handlungskomponente. Vor diesem Hintergrund schlagen Befragte vor - neben anderen Dingen - ein persönliches Netzwerk zu schaffen, um erste Handwissen über andere Kul-

---

[1012] Vgl. Interview 1, Absatz 18
[1013] Vgl. Interview 5, Absatz 31
[1014] Vgl. Interview 11, Absatz 29
[1015] Vgl. Interview 3, Absatz 13
[1016] Vgl. Interview 6, Absatz 45
[1017] Vgl. Interview 11, Absatz 65

turen zu bekommen und die neuesten Nachrichten über Ereignisse und Veränderungen in anderen Ländern entgegenzutreten.

"Wenn man Leute und Kollegen aus anderen Ländern kennenlernt das der Zugang zu dem Anderssein ein besserer ist weil er emotionaler, persönlicher erfolgt als ich sag einmal nur in einer gescheiten Buch über Verhaltensregeln in einem bestimmten Land zu lernen.."[1018]

"Wenn ich mit einem amerikanischen Geschäftspartner, ob jetzt Kunde oder Mitarbeiter unseres Unternehmens ja, mich unterhalte und wir jetzt beim Essen darüber sprechen wie die Wirtschaft gerade läuft und die Arbeitslosenzahlen und was für ein Gespür er hat in seinem Marktumfeld. Das sind alles Dinge, wo man dran lernt, wo man dazukommt wie das Geschehen läuft, was man nicht in der Zeitung lesen kann logischerweise ...[1019]"

"Mir ist es wichtig mit der Außenhandelsstelle den Kontakt zu pflegen und mit den österreichischen Botschaften weil über unsere Vertretungen kannst sehr viele Informationen bekommen da gibt es ein vorhandenes Netzwerk über Juristen und alle möglichen Sachverständigen und die Adressenlisten und die Empfehlungen dann mit wem man reden muss wenn man dieses oder jenes Problem hat und das ist ein vorhandenes Netzwerk, dass wir dann eigentlich immer wieder durch unsere Erfahrungen, ich pflege regelmäßigen Kontakt mit den Botschaften und bin sicherlich im Jahr 2,3 mal dort in den Botschaften um mich auszutauschen ob das ein Gesandter ist oder der Botschafter mit den Leitern der Außenhandelsstelle habe ich sowieso regelmäßig Kontakt. Da werden dann auch von diesen Organisationen so abschnittsweise Veranstaltungen angeboten wo man einen Erfahrungsaustausch machen kann und wo man hingeht zu den Veranstaltungen um nicht nur neue Leute oder Kollegen oder sonst jemanden kennen zu lernt, sondern manchmal auch sogar zu Kunden kommt. ...[1020]"

Mehr als die Hälfte aller Befragten schlagen weiterhin das **Reisen und Arbeiten in anderen Ländern** als ein gutes Mass für Manager und Angestellten vor, um ein eigenes Global Mindset zu entwickeln, um es insgesamt globaler auszuprägen.

"Einfach aktiv für andere Länder offen zu sein und in andere Länder zu gehen, zu arbeiten und zu leben, also das denke fördert das global Mindset."[1021]

[1018] Vgl. Interview 2, Absatz 48
[1019] Vgl. Interview 6, Absatz 47
[1020] Vgl. Interview 13, Absatz 111
[1021] Vgl. Interview 3, Absatz 9

"Reisen. Viel im Ausland sein. Je länger desto besser. Und direkt bei den Leuten, also nicht in einem Tourismusressort, wo man unter lauter Ausländern ist, sondern halt dort wo die Leute leben. Wo man also wirklich eintaucht in die Kultur..[1022] "

6.5.3 Organisationale Trainingsmethoden

In diesem Abschnitt werden die Erkenntnisse betreffend der Trainingsmethoden, die von österreichischen Unternehmen angewendet werden, hervorgebracht, um insgesamt die Entwicklung eines Global Mindset bei Angestellten und Managern zu fördern. Ähnlich der Vorgehensweise des vorherigen Abschnitts werden die Trainingsmethoden wieder ein drei Kategorien eingeteilt. Diese Kategorien heißen didaktische Methoden, erfahrungsbedingte Methoden und Organisationscharakteristika wie in nachfolgender Abbildung 6-7 veranschaulicht.

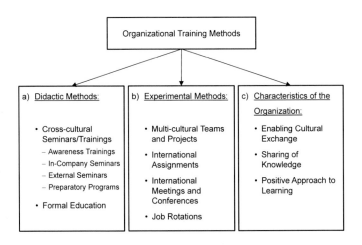

Abb. 6-7: Empirische Ergebnisse – organisatorische Trainingsmethoden

Zuvor noch kurz erwähnenswert ist, dass alle bis auf ein Unternehmen (Interview 5) Gebrauch von organisationalen Trainingsmethoden machen, um die Entwicklung eines Global Mindsets bei den Mitarbeitern zu fördern.

a) Didaktische Methoden:

Diese Kategorie "didaktische Methoden" beinhaltet alle Trainingsmethoden die **Klassenraumcharakter** haben oder **Informativer Natur** sind – sei es in der Form von Trainings ,

---

[1022] Vgl. Interview 11, Absatz 43

Seminaren oder anderen Formen. Die mit Abstand am häufigsten genannte Kategorie ist **interkulturelle Seminare/Trainings** in verschiedenen Formen. Einige Befragte (z.B.. Interview 9, Interview 10, Interview 12) erwähnen **Selbstbewusstseinstrainings,** welche als Initialzünder dienen, um das grundlegende Wissen über andere Kulturen zu generieren. Hingegen andere Befragte, z.b.. Interview 1, Interview 2, Interview 10 beschreiben die in der Unternehmung stattfindende Trainingsmaßnahmen oder Seminare und wiederum andere Interviewte (z.b. Interview 2, Interview 13) nehmen Bezug zu externen Trainings die nicht in der Unternehmung stattfinden. Die nachfolgenden Zitate spiegeln die verschiedenen Trainingsmethoden wider:

"Und man kann sicher durch so eine Art Basistraining erst einmal eine gewisse Awareness schaffen, so ein Bewusstsein dafür schaffen, dass es überhaupt solche Themen gibt, aber der Rest ist learning by doing. Man muss viel einfach ausprobieren und lernt dadurch. ...[1023]

"In unserem Mutterkonzern in Berlin gibt es ein großes HR Department wo viele Seminare angeboten werden. Da gibt es auch ein Seminar das die interkulturellen Fähigkeiten von Mitarbeitern fördert..[1024]*"*

"Die Seminare dauern meistens 2-3 Tage und werden in kleinen Arbeitsgruppen abgehalten. Da kommt dann meistens ein älterer internationaler Manager und hält dieses Seminar und es wird besonders darauf eingegangen was man in unterschiedlichen Ländern so beachten muss, vor allem bei Kulturen wo Storck stark vertreten ist. Da lernt man welche Dinge man besser nicht tun sollte wenn man mit arabischen Ländern zusammenarbeitet. Wenn man die Dispo hernimmt, machen die spezielle Meetings mit arabischen Leuten, um zu lernen wie mögliche Konfliktsituationen vermieden werden können oder wie man damit in arabischen Ländern umgeht. [1025]*"*

"Da gibt es eine eigene CEE Akademie wo diese ganzen Aus- und Weiterbildungsmöglichkeiten gebündelt werden. Damit verbunden sind auch sehr viele internationale Seminare d.h. wir arbeiten da mit Slowenien mit einer Universität in Bled zusammen, die sich auf Osteuropa spezialisiert hat und es finden dort Seminare statt wo die Teilnehmer durchgehend international sind. Da kommen Leute aus Zentral- und Osteuropa die diese Seminare besuchen und auch aus verschiedenen Bereichen..[1026]*"*

[1023] Vgl. Interview 10, Absatz 41
[1024] Vgl. Interview 1, Absatz 25
[1025] Vgl. Interview 1, Absatz 27
[1026] Vgl. Interview 2, Absatz 28

Als eine spezielle Form von Trainings/ Seminaren erwähnt eine Vielzahl an Unternehmen (z.B. Interview 7, Interview 8, Interview 9, Interview 12), dass sie spezielle Vorbereitsungsprogramme vor dem Entsenden des Managers oder des Angestellten in ein anderes Land anbieten, das Vorbereiten auf die internationalen Aufgabengebiete oder anderen Formen des im Ausland Bleibens. Zumeist decken diese Programme die Grundlagen der Sprache in dem jeweiligen Land ab, aber auch die kulturellen Aspekte. Ein Befragter beschreibt sogar, dass die Familie in diesen Trainings mit beteiligt gewesen ist (Interview 12):

"Naja, es würde ein Trainingsprogramm geben wenn man sagt, jetzt geht ein Mensch 2 Jahre nach China. Den würde man speziell auf China vorbereiten, das ist klar. Es geht wer 2 Jahre nach Japan, dann würde man den sprachlich und auf die Mentalität vorbereiten, das ist ganz klar..[1027]"

"Das einzige was wir schon machen ist, wir bereiten Mitarbeiter bei längeren Auslandsaufenthalten auch ein bisschen auf das Land vor. Das ist auf der einen Seite zum Beispiel, wenn man jetzt jemanden nach Brasilien schickt, dass man dann die ganze Mannschaft im Vorfeld auch einmal in so einen 20-25 Stunden-*Crashkurs Portugiesisch reinsteckt.* [1028]

"...Ich kann in 25 Stunden ja eh niemandem eine Sprache beibringen. Das funktioniert nicht. Was ich machen kann, ich kann versuchen eben durch die Trainerauswahl in Richtung native speaker einfach auch mehr die kulturellen Aspekte da mit rein zu bringen. Was tut man in Brasilien, wie lebt man in Brasilien, wie geht man in Brasilien mit gewissen Dingen um, um einfach einmal die Leute darauf vorzubereiten..[1029]"

"Weil es eine Sache ist jemanden wohin zu entsenden als Person und die zweite Sache ist wenn er mit der Familie geht oder sie mit Familie geht. Weil ja das Problem meistens nicht so sehr die Person ist die wohin geht, jetzt bei einem längeren Aufenthalt, sondern die Familie die sich im entsprechenden Umfeld dann sehr viel schwerer tut als die Person die dann eh 50 Stunden plus dann im Arbeitsumfeld ist, sondern die halt vielleicht mit den Kindern da sind in Schulen gehen, in Kindergärten. Der Partner muss dann schauen das er vielleicht auch einen Job hat oder sozial integriert ist. Das ist meistens dann ein größeres Paket, Unternehmen die da etwas größer ausgerichtet sind haben dann also so richtige Vorbereitungspakete die meistens ein dreiviertel Jahr

---

[1027] Vgl. Interview 7, Absatz 13
[1028] Vgl. Interview 8, Absatz 39
[1029] Vgl. Interview 8, Absatz 41

bis sechs Monate vorher anlaufen bevor jemand überhaupt irgendwo hin geht, also wenn er entsandt wird. [1030] "

Eine andere Trainingsmethode, die von einem Befragten erwähnt wurde, ist formale Ausbildung innerhalb des Unternehmens, angeboten in der Form eines Programms, welchen einem **internen MBA** sehr ähnlich ist.

"Also wenn es um die Managementebene geht, wir haben wie gesagt dieses internationale Management-Programm, dieses Ausbildungsprogramm. Das ist praktisch wie ein interner MBA durch den Leute durchgehen können, wo auch wirklich international nachher entstehen in der Ausbildung. [1031] "

b) Erfahrungsbedingte Methoden:

Diese Kategoie beinhaltet alle Trainingsmethoden, die eine Handlungskomponente beinhaltet. Die verschiedenen Ansätze, die weiter unten behandelt werden, versuchen alle die Global Mindset-Entwicklung durch des Lerner's eigener Erfahrung zu beeinflussen. Das Schaffen von **multi-kulturellen Teams** und die Implementierung von multi-kulturellen Projekten ist eine von diesen erfahrungsbedingten Ansätzen, die mehrere österreichische Unternehmen anwenden und zwar bei der Hälfte der Befragten Unternehmen. Die nachfolgenden Zitate verdeutlichen dies:

"Ich glaube das beste Training letztendlich im eigentlichen Job passiert, indem einfach in bestimmten Projekten internationale Teams am Werken sind, wo man sich gegenseitig kennenlernt und wo man gegenseitig zusammenarbeitet und wo man sich langsam an die Verschiedenheit der Personen, Länder und Kulturen herantastet.[1032] "

"Und wachsen ist einfach, dass sich die Leute austauschen, kennen lernen, und lernen aufeinander zu verlassen und lernen dann, und das ist das beste Beispiel, wenn man Projekte gemeinsam macht. D.h. wir sind insbesondere im Engineering sehr stark projektorientiert. Und wenn man so die ersten internationalen Projekte macht, multi-kulti Projekte macht, ist das eine ziemliche Challenge, aber das ist auch ein sehr gutes Lernbeispiel, wo man dann sehr schnell auch die richtigen Leute findet, die gut mit diesen Dingen umgehen können..[1033] "

"Naja, wir haben schon wenn man jetzt bei uns im Projektgeschäft schaut, haben wir immer eine Mischung von Leuten, die lokal eng mit dem Kunden zusammenarbeiten, ja

---

[1030] Vgl. Interview 12, Absatz 62
[1031] Vgl. Interview 10, Absatz 29
[1032] Vgl. Interview 2, Absatz 32
[1033] Vgl. Interview 9, Absatz 43

wenn man jetzt zum Beispiel in China schaut, gibt es ein lokales Team. Auch der Vertrieb sind immer entsprechend Chinesen oder Leute aus dem Land. Und dahinter ist das technische Netzwerk, das dann meistens eine Mischung ist aus lokalen Ressourcen und Ressourcen vom Headquarter. Und diese Teamdurchmischung haben wir an sich immer bei uns. "[1034]

Mehr als die Hälfte der Interviewten sind sich darüber einig, dass ihre Unternehmen **internationale Aufgabenstellungen ("international assignments") und Entsendungsaufgaben** anwenden, damit ihre Manager ein globales Mindset entwickeln. Wie auch immer, der Zeitrahmen für solche Aufgabengebiete variiert von Unternehmen zu Unternehmen.

"Wir sind international tätig, wir haben Tochterfirmen, wir schicken die Leute zu Tochterfirmen, das sie mal in den USA, das sie mal da und da sind. Es geht nur durch Erfahrung.[1035]*"*

"Das ist unterschiedlich, D.h. also wenn wir von assignment reden, reden wir nicht von Dienstreise. Dienstreisen gehen bis zu einem halben Jahr. Wir haben so Grenzen, dass man sagt von einem halben Jahr bis zu 3 Jahren ist es Assignment. Es kann bis 5 Jahre gehen so ein Assignment..[1036]*"*

"Also was man praktisch macht, man schickt die Leute einfach in diese Länder, also das sind Auslandsaufenthalte, drei Monate plus, wenn es geht ein halbes Jahr, wenn es geht länger, das hängt von der Investition ab. Vier Wochen ist gar nichts, da hat man nur guten Tag gesagt. Also längere Aufenthalte oder wenn man die relevante Kultur im eigenen Unternehmen ja im Hause hat und derjenige mit dieser Abteilung oder diesen Personen länger zusammen arbeitet.[1037]*"*

Internationale Treffen und Konferenzen sind von vier Unternehnen besucht worden. Als die Hauptvorteile von diesen Treffen und Konferenzen werden genannt:

- das Schaffen von einem globalen Teamspirit und
- der Austausch von Wissen und kulturellen Aspekten.

Das nachfolgende Zitat verdeutlicht dies:

"Es geht einfach darum dass es 2,3,4, je nach Bereich unterschiedlich oft, Meetings und Konferenzen gibt wo man sich austauscht wo dieses Wissen, das vorhanden ist miteinander geteilt wird.[1038]*"*

[1034] Vgl. Interview 10, Absatz 33
[1035] Vgl. Interview 7, Absatz 11
[1036] Vgl. Interview 9, Absatz 55
[1037] Vgl. Interview 12, Absatz 54
[1038] Vgl. Interview 2, Absatz 39

„Das ist zum Beispiel auch so, dass wir seit Jahren jetzt unsere Managementmeetings 2 Mal im Jahr auf globaler Basis haben, das hier einfach so ein globaler Teamgeist entsteht und wir merken es von Konferenz zu Konferenz, dass das Netzwerk immer besser wird.[1039] *"*

„...In Form von Sales Meetings oder anderen Events. Also wir machen die auch ganz bewusst in verschiedenen Ländern immer wieder. Also nicht nur hier. Natürlich schwerpunktmäßig ist es schon am Hauptstandort, weil hier am meisten stattfindet. Aber trotzdem versuchen wir auch immer wieder das auch an den anderen Tochterstandorten zu machen. Einfach ach um den jeweils anderen auch die Möglichkeit zu geben, dort die Kultur näher zu inhalieren. Und das halten wir für relativ wichtig. Und da kommen ja dann auch immer ein paar Mitarbeiter vom Mutterunternehmen mit, D.h. auch für die ist es dann wieder wichtig die Kultur dort ein bisschen zu inhalieren. Und das hat sich also als sehr zielführend herausgestellt....[1040] *"*

Durch zwei Manager beschrieben, wird auch **Job Rotation** von einigen österreichischen Unternehmen angewendet. Es erscheint jedoch, dass Job Rotation nicht so häufig implementiert wird, wie bspw. Internationalen Aufgabengebiete (international assignments) oder internationale Treffen.

"Aber was man ja macht in Konzernen oder in größeren mittleren Unternehmen der Fall ist das man in Schlüsselpositionen ja nur mehr kommt wenn man längere Zeit im Ausland gearbeitet hat für das Unternehmen. Also Jobrotationen in andere Länder sind also Voraussetzung und da ist man dann typischerweise auch einige Jahre unterwegs um eben diese Kompetenzen zu erwerben.[1041] *"*

"Ja machen wir das haben wir uns mit unserem QM System selber auferlegt D.h. wir machen den Austausch des Personals das russische Personal kommt zu uns nach Österreich und das Österreichische Personal geht nach Russland.[1042] *"*

c) Organisationscharakteristika

Die letzte Kategorie beinhaltet nicht Trainingsmethoden im strengen Sinne, aber gewisse Charakteristika, welche jedoch bevorzugte für Individuen bei der Global Mindset-Entwicklung gelten Die erste dieser Charakteristik ist eine Organisation, welche kulturellen Austausch ermöglicht. Interaktionen von Menschen von verschiedenen Kulturen wird als gu-

---

[1039] Vgl. Interview 9, Absatz 43
[1040] Vgl. Interview 11, Absatz 91
[1041] Vgl. Interview 12, Absatz 54
[1042] Vgl. Interview 13, Absatz 74

ter Weg gesehen, um das globale Verständnis zu erhöhren und somit ein Global Mindset auszubauen.

"Ja sicherlich. Über Veranstaltungen wo man über Land und Leute etwas kennen-
lernt. Über Berichte und persönliche Gespräche von Erfahrungen, die unsere eigenen
Mitarbeiter aus dem Ausland mitbringen. Ja, das ist auf jeden Fall im Unternehmen
reinzuführen, das ist mir schon sehr wichtig. Da ist auch die Durchmischung jetzt von
verschiedenen Kulturkreisen ein ausgesprochenes hilfreiches und probates Mittel.
([1043]*"*

"Ja Veranstaltungen und dann das tägliche Miteinander. Das ist eher im informellen
Bereich. Das ist wenn ich am Kaffeeautomaten mit einem Franzosen stehe und mich
mit dem unterhalte, dann bekomme ich sicherlich mehr mit als wenn ich ein Seminar
mache über die französische Lebensweise. Also das muss im Dialog zwischen den Leu-
ten im informellen Bereich passieren und deswegen ist mir auch die Durchmischung
mit Leuten unterschiedlicher Herkunft ausgesprochen wichtig.[1044]*"*

Eine andere Organisationscharakteristika erscheint bedeutend von einer Vielzahl von Interviewten und zwar der **Prozess des Wissensteilens,** der in der ganzen Organisation ermöglicht
wird, und zu einer Schaffung einer **globalen lernenden Organisation** führt. Gemäß den
Antworten der Interviewten, erscheint eine Vielzahl an österreichischen Unternehmen diese
allgemeinnützige Wissenteilens zu bevorzugen:

"Und nachdem der Konzern sehr, sehr groß ist, profitieren wir auch von den Schwes-
tergruppierungen und diese Schwestergruppierungen sind, gleich wie wir, auch inter-
national vernetzt und können uns einerseits abstützen und andererseits können wir von
dem Wissen, das vorherrscht auch partizipieren.[1045]*"*

"Wir tauschen unsere Informationen regelmäßig aus Kostengründen über Skype aus.
Da haben wir auch Videokonferenzen das funktioniert ja sehr gut mittlerweile, auch
kostengünstig im Vergleich was es kann man sagen vor einigen Monaten gekostet aus
und wir tauschen auch regelmäßig Informationen in kurzen Memo das wird dann im
Kreis geschickt dafür ist unsere Konzernsprache Englisch damit es alle lesen können
und damit man nicht immer drei mal hin und her übersetzen muss.[1046]*"*

[1043] Vgl. Interview 6, Absatz 23
[1044] Vgl. Interview 6, Absatz 33
[1045] Vgl. Interview 9, Absatz 77
[1046] Vgl. Interview 13, Absatz 116

Einen **positiven Lernansatz** zu etablieren ist also eine Organisationscharakteristik, die von einigen Befragten beschrieben worden sind, die ihr eine gewisse Bedeutung zuschreiben und ihre Existenz in der Organisation für wichtig erachten.

"Also, es ist uns sehr wichtig das alle immer informiert sind was im Weltgeschehen und vor allem am Markt so passiert. Wir haben da auch wieder spezielle Seminare. Wir haben auch viele Magazine und Wirtschaftsnachrichten die im Unternehmen durchgehen, damit alle informiert sind was in der Welt so passiert. Außerdem erstellen wir auch interne Magazine um die Leute zu informieren was am Markt so passiert. "[1047]

6.5.4 Effiziente Trainingsmaßnahmen

Die letzte Forschungsfrage dieses Kapitels beschäftigt sich mit der relativen Effizienz von verschiedenen Trainingsmethoden. Abbildung 6-8 veranschaulicht die Ergebnisse nochmals in einer Graphik.

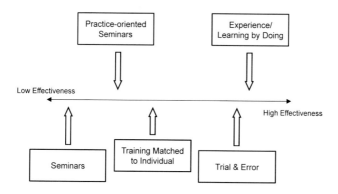

Abb. 6-8: Empirische Ergebnisse – relative Effizienz der Trainingsmethoden

Wenn nachgefragt, welche Trainingsmethoden nicht sehr effizient sind, nannten mehr als die Hälfte der Befragten **interkulturelle Seminare, Crash-Kurse und dergleichen**. Das nachfolgende Zitat illustriert diesen Standpunkt:

[1047] Vgl. Interview 1, Absatz 34

"Ich bin mir nicht sicher ob immer ein Seminar des Rätsels Lösung ist und das man

mehr oder weniger erklärt bekommt auf was man achten muss.[1048] "

"Wenn Sie den Leuten einfach nur ein Stück Papier in die Hand drücken und lesen

was da drauf steht, dann wird das weniger bringen.[1049] "

"Und man kann sicher durch so eine Art Basistraining erst einmal eine gewisse Awa-

reness schaffen, so ein Bewusstsein dafür schaffen, dass es überhaupt solche Themen

gibt, aber der Rest ist learning by doing.[1050] "

"Ich glaube nicht das ein reines Training, zu sagen so sind die Verhaltensweisen in

Japan und darauf sollte man achten und das sind die Dinge die ok sind oder nicht ok

sind, dass das ausreicht. [1051] "

"Das ist eine Modeerscheinung, hätte ich jetzt einmal gesagt. Es wird schon etwas

bringen, aber es ist sicherlich... ich glaube kulturelles Verständnis hat etwas mit emo-

tionalem Einfühlungsvermögen zu tun und das muss man also auch mitbringen.[1052] "

"Also ein Crashkurs der vier Stunden dauert, wie benehme ich mich in der Mongolei,

mag zwar sehr sinnvoll sein um die schlimmsten Katastrophen zu vermeiden, aber

wird halt nicht wirklich auf einen Aufenthalt in der Mongolei vorbereitet. Sag ich

einmal vorsichtig, aber ist besser als gar nichts. Es ist halt immer eine Sache des Ein-

satzes.[1053] "

Vor diesem Hintergrund, betont ein Befragter, dass die Trainingsmethoden und speziell die
Seminare verbessert werden können, indem praxisorientierte Komponenten durch „Native
Speaker" mit einbezogen werden:

"Ja verbessern können Sie es immer, indem Sie sehr praxisnahe Beispiele bringen und

vielleicht auch den einen oder anderen Mitarbeiter in diese Schulung mit reinbringen,

der diese Kultur schon lange gelebt hat oder sie kennen gelernt hat. Oder wie wir es

eben auch in unseren Sprach-Kultur-Schulungen machen, sie versuchen im Training,

im Trainerbereich auf native speaker und auf Personen eben zurückgreifen, die diese

Kultur eben kennen und vielleicht auch beide Kulturen kennen und leben, weil man

jetzt eben von Brasilien nach Österreich gekommen ist, lange Ö lebt, in Ö Portugie-

sisch-Sprachkurse gibt. Einfach diese Unterschiede auch aufzuzeigen und vielleicht

eher mit mehr Praxisbeispielen dem Ganzen auch ein bisschen eine Authentizität zu

---

[1048] Vgl. Interview 2, Absatz 32
[1049] Vgl. Interview 8, Absatz 53
[1050] Vgl. Interview 10, Absatz 41
[1051] Vgl. Interview 10, Absatz 43
[1052] Vgl. Interview 11, Absatz 47
[1053] Vgl. Interview 12, Absatz 66

geben, eine Glaubwürdigkeit und dann funktioniert das schon ganz gut. Wenn Sie den Leuten einfach nur ein Stück Papier in die Hand drücken und lesen was da drauf steht, dann wird das weniger bringen. .[1054] "

Zwei Befragte in der Stichprobe hebten insbesondere hervor, dass es vom Individuum abhängt, welche Trainingsmethoden am besten geeignet sind und forderte, dass das Training an das Individuum und der persönliche Situation zugeschnitten werden muss. Der Interviewte in Interview 3, zum Beispiel, fast dies wie folgt zusammen:

„ Genau, man hat ein Mitarbeitergespräch zur Verfügung wo man im Rahmen einer Diskussion schaut, ok gehen die Dinge in die richtige Richtung. Wenn die Führungskraft sieht, der Mitarbeiter braucht da Unterstützung dann kann man mit dem Human Resource Management zusammen Aktivitäten planen wie kann man, wenn eine Lücke auftritt, diese füllen, seien es jetzt Fähigkeiten, Fertigkeiten, Wissen, Know-how oder einfach eine soziale Kompetenz wo man sich dann gemeinsam überlegen kann wie schließt man das. Ist das ein Training, ist das ein interner Austausch, ist es ein Coaching zB, das ist dann etwas sehr individuelles und auf die Person zugeschnittenes. [1055] "

Ungefähr ein Drittel der Befragten behaupten, dass „*trial and error"* – oder einfacher ausgedrückt: lasst die Mitarbeiter Dinge ausprobieren und Fehler machen- ein sehr effektiver Weg ist, um ein Global Mindset zu entwickeln.

"...Natürlich ein gewisses learning on the job und da einfach Herausforderungen zur Verfügung zu stellen, also etwas machen zu lassen, etwas ausprobieren zu lassen um sozusagen dieses Wissen, Know-how einsetzen zu können und zu sehen ok wie funktioniert es in der Praxis. "[1056]

"Viele Dinge im Leben lernen Sie nachhaltig nur dann, wenn Sie einmal gegen eine Mauer gelaufen sind. Sie kennen das sicher selbst, aus eigener Erfahrung, es kann Ihnen zb auch in der Ausbildung oder auch wenn man in die Kindheit zurückgeht, die Eltern können einem 500mal sagen, man soll vielleicht doch mehr lernen, sonst wird das nichts. Wirklich verstehen wird man es erst dann, wenn man einmal in einer Situation ist, wo man in der Mangel ist und einmal wirklich vor Prüfungen Angst hat weil man eben wirklich zu wenig gelernt hat. Und selbst die Erfahrung, die Sie dann daraus machen, würden Sie jetzt nicht unbedingt Ihren Eltern zuschreiben. So weil meine Eltern

---

[1054] Vgl. Interview 8, Absatz 53
[1055] Vgl. Interview 3, Absatz 31
[1056] Vgl. Interview 3, Absatz 18

gesagt haben ich soll mehr lernen, hab ich jetzt mehr gelernt. Und genauso geht es auch im Bereich internationales Topmanagement, oder nicht nur international, auch national, regional, vom Landwirt der seine Landwirtschaft im Endeffekt betreibt bis hin zum kleinen Kaufmann: jeder lernt über Erfahrungen und jeder lernt über Fehler, die er macht. Und was Sie nicht unterdrücken dürfen ist genau den Prozess. Wenn Sie mich fragen, was muss ich alles machen, damit es funktioniert, werde ich Ihnen wahrscheinlich gar nicht so viele Antworten geben. Ich kann Ihnen auf jeden Fall sagen, dass wenn Sie es unterbinden in einem Unternehmen, dass Fehler gemacht werden, wenn Sie Fehler, die begangen werden zu stark mit Konsequenzen belegen, und somit die Fehler reduzieren, dann werden Sie auch im gleichen Moment diese nachhaltigen interkulturellen Themen einfach abdrehen. Sie werden damit Personen züchten, die nur mehr Dienst nach Vorschrift machen, die sich nicht trauen neue Wege zu beschreiten. Und jeder der neue Wege beschreitet und einmal scheitert, weiß zumindest einmal, dass es so vielleicht nicht geht oder dass dieser Weg unter diesen Rahmenbedingungen nicht der richtige ist. [1057] *"*

"Einem Kind können Sie auch sagen, dass die Herdplatte heiß ist und es wird es erst dann glauben, wenn es einmal drauf gegriffen hat. Und so ist vieles im Leben und wahrscheinlich auch in Organisationen. [1058] *"*

"Ich glaube das ist eine sehr persönliche Geschichte. Den global mindset bekommt man am effektivsten, ist meiner Meinung halt, indem man wirklich ausprobiert und aktiv dabei lernt. [1059] *"*

Die Mehrheit von den Untersuchten, wie auch immer, behaupten, dass die Erfahrung, – auch genannt **Lernen durch Tun** (learning bei doing) oder das Lernen beim Job – ist bei weitem das am meisten effektive Maß, um ein individuelles Global Mindset zu kultivieren. Das nachfolgende Zitat gibt ein Beispiel dafür:

"Ich glaube, dass man diese Dinge vor allem durch die Erfahrung lernt. Wir nehmen die Leute zu vielen Terminen mit. Man lernt am meisten wenn man zuhört und einfach dabei ist und sich alles anschaut und man sieht was man bei Kunden aufpassen muss. [1060] *"*

"Ich glaube das beste Training letztendlich im eigentlichen Job passiert, indem einfach in bestimmten Projekten internationale Teams am Werken sind, wo man sich ge-

---

[1057] Vgl. Interview 8, Absatz 69
[1058] Vgl. Interview 9, Absatz 77
[1059] Vgl. Interview 10, Absatz 43
[1060] Vgl. Interview 1, Absatz 39

genseitig kennenlernt und wo man gegenseitig zusammenarbeitet und wo man sich langsam an die Verschiedenheit der Personen, Länder und Kulturen herantastet. "[1061]

"...Formale Trainings, glaube ich, bringen relativ wenig. Sie sind manchmal gut und man kann ein paar Impulse damit setzen aber das größte learning entsteht einfach sozusagen bei learning on the job, also einfach offen zu sein, hinauszugehen, mit eigenem Antrieb und Interesse, sich aufzumachen für andere Kulturen.[1062] "

"...Aber zurück zum Schulen, ich halte nichts davon da etwas zu schulen. Ich kann jemanden beibringen, wie er was technisch macht, wie er sein Auto auseinanderschraubt und wieder zusammenbaut, das kann man erlernen, das sind Schulungen aber Umgang, der in verschiedenen Lebenssituationen andere, wie soll ich sagen, andere Verhaltensweisen erfordert, das lernt man einfach durch Beobachten und das Tun..[1063]

"Sehr effektiv ist die Personen einfach einmal dem Umfeld auszusetzen. Wenn Sie dann in einem kleinen Team von 5-6-7-8-9 Personen arbeiten im Ausland und sie müssen dort mit dem Kunden, mit dem seinem Personal das Auslangen finden, dann ist das eigentlich die effektivste Schule, die Sie machen können.[1064] "

6.6 Vergleich zwischen der Empirie mit der bestehenden Literatur

Der folgende Gliederungspunkt vergleicht die Ergebnisse der Experteninterviews mit der bestehenden Literatur, und betont deren Bedeutung für zukünftige Forschung und stellt Implikation für die Organisationspraxis auf.

Beim Herausarbeiten der **ersten Forschungsfrage** – ob es bestimmte Charaktereigenschaften gibt, die nicht entwickelt werden können, aber Bestandteil des Global Mindset sind – wird deutlich, dass sowohl die Literatur, als auch die Befragten deren Existenz (dieser nichtentwickelbaren Charaktereigenschaften) bestätigen. Während Bird & Osland[1065] behaupten, dass die Eigenschaften durch Vererbung und durch sozio-kulturelle und Umweltfaktoren geformt werden, die Interviewten auf der anderen Seite waren der Meinung, das die Familie und die Kindheit und vererbte Einflüsse auf diese Charaktereigenschaften wirken. Dies ist auch der Grund, warum diese Charaktereigenschaften als nicht entwickelbar anstatt erlernbar wie

---

[1061] Vgl. Interview 2, Absatz 32
[1062] Vgl. Interview 3, Absatz 11
[1063] Vgl. Interview 6, Absatz 43
[1064] Vgl. Interview 8, Absatz 51
[1065] Vgl. Bird und Osland 2004, S. 71

in Kapitel 6.2 aufgeführt werden. Bestehende Literatur[1066] und die Befragten teilen auch die Auffassung, dass **Offenheit und Neugier** - in der Literatur synonym verwendet -.als wichtige nicht-entwickelbare Charaktereigenschaften in dem Kontext des Global Mindset sind. Die internationalen Manager in der Untersuchung scheinen mit der Meinung von Gupta & Govindarajan[1067] übereinzustimmen, dass Neugier vor allem durch frühe Kindheitserfahrung geprägt worden ist und dass es gegenüber Veränderung im Alter resistent wird. Sie unterstützen auch die Bemerkung von Gregersen et al.[1068], dass Neugier die Motivation erfüllt, einen mentalen Veränderungsprozess zu durchlaufen. Verbunden mit diesen Eigenschaften ist auch **Abenteuerlust** von vielen Befragten als wichtig erachtet worden, und Bird & Osland[1069], die behaupten dass"**Wissbegierde**"eine innere Neugier enthält sowie Abenteuerlust und darüber hinaus das Verlangen Erfahrungen zu machen und von Anderen zu Lernen. Eine andere Übereinstimmung zwischen den Akademikern und den internationalen untersuchten Managern ist betreffend der „**Lernbereitschaft**" von Managern zu erkennen. Konsistent mit den Interviews schlagen Adler & Bartholomew[1070] vor, dass die Entwicklung von Managern mit einem Global Mindset Individuen benötigt, die sowohl Lernen wollen, als auch die Fähigkeiten besitzen schnell und kontinuierlich von Menschen und anderen (fremden) Kulturen zu lernen. Der Faktor "**Intelligenz**" der von den Managern erwähnt wurde scheint mit Adler & Bartholomew"s "**Lernfähigkeiten**", welche auch von anderen Autoren[1071] verwendet werden, übereinzustimmen. In diesem Zusammenhang ist Intelligenz auch verknüpft mit **kognitiver Komplexität** beschrieben worden von Boyacigiller et al.[1072]"...*als die Fähigkeit Komplexität zwischen den Dingen zu sehen sowie Verknüpfungen über scheinbar nicht zusammenpassende Teile herzustellen.*"

Forscher und die untersuchten Manager stimmen jedoch nicht mit allen Charaktereigenschaften überein und schlagen unterschiedliche nicht-entwickelbare Charaktereigeneschaften als bedeutend für die Global Mindsetentwicklung vor. Während die Befragten von den Interviews auch noch „**Offen für Feedback**", „**Motivation**" und „**kulturelle Empathie**" nennen, schlagen Bird & Osland[1073] Integrität und Widerstandsfähigkeit vor. Andere Autoren[1074] hingegen

---

[1066] Vgl. Estienne 1997; Gregersen et al. 1998; Jeannet 2000; Caligiuri und Di Santo 2001; Osland und Taylor 2001; Gupta und Govindarajan 2002; Beechler und Baltzley 2008
[1067] Vgl. Gupta und Govindarajan 2002, S. 120
[1068] Vgl. Gregersen et al. 1998, S. 23
[1069] Vgl. Bird und Osland 2004, S. 67ff.
[1070] Vgl. Adler und Bartholomew 1992, S. 56f.
[1071] Vgl. Kedia und Mukherji 1999; Suutari 2002
[1072] Vgl. Boyacigiller et al. 2004, S. 83f.
[1073] Vgl. Bird und Osland 2004, S. 67ff.
[1074] Vgl. Arora et al. 2004; Ananthram 2008; Gupta et al. 2008

schlagen **demographische Faktoren** vor, die einen Einfluss auf die Global Mindset-Entwicklung ausüben. Die Interviewergebnisse zeigen, dass das Alter einen Einfluss auf die Global Mindset-Entwicklung hat, nicht jedoch andere Faktoren wie Geschlecht, Rasse, soziale Klasse oder eine bestimmte Kultur. Als ein Grund warum jüngere Menschen ein Global Mindset einfacher entwickeln, nennen die Interviewten die größere Neigung zu globalen und internationalen Angelegenheiten sowie es auch Arora et al.[1075] in ihrer Studie hervorheben. Zusammengefasst zeigen die Befragten und die bestehende Literatur[1076],, dass es nicht-entwickelbare und entwickelbare Komponenten eines Global Mindset gibt. Eine Übereinstimmung scheint zu existieren, dass Organisationen die gewünschten Chaktereigenschaften in ihrem Selektionsprozess verankern müssen sowie diejenigen die diese Eigenschaften besitzen, weiter fördern. Abbildung 6-9 listet die Erkenntnisse dieses Punktes nochmals graphisch auf.

Genannte Faktoren	Literatur	Interviews
Neugierde, Offenheite und Abenteuerlust	Ja	Ja
Lernwille und Intelligenz	Ja	Ja
Offen für Feedback, Motivation und kulturelle Empathie	Nein	Ja
Widerstandsvermögen und Durchhaltevermögen	Ja	Nein
Alter	Ja	Ja
Andere demographische Faktoren (Geschlecht, Herkunft etc.)	Ja	Nein

Abb. 6-9: Empirie und Theorie: nicht entwickelbare Eigenschaften

Als nächstes wird die bestehende Literatur mit den Interviews in Bezug auf die zweite **Forschungsfrage** verglichen – und zwar welche Trainings- und Entwicklungsmethoden Individuen und Organisationen anwenden, um individuelle Global Mindset zu entwickeln. Zunächst betrachtend die Methoden, die Individuen ihrerseits benutzen, zeigt die bestehende Literatur[1077] und die interviewten internationalen Manager und das diese in der Tatsache übereinstimmen, dass die Kultivierung eines Bewusstseins und das Verständnis der eigenen Kultur ein guter Startpunkt ist. Die Interviewten scheinen mit dem Vorschlag von Maznevski & Lane[1078] übereinzustimmen, dass Individuen nicht nur Selbsterkenntnis kultivieren, sondern auch ande-

---

[1075] Vgl. Arora et al. 2004, S. 404f.
[1076] Vgl. Gupta und Govindarajan 2002; Boyacigiller et al. 2004; Osland et al. 2006; Beechler und Baltzley 2008
[1077] Vgl. Rhinesmith 1993; Srinivas 1995; Solomon und Schell 2009
[1078] Vgl. Maznevski und Lane 2003, S. 172f.

res bewußtbar machen, welches bedeutet sich der Tatsache bewusst zu sein, dass es viele andere Kulturen gibt, die von der eigenen verschieden bzw. unterschiedlich sind. Die internationalen Manager in der Stichprobe bestätigen noch viele andere Vorschläge, die von verschiedenen Forschern vorgestellt werden. Sie unterstützen die Bemerkung von einigen Autoren[1079], dass die Bereitschaft zu Lernen und ein lebenslanges Lernen kritisch ist für die Global Mindset-Entwicklung. Auch formale Bildung wird als ein bedeutender Faktor, der die Entwicklung von Global Mindsets von den interviewten Managern und von vielen Autoren[1080] angesehen, gefördert. Eine andere Methode auf die sich die Befragten und die bestehende Literatur beziehen ist Autodidaktik. Vor diesem Hintergrund, unterstützen die empirischen Ergebnisse das Hinzuziehen von verschiedenen Medienformen[1081] und das Lernen von neuen Sprachen.[1082] Die Interaktion mit anderen und das Schaffen von Netzwerken[1083] wird auch als Methode dessen Bedeutung als hoch erachtet wird, durch die Befragten bekräftigt. Zuletzt wird internationals Reisen als wichtig von den Forschern[1084] und den Interviews erachtet. Obwohl viele Gemeinsamkeiten zwischen den Akademikern und der Interviewten bzgl. der Global Mindsettrainingsmethoden für Individuen herrschen, gibt es auch einige Unterschiede zwischen diesen beiden. Auf der einen Seite schlagen viele Autoren[1085] vor, dass die Kultivierung der Selbsterkenntnis über das derzeitige Mindset die Basis ist für erfolgreiche Global Mindset-Entwicklung. Wie auch immer, diese Bemerkung ist durch die Interviewergebnisse nicht bestätigt worden. Auf der anderen Seite erwähnten die Interviewten, das Arbeiten im Ausland, kontinuierliche Reflektion über das eigene Verhalten und der Erfahrung, sowie den Respekt für Unterschiede, die andere Kulturen mit sich bringen, als wichtige entwickelbare Methoden darstellen. Abbildung 6-10 zeigt die Erkenntnisse dieses Punktes und deren Übereinstimmung zwischen Literatur und Interviews nochmals auf.

[1079] Vgl. Rhinesmith 1993; Solomon und Schell 2009; Beechler et al. 2010
[1080] Vgl. Arora et al. 2004; Gupta et al. 2008
[1081] Vgl. Rhinesmith 1993, S. 42
[1082] Vgl. Cohen 2010, S. 9
[1083] Vgl. Bouquet 2005; Clapp-Smith und Hughes 2007; Cohen 2010
[1084] Vgl. Gregersen et al. 1998; Dekker et al. 2008
[1085] Vgl. Rhinesmith 1993; Srinivas 1995; Gupta und Govindarajan 2002; Maznevski und Lane 2003; Gupta et al. 2008; Cohen 2010

Literatur	Interviews
Wertschätzung und Verständnis für eigene Kultur, Kultivierung des Selbstbewusstseins und anderen Bewusstseins	Kulturelles Bewusstsein
Lebenslanges Lernen	Lernbereitschaft
Teilnahme an Schulbildung	Schulbildung
Selbstbildung	Medien
Interaktion mit anderen	Netwerk
Reisen	Reisen
Kultivierung des Selbstbewusstseins	X
X	Arbeit im Ausland
X	Reflexion und Respekt für fremde Kulturen

Abb. 6-10: Empirie und Theorie: Trainingsmethoden für Individuen

Beim Vergleich der Interviews mit der bestehenden Literatur zu dem Thema **organisationale Trainingsmethoden (Forschungsfrage 3)**, die das Global Mindset fördern sollen, gibt es auch eine Menge Übereinstimmungen. Interkulturelle Seminare oder Trainings z.b. werden häufig von Forschern,[1086] als auch in den Interviews genannt. Die Befragten bekräftigen den Einsatz von internen und externen Trainings, wie von Suutari[1087] vorgeschlagen und den Einsatz von kulturellen Bewusstseinstrainings wie von Rhinesmith[1088] bemerkt. Zusätzlich erwähnten die Interviewten die Bedeutung von kulturellen Programmen, die speziell die Mitarbeiter auf einen Auslandseinsatz vorbereiten.

Andere Trainingsmethoden, wo Forscher und Interviewte übereinstimmen ist der Einsatz von multi-kulturellen Teams und Projekts, internationalen Aufgabenstellungen mit Expatriation beinhaltend sowie Job Rotation. Die Interviewten zeigen auch den Einsatz von internationalen Treffen auf und nennen insbesondere internationale Konferenzen.[1089] Auch ein unternehmerischer positiver Ansatz zum Lernen wird als Methode angesehen Global Mindset bei den Mi-

---

[1086] Vgl. Jeannet 2000; Osland und Taylor 2001; Arora et al. 2004; Bouquet 2005; Solomon und Schell 2009
[1087] Vgl. Suutari 2002, S. 228
[1088] Vgl. Rhinesmith 1993, S. 192
[1089] Vgl. Jeannet 2000; Suutari 2002; Gupta et al. 2008

tarbeitern zu stimulieren.[1090] Die internationalen Manager betonen auch das Wissensteilen und den Erfahrungsaustausch untereinander welches mit Jeannet"s[1091] Bemerkung mit der Schaffung einer globalen lernenden Organisation korresponsiert. "**Wissensteilens**" ist demensprechend – obwohl nicht explizit von den Befragten erwähnt – auf die Aufgabe der Mentoren und Coaches innerhalb der Organisation bezogen, welche das Wissen unter anderen Mitarbeitern verbreiten sollen.[1092] Im Gegensatz zu diesen Übereinstimmungen, gibt es einige Methoden die von den Befragten vorgeschlagen werden, in der Literatur aber nicht erwähnt werden.

Eine von diesen Methoden ist der Einsatz von formaler Bildung innerhalb der Organisation so etwas wie ein interner MBA. Eine andere ist die Organisationsstruktur, die kulturellen Austausch ermöglicht. Obwohl das letztgenannte nicht explizit von einem Autor erwähnt wurde, erscheint es, dass die eine solche Organisationsstruktur die Entwicklung eines Global Mindsets fördert.

Es gibt auch organisationale Trainingsmethoden in der Literatur, die nicht in den Interviews Beachtung gefunden haben. Diese beinhalten das Schaffen von globalen Stellenausschreibungen[1093], symbolische Anreize[1094], internationale Assessment Center[1095], Inpatriation[1096] sowie das Schaffen von Raum und Platz für Reflektion[1097] Geschäftsreisen, als Methode von Osland[1098] und Arora et al.[1099] wurde von den Befragten genannt, welches jedoch in anderen Methoden verankert ist. Abbildung 6-11 zeigt den Vergleich bezogen auf die organisatorischen Trainingsmethoden auf:

[1090] Vgl. Clapp-Smith und Hughes 2007; Beechler et al. 2010
[1091] Vgl. Jeannet 2000, S. 225
[1092] Vgl. Bouquet 2005; Beechler und Baltzley 2008
[1093] Vgl. Jeannet 2000; Bouquet 2005; Ananthram 2008
[1094] Vgl. Bouquet 2005
[1095] Vgl. Stahl 2001; Osland und Taylor 2001
[1096] Vgl. Suutari 2002
[1097] Vgl. Maznevski und Lane 2003; Beechler et al. 2010
[1098] Vgl. Osland 2001
[1099] Vgl. Arora et al. 2004

Literatur	Interviews
Interkulturelles Training, Training des Selbstbewusstseins	Interkulturelle Seminare/Trainings
X	Schulbildung innerhalb einer Organisation
Multikulturelle Teams und Projekte	Multikulturelle Teams und Projekte
Internationale Aufgabenstellungen („international assignments") und Auswanderung	Internationale Aufgabenstellungen
Internationale Meetings	Internationale Meetings und Konferenzen
Systematischer Arbeitsplatzwechsel/ „Job rotation"	Job Rotation
X	Interkulturellen Austausch ermöglichen
Positive Einstellung und Lernansatz, Bereitstellung von Mentoren und Trainern	Positiver Lernansatz, Wissensaustausch
Globale Stellenbezeichnung/Symbolische Anreize	X
Internationale Assessment Centers, „Inpatriation"	X
Platz und Raum für Reflexion schaffen	X
Geschäftsreisen	Geschäftsreisen

Abb. 6-11: Empirie und Theorie: organisationale Trainingsmethoden

Zuletzt wird die **vierte Forschungsfrage** bzgl. der **Effizienz der verschiedenen Trainingsmethoden** mit der Literatur verglichen. Insgesamt stimmen die Interviewten Manager mit der existierenden Literatur[1100] überein, indem die didaktischen Trainingsmethoden wie bspw. Seminare als weniger effizient in der Global Mindset-Entwicklung gelten. Um diese Programme wertvoller zu gestalten, empfehlen die Interviewten diese Trainingsmethoden mit mehr Praxisbespielen zu füllen. Die Auffassung – obwohl nicht direkt festgestellt in der existierenden Literatur – scheint diese Annahmen zu reflektieren, dass Methoden, die auf Erfahrung oder

---

[1100] Vgl. Jeannet 2000; Aycan 2001; Clapp-Smith und Hughes 2007; Dekker et al. 2008; Beechler et al. 2010

der Praxis basieren, im generellen effizienter sind, als solche, die sich nicht auf die Erfahrung beziehen.[1101] Die Interviewergebnisse bestätigen des Weiteren die Annahme, dass Trainingsmethoden effektiver sind, wenn sie zu den Bedürfnissen des jeweiligen Managers oder Angestellten zugeschnitten sind.[1102] Übergeordnet schlagen die Interviewten „**Trial and Error**"-**Methoden** vor, welches bedeutet, Dinge auszuprobieren und aus den Fehlern zu lernen und das Lernen durch Tun (learning by doing) als die effizientesten Methoden, um ein Global Mindset zu kultivieren. Im Einklang mit der letzteren Bemerkung, betont derzeitige Literatur[1103] das **erfahrungsbasierte Lernen**. Boyacigiller et al.[1104], zum Beispiel, behaupten, das ca. 50 Prozent des Lernen durch Arbeitserfahrung auftritt. Forscher, wie auch immer, nennen nicht explizit die „Trial and Error"-Methoden. Stattdessen behaupten eine Vielzahl an Autoren[1105], dass **internationale Aufgabenstellungen** (international assignments) und im Speziellen Auslandsentsendungsaufgaben das stärkste Mittel ist, um Global Mindsets zu entwickeln. Diese Feststellung ist nicht durch die Interviewergebnisse bestätigt worden. Andere Feststellungen aus der Literatur sind **nicht** in den Interviews bestätigt worden, und zwar die Bemerkung, dass **kultureller Hintergrund** die Effizienz der Trainingsmethoden beeinflusst.

6.7 Erkenntnisse

In diesem Kapitel ist die bestehende Literatur zu den Einflussfaktoren und Trainingsmethoden, um die individuelle Global Mindsetentwicklung zu fördern und zu entwickeln, herausgearbeitet worden. Des Weiteren ist es das Ziel dieses Kapitels gewesen, die theoretisch gemachten Vorschläge in der Literatur durch eine empirische Untersuchung anzureichern. Dazu wurden aktuelle Wahrnehmungen und Meinungen von österreichischen Managern eingeholt, um insgesamt ein besseres Verständnis über die praktischen Ansätze und Organisationsmethoden -um eines Global Mindsetentwicklung zu entwickeln – eingeholt worden. Die empirische Analyse der Erkenntnisse enthüllt, dass internationale Manager und österreichische Organisationen die Global Mindset-Entwicklung als ein wichtiges Thema ansehen. Die Befragten stimmen mit den meisten theoretischen Propositionen in der existierenden Literatur überein und schlagen zusätzlich einige Neuigkeiten vor. Zuerst wird die Tatsache bekräftigt, das die Global Mindset-Entwicklung Individuen mit gewissen nicht-entwickelbaren Charakterei-

---

[1101] Vgl. Srinivas 1995; Jeannet 2000; Aycan 2001; Osland und Taylor 2001; Boyacigiller et al. 2004; Beechler et al. 2010
[1102] Vgl. Kedia und Mukherji 1999; Beechler und Baltzley 2008; Beechler et al. 2010
[1103] Vgl. Srinivas 1995; Jeannet 2000; Aycan 2001; Osland und Taylor 2001; Beechler et al. 2010
[1104] Vgl. Boyacigiller et al. 2004, S. 174
[1105] Vgl. Rhinesmith 1993; Osland 2001; Suutari 2002; Gupta et al. 2008; Beechler et al. 2010; Cohen 2010

genschaften ausgestattet sein sollten wie etwa **Offenheit, Neugier, Abenteuerlust, Lernbereitschaft und Intelligenz**. Das Alter des jeweiligen Managers hat auch einen signifikanten Einfluss auf die Global Mindset-Entwicklung, mit **jüngeren Menschen** die ein global Mindset einfacher entwickeln vermögen. Charaktereigenschaften, welche keine Bestätigung in den Ergebnisse finden sind Integrität, Widerstandsfähigkeit und andere demographische Faktoren. Stattdessen wird **Offenheit für Feedback, Motivation, kulturelle Empathie** vorgeschlagen. Eine Ausarbeitung der Trainingsmethoden, die Individuen nutzen, um ein Global Mindset zu kultivieren, enthüllt, dass die nachfolgenden Methoden, die in der Literatur vorgeschlagen werden auch ihren praktischen Nutzen findet: die Kultivierung des kulturellen Bewusstseins, die Sucht nach Lebenslangen Lernen, die Teilnahme in formaler Bildung, autodidaktisches Vorgehen und Reisetätigkeit. Die Kultivierung von der Selbsterkenntnis über das eigene Mindset wird nicht berücksichtigt von den Befragten dieser Stichprobe. Zusätzliche Vorschläge sind: Arbeitserfahrung im Ausland, die Kultivierung von Respekt für andere Kulturen und Reflektion. Ein anderer signifikanter Beitrag in diesem Kapitel ist, da es sich um Global Mindset Trainingsmethoden, die in Österreich angewandt werden, identifiziert wurden. Im Allgemeinen wenden alle Unternehmen in der Stichprobe Trainingsmethoden an, um zu untestützen, dass ihre Mitarbeiter ein Global Mindset entwickeln. Viele Trainingsmethoden werden als einflussreich angesehen: Dazu zählen interkulturelle Trainings, multi-kulturelle Teams und Projekte, internationale Aufgabenstellungen, internationale Treffen, Job Rotations und ein positiver Lernansatz sowie Geschäftsreisen und der Aufbau einer **lernenden globalen Organisation**. Die nachfolgenden Methoden habe keine Berücksichtigung in den Interviews gefunden: globale Jobbeschreibungen, symbolische Anreize, internationale Assessment Centers, Inpatriation, und das Schaffen von Platz und Raum für Selbstreflektion. Zuletzt enthüllt die Untersuchung, dass die Effizienz der Global Mindset Trainingsmethoden von ihrem Praxisbezug abhängig ist. Die untersuchten internationalen Manager bestätigen das **erfahrungsbasierte Lernen** als am meisten effizient, und betonen das Lernen durch Tun (learning by doing). Es ist ebenso herausgearbeitet worden, dass Trainingsmethoden am besten funktionieren, wenn diese an das Individuum und dessen Stärken und Schwächen berücksichtigt werden.

Obwohl die Ergebnisse interessant sind, ist dieses Kapitel weit weg von Vollständigkeit. Es gibt mehrere Einschränkungen, so dass eine Generalisierung nicht gewährleistet ist. Aus diesem Grund müssen die **Einschränkungen dieser Arbeit** angeführt werden, um die Interpretationen dieser oben genannten Erkenntnisse und Orientierung für **zukünftige Forschung** zu vermitteln. Die erste Einschränkung liegt wiederum in der Stichprobe. Alle internationalen

Unternehmen, die teilgenommen haben sind aus Österreich. Dieser Schwerpunkt auf nur ein Land limitiert die Fähigkeit die Ergebnisse zu verallgemeinern und aus diesem Grund wird angenommen, dass diese Ergebnisse nicht unmittelbar auf andere Länder übertragen werden können. Eine andere Beschränkung ist die kleine Stichprobe. Da es sich hierbei nur um 30 Interviews handelt, sind die Ergebnisse nicht repräsentativ, was zu einer vorsichtigen Bewertung der Erkenntnisse führt. Für zukünftige Forschung im Bereich der individuellen Global Mindset-Entwicklung wird empfohlen, zunächst, die Erkenntnisse dieser Arbeit auf quantitative Forschung zu übertragen. Ebenso die Effizienz von verschiedenen Entwicklungsmethoden sollten durch kontrollierte Langzeitstudien verifiziert werden. Zukünftige Forschung könnte auch herausfinden, welche Individuen welche Trainingsmethoden bevorzugen und dabei die Stärken und Schwächen jeder dieser Methoden herausarbeiten. Zusätzlich muss erwähnt werden, dass einige Trainings- und Entwicklungsprogramme effizient in einem Teil der Welt sind, aber nicht in anderen Ländern und Kulturen fruchten. Das bedeutet, dass der Nutzen und die Effektivität von verschiedenen Trainingsmethoden in verschiedenen Kontexten und Teilen der Welt eruiert werden muss.

Die Ergebnisse dieser Untersuchung haben sicherlich auch **Implikationen für die Unternehmenspraxis**. Zu allererst müssen Organisationen der Tatsache Rechnung tragen, dass die Kultivierung des Global Mindset Individuen benötigt, die bereits ein gewisses Arsenal an nicht-entwickelbare Charaktereigenschaften mitbringen. Individuen, die nicht diese Persönlichkeitseigenschaften besitzen, werden höchstwahrscheinlich Schwierigkeiten in der Entwicklung des Global Mindsets haben und sind somit nicht geeignet für Jobpositionen, welche ein Global Mindset erfordern. Organisationen müssen vor diesem Hintergrund diese Charaktereigenschaften in ihren Selektionsverfahren berücksichtigen und ihnen Aufmerksamkeit widmen, wenn es um Rekrutierungsentscheidungen, insbesondere für Positionen mit internationaler Komponente geht. Weiterhin implizieren die Ergebnisse dieses Kapitels, dass die individuelle Global Mindset-Entwicklung auch von den Trainingsmethoden, die die Organisation ihren Mitarbeitern anbietet, abhängt. Organisationen müssen demzufolge die notwendigen Trainingsmöglichkeiten für ihre Manager und Angestellte richtig eruieren. Der Schwerpunkt in diesem Kontext wird am besten auf die Methoden gelegt, die am effizientesten plaziert sind, und zwar die **erfahrungsorientierten Methoden**.

Die Ergebnisse, wie auch immer, haben auch wichtige Implikationen für Manager und Angestellte. Die Interviewergebnisse haben gezeigt, dass es verschiedene Methoden gibt- die von Managern und Angestellten benutzt werden - die dazu beitragen in der Kultivierung eines Global Mindsets. Individuen, welche sich ein Global Mindset aneignen wollen, müssen sich aktiv mit den Methoden auseinandersetzen. Im Anschluss daran werden wieder die Studien vorgestellt, die im Rahmen dieses Kapitels erwähnt wurden.

#	Autor(en), Jahr	Thema/ Theoretischer Ansatz	Empirische Methodik	Key findings
1	Beechler, Musselwhite, Ponder, Overfield (2010)	Die Autoren präsentieren einen breiten Überblick über bestehende Literatur, was eine effektive globale Führungsperson ausmacht. Sie entwickeln ein integriertes Model, das beachtet werden muss um die Herausforderungen und Bedürfnisse zu verstehen, die eine globale Führungskraft benötigt. Außerdem versuchen sie zu identifizieren was Individuen und Organisationen tun können um Führungskräfte effektiv auf die komplexen Anforderungen globaler Arbeit vorzubereiten.	Theoretische Studie	4 Schemen, die ein Global Mindset ausmachen und entwickeln lassen werden identifiziert: Des Selbst-Schema, das organisationale Schema, das kulturelle Schema und das Umfelds-Schema. Empfehlungen aufgrund des Rahmenkonzepts für die Entwicklung eines Global Mindsets bei Führungskräften.
2	Cohen, 2010	Literaturrecherche und Fokus auf die wichtigsten Erfolgsfaktoren die für die Bildung eines Global Mindsets bei Führungskräften benötigt wird.	Theoretische Studie	Die Entwicklung globaler Führungsqualitäten muss durch eine globale Strategie des Unternehmens geleitet werden. Aneignung von echtem Global Mindset ermöglicht eine effektive Führung. Methoden für die Entwicklung von Global Mindset: Überprüfung, Ausbildung, Erfahrung und Auseinandersetzung
3	Clapp-Smith, 2009	Die Autoren testen ein Prozessmodell um zu erfahren was ein Global Mindset ausmacht und versuchen den Prozess zu erklären, wie sich Global Mindset bei Individuen entwickelt.	Empirische Studie, die Hypothesen testet	Die These eines Pfadmodells mit den 3 Hauptvariablen: kulturelle Selbstwahrnehmung, kognitive Komplexität und kulturelle Intelligenz wird stark

				unterstützt. Der Zusammenhang zwischen Positivität und partielle Mediation von aufschiebender Beurteilung wird nicht unterstützt.
4	**Ananthram, 2008**	Die Auswirkung der wirtschaftlichen Globalisierung auf das vom Autor entwickelte konzeptuelle Rahmenwerk der Makro-Meso-Micro-Ebene steht im Mittelpunkt. Anm.: Diese Arbeit befasst sich nicht explizit mit organisationalem Global Mindset	**Quantitativ:** Fragebögen **Qualitativ:** Einzelgespräche, Fokusgruppen 239 indische und 210 chinesische Manager der Dienstleistungsindustrie	Global Mindset ist ein wesentlicher Erfolgsfaktor im globalen Umfeld, Organisationen müssen die Logik, die aus der Wechselwirkung zwischen Makro-, Meso- und Mikroebene entsteht, verstehen und Maßnahmen entwickeln um diese zu ihrem Vorteil zu kultivieren.
5	**Gupta und Govindarajan, 2002**	Untersucht folgende vier Fragen: Warum ist ein Mindset wichtig? Was ist ein Global Mindset? Was ist der Wert eines Global Mindsets? Was können Firmen tun, um ein Global Mindset zu kultivieren?	**Qualitativ:** Case Studies und Expertengespräche	Die Bildung von Global Mindset ist eine zentrale Voraussetzung für ein Unternehmen um erfolgreich dabei zu sein neu aufkommende Möglichkeiten zu erkennen und mit den einhergehenden Herausforderungen umzugehen Ein von den Autoren entwickeltes Rahmenkonzept kann Unternehmen als Leitlinie für eine systematische Bewegung in Richtung des Ziels dienen.
6	**Gupta, Govindarajan, Wang, 2008**	Die Autoren liefern eine Landkarte für eine kluge Globalisierung	**Quantitativ:** Fragebögen: **Qualitativ:** Experteninterviews, Case Studies Studie ging über 20 Jahre und wurde bei über 200 globalen Unternehmen durchge-	4 Aufgaben sind essentiell für jedes Unternehmen um ein dominanter globaler Akteur innerhalb seiner Branche zu werden bzw. zu bleiben: weltweite Markmöglichkeiten identifizieren und damit

				führt	zu verfolgen, indem in allen Schlüsselmärkten eine Präsenz geschaffen wird; Konvertierung von globaler Präsenz in einen „Competitive Advantage"; Global Mindset kultivieren; dem schnellen Wachstum von aufstrebenden Märkten volle Beachtung schenken
7	Clapp-Smith, Hughes, 2007	Die Autoren versuchen zu erklären wie sich Geschäftsreisende der Umgebung anpassen, wie diese Anpassung die Entwicklung eines Global Mindsets beeinflusst und wie die kontextabhängigen Faktoren des Unternehmens auf diese Prozesse wirken.	**Qualitativ:** Halbstrukturierte Experteninterviews mit 9 Manager von multinationalen Unternehmen, welche in den letzten 12 Monaten gereist sind; Offene Fragen und Analyse mittels Grounded Theory		Die Autoren identifizieren folgende bei der Untersuchun aufkommende Kategorien: persönliche Charakteristika, kognitive Veränderungen und Beziehungsbildungen. Ein Prozessmodell identifiziert kognitive Veränderungen als das Kernphänomen beim Aufkommen eines Global Mindsets. Global Mindset ist eine reziproke Variable die, die Anpassung beschleunigt.
8	Beechler, Baltlzley, 2008	Übersicht über interdisziplinäre Einblicke der letzten Jahrzehnte der Wissenschaft	**Theoretische Studie**		Globale Führungskräfte besitzen 10 voneinander abhängige Charakteristika die in 3 Kategorien unterteilt werden können: Intelligenz, Psychologie, Wissen und Fähigkeiten; Talentmanagement kann die Entwicklung eines Global Mindsets unterstützen

9	Bouquet, 2005	Der Autor versucht herauszufinden was das Konzept des Global Mindsets für ein multinationales Unternehmen bedeutet, welche unterschiedlichen Ansätze von den MNUs verwendet werden um die Entwicklung eines Global Mindsets unter den Topmanagern zu unterstützen, welche Methoden am effektivsten sind und die Auswirkung von Global Mindset auf die Leistung.	**Qualitativ:** Tiefeninterviews **Quantitativ:** Fragebögen bei 136 MNUs	Global Mindset, das von der Verhaltensperspektive definiert wird beinhaltet eine Sammlung an Information, die Kommunikation mit wichtigen Instituten weltweit und das Nutzen von Treffen von Entscheidungsträgern; Ansätze die ein Global Mindset entwickeln: strukturelle Positionen, Unternehmensressourcen, Anreize, Entwicklung der Führungskräfte. Die effektivsten darunter sind: Symbolische Anreize und Entwicklung der Führungskräfte
10	Dekker, Jansen, Vinkenburg, 2005	Die Autoren untersuchen die Charakteristik von individuellem Global Mindset, die zugrundeliegenden Dimensionen, die beeinflussenden Faktoren und das Ergebnis	**Qualitativ:** Interviews mit 15 globalen Führungskräften des Top-Managements von multinationalen Unternehmen	Globales Führungsverhalten hat eine zeitliche, örtliche und kulturelle Dimension. Sie stimmt mit dem Konzept des Global Mindsets überein.
11	Arora, Jaju, Kefalas, Perenich, 2004	Die Autoren versuchen die demographischen und biographischen Faktoren zu bestimmen welche zu einem Global Mindset beitragen. Darüber hinaus untersuchen sie ob US-amerikanische Manager der Textilindustrie ob sie die Einstellungen und die Charaktereigenschaften besitzen, die sie als globale Manager qualifizieren.	**Quantitativ:** Fragebögen bei Textilunternehmen	US-amerikanische Manager haben ein höheres Maß an Konzeptualisierung als an Kontextualisierung Es gibt eine empirische Unterstützung für die Effektivität von Trainingsprogrammen für das Management zur Förderung von Global Mindset.
12	Bird, Osland, 2004	Das Ziel der Autoren ist es: eine Unterscheidung zwischen erfahrenen und unerfahrenen globalen Managern zu treffen; ein dynamisches Prozessmodell zu beschreiben, welches reflektiert wie Manager funk-	**Theoretische Studie**	Effektivitätskreislauf: Den Prozess beschreiben, den Manager durchlaufen wenn sie mit gewissen Arbeitsbedingungen konfrontiert sind;

		tionieren; spezifische Einstellungen, Fähigkeiten und Verhaltensweisen zu definieren, welche für ein effektives globales Management nötig sind.		Das Model der globalen Kompetenz: Wissen ist Stufe 1, Stufe 2 beinhaltet Integrität, Bescheidenheit, Wissbegierde und Ausdauer.
13	Beechler, Levy, Taylor und Boyacigiller, 2004	Die Autoren versuchen herauszufinden was Global Mindset ist und wie Organisationen und Individuen zur Entwicklung von Global Mindset beitragen können	**Theoretische Studie**	Global Mindset besteht aus kognitiver Komplexität. Organisationen müssen ihre Mitarbeiter nach den richtigen Charaktereigenschaften auswählen und in weiterer Folge abgestimmte, transparente und verschiedenartigste Trainingsmethoden anwenden; Global Mindset ist eine Wissenskonstruktion.
14	Suutari, 2002	Literaturüberblick über die Notwendigkeit globale Führungskräfte zu entwickeln; die notwendigen Kompetenzen von globalen Führungskräften und die Methoden zur Förderung globaler Führungskräften	**Theoretische Studie**	In der zukünftigen Forschung gehört der Begriff „globale Führungskraft" klar definiert; bestehende Kompetenzsysteme müssen validiert werden; Die Effektivität von Entwicklungsmaßnahmen hängt vom Kontext und der Kultur ab
15	Aycan	Eine Bewertung ob frühe Auslandsentsendungen zur Entwicklung von globalen Führungsfähigkeiten beiträgt	**Qualitative Studie:** Langzeitstudie mit 7 Universitätsstudenten, welche in einer Art Tagebuch ihre Erfahrungen während ihrer Auslandspraktika aufschreiben mussten	Frühe interkulturelle Erfahrungen oder Auslandsaufenthalte sind ein wichtiges und starkes Mittel um Individuen für zukünftige globale Führungsaufgaben vorzubereiten

| 16 | Caligiuri, Di Santo, 2001 | Die Autoren versuchen herauszufinden welche individuellen Eigenschaften (Wissen, Fähigkeiten, Kenntnisse und andere Charaktereigenschaften) die individuellen globalen Kompetenzen repräsentieren und sie testen ob diese Eigenschaften durch Auslandserfahrung gefördert werden können. | **Qualitativ** Fokusgruppen mit globalen HR-Managern **Quantitativ:** E-Mail-Fragebögen | Multinationale Konzerne definieren globale Kompetenz anhand von 8 spezifischen Dimensionen der Bereiche Wissen, Fähigkeiten und Charaktereigenschaften; die Wissensdimension kann entwickelt werden aber persönliche Charaktereigenschaften werden durch Auslandserfahrung nicht verändert

Mitarbeiter, die ins Ausland entsendet wurden, können sensibler auf die Herausforderung in einer fremden Kultur zu arbeiten, reagieren |
| --- | --- | --- | --- | --- |
| 17 | Jeannet, 2001 | Der Autor versucht herauszufinden wer von Globalisierung betroffen ist und welche Managementstrategien und – ansätze von Unternehmen beachtet werden müssen | **Theoretische Studie** | Der globale Druck betrifft Unternehmen jeder Branche und Größe, Unternehmen und Individuen müssen sich ein Global Mindset aneignen |
| 18 | Gregersen, Morrison, Black, 1998 | Die Autoren identifizieren Ressourcen bei effektiven globalen Führungskräften und wie diese entwickelt werden können | **Qualitative und Quantitative Studie** | Die Ressourcen sind:

neugieriger Charakter, Dualität, Klugheit

Die Entwicklung wird gefördert durch Training, Austausch, Reisen und Teams |

| 19 | Srinivas, 1995 | Der Autor versucht zu identifizieren wie Manager aus Entwicklungsländern dabei unterstützt werden können ein Global Mindset zu erwerben und welche Herausforderungen und Einschränkungen damit einhergehen | **Theoretische Studie** | Manager in Entwicklungsländern benötigen Global Mindset um neue Möglichkeiten zu finden

Trainingsmethoden für Manager in Entwicklungsländern |

Abb. 6-12: Studien zur Entwicklung eines individuellen Global Mindset

Im Folgenden wird wieder eine Einteilung in Art der Forschung und Forschungsschwerpunkt vorgenommen. In der Abbildung 6-13 ist ersichtlich, dass alle Quadranten mit Forschungen gefüllt sind.

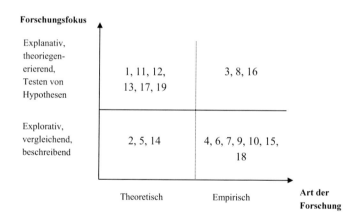

Abb. 6-13: Empirie nach Art der Forschung und Forschungsfokus eingeteilt

Man erkennt, dass die meisten Forschungen **explorativer** Natur sind.

7. Organisationsentwicklungmaßnahmen für ein Global Mindset

7.1 Überblick

Hauptaugenmerk dieses Kapitels liegt auf der **Organisationsebene des Global Mindsets** und beleuchtet wie dieses im Unternehmen kultiviert bzw. entwickelt werden kann. Dabei geht das Kapitel im Besonderen auf die **Organisationsentwicklungs-maßnahmen** auf dieser Ebene ein. Eine Herausforderung dabei ist, dass sich bisher nur wenige Autoren mit dieser Spezialfrage des Themenkomplexes Global Mindset befasst haben und nur wenig Literatur über die **Organisationsentwicklung des organisationalen Global Mindsets** vorliegt. Begley und Boyd[1106] bspw. betonen dennoch, dass ein organisationales Global Mindset nicht nur den richtigen „Geisteszustand", sondern auch unterstützende Strategien und Praktiken erfordert. Dies muss von den Führungskräften durch Bewerten und Anpassen der Strukturen, Prozesse sowie Spannungsfelder sichergestellt bzw. gewährleistet werden. Dieses Kapitel stellt dabei einen Versuch dar, das Rahmenkonzept hinter der Entwicklung eines Global Mindsets in Unternehmen zu verstehen und eine **Übersicht über organisationale Trainingsmethoden und Lernentwicklungsmodelle zur Kultivierung** eines Global Mindsets zu erstellen. Bisher haben sich nur wenige Studien dieser Frage innerhalb des komplexen Bereichs des Global Mindsets gewidmet - darunter Gupta und Govindarajan[1107], Beechler et al.[1108], Begley und Boyd[1109] sowie Jeannet[1110] und Paul[1111]. Der Fokus wird daher auf die Resultate und Einblicke, die aus der qualitativen Forschung- basierend auf Interviews mit internationalen Managern österreichischer Unternehmen -gewonnen werden konnten, gelegt. Zusammengefasst versucht dieses Kapitel die folgenden Forschungsfragen zu beantworten:

Frage 1: Welche Faktoren beeinflussen ein organisationales Global Mindset?

Frage 2: Welche Organisationsentwicklungsmethoden gibt es, ein organisationales Global Mindset zu entwickeln bzw. zu fördern?

[1106] Vgl. Begley und Boyd 2003, S. 31
[1107] Vgl. Gupta und Govindarajan 2002, 2008
[1108] Vgl. Beechler et al. 2005
[1109] Vgl. Begley und Boyd 2003
[1110] Vgl. Jeannet 2000
[1111] Vgl. Paul 2000

7.2 Kultivierung eines organisationalen Global Mindset

Die Autoren Gupta et al.[1112] betonen bei der Kultivierung eines Global Mindsets, dass das Schlüsselwort in der „**Kultivierung**" liegt, d.h. der Vorgang zur Erlangung eines Global Mindsets stellt einen längerfristigen und vor allem ständigen Prozess dar. Da ein Mindset in der Definition der Autoren in Form einer Kognitionsstruktur, also einem „cognitive template", existiert, folgt seine Entwicklung demselben Verlauf wie alle anderen vergleichbaren Typen von Wissenserwerb. Ebenso wie bei einem Kind, das gehen lernt, oder einer Organisation, die Erfahrungen in ihren Märkten sammelt, verläuft der Verlauf zu einem Global Mindset in einer Serie von S-Kurven (siehe **Abbildung 5-2**). Diese Entwicklung ist unabhängig davon, ob sie auf der individuellen oder auf der **organisationalen Ebene** stattfindet. Die Geschwindigkeit, in der diese Entwicklung erfolgt, wird dabei nach Meinung von Gupta und Govindarajan von vier Faktoren beeinflusst:

(1) Neugierde und Lernbereitschaft,

(2) eine explizite und bewusste Artikulierung des bestehenden Mindsets,

(3) Vielfalt und Neuheit der man ausgesetzt ist sowie

(4) einem disziplinierten Versuch, eine integrierte Perspektive, die verschiedene Wissensstränge über Kulturen und Märkte verknüpft, zu entwickeln.[1113]

Gupta und Govindarajan[1114] sehen grundsätzlich vier Wege, wie **organisationale Mindsets sich verändern und weiterentwickeln** können:

(1) Neue Erfahrungen können Änderungen im Mindset der Mitglieder der Organisation bewirken.

(2) Eine Änderung in der relativen Machtverteilung der einzelnen Individuen.

(3) Eine Änderung in den organisationalen und sozialen Prozessen, durch die sich Mitglieder treffen und untereinander interagieren.

(4) Eine Änderung in der Zusammensetzung der Mitglieder aus denen das Unter-nehmen besteht, wobei sich das Mindset neuer Mitglieder von dem der austretenden unterscheidet.

Aufbauend auf dieser Basis gibt **Abbildung 7-1** einen Überblick über die unterschiedlichen Maßnahmenkategorien durch die ein organisationales Global Mindset kultiviert werden kann.

[1112] Vgl. Gupta et al. 2008, S. 138
[1113] Vgl. Gupta und Govindarajan 2002, S. 120
[1114] Vgl. Gupta und Govindarajan 2002, S. 117

Kap.	Maßnahmenkategorien für ein orga-nisationales Global Mindset	Diskutiert in der Literatur
7.2.1	Globale Identität	Gupta et al., 2008; Gupta & Govindarajan, 2002; Jeannet, 2000; Ananthram, 2008; Paul 2000; Begley und Boyd, 2003; Bartlett und Ghoshal, 1998
7.2.2	Grenzübergreifende Strukturen und Prozesse	Gupta et al., 2008; Gupta & Govindarajan, 2002; Jeannet, 2000
7.2.3	Human Resources/HR Development	Gupta et al., 2008; Gupta & Govindarajan, 2002; Begley und Boyd, 2003; Jeannet, 2000; Ananthram, 2008; Paul 2000;
7.2.4	Knowledge, Netzwerke und IT	Ananthram, 2008;Gupta et al., 2008; Gupta & Govindarajan, 2002; Jeannet, 2000; Kobrin, 1994

Abb. 7-1: Überblick – Maßnahmenkategorien für ein organisationales Mindset

Die einzelnen Maßnahmen werden danach in den folgenden Kapiteln detaillierter behandelt und diskutiert.

7.2.1 Globale Identität/ globale Unternehmensvision

Ein Faktor, dem verschiedene Autoren in der Literatur[1115] eine große Bedeutung im Zusammenhang mit der Entwicklung eines organisationalen Global Mindsets zuschreiben, ist die „globale Identität" bzw. die „globale Vision des Unternehmens". Ananthram[1116] bspw. zitiert zum Thema „global identity" Beechler et al.[1117] :

> „...managers working in multinational organizations are perceived to possess a global identity giving them a psychological advantage over managers working in local organizations. Global Identity, in turn, encourages managers to think about the firm as a whole and to ignore cultural and boundaries as appropriate..."

In ähnlicher Weise sehen es Gupta et al.,[1118] wenn sie über die von ihnen als „**Corporate DNA**" bezeichnete Gesamtheit der Kernelemente des Geschäftsmodells, der Kern-Praktiken sowie der Kern-Überzeugungen und Werte des Unternehmens schreiben. Für sie ist es essentiell, diese Corporate DNA in neue Niederlassungen zu transferieren. Dazu muss sich ein Unternehmen zuvor absolut im Klaren darüber sein, was zu den **Kern-Werten und –Kern-Praktiken** zählt. In der Folge muss festgelegt werden, an welchen unbedingt festgehalten

---

[1115] Vgl. Jeannet 2000; Gupta, Govindarajan und Wang 2008; Begley und Boyd 2003; Ananthram 2008
[1116] Vgl. Ananthram 2008, S. 48
[1117] Vgl. Beechler et al. 1999, S. 13
[1118] Vgl. Gupta et al. 2008, S. 41ff.

werden muss, und welche lokal adaptiert werden können. Für die Übertragung der DNA wird laut den Autoren üblicherweise eine ausgewählte Gruppe von „committed believers" (also „DNA-Träger") benötigt. Diese werden für einige Zeit physisch an den Ort der neuen Operation gebracht. Je nach Stärke bzw. Anpassungsbedarf der dort bereits vorhandenen Firmenkultur (vorausgesetzt es handelt sich nicht um ein Greenfield-Investment) schwankt die Anzahl der benötigten Mitglieder dieser Gruppe. Damit diese Werte auch verinnerlicht werden, ist eine absolute Verpflichtung des Mutterunternehmens ebenso Voraussetzung wie die ständige Ausbildung der dortigen Mitarbeiter hinsichtlich der neuen Überzeugungen und Gebräuche.

Auch Paul[1119] hält eine Veränderung im Fokus des Managements globaler Unternehmen - weg von einer reinen Konzentration auf die Unternehmensstrategie und der Organisationsstruktur, hin zur Entwicklung eines Unternehmenszwecks und einer Vision sowie Prozesse und die Menschen - für notwendig. Das **mittlere Management** spielt in diesem Prozess eine Schlüsselrolle, das Verstehen der Vision zusammen mit der direkten Verantwortlichkeit für die Implementierung führt zu einer bindenden Verpflichtung. Ebenso müssen diese Manager mehr in das Ableiten der Vision und der Strategiepläne eingebunden werden. Ziel ist ein *„...shared understanding and commitment of how to approach global business issues.*[1120]*"* Gleichzeitig betont der Autor, dass diese neue Philosophie nicht die bisherigen Management-Tools Strategie, Strukturen und Systeme ersetzt, sondern jene vielmehr durch einen Fokus auf Vision, Prozesse und Menschen ergänzt werden[1121]

In derselben Weise stellen Bartlett und Ghoshal[1122] fest: *„Therefore, the most crucial task of transnational managers is to encourage a shared vision and personal commitment to integrate the organization at the fundamental level of individual members".*

Nicht zuletzt betonen auch Begley und Boyd[1123] die Herausforderung für Unternehmen, dass Anpassungen an lokalen Märkten innerhalb von *„...gemeinsam definierten Parametern"* stattfindet. D.h. nach Meinung der Autoren, *„...that top management must stimulate a global mindset by promoting a corporate vision that values glocal thinking".* Dazu müssen Unternehmen den Managern die Möglichkeit bieten, in diversen Gesprächsforen miteinander zu interagieren, was unter anderem in Form von weltweiten Konferenzen und Meetings, Telekommunikationstechnologien, Maßnahmen

und Belohnungssysteme und weltweit rotierenden Assignments erfolgen kann.

[1119] Vgl. Paul 2000, S. 194f.
[1120] Vgl. Paul 2000, S. 195
[1121] Vgl. Paul 2000, S. 196
[1122] Vgl. Bartlett und Ghoshal 1998, S. 76
[1123] Vgl. Begley und Boyd 2003, S. 31

Daran anschließend diskutieren auch Gupta und Govindarajan[1124] den Vorteil einer Kultivierung von zwischenmenschlichen und sozialen Bindungen unter Mitarbeitern an verschiedenen Standorten. Je erfolgreicher ein Unternehmen dabei ist, desto effektiver wird es auch im Integrieren diverser Perspektiven und Wissensbasen der Mitarbeiter sein.

7.2.2 Grenzübergreifende Strukturen und Prozesse/ Organisation

Jeannet[1125] hält zum Thema organisationales Global Mindset fest, dass selbst wenn ein Unternehmen mit „...*einem adäquaten Pool an Managern mit einem Global Mindset*" ausgestattet ist, dies noch immer unzureichend ist, wenn die „...*Organisation als Ganzes, durch ihre Strukturen, Prozesse und ihr Verhalten nicht dieselben Prinzipien unterstützt*". Aus diesem Grund behandeln viele Autoren[1126] die Bedeutung von grenzübergreifenden Strukturen und Prozessen sowie der Organisationsstruktur für ein organisationales Global Mindset.

Nach Meinung Jeannets[1127] ist es Aufgabe des Unternehmens, den Managern gut überlegte Möglichkeiten für das Erfahren von „**global thoughts**", also globalem Denken, zu bieten. Dies kann beim Planungsprozess ansetzen, aber auch den Meeting- Prozess sowie eigens kreierte Assignments für diese Erfahrungen umfassen. Im Grunde

geht es ihm darum, innerhalb des Planungszyklus des Unternehmens einen Weg zu finden, um mehr Platz für globale Themen, die mehrere Länder betreffen, zu schaffen und vom starken Fokus auf lokale, länderspezifische Planungen weg zu kommen.

Ein zweiter, verwandter Bereich, in dem Anpassungen einen positiven Einfluss auf das organisationale Global Mindset haben können, ist die **Struktur bzw. Abhalten von Firmen-Meetings**. Auch hier können „wirklich international" besetzte Teilnehmergruppen einen stark positiven Effekt haben. Der Autor gibt zu, dass dies unter Umständen auch zu höherem Reiseaufwand und damit verbundenen höheren Kosten führt. Dies relativiert sich angesichts moderner Technologien wie Videokonferenzen oder Email, die eine Teilnahme auch auf rein virtueller Basis ermöglichen.[1128]

Gupta et al.[1129] ergänzen diesen Aspekt noch um den Vorschlag, nicht nur die Teilnehmergruppe international zu besetzen, sondern auch **unterschiedliche Orte für Meetings** heranzuziehen. Sie zitieren in ihrer Arbeit das Beispiel des Unternehmens „VeriFone", das eine

[1124] Vgl. Gupta und Govindarajan 2002, S. 125
[1125] Vgl. Jeannet 2000, S. 199
[1126] Vgl. u.a. Jeannet 2000; Gupta et al. 2002, 2008; Ananthram 2008
[1127] Vgl. Jeannet 2000, S. 209
[1128] Vgl. Jeannet 2000, S. 209f.
[1129] Vgl. Gupta et al. 2008, S. 144f.

Unternehmensrichtlinie implementiert hat, welche das Top Management Team (TMT) alle sechs Wochen für fünf Tage an einem anderen Ort, über den Erdball verteilt, zusammenkommen lässt. Dieser Ansatz, besser auf das globale Umfeld eingestellt zu sein, kann - nach Meinung der Autoren - auf jeder Hierarchieebene implementiert werden.

Etwas weiter geht die Idee von Gupta und Govindarajan,[1130] einzelne Business Unit HQs über verschiedene Standorte und Länder zu verteilen. Dies ermöglicht es Unternehmen, ihre „kognitive Komplexität", also ihr Wissen über verschiedene Kulturen und Märkte, zu vertiefen. Auch Begley und Boyd[1131] unterstützen die Ansicht, dass durch solche **„Centers of Excellence"** (**„Kompetenzzentren"**) innerhalb der Unternehmensgruppe Fähigkeiten effektiv eingesetzt werden können.

Ähnlich dazu, allerdings aus funktionaler Sicht, schlägt Jeannet[1132] vor, dass Unternehmen nachdrücklich die Schaffung von **„global mandates"** – sowohl auf temporärer als auch permanenter Basis – verfolgen sollten. Diese globalen Verantwortlichkeiten zwingen Manager dazu, weg von ihrem lokalem hin zu globalem Denken zu wechseln. Als Beispiel nennt Jeannet die Leitung eines globalen Segments, einer globalen Produktlinie, Marke oder eines anderen relevanten Assignments. Um einen Wert zu haben, müssen diese global mandates formal ausgedrückt, kommuniziert und von den Trägern bewusst wahrgenommen werden.

Eine weitere Variation ist das Kreieren von **grenzübergreifenden Teams und Projekten**, wie es Gupta und Govindarajan[1133] vorschlagen. Der Vorteil wäre neben der

Schaffung von „...*in-depth knowledge regarding diverse cultures and markets*" auch das Nebenprodukt von zwischenmenschlichen Kontakten innerhalb des Unternehmens. Nicht zuletzt ermöglicht es die breitere Betrachtung einer Herausforderung, in dem auch Ansätze aus anderen Ländern für eine Problemlösung herangezogen werden. Als Beispiel nennen die Autoren die Zusammensetzung eines Teams, das in einer U.S.-Bank mit Maßnahmen zur Euro-Einführung betraut war. Hier wurden neben amerikanischen auch europäische Manager aus eben diesen Gründen miteinbezogen.

Das klare Ziel dieser Maßnahmen sieht Jeannet[1134] in der Wandlung hin zu einer **„global learning organization"**. Anstatt der Wissenbasis jedes einzelnen Landes bzw. jedes einzelnen Managers mit ihrer individuellen Lernkurve sollen die Erfahrungen aller zu einer einzigen **gesamtorganisationalen Lernkurve** verschmelzen. Manager könnten von den Erfahrungen

---

[1130] Vgl. Gupta und Govindarajan 2002, S. 123
[1131] Vgl. Begley und Boyd 2003, S. 30 f.
[1132] Vgl. Jeannet 2000, S. 210f.
[1133] Vgl. Gupta und Govindarajan 2002, S. 122
[1134] Vgl. Jeannet 2000, S. 212ff.

all ihrer Kollegen, unabhängig von ihrem Standort, profitieren und jede Organisation würde aufbauend auf der Gesamtheit der „lessons learned", nicht nur ihrer eigenen, agieren können. Jeannet ist sich sicher: „...*Those firms which manage to implement such a corporate global mindset ahead of others will have a clear competitive advantage as they embark upon the 21st century.*" Für ihn geht dies aber über die Implementierung einer „learning organization" hinaus und er sieht in Bezug auf die Wettbewerbsfähigkeit einen weiteren Aspekt: "*...The competitiveness of the global firm with fully deployed corporate mindset is more than the sum total of the competitiveness of its individual country locations.*" Das Endziel ist für ihn "*...a state of competitiveness that can become location independent*"[1135].

Nicht zuletzt belegt auch Ananthram[1136] in seiner Studie die zuvor aufgestellte Hypothese „*...Boundary spanning activities will positively influence global mindset intensity.*"

7.2.3 Human Resources/ Personalentwicklung und „Global Experiences"

Eine zentrale Position bei einigen der untersuchten Studien[1137] nimmt das Thema **Human Resources bzw. Personalentwicklung** ein. Unterschieden wird hier zwischen den beiden Aspekten Rekrutierung/Personalbesetzung („**Staffing**") auf der einen sowie **Personalentwicklung und Trainingsprogrammen** auf der anderen Seite.

a) Staffing

Paul[1138] sieht in der Zusammensetzung des Top-Managements eine wichtige Komponente des Global Mindsets. Für ihn beginnt ein Global Mindset bereits am „Steuer" eines Unternehmens. Die Zusammensetzung des TMT sowie des „board of directors" sollte die Vielfalt der Märkte, in denen das Unternehmen agieren will, widerspiegeln und eine breitere Perspektive sowie spezifisches Wissen über neue Trends und Veränderungen in der Unternehmensumwelt ermöglichen.

Ähnlich wie Paul sehen auch Gupta und Govindarajan[1139] eine Chance in der „...*Kultivierung von geographischer und kultureller Vielfalt*" im Senior Managementteam. Dies kann abwärts vom „Board of Directors" an viele Führungsebenen bis hin zur Zusammensetzung von Business Unit Management Teams gerichtet werden.

[1135] Vgl. Jeannet 2000, S. 213f.
[1136] Vgl. Ananthram 2008, S. 50
[1137] Vgl. Jeannet 2000; Paul 2000; Begley und Boyd 2003; Gupta et al. 2002, 2008
[1138] Vgl. Paul 2000, S. 193f.
[1139] Vgl. Gupta und Govindarajan 2002, S. 122f.

Jeannet[1140] wiederum behandelt den Rekrutierungsprozess, in dem ein Unternehmen versucht sein könnte, direkt Mitarbeiter mit einem bereits vorhandenem Global Mindset einzustellen. Der Autor hält diese Möglichkeit allerdings für unwahrscheinlich, da die wenigsten Führungskräfte mit einem Global Mindset geboren werden. Er sieht allerdings Hinweise, dass gewisse Mitarbeiter anpassungsfähiger sind als andere, und benennt die entscheidende Charaktereigenschaft als „internationale Neugier". Diese äußert sich in einem grundsätzlichen Interesse für Fremdes, Sorglosigkeit in der Gesellschaft von Fremden sowie der Fähigkeit, über Fremdes zu sprechen, ohne dabei ausschließlich mit der eigenen Umgebung zu vergleichen, und ist als solches sehr wohl ein Indiz für spätere „Globalisierungsfähigkeiten".

b) Personalentwicklung

Auch auf der Ebene der Weiterentwicklung der bestehenden Mitarbeiter listet die Literatur einige Möglichkeiten auf. Ein Beispiel ist der Begriff „global experiences[1141]" bzw. „immersion experiences in foreign cultures[1142]" unter denen das **Entsenden von Mitarbeitern** - über einen durchschnittlichen Zeitraum von einigen Monaten - zum Zweck der kulturellen Weiterbildung zusammengefasst wird. Dies unterliegt der Annahme, dass sich die Erweiterung der individuellen Mindsets der Manager positiv auf das Global Mindset der Organisation auswirkt. Üblicherweise wird dieser Ansatz mit weiteren Möglichkeiten wie „job rotation", **Management-Entwicklung sowie einem Selektionsprozess zu Beginn kombiniert.**[1143]

Eine Einschränkung sieht Jeannet jedoch im Zeitaufwand, der für solche Assignments anfällt. Ebenso kann dadurch zwar ein „internationales" Mindset unterstützt werden, was aufgrund der Beschränktheit der Methode jedoch nicht automatisch ein Erreichen eines Global Mindsets mit sich bringt. Eine Serie von einzelnen Länder-Erfahrungen führt nicht zwangsweise zu einem globalen Mindset.[1144] Gupta und Govindarajan[1145] sehen diese Methode aber zumindest als geeignet an, tiefer in eine fremde Kultur eintauchen zu können.

Eine intensivere Form dieser Auslandseinsätze stellen längerfristige „Expatriate- Assignments" dar.[1146] Die Autoren geben jedoch zu, dass diese – sowohl für das Unternehmen als auch häufig für die Einzelperson – die **kostenintensivste Methode für die Kultivierung ei-**

[1140] Vgl. Jeannet 2000, S. 208
[1141] Vgl. Jeannet 2000, S. 207f.
[1142] Vgl. Gupta und Govindarajan 2002, S. 122
[1143] Vgl. Jeannet 2000, S. 207f.
[1144] Vgl. Jeannet 2000, S. 207f.
[1145] Vgl. Gupta und Govindarajan 2002, S. 122
[1146] Vgl. Gupta und Govindarajan 2002, S. 122

nes Global Mindset darstellt.[1147] Entgegen der üblichen Praxis, „*...Leute auszuwählen, die man gerne länger nicht sehen würde"* sollten dabei vor allem „high potential" Manager ausgewählt werden. Des Weiteren ist es für das Unternehmen wichtig, sicherzustellen, dass auch wirklich kulturelles Lernen anstatt kultureller Isolation in sogenannten „**golden ghettos**" für Expatriates stattfindet.

Für Paul[1148] sollten diese Maßnahmen Teil einer gesamten Karriereweg- Planung sein. Eine ideale „Musterkarriere" sollte dabei abwechselnd zwischen einem lokalen und einem globalen Einsatz alternieren. Darüber hinaus stellt er fest, dass **internationale wechselnde Assignments** in der Vergangenheit hauptsächlich nachfragegetrieben waren und primär zum Knowhow-Transfer oder zur Lösung eines bestimmten Problems herangezogen wurden, mittlerweile aber den Fokus viel mehr auf das Verstehen und Profitieren von kulturellen Unterschieden sowie zur Entwicklung von langanhaltenden Netzwerken ausgelegt sind.

Paul[1149] kommt in seiner Arbeit schließlich zu folgender Feststellung: "*...global human resource management is probably one of the most powerful medium- and longterm tools for shaping the global corporate mindset"*.

7.2.4 Knowledge, Netzwerke und IT

Eine in der Praxis häufig anzutreffende Methode zur Wissensvermittlung fassen Gupta et al.[1150] unter dem Begriff „**formal education**" zusammen. Darunter verstehen die Autoren neben Sprachkursen, diversen Kursen zum Selbststudium auch akademisch-basierte Ausbildungen oder firmeninterne Seminare und Management- Entwicklungsprogramme. Ziel ist jeweils die Vermittlung von Sprachkenntnissen bzw. der Aufbau von Wissen über vielfältige Kulturen und Märkte. Ein zusätzlicher Vorteil der firmeninternen Seminare ist dabei, dass der Lernprozess nicht nur im Unterricht, sondern auch durch Interaktionen der Kollegen an unterschiedlichen Standorten stattfindet.

Einen weiteren wichtigen Faktor in der Entwicklung eines organisationalen Global Mindsets sieht bspw. Ananthram[1151] in der von ihm als „**technology intensity**" bezeichneten Verbreitung und Nutzung von IT-Strukturen innerhalb des Unternehmens. Er stellt die Hypothese auf, dass eine höhere Technologie-Intensität einen positiven Einfluss auf die Intensität des Global Mindsets hat.

[1147] Vgl. Kapitel 6
[1148] Vgl. Paul 2000, S. 197
[1149] Vgl. Paul 2000, S. 197
[1150] Vgl. Gupta et al. 2008, S. 143
[1151] Vgl. Ananthram 2008, S. 39

Jeannet[1152] unterstützt diese Ansicht und sieht in in der **globalen IT-Struktur** eines Unternehmens eine wichtige Voraussetzung für das Funktionieren der bereits genannten „global mandates" sowie für die Fähigkeit von Führungskräften, über Ländergrenzen hinweg miteinander zu kommunizieren. Auch stellt die Technologie immer mehr eine Alternative zu den vielen Reisen und Wohnortswechseln der Manager dar. Bedingung ist - laut Jeannet - die Überbrückung der „distance" und der „time gap". Erstere wird durch das Verhindern von Reisen – wie im Falle von Videokonferenzen – erfüllt; dennoch bleibt mit der time gap die Notwendigkeit, zur gleichen Zeit anwesend zu sein,

ein Problem in Hinblick auf unterschiedliche Zeitzonen. Ein Ausweg, wenn auch nicht als vollwertiger Ersatz, ist nach Meinung von Jeannet in Zukunft die „Video-Mail". Bis dahin ist für ihn die effektive Nutzung von E-mail unerlässlich. Er sieht Unternehmen in der Pflicht, globale E-mail-Adresslisten anzulegen sowie den E-mail-Zugang global zu standardisieren, um die derzeit häufig bestehende Lücke zu einem *„truly globalized system"* zu schließen.

Darüber hinaus kann nach Ansicht Jeannets[1153] durch das Eliminieren von technologischen- oder systembedingten Barrieren das organisationale Global Mindset erweitert werden. Dies umfasst unter anderem die Globalisierung von Informationssystemen und den einfachen Zugriff auf Finanz-, Operations-, Wettbewerbs- oder Transaktionsdaten von diversen Zugriffspunkten aus. Für den Autor verhält sich ein Unternehmen mit einer einzelnen **globalen Datenbank** anders als eine Firma, in der jeder an einer lokalen Datenbank arbeitet und nur limitierten Zugang bzw. Vergleichbarkeit mit anderen Standorten hat.

Zuletzt folgert auch Kobrin[1154] in seiner Arbeit: *„...In this paper I hypothesize that the need to transmit knowledge and information through the global network may lead, though increased interpersonal interaction, to organizational geocentrism in terms of attitudes and international HRM policies.*

7.2.5 Zusammenfassung und Synthese der Perspektiven

Zusammenfassend kann festgehalten werden, dass in der Literatur unterschiedliche Konzepte für die Kultivierung eines organisationalen Global Mindset diskutiert werden.

Diese lassen sich in Maßnahmenkategorien einteilen und unterscheiden sich in ihrem Ansatz, in dem für die Durchführung erforderlichen Aufwand, als auch in ihrer Effektivität. In Abbildung 7-2 werden einander diese Ansätze im Vergleich zwischen einem traditionellen MNU

[1152] Vgl. Jeannet 2000, S. 211
[1153] Vgl. Jeannet 2000, S. 211f.
[1154] Vgl. Kobrin 1994

und einem „globalen[1155]" oder auch „transnationalen" Unternehmen[1156] nochmals gegen-übergestellt. [1157]

Type of company / Investments	Traditional multinational	Global company
Top management and board	Dominated by home country nationals	Multicultural approach to reflect global operations
Management philosophy	Focus on "hard" tools: Strategies, structures and systems	Shift of focus to "soft" tools: Vision, process and people supplemented by hard tools
Networking	Corporate ethnocentrism with headquarter in one country and fully controlled subsidiaries in other countries	Corporate collaboration through networks of internal companies and external partners
Employee selection	Primarily domestic recruiting	Worldwide pool of talent/diversity recruiting
Career path planning	Primarily business or functional specialization with limited international exposure	Global apprenticeship with background in several functions, businesses and countries
International assignment and mobility	Demand-driven to provide know-how or to uphold corporate control	Learning-driven to benefit from local market and cultural differences
Knowledge and IT	-Cultivate knowledge about diversity in cultures and markets - Global IT systems	Single-country solutions; no formal education for employees

Abb. 7-2: Managerial challenges in developing a global mindset[1158]

Ebenso wichtig wie für den Erfolg eines Unternehmens ein gut entwickeltes Global Mindset ist, ist nach Meinung des Autors Bouquet[1159] die **Balance zwischen nationalem und internationalem Geschäft** zu bewahren und damit zu verhindern, dass „zuviel" Fokus auf globale

---

[1155] Vgl. Paul 2000
[1156] Vgl. Bartlett und Ghoshal 1998
[1157] Vgl. hierzu auch **Kapitel 3**
[1158] Vgl. Paul 2000, S. 194
[1159] Vgl. Bouquet 2005, S. 128f.

Aktivitäten gelegt wird. Ein **zu ausgeprägtes Global Mindset** kann zu einer „Fragmentierung" der Aufmerkskamkeit über zu viele Länder - einhergehend mit einem geringeren Verständnis für die einzelnen Herausforderungen - führen. Bouquet meint dazu, es gibt ein **Limit**, welches Maß an Global Mindset effektiv ist.

Gupta und Govindarajan[1160] halten dennoch fest: „...*The central value of a global mindset lies in enabling the company to combine speed with accurate response.*" Dies führt zu einem oder mehreren **Typen von Wettbewerbsvorteilen**:

• Ein "Early-Mover-Advantage" im Identifizieren von entstehenden Gelegenheiten.

• Höhere Ausgereiftheit und feinere Analyse der Abwägung zwischen lokaler Anpassung und globaler Standardisierung.

• Glattere Koordination von sich ergänzenden Aktivitäten über Grenzen hinweg.

• Schnellere Ausrollung von neuen Produktkonzepten und Technologien und

• eine raschere und effizientere gemeinsame Nutzung von Best Practices über alle Niederlassungen hinweg.

7.3 Kultivierung eines Global Mindset – empirische Ergebnisse

Im Folgenden wird wieder anhand von direkten Zitaten auf die empirischen Ergebnisse zu den einzelnen Punkten eingegangen.

7.3.1 Globale Identität/ Unternehmensvision

In der Literatur identifizieren einige Autoren (siehe **Kapitel 7.2.1**) die globale Unternehmensvision respektive eine globale Identität und Unternehmenskultur als einen bedeutenden Einflussfaktor eines organisationalen Global Mindset. Auch die befragten Manager der international tätigen Unternehmen unterstützen diese Ansicht und sehen dies als ein wichtiges Thema für sie selbst, wie die in diesem Abschnitt folgenden Zitate belegen:

> „*Es kommt auf die Kultur an und darauf, ob Menschen sich ändern. [...] Gemeinsame Interessen sind wichtig und dass man lernt, die anderen zu verstehen. Es gibt zwei Kulturansätze, die umgebende Kultur und die Firmenkultur. Wir von der Firma haben einen Vorteil. Wir waren immer international. Wir sind sehr locker, sind alle per du. Da sind wir schon auf der amerikanischen, kanadischen Basis, das ist etwas, wo man nicht wirklich viel tun muss. Das andere ist diese Hintergrundkultur, wo man das auch*

[1160] Vgl. Gupta und Govindarajan 2002, S. 118f.

ansprechen kann und da gibt es auch Schulungen, wo allgemeine Kulturunterschiede behandelt werden.[1161] "

„Es wurde weniger Arbeit in die Post-Merger Integration gesteckt, d.h. den übernommenen Leuten mitzuteilen, für was das Unternehmen steht, wie man mit Kunden umgeht und welche Werte wir vertreten usw. Das wurde bisher vorausgesetzt und weiter gemacht und da ist oft was verloren gegangen. Man sieht, dass das Wesen noch sehr heterogen ist und da stecke ich sehr viel Kraft hinein, dass das zusammen wächst.[1162] "

„Ich möchte damit zum Ausdruck bringen, dass dies [Anm.: die einheitliche Unternehmensvision und –werte] *bei uns ein Thema ist, das von höchster Ebene verfolgt wird.[1163] "*

In einem anderen Unternehmen werden Vision und Strategieentwicklung direkt miteinander verknüpft und als Rahmen für das Zweck und Ziele des Unternehmens eingesetzt:

„Das ist insofern eine gute Frage, weil wir gerade daran arbeiten. Nicht an der Kommunikation, sondern an der Vision und an Werten. Wir nennen sie aber nicht Vision und auch nicht Werte, wir nennen das den „core purpose", das Warum. Warum machen wir unser Geschäft? Also den Kernzweck wenn man das so übersetzt. Und dann die core principles, Wie machen wir das? Das steht an der Spitze der strategischen Pyramide, wo drunter dann die strategischen Ziele stehen. Was wollen wir erreichen?[1164] "

Eine nicht vorhandene Unternehmensvision oder ein uneinheitliches Verständnis der Werte des Unternehmens werden von einigen auch als Gefahr gesehen:

„Aber am Ende des Tages dürfen Sie einen Fehler nicht machen: Sie müssen aufpassen, dass Sie eine bestimmte Kultur einer anderen Kultur nicht aufoktroyieren. D.h., also so diese Kultur-Awareness, dass man Verschiedenes adaptieren muss an die andere Kultur, das ist ganz, ganz wichtig, denn sonst begeht man den Fehler, dass man wie ein Eroberer sagt, was bei mir gilt […] muss auf der ganzen Welt funktionieren. Wir funktionieren ganz anders.[1165] "

„Ich spreche jetzt nicht für das Unternehmen, aber es ist oft zu beobachten, dass wenn man schnell wächst oder sich geographisch ausdehnt, tendenziell etwas vom Kern des Unternehmens verliert, also da muss man aufpassen, dass man nicht sehr

---

[1161] Vgl. Interview 15, Absatz 30
[1162] Vgl. Interview 17, Absatz 78
[1163] Vgl. Interview 20, Absatz 70
[1164] Vgl. Interview 16, Absatz 49
[1165] Vgl. Interview 9, Absatz 103

bald ein loses Konstrukt nur mehr vor sich hat. [...] Die besten Unternehmen der Welt schaffen es manchmal in Akquisitionen, den wesentlichen Kern ihrer Werte nach außen zu tragen durch Informationen, so, dass es gut ankommt - das ist aber nicht automatisch, wenn etwa Groß Klein kauft.[1166] "

Die Manager beschreiben dabei unterschiedliche Ansätze, wie das Ziel einer einheitlichen Unternehmensvision erreicht werden kann und welche Methoden in ihrem Unternehmen angewandt werden:

„Da gibt es eine Guideline mit 10 Punkten zur Vision unseres Unternehmens, die jeder neue Mitarbeiter bekommt. Das ist ein nettes Blatt Papier, das man sich einheften kann und immer wieder durchlesen kann. Außerdem werden diese Werte und Visionen auch auf Firmenfeiern stark kommuniziert. Im Marketing bspw. wird z.B. in der Produkt-Werbung auch dieses deutsche Familienunternehmen kommuniziert. Die Werbespots sind immer sehr gefühlvoll und familienbezogen.[1167] "

„Im vergangenen Jahr war es so, dass die Aufgabe des Unternehmens war, wie kommuniziere ich praktisch diese etwas veränderte Unternehmensvision und die von zehn auf fünf Werte komprimierten Values, die es jetzt eben gibt. Und da wurde die Entscheidung getroffen – und es war eine sehr gute Entscheidung - dass diese Veränderung in Form von Workshops gemacht wurde und zwar weltweit. [...] in diesen teilweise 2- bis 4-stündigen Workshops ist wirklich jeder einzelne Mitarbeiter mit der Unternehmensvision und mit den Werten konfrontiert worden und dadurch sind alle rund 50.000 Mitarbeiter in irgendeiner Art und Weise mit der Vision ganz konkret in Kontakt gekommen. Etwas, dass durch die klassische Kommunikation nie zu leisten wäre, sprich wir können auch im Unternehmen irgendwelche Broschüren produzieren oder die Leute durch das Intranet beglücken, aber das bringt lang nicht so viel Wirkung wie diese Workshops, wo die Leute mit ihren persönlichen Vorgesetzten das Thema diskutieren konnten und die Leute sich mindestens einmal ganz konkret zwei bis drei Stunden sich damit auseinander gesetzt haben.[1168] "

„Wir haben einen Prozess der heißt Mission and Vision, der die Werte des Unternehmens transportieren soll. Wo es aber auch bis zum Sachbearbeiter die Möglichkeiten

---

[1166] Vgl. Interview 17, Absatz 140
[1167] Vgl. Interview 2, Absatz 57
[1168] Vgl. Interview 3, Absatz 60

gibt zu diskutieren, zu beeinflussen, vorzuschlagen. Das ist ein Prozess, der läuft für alle gleich.[1169]"

Die angewandten bzw. zur Verfügung stehenden Methoden werden durch die befragten Manager durchaus unterschiedlich bewertet. Die genannten Tools wie **Guidelines oder Workshops** sehen folgende Gesprächspartner eher kritisch:

„Natürlich gibt es sie auch festgeschrieben in Papier, aber wie vieles andere Papier ist das halt sehr geduldig und das liest einer und es geht da rein, da raus und vergisst es wieder. Und das ist eigentlich das Problem dabei. Und selbst wenn er es unterschreibt, dann heißt das ja noch lange nicht, dass er es verinnerlicht hat und dass er es auch lebt. Sondern ich glaube, das geht erst dann, wenn er eben wirklich das einerseits vorgelebt bekommt und auch wirklich, wenn er davon abweicht, darauf aufmerksam gemacht wird.[1170]"

„Das Thema ist sicher, dass Sie auf der einen Seite 100 E-Mails schreiben können, 100 Unternehmenspräsentationen machen können und 100 Mal bei Ihnen im Unternehmen Visionen, Werte, Leitbilder kommunizieren können [...] Sie können Workshops machen. Das wird Ihnen alles allerdings nur dann etwas bringen, wenn jeder einzelne Mitarbeiter diese Werte auch lebt. Wenn Sie sich bei gewissen Entscheidungen auch auf diese Werte zurückbesinnen und diese dann auch kommunizieren. Und sagen, ok, wir haben das deswegen getroffen, weil wir wollen als Unternehmen Entscheidungen in dieser Art und Weise treffen.[1171]"

„Gespräche. Und es geht nur über Gespräche. Und es nützt nichts, wenn man Papier schickt oder sonst irgendetwas. Papier ist sehr geduldig. Das geht nur in der Interaktion und in der Auseinandersetzung mit Kulturen. Anders geht es nicht. Es tickt ja Frankreich schon ganz anders als Deutschland, und es tickt Italien anders. Es tickt jeder anders.[1172]"

Häufig wird in den Interviews auch die **Vorbildwirkung des Managements** und der Führungskräfte als wichtiger Faktor für die Wahrnehmung der kommunizierten Vision und der Werte genannt:

„Das Management hat eine Vorbildwirkung. Solche Dinge müssen immer von Top-Down gemacht werden. Es hilft aber auch nichts, wenn im Topbereich das funktioniert, aber es bei den Mitarbeitern nicht ankommt. Also Sie müssen nicht nur das von

---

[1169] Vgl. Interview 13, Absatz 50
[1170] Vgl. Interview 11, Absatz 87
[1171] Vgl. Interview 8, Absatz 93
[1172] Vgl. Interview 9, Absatz 115

oben leben, sondern Sie müssen auch darauf einwirken, dass es überall gelebt wird.[1173]"

„Ich glaube diese Anpassung dann an die lokalen Kulturen, das erfolgt durchs lokale Management, aber auch durch die Art und Weise wie die Botschaften vermittelt werden. D.h., wir haben jetzt nicht unbedingt andere Value Statements oder Strategien für die verschiedenen Märkte. Aber das ist die Art und Weise wie man es dann kommuniziert. Aber eine bestimmte Methodik haben wir da nicht.[1174]"

„Wir haben 10 Unternehmensgrundsätze, die gibt es in jedem Unternehmen, in jedem Geschäftsführerbüro als Wandtafeln wo sie auch niedergeschrieben stehen. Die wir auch in jeder Empfangshalle stehen haben. An diesen Grundsätzen haben auch alle Geschäftsführer mitgewirkt, damit sind sie auch „committed" innerhalb der Gruppe. [...] In allen strategischen und Managementunterlagen finden sich die irgendwo. Und vor allem, sie werden von uns als Geschäftsführung gelebt.[1175]"

„Wie wird das kommuniziert? Im Moment arbeiten wir daran. Es wird mit unserem Spitzenmanagement kommuniziert, bearbeitet und diskutiert. [...][1176]"

„Und im Endeffekt ist es das Vorleben aller Führungskräfte, die diese normativen Regeln einfach vorleben müssen und damit werden sie auch von den anderen Leuten verstanden. Mann muss eben rigoros vorgehen, wenn jemand gegen diese Leitsätze vorgeht.[1177]"

Gerade bei Familienunternehmen oder Unternehmen, in denen der Eigentümer eine starke Mitsprache pflegt, ist dies noch stärker zu spüren:

„Die Werte werden sehr stark durch unseren CEO kommuniziert. Es gibt ein jährliches Meeting mit allen General Managern des Konzerns. Ein wesentlicher Teil, der meistens am Ende stattfindet, davon, ist eine Unterhaltung über unsere Werte. Dabei kommt auch immer die Nachfrage: Wie setzt der einzelne regionale Manager diese Werte um.[1178]"

„Unsere Kollegen aus den Landesgesellschaften und Geschäftsführer sind auch wirklich oft hier. Man sieht sie auch oft. D.h. sie werden auch wirklich überall miteinbezogen. Sie sind sehr aktiv und sie sind präsent. Da wird niemand vergessen. Das liegt sicherlich an unserem Eigentümer, dem sehr viel daran liegt und der diese menschliche

---

[1173] Vgl. Interview 8, Absatz 95
[1174] Vgl. Interview 10, Absatz 79
[1175] Vgl. Interview 14, Absatz 67
[1176] Vgl. Interview 16, Absatz 49
[1177] Vgl. Interview 14, Absatz 70
[1178] Vgl. Interview 20, Absatz 70

Komponente, die er im gesamten Unternehmen, auch über die Grenzen hinweg, mit einbringt. Er hat eine Vision und die lebt er auch. In diese bezieht er die anderen Länder auch ein.[1179] "

Ein anderer Vorschlag von Gupta und Govindarajan[1180], auch zwischenmenschliche und soziale Bindungen unter Mitarbeitern am verschiedenen Standorte zu kultivieren, wird auch bei einigen der befragten Firmen angewandt:

„Und das bringen wir hier rüber, indem wir oftmals hier für ein halbes Jahr oder auch länger, Kollegen aus dem Ausland haben, die hier arbeiten, mit denen man am Abend mal ein Glas Wein trinken geht, die man am Wochenende mit zu Skifahren nimmt und so weiter. Wo sich auch ein Austausch mitentwickelt. Man spricht ja auch darüber: bei uns ist es anders, das machen wir aber so zu Hause und dadurch lernt man auch, das ist die Offenheit. Das ist für mich das einzig probate Mittel, die Durchmischung der Kulturen hier zu Hause anzufangen.[1181] "

„Ich versuche zwar schon das konzentriert und konzipiert zu machen, indem man einen Kulturaustausch stattfinden lässt, wenn ich die [Anm.: Mitarbeiter von anderen Standorten] nach Österreich bringe, dann erlaube ich es mir, dass ich die Herrschaften z.B. in Graz in die Oper führe. [...] wir haben auch Mitarbeiter draußen, die können auch Stadtführungen machen. Das mach ich schon für die Leute, dass ich ihnen die Sehenswürdigkeiten der Stadt zeige, auch verschiedene Ausstellungen, die gerade aktuell sind, darüber sind wir informiert.[1182] "

Auch wenn die befragten Manager unterschiedliche Ansätze anwenden, um eine einheitliche Vision und einheitliche Werte in ihrem Unternehmen zu etablieren, so sehen sie alle gemeinsam die Wichtigkeit und den Einfluss, den sie für die Unternehmenskultur und letztlich den Unternehmenserfolg darstellen. In den Gesprächen zeigt sich, dass auch die Unternehmen die Wichtigkeit einer einheitlichen Unternehmensvision und bestimmter „Kern-Werte[1183]" sehen. Betont wird dabei häufig, dass vor allem die Führungskräfte eine Vorbildfunktion haben und diese Werte vorleben sollten, dies wird bspw. auch von Paul[1184] hervorgehoben. Für den Erfolg wird in der Literatur[1185] vorausgesetzt, dass diese Vision vor allem gemeinsam kreiert

---

[1179] Vgl. Interview 19, Absatz 157
[1180] Vgl. Gupta und Govindarajan 2002, S. 125
[1181] Vgl. Interview 24, Absatz 61
[1182] Vgl. Interview 25, Absatz 120
[1183] Vgl. Gupta et al. 2008, S. 41-46
[1184] Vgl. Paul 2000, S. 194f.
[1185] Vgl. Bartlett und Ghoshal 1998; Begley und Boyd 2003

werden sollte und auch bis zur Ebene des einzelnen Mitarbeiters deutlich kommuniziert werden muss – eine Ansicht, die auch bei den befragten Managern Unterstützung findet. Uneinigkeit herrscht allerdings unter den Interviewpartnern, wie diese Kommunikation erfolgreich durchgeführt werden kann und welche Maßnahmen dafür geeignet sind. Hier findet sich auch in der Literatur kein klarer Vorschlag oder eine Bewertung.

In **Abbildung 7-3** werden Aussagen der Literatur den Forschungsergebnissen aus den Befragungen gegenübergestellt und auf ihre Übereinstimmung hin untersucht:

Literatur	Interviews
Globale Identität/Vision ist wichtig für ein organisationales Global Mindset	wird unterstützt
Manager sollten bei der Entwicklung der Vision eingebunden werden	wird unterstützt
Individuelles Commitment soll erreicht werden	Manager unterschreiben Zielvereinbarungen, die auch die Werte umfassen; Mitarbeitergespräche mit Fokus gezielt auf Werte des Unternehmens
Top-Management soll Vision unterstützen, die „glokales" Denken fördert	Top-Management wird als wichtiger Faktor bei der Unterstützung der Vision und der Werte gesehen; Vorbildfunktion des TMT
Kultivierung zwischenmenschlicher Beziehungen zwischen Mitarbeitern an verschiedenen Standorten wird gefördert	wird unterstützt
Keine konkreten Umsetzungsmaßnahmen vorgestellt	Vision Statements, Guidelines, Workshops und Mitarbeitergesprächen (jeweils unterschiedliche Bewertung der Effektivität)

Abb. 7-3: Maßnahmen für Vision und Werte

7.3.2 Grenzübergreifende Strukturen und Prozesse/ Organisation

Ein weiterer Fokus bei der Entwicklung und Kultivierung eines organisationalen Global Mindset wird von einigen Autoren (siehe **Kapitel 7.2.2**) auf grenzübergreifende Strukturen und Prozesse gelegt, auch die Organisationsstruktur sollte ein Global Mindset fördern und unterstützen.

a) Meetings an unterschiedlichen Orten

Die Vorschläge Jeannets[1186] und von Gupta et al.[1187], zum einen die Meetings international zu besetzen sowie diese an unterschiedlichen Standorten weltweit stattfinden zu lassen werden auch bei einigen der befragten Unternehmen angewandt:

> *„Vieles davon passiert bei uns natürlich schon. Zum Beispiel Locations der Meetings, wenn es um die gesamte Gruppe geht, die finden zum Beispiel immer in einem anderen Land statt. Einfach um die Länder auch einzubeziehen. Was auch ganz stark ist, ist jetzt zum Beispiel Kroatien. Hier haben wir ein Integrationsprojekt gestartet. Wo wir wirklich die Integration die am Ende des Jahres vollzogen sein muss, in einem Team bestehend aus den österreichischen Kollegen und den kroatischen Kollegen, abarbeiten lassen. Zudem gibt es acht Themenbereiche. In diesen arbeiten Österreicher und das jeweilige kroatische Pendant zusammen. Um sich einerseits kennenzulernen, sich zu integrieren, zusammenzuwachsen und ein Gemeinschaftsgefühl entstehen zu lassen.[1188]“*

> *„Also unserem Chef ist das sehr wichtig und er reist viel herum. Außerdem haben wir ein globales Leadership Team im Management, das sind ca. 15 Mitarbeiter, da findet einmal im Monat ein Meeting statt. 3- bis 4-mal im Jahr treffen wir für ein paar Tage zusammen und dann werden diese Sachen besprochen. Es ist sehr wichtig, dass es Top Down und global ist. Jeder soll dabei etwas einbringen. Diese Runde besteht aus Australiern, Italienern, Griechen, Deutschen und Holländern. Ich komme aus Kroatien. Auch Kanadier und Amerikaner. Also ich mag es gerne und irgendwie sind die Leute doch gleich.[1189]“*

> *„Das ist zum Beispiel auch so, dass wir seit Jahren unsere Managementmeetings zweimal im Jahr auf globaler Basis haben, das hier einfach so ein globaler Teamgeist entsteht und wir merken es von Konferenz zu Konferenz, dass das Netzwerk immer besser wird.[1190]“*

> *„In Form von Sales Meetings oder anderen Events. Also wir machen die auch ganz bewusst immer wieder in verschiedenen Ländern. [...] Einfach auch um den jeweils*

[1186] Vgl. Jeannet 2000, S. 209f.
[1187] Vgl. Gupta et al. 2008, S. 144f.
[1188] Vgl. Interview 19, Absatz 82
[1189] Vgl. Interview 15, Absatz 45
[1190] Vgl. Interview 9, Absatz 43

anderen die Möglichkeit zu geben, dort die Kultur näher zu inhalieren. Das halten wir für relativ wichtig.[1191]"

Ein Aspekt, der von mehreren Managern in Bezug auf die Meetings angesprochen wird, ist der zusätzliche Kostenaufwand, der dadurch entsteht. Dieser wird allerdings unterschiedlich eingeschätzt, während eine Seite eher auf Videokonferenzen ausweicht, überwiegen für die anderen die Vorteile den Aufwand:

> *„Es ist auch bei Meetings so, dass Live-Meetings bevorzugt werden. Persönliche Treffen an einem gewissen physischen Standort sind natürlich immer auch eine Kostenfrage. Das meiste macht man per Videokonferenz. Es gibt auch Workshops, wo sich häufig einzelne Leute wie der Projektmanager usw. am Produktionsstandort treffen und eine Woche im Workshop arbeiten.[1192]"*

> *„Wir versuchen hauptsächlich alles über Videokonferenzen abzuwickeln, um den Reiseaufwand zu minimieren.[1193]"*

> *„Und das [Anm.: Meetings an unterschiedlichen Orten] hat sich also als sehr zielführend herausgestellt. Obwohl es natürlich mit einigem Reiseaufwand und großem Zeiteinsatz verbunden ist, aber das lässt sich halt nicht verändern. Das kann man nicht durch eine Videokonferenz machen. Da muss man dort sein.[1194]"*

b) Kompetenzzentren

Umfassender und tiefergreifender sind die Maßnahmen, die von Gupta und Govindarajan[1195] sowie Begley und Boyd[1196] für das Entwickeln eines organisationalen Global Mindset vorgeschlagen werden. Ihr Ansatz ist es, Headquarters der einzelnen Business Units über verschiedene Standorte und Länder zu verteilen und somit eine Wandlung zu Kompetenzzentren innerhalb der Firmenstruktur zu erreichen. Auch die befragten Manager sehen einige Vorteile, Kompetenzen unter den Standorten auszubalancieren:

> *„Es hat natürlich seine entscheidenden Vorteile, weil die interne Zusammenarbeit in den Teams viel besser ist, da sie physisch nicht voneinander getrennt sind und dadurch die Prozesse schneller ablaufen und keine unnötigen Reisen notwendig sind, um diese Teams zusammenzuführen.[1197]"*

[1191] Vgl. Interview 11, Absatz 91
[1192] Vgl. Interview 21, Absatz 59
[1193] Vgl. Interview 20, Absatz 45
[1194] Vgl. Interview 11, Absatz 91
[1195] Vgl. Gupta und Govindarajan 2002
[1196] Vgl. Begley und Boyd 2003
[1197] Vgl. Interview 1, Absatz 51

„Da sind wir gerade dabei. Wir sind sehr bemüht, nicht ein Multipoint-Verhältnis zwischen dem Headquarter und den Töchtern herzustellen, sondern dass Töchter selbst zu Headquarters für Themengebiete werden und somit competence centers of excellence darstellen. Das ist bei uns gut möglich: Wir haben unterschiedliche Kapazitäten und Skills und Schwerpunkte in den einzelnen Tochtergesellschaften.[1198]"

„Ja das gibt es bei uns. Wir sind in mehreren Bereichen Weltmarktführer und für bestimmte Bereiche sind einzelne Töchter als „Center of Excellence" aufgestellt.[1199]"

Die Einführung von Kompetenzzentren eröffnet jedoch nicht nur neue Möglichkeiten, sondern fordert auch eine entsprechende Anpassung in der Struktur und in der unternehmensinternen Kommunikation, um die Gefahr von Abschottungen einzelner Standorte innerhalb der Gruppe zu vermeiden. Um den Vorteil der Kompetenzzentren zu nutzen, müssen diese daher auch die Erfahrungen an die Gruppe weiterreichen:

„Uns ist daran gelegen, daraus etwas ganz Spezifisches auch in der Titulierung und in der Aufgabe dieser Leute zu machen. Nicht nur einfach das nächste Projekt, sondern auch etwas in die Gruppe zurückzuspielen. Dafür kommt aber wieder diese Internationalisierungsdebatte zurück, also die Leute, die in Südafrika oder in Indien sitzen, die diese Aufträge bekommen, müssen wiederum über ihren eigenen Tellerrand schauen und darauf achten, was ich jetzt den afrikanischen oder indischen Kollegen oder den Kollegen aus Graz enable, also ermögliche.[1200]"

„Auch das Nichtaufkommenlassen von Silos im Unternehmen ist ein Thema, gerade wenn ich ein Competence-Center aufmache, habe ich die Gefahr, dass da ein Silo draus entsteht. Da kann man nur von ganz oben vorgeben, dass sich die Vorstände verstehen und dass es eine Prozessorientierung gibt, hin zum Kunden. Man muss einen Prozessfluss des geringsten Widerstands hin zum Kunden haben. Die besten Unternehmen leben diese Prozessquerschnitte und Competence Centers. Das muss man vom Management her auch schaffen.[1201]"

c) „Global mandates"

Wie auch bereits in Kapitel 7.2.2 diskutiert, können diese Maßnahmen in ähnlicher Weise auch auf funktionaler Ebene im Rahmen sogenannter „global mandates[1202]" angewandt werden. Ziel ist es ebenfalls, einzelne Manager und ganze Abteilungen zu globalem Denken zu

---

[1198] Vgl. Interview 17, Absatz 115
[1199] Vgl. Interview 20, Absatz 49
[1200] Vgl. Interview 17, Absatz 116
[1201] Vgl. Interview 17, Absatz 144-145
[1202] Vgl. Jeannet 2000, S. 210f.

„zwingen", dadurch, dass sie eine Verantwortlichkeit für eine globale Funktion innerhalb des Konzerns übertragen bekommen. Ein Beispiel liefert das folgende Zitat eines befragten HR-Managers:

„Aber wir haben zum Beispiel unsere Organisationsstruktur komplett verändert, in die Richtung, dass wir jetzt vier Produktgeschäftsfelder haben und dass wir in den sogenannten Functional Departments eine globale Verantwortung drin haben. D.h. also trotz Dezentralität haben unsere Functional Departments eine globale Verantwortung. Zum Beispiel der HR-Bereich, meine Funktion, hat auch eine globale Verantwortung. D.h. also ich habe hier zum Drüberschauen von Amerika bis Japan über bestimmte HR-Prozesse. Und damit ergibt sich automatisch, dass man offen sein muss für verschiedene Themen. Oder auch wenn wir Standorte hochfahren, dann ist das ja zu begleiten.[1203]*"*

d) Grenzübergreifende Projektteams

Gupta und Govindarajan[1204] schlagen darüber hinaus nicht nur grenzübergreifende Prozesse, sondern auch entsprechende grenzübergreifende Teams und Projekte vor. Dies stellt für die Autoren einen weiteren Schritt dar, Wissen und Kompetenzen von unterschiedlichen Standorten konzernweit zu nutzen. Dies unterstützen auch die befragten Manager, wie die folgenden Aussagen demonstrieren:

„Ich glaube das beste Training letztendlich im eigentlichen Job passiert, indem einfach in bestimmten Projekten internationale Teams am Werken sind, wo man sich gegenseitig kennenlernt und wo man gegenseitig zusammenarbeitet und wo man sich langsam an die Verschiedenheit der Personen, Länder und Kulturen herantastet.[1205]*"*

„In Richtung Organisation hat sich herausgestellt, dass die gemeinsame Projektarbeit das Interessanteste ist. Wir sind selbst noch Lernende, man ist immer Lernender. Das Thema ist einfach über die Projektarbeit entweder das man über Multi-Kulti-Mannschaft irgendwo ein Projekt im Ausland abarbeitet oder ein Multi-Kulti-Projekt irgendwo aufsetzt und macht, da kann man am besten lernen.[1206]*"*

„Wir haben das Glück, dass wir - aufgrund unserer Projektabwicklung - immer wieder Aufträge abwickeln, die auch im Ausland stattfinden. Wir brauchen daher gar nicht so gezielt darauf hinzuarbeiten, dieses Global Mindset zu schaffen, weil das et-

---

[1203] Vgl. Interview 9, Absatz 67
[1204] Vgl. Gupta und Govindarajan 2002
[1205] Vgl. Interview 3, Absatz 32
[1206] Vgl. Interview 9, Absatz 53

was ist, das permanent allgegenwärtig ist. Man ist immer wieder in anderen Ländern, man ist immer wieder in anderen Kulturen.[1207] "

Obwohl diese grenzübergreifenden Teams und Projekte in fast allen der befragten Unternehmen eingesetzt sind, sieht nicht jeder Manager dies als eine effektive Methode in der Zusammenarbeit an:

„Ich würde es [Anm.: grenzübergreifende Teams einsetzen] aber nicht tun, weil es viel zu viele Reibungsverluste gibt. Nicht nur administrativer Aufwand, vor allem bedeutet das auch einen Kommunikationsverlust. Ich würde nur lokale Projektteams machen, so dass jeder Standort seine Kompetenz aufbaut und dann schon Leute – aber beraterderweise – austauscht.[1208] "

e) „Global learning organization"

Ebenso wie es Jeannet[1209] definiert, zielen diese durch die Unternehmen eingesetzten Maßnahmen letztendlich auch auf die Schaffung einer einheitlichen globalen „lernenden Organisation" ab. Anstatt einzeln dieselben Fehler zu begehen und Erfahrungen zu sammeln, soll jeder einzelne Standort von der Erfahrung der Gesamtheit profitieren und dadurch die Wettbewerbsfähigkeit steigern können. Dieses Ziel verfolgen auch einige der befragten Manager:

„Wir machen die Dinge, die man nach jedem Merger macht, die Dinge, die von großen Unternehmen übernommen werden. Es geht dann zu anderen Themen über, dass man die Möglichkeiten in der Gruppe nutzt, wenn's um größere Projekte geht, also Finanzierungsbedarf, wenn man Referenzen bringen kann. Man muss auch den eigenen Mitarbeitern die Vorteile eines neuen Eigentümers erklären. Das ist nicht selbstverständlich, wenn sich etwa zwei Industrien treffen, die vielleicht gar nichts miteinander zu tun haben wollen.[1210] "

Darüber hinaus geht der Interviewpartner weiter ins Detail und identifiziert einen gemeinsamen Nenner:

„Was aber alle verbindet ist die nötige Kompetenz und dahingehend der Erfolg, wenn man sieht: das funktioniert. Dann möchte ich es selbst versuchen, wenn ein Kollege Tür an Tür mit einem andern Land zusammengearbeitet hat und seine Ziele erreichen

---

[1207] Vgl. Interview 8, Absatz 39
[1208] Vgl. Interview 21, Absatz 54
[1209] Vgl. Jeannet 2000, S. 212ff.
[1210] Vgl. Interview 17, Absatz 91

konnte und einen neuen Kunden gewinnen konnte. Diese Art von interner Referenz leiten wir jetzt gerade.[1211] "

Gleichzeitig schränkt der befragte Manager aber ein:

„Wir machen noch wenig. Was wir machen ist, die Leute in und durch Projekte ins Ausland zu bringen. Die kommen mit einem weiteren Horizont zurück. Was weniger stattfindet ist das Reziproke, dass Leute von Töchterfirmen zu uns kommen und uns erklären, wie die Welt da draußen ausschaut. Wir ermöglichen einen Wissensaustausch: Wie zieht man ein Operations- Geschäft auf? Dass Leute ihr Best Practice-Erfolgserlebnis erzählen können und dieses in eine andere Tochtergesellschaft reinbringen können.[1212] "

In einem anderen Unternehmen erfolgt dieser Austausch vor allem auf der administrativen Ebene, um alle Standorte über aktuelle Projekte informiert zu halten und auf gemachte Erfahrungen zurückzugreifen:

„Unsere Kommunikationsplattform ist sicherlich auch über unser Homepage einerseits, andererseits über Videokonferenzen oder über Telefonien oder unsere Memos die wir dann im Kreis verschicken das eigentlich jeder von den Führungskräften in jedem Land informiert ist, was geht ab, was gibt's da, was gibt's dort? [...] wir haben eine einzige einheitliche Akquisitionsliste, die wird hier in Graz in der Zentrale verarbeitet und meine Assistentin vergibt für jedes einzelne Projekt die Projektnummer, [...] diese Projektliste wird jedes Monat aktualisiert und da ist dann aufgeführt, welche Anfragen wir bekommen haben, welche Projekte werden bearbeitet, gibt es ein Projektqualifikation, haben wir die Projektqualifikation geschafft, machen wir gerade die Kalkulation, etc.[1213] "

Ein weiterer Unternehmer sieht im Zuge der Schaffung einer globalen lernenden Organisation vor allem eine Herausforderung in der **Strukturierung der Organisation**:

„Ich glaube, dass, wir ein Team haben, das auf der internationalen Ebene extrem gut zusammenspielt. Das Ganze ist aber mehr als Netzwerk organisiert. Und für uns ergibt sich so die große Herausforderung, das liegt aber mehr an der Größe: wie strukturiere ich dieses Netzwerk? Wir haben ein Netzwerk von 4000 Leuten, die alle mehr oder weniger miteinander kommunizieren. Und die Herausforderung ist da eigentlich, wie baut man eine Organisation auf, auf der globalen Ebene, die das Ganze dann auch le-

---

[1211] Vgl. Interview 17, Absatz 123
[1212] Vgl. Interview 17, Absatz 95
[1213] Vgl. Interview 25, Absatz 156

ben kann. [...] Und wir haben bei uns jetzt eine Matrix-Organisation aufgebaut, global, wo also [...] die Geschäftseinheiten miteinander arbeiten. Aber an dem Thema arbeiten wir noch.[1214] "

Abbildung 7-4 fasst die genannten Maßnahmen im Bereich der Strukturen, Prozesse sowie der Organisationsstruktur nochmals zusammen:

Maßnahmen	Literatur	Interviews
a) Meetings an unterschiedlichen Orten	Ja	Ja
b) Kompetenzzentren („Centers of Excellence") schaffen	Ja	Ja
c) "Global Mandates" in der Struktur etablieren	Ja	Ja
d) Grenzübergreifende Projektteams	Ja	Ja
e) „Global learning organization"	Ja	Ja

Abb. 7-4: Maßnahmen für Strukturen, Prozesse und Organisationsstruktur

Der direkte Vergleich zeigt deutlich, dass die in der Literatur erwähnten Maßnahmen auch in den untersuchten Unternehmen zum Einsatz kommen. Wie die Diskussion der Ergebnisse gezeigt hat, werden allerdings der Erfolg und die Effektivität der Methoden nicht von jedem Manager gleich bewertet.

7.3.3 Human Resources/ Personalentwicklung und „Global Experiences"

Übereinstimmend mit ihrer Bedeutung in der Literatur[1215] besitzt das Thema Human Resources bzw. Personalentwicklung auch bei den befragten Unternehmen einen hohen Stellenwert. Analog zu der Gliederung in Kapitel 7.2.3 wird auch in diesem Abschnitt zwischen den beiden Aspekten Personalrekrutierung/-besetzung sowie Personalentwicklung und Trainingsprogrammen unterschieden.

a) Rekrutierung/Besetzung

Einen zentralen Aspekt in der Personalbesetzung stellt unter anderem für Paul[1216] die Zusammensetzung des TMT dar. Auch bei den befragten Unternehmen sieht man das Bedürfnis, in der Besetzung des TMT die Vielfalt des Unternehmens widerzuspiegeln. Folgende Antworten wurden auf die Frage nach der Durchmischung im TMT gegeben:

[1214] Vgl. Interview 10, Absatz 73
[1215] Vgl. Jeannet 2000; Paul 2000; Begley und Boyd 2003; Gupta et al. 2002, 2008
[1216] Vgl. Paul 2000, S. 193f.

„Das ist [...] ein großes strategisches Ziel eben diesen Diversity-Aspekt zu stärken, wobei Diversity nicht nur mit den Nationalitäten zu tun hat, sondern - das ist auch der Punkt – mehr Frauen ins Management zu bekommen bzw. auch beim Alter ausgeglichene, ausgewogene Teams zu haben. Weil es auch nicht sinnvoll ist, lauter Junge oder lauter Alte drinnen zu haben, sondern es kommt auf den besten Mix an, auch was das Alter betrifft und Geschlechterausgewogenheit und mehr Nationalitäten in Teams.[1217]*"*

„Unbedingt, unbedingt. Wir haben hier einen Anteil von Nicht-Österreichern im Unternehmen von, ich glaube über 16 Prozent und in Führungspositionen ist es sogar noch mehr.[1218]*"*

„Ja wir haben eine Spanierin als Vertriebsleiterin, wir haben früher eine Chinesin gehabt, wir haben einen Engländer, wir haben eine Französin, wir haben eine Deutsche sogar. [...] Einen Malaien haben wir auch.[1219]*"*

In einigen der befragten Unternehmen ist dieses Ziel, das TMT kulturell zu durchmischen noch nicht bzw. noch nicht zur Gänze erreicht:

„Wenn ich bei uns hineinschaue, sind wir sehr stark nach Europa ausgerichtet. Speziell wir sind sehr stark Graz orientiert, wobei dem Topmanagement schon bewusst ist, dass eine internationale Ausrichtung gegeben sein muss.[1220]*"*

„Ich würde sagen noch zu wenig, ist sicher noch ausbaufähig. Wir besetzen, sage ich mal, nach Regionen. Zumindest hier der deutschsprachige Raum ist sicher eine Ebene. Ich komme ja auch aus Deutschland. Das [...] wir haben zumindest hier im Headquarter keine große Durchmischung von verschiedenen Kulturen. Da gibt es Firmen, die gehen da noch viel weiter. Das ist aber sicher ein Thema, das auch noch ausbaufähig ist.[1221]*"*

Speziell für kleinere Unternehmen stellt sich auch noch ein anderes Problem:

„[...] wir suchen eben nicht auf internationalen Jobmärkten, das machen wir nicht. Nicht weil wir demgegenüber nicht offen wären, sondern weil es schlichtweg zu kompliziert ist. Es ist schon schwierig die Leute von Graz nach Deutschlandsberg zu bringen, wenn sie jetzt also jemand Internationalen einstellen wollen, dann braucht man

---

[1217] Vgl. Interview 3, Absatz 12
[1218] Vgl. Interview 24, Absatz 13
[1219] Vgl. Interview 22, Absatz 15-17
[1220] Vgl. Interview 9, Absatz 23
[1221] Vgl. Interview 10, Absatz 17

relativ gute Argumente - das sind dann meistens vor allem finanzielle Argumente - die können wir nicht bieten.[1222] "

Den Vorteil einer kulturellen Durchmischung sehen die Manager nicht nur auf der Ebene des TMT, sondern auch in der Rekrutierung der Mitarbeiter auf allen anderen Ebenen der Organisation:

„Bei offenen Stellen kann sich jeder bewerben. Ich kann jetzt nicht einen Vorteil oder Nachteil nennen. Wir nehmen gerne fremde Kulturen für die Softwareentwicklung. Wir haben aber auch Deutsche, Amerikaner, Australier, Südafrikaner, Bosnier, ich selbst bin aus Kroatien. Also bei uns ist es eigentlich egal, nur die Qualifikation ist ausschlaggebend. Auf allen Ebenen. Von Softwareentwicklung bis zum oberen Management. Woher die Leute kommen ist total egal.[1223] "

Wenngleich auch in diesem Zusammenhang ein Manager einschränkt:

„Es [Anm.: das Recruiting] passiert noch stark national auf jeden Fall. Wir haben keinen Pool an Internationalen. Es kommen immer mehr Anfragen rein und wir sehen, dass sich hier ziemlich viel verändert. Wir wecken schon das Interesse nach außen hin, da wir auch stark expandieren. Auch in einer Zeit in der alle eher den Gürtel enger geschnallt haben, waren wir nach vorne gerichtet. Das Interesse von außen ist groß, aber wir sind immer noch sehr stark national orientiert.[1224] "

b) Human Resources / Personalentwicklung

Auf der Seite der bestehenden Mitarbeiter werden in der Literatur [1225] ebenfalls einige Strategien zur Entwicklung eines Global Mindset im Rahmen von Weiterbildungs- und Trainingsmaßnahmen genannt. Allen voran werden dabei von mehreren Autoren Auslandsentsendungen, bei Jeannet[1226] **„global experiences"**, mit dem Ziel der kulturellen Weiterbildung genannt. Diese Methode findet auch unter den befragten Managern große Zustimmung, einer der Interviewpartner formuliert das Ziel dieser Maßnahmen wie folgt:

„Wichtiger ist, die Mission zu verstehen, die kulturellen Gegebenheiten in Land, Unternehmen und am Standort zu verstehen. Das wäre unsere Aufgabe.[1227] "

Der Ablauf der Auslandsentsendungen wird in den folgenden Aussagen beschrieben:

[1222] Vgl. Interview 18, Absatz 17
[1223] Vgl. Interview 15, Absatz 15
[1224] Vgl. Interview 19, Absatz 23
[1225] Vgl. Jeannet 2000; Paul 2000; Gupta und Govindarajan 2002
[1226] Vgl. Jeannet 2000, S. 207f.
[1227] Vgl. Interview 17, Absatz 108

„Das ist wie immer Lernen am Job. Wir sind international tätig, wir haben Tochterfirmen, wir schicken die Leute zu Tochterfirmen, das sie mal in den USA, das sie mal da und da sind. Es geht nur durch Erfahrung.[1228]*"*

„[...] Wobei wir gezielt versuchen unseren Leuten internationale Erfahrung zu ermöglichen. Meist im Zusammenhang mit der Gründung einer neuen Tochterfirma oder wir schicken junge Leute mit Potenzial zu einer Tochterfirma, in der sie für ein halbes oder ganzes Jahr arbeiten. Diese Leute sind dann auch meist selbst interessiert wieder international tätig sein zu können. Auf diese Art und Weise läuft dies ganz gut.[1229]*"*

„Also was man praktisch macht, man schickt die Leute einfach in diese Länder, also das sind Auslandsaufenthalte, drei Monate plus, wenn es geht ein halbes Jahr oder länger, das hängt von der Investition ab. Vier Wochen ist gar nichts, da hat man nur „guten Tag" gesagt. Also längere Aufenthalte oder wenn man die relevante Kultur im eigenen Unternehmen ja im Hause hat und derjenige mit dieser Abteilung oder diesen Personen länger zusammen arbeitet. Das ist zwar nur die halbe Miete, aber besser als gar nichts.[1230]*"*

Ebenfalls zur Anwendung kommt in den befragten Unternehmen der Austausch in Form von **Jobrotationen**, wie sie Jeannet[1231] vorschlägt:

„Aber was man ja macht in Konzernen oder was in größeren mittleren Unternehmen der Fall ist, dass man in Schlüsselpositionen ja nur mehr kommt, wenn man für das Unternehmen längere Zeit im Ausland gearbeitet hat. Also Jobrotationen in andere Länder sind also Voraussetzung und da ist man dann typischerweise auch einige Jahre unterwegs um eben diese Kompetenzen zu erwerben.[1232]*"*

„Ja machen wir, das haben wir uns mit unserem QM System selber auferlegt. D.h. wir machen den Austausch des Personals, das russische Personal kommt zu uns nach Österreich und das österreichische Personal geht nach Russland.[1233]*"*

Nicht zuletzt sehen einige der Unternehmen auch die intensivere Form von Auslandsassignments, die sogenannten **„Expatriate"-Assignments** als eine sinnvolle Methode an:

„Das ist unterschiedlich, D.h. also, wenn wir von Assignment reden, reden wir nicht von Dienstreise. Dienstreisen gehen bis zu einem halben Jahr. Wir haben so Grenzen, dass man sagt von einem halben Jahr bis zu 3 Jahren ist es ein Assignment. So ein As-

---

[1228] Vgl. Interview 7, Absatz 11
[1229] Vgl. Interview 20, Absatz 24
[1230] Vgl. Interview 12, Absatz 54
[1231] Vgl. Jeannet 2000, S. 207f.
[1232] Vgl. Interview 12, Absatz 55
[1233] Vgl. Interview 25, Absatz 74

signment kann bis 5 Jahre gehen. Wenn es geplant ist, dass es länger geht als 3 Jahre oder 5 Jahre, da ist die Grenze schwimmend, da empfehlen wir eher Lokalisierungsverträge. D.h., was wir aber aus steuerrechtlicher Sicht jetzt sehen, dass die Lokalisierungsverträge eher stärker kommen.[1234]*"*

Es wird allerdings angemerkt, dass gerade bei Expatriate-Assignments eine gezielte Vorbereitung für den Erfolg ausschlaggebend ist:

„Es ist bestimmt nicht zielführend Mitarbeiter auf Expatriate-Einsätze zu schicken, ohne zuvor lokal seine Skills und Fähigkeiten zu erweitern. Jemanden ins kalte Wasser zu werfen ist kontraproduktiv.[1235]*"*

„[...] weil es eine Sache ist, jemanden wohin zu entsenden, als Person und die zweite Sache ist, wenn er [Anm.: oder sie] mit der Familie geht. Weil ja das Problem meistens nicht so sehr die Person ist, die wohin geht - bei einem längeren Aufenthalt - sondern die Familie, die sich im entsprechenden Umfeld dann sehr viel schwerer tut, als die Person die dann eh 50 Stunden plus im Arbeitsumfeld ist. Die halt vielleicht mit den Kindern da sind, die in Schulen gehen, in Kindergärten. Der Partner muss dann schauen, dass er vielleicht auch einen Job hat oder sozial integriert ist. Das ist dann meistens ein größeres Paket, Unternehmen, die da etwas größer ausgerichtet sind, haben dann also so richtige Vorbereitungspakete die meistens ein dreiviertel Jahr bis sechs Monate vorher anlaufen, bevor jemand überhaupt irgendwo hingeht [...][1236]*"*

„Das ist das klassische Coaching, das man einen Senior-Mitarbeiter zur Verfügung gestellt bekommt. Eine Art Patensystem, also einer, der einen bei Kundenbesuchen oder bei Auslandsreisen begleitet. Training on the Job. Der einem sozusagen während der Arbeit die Dinge beibringt. Es gibt bei uns - gerade was das Internationale angeht – interkulturelle Trainings, wo wir die Mitarbeiter/innen auf das jeweilige Land vorbereiten wollen. [...] Wir „briefen" die Leute schon sehr genau bevor sie das erste Mal hinaus müssen.[1237]*"*

Abbildung 7-5 vergleicht die Methoden aus Literatur und den Interviews auf Ihre Übereinstimmung:

[1234] Vgl. Interview 9, Absatz 55
[1235] Vgl. Interview 1, Absatz 42
[1236] Vgl. Interview 12, Absatz 62
[1237] Vgl. Interview 14, Absatz 25

Literatur	Interviews
International „gemischte" Zusammensetzung des Top-Managements	Top-Management wird nicht nur nach kulturellen sondern auch nach anderen „Diversity"-Merkmalen durchmischt; in vielen Unternehmen ist das TMT allerdings noch sehr national geprägt
„Global Experiences"/Auslandsaufenthalte	Wird in vielen Unternehmen ebenfalls angewandt; wie in der Literatur diskutiert, vor allem auch um die lokale Kultur zu verstehen
Job-Rotationen	wird teilweise angewandt
Expatriate-Assignments	Expatriate-Assignments stellen eine Kern-Komponente für viele Auslandsoperationen dar; besonderer Fokus ist dabei die Vorbereitung der Assignments (u.a. in Bezug auf die Familie/Kinder der Expats)
X	Aus den Interviews geht darüber hinaus auch die Variante des "Training on the job" begleitet durch **Coaching bzw. ein Patensystem** hervor. Dieses ist in dieser Form in der Literatur nicht anzufinden, stellt aber eine Ergänzung der bisherigen Methoden dar.

Abb. 7-5: Maßnahmen im HR Bereich bzw. HR Development

Es zeigt sich deutlich, dass die diskutierten Methoden und Maßnahmen in den Unternehmen bekannt sind und größtenteils auch Anwendung finden. In den Forschungsergebnissen finden sich darüber hinaus noch Ergänzungen, bspw. in Form eines **Coaching bzw. Patensystems**.

7.3.4 Knowledge, Netzwerke und IT

Abschließend wurden die teilnehmenden Manager auch zur vierten Kategorie, der in **Kapitel 7.2.4** diskutierten Maßnahmen, dem Bereich „Knowledge, Netzwerke und IT", befragt. In diesem Zusammenhang werden sowohl in der Literatur, unter dem Begriff „formal education"[1238], als auch in den Interviews immer wieder Sprachkurse, Seminare, sowie andere Ausbildungen im Bereich der „cultural awareness" genannt. Einige Aussagen aus dem Interview spiegeln diese Tatsache wider:

[1238] Vgl. Gupta et al. 2008, S. 143

„Es gibt multikulturelle Workshops, wo die Mitarbeiter bewusst auf die kulturellen Unterschiede usw. geschult werden. Es gibt in der Schulung die nationale XY [Anm.: Unternehmensname anonymisiert] Akademie in Österreich, darüber hinaus auch die Ausbildung auf Aktiengesellschaftsebene und dann gibt's noch die Möglichkeit von Trainees im Ausland - beidseitig.[1239] "

„Da gibt es auf der einen Seite Ausbildungen/Kurse wo man Leute hinschickt und auf der anderen Seite werden wir selbst durch einen Berater seit mehreren Jahren betreut. Dieser hilft unseren Leuten ihre Kenntnisse zu verbessern, das funktioniert auch alles. Das Mindset und die Offenheit kann man natürlich auch lernen, aber einen gewissen Teil muss man einfach schon mitbringen, das liegt an der Persönlichkeit.[1240] "

„Sprachkurse auf jeden Fall. Hier würde ich einfach mit Englisch anfangen. Ich würde auch wirklich das Thema Ostsprachen in einem Unternehmen stark forcieren. Es gibt ein Commitment in unserem Unternehmen. In unserer Strategie ist es verankert. Unsere Strategie und Fokus ist auf diese Märkte gerichtet und aus meiner Sicht kann man das nicht einfach ignorieren.[1241]

„Wir versuchen auf der HR-Seite nachher die Leute zusammenzubringen und das hat bei uns den Charakter, dass wir Ausbildungsprogramme, Managementtraining-Programme international organisieren. Also es gibt hier von der Zentrale aus organisiert ein internationales Managementtrainings-programm, wo dann die Leute aus den Filialen jetzt wieder reinkommen, die dann da gemeinsam ausgebildet werden.[1242] "

„Das einzige, was wir schon machen, ist, wir bereiten Mitarbeiter bei längeren Auslandsaufenthalten auch ein bisschen auf das Land vor. Das ist auf der einen Seite zum Beispiel, wenn man jetzt jemanden nach Brasilien schickt, dass man dann die ganze Mannschaft im Vorfeld auch einmal in so einen 20-25 Stunden-Crashkurs Portugiesisch reinsteckt.[1243] "

Nicht alle halten diese Seminare allerdings für zielführend bzw. wirklich effektiv:

„Also ich komm ja aus der Magna-Welt und habe dort verschiedenste Vorbereitungen miterlebt und im Endeffekt haben alle nur die Qualität von Reiseführern. Also ich halte von Tools und Trainings, interkulturellen Trainings, nur bedingt was. Es ist nicht schlecht, wenn man so in die Sitten von Ländern eingeführt wird, aber sobald das in

---

[1239] Vgl. Interview 13, Absatz 18-19
[1240] Vgl. Interview 18, Absatz 49
[1241] Vgl. Interview 18, Absatz 49
[1242] Vgl. Interview 10, Absatz 13
[1243] Vgl. Interview 8, Absatz 39

Richtung Rezept geht, ist es schon falsch. Also ich habe einmal ein Kulturseminar von einem hochkarätigen Anbieter gemacht, ein Seminar für Korea, mit dem Effekt das ich dann ein halbes Jahr später von meinen koreanischen Gesprächspartnern, naja ausgelacht nicht, aber ich habe denen erzählt, was ich dort alles gelernt habe, und die haben sich fürchterlich darüber amüsiert, wirklich fürchterlich.[1244] "

Gegenüber Seminaren bzw. der „formal education" geben die meisten Manager relativ klar dem **„learning on the job"** den Vorzug und nennen dafür die folgenden Begründungen:

„Formale Trainings, glaube ich, bringen relativ wenig. Sie sind manchmal gut und man kann ein paar Impulse damit setzen, aber das größte learning entsteht einfach sozusagen bei learning on the job, also einfach offen zu sein, hinauszugehen, mit eigenem Antrieb und Interesse, sich aufzumachen für andere Kulturen.[1245] "

„Ich sage weniger Kurse besuchen, sondern learning by doing und sich einmal die Nase anrennen, das ist es. Und das ist einfach diese Erfahrung, die man nicht kaufen kann und die man nicht im Seminar lernt. Man kann im Seminar sicher bestimmte Situationen vorbereiten, aber am Ende des Tages steht man dann dort in dem Kulturkreis und muss performen. Und dann geht es einem einmal gut und einmal weniger gut. Und man wird so seine Fehler und seine Erfahrungen machen.[1246] "

„Das Global Mindset bekommt man am effektivsten - ist meine Meinung - indem man wirklich ausprobiert und aktiv dabei lernt. Ich glaube nicht das ein reines Training, zu sagen: so sind die Verhaltensweisen in Japan und darauf sollte man achten und das sind die Dinge die ok sind oder nicht ok sind, dass das ausreicht. Sondern man muss es wirklich üben und die Erfahrung sammeln und das mit laufender Reflexion. Und wieder darüber nachdenken, was man da tut, dann kriegt man irgendwann ein Gespür dafür.[1247] "

„Wenn man diese Seminare anspricht, dann ist es meistens der Fall, dass man diese Seminare nur dann absolviert, wenn sie wirklich für den Job nötig sind. Eine konkrete Vorbereitung für einen Auftrag in China ist zum Beispiel in der Praxis nicht durchführbar, selbst, wenn es in der Theorie steht. Die Realität sieht da anders aus.[1248] "

[1244] Vgl. Interview 5, Absatz 55
[1245] Vgl. Interview 4, Absatz 39
[1246] Vgl. Interview 9, Absatz 93
[1247] Vgl. Interview 10, Absatz 43
[1248] Vgl. Interview 21, Absatz 50

Ein weiterer wichtiger Faktor für die Kultivierung eines organisationalen Global Mindsets stellt nach Ansicht Jeannets[1249] und Kobrins[1250] das **Knüpfen von Netzwerken** innerhalb des Unternehmens dar. Dies dient zum einen der raschen und effektiven Kommunikation über Ländergrenzen hinweg und soll des Weiteren durch erhöhte zwischenmenschliche Interaktion die Einstellung der Manager in Richtung einer globalen Perspektive formen. Diese Haltung unterstützen auch die befragten Manager, gefördert wird dies in unterschiedlicher Art und Weise:

> *„Was wir sehr wohl machen, ist ein intensives internes on-boarding am Anfang und je nach Position, was wir sowieso am Standort in Österreich machen, ist Mitarbeiter ein-zuführen in unseren gesamten Prozess und in die unterschiedlichen Kernbereiche - al-so wie funktioniert bei uns das Unternehmen oder wie hängen die einzelnen Bereiche zusammen. [...] Wenn das jetzt Positionen sind, die sehr stark international tätig sind, dann schickt man die noch in unterschiedliche Länder damit sie die Kollegen in den anderen Ländern kennen lernen und sehen, wie arbeiten die, wie bearbeiten sie die Märkte und das da ein Austausch entsteht, also ein starkes internes on-boarding.[1251] "*

> *„Ja, das passiert insofern, also konkretes Beispiel in Rumänien, da machen wir einmal im Jahr ein riesengroßes Sommerfest, mit den Westlern und den Rumänen gemeinsam. Bei dieser Feier werden die Familien mit eingeladen. Das Geheimnis oder die Grund-regel ist ja die, je mehr die Leute wirklich miteinander zu tun haben und je mehr sie sich wirklich miteinander auseinandersetzen, desto besser wird ja auch das Arbeits-verhältnis und überhaupt das soziale Verhältnis.[1252] "*

> *„Ich glaube, die größere Herausforderung ist es, eine Organisation dazu zu bringen, zu erkennen, dass das Geschäft im internationalen Kontext eine Win-Win Situation auch für den eigenen Standort ist. Und das ist sehr, sehr schwer und das geht halt nur über einen sehr langen Zeitraum. Und insbesondere über vertrauensbildende Maß-nahmen und insbesondere dadurch, dass man einfach das Management und die betrof-fenen Mitarbeiter immer wieder involviert, immer wieder zusammenbringt, und ge-meinsam wachsen lässt.[1253] "*

Die Gesprächspartner sehen dabei aber auch ganz klar die Initiative des Einzelnen gefordert, da aus ihrer Sicht die Unternehmen nur die Rahmenbedingungen bieten können:

[1249] Vgl. Jeannet 2000
[1250] Vgl. Kobrin 1994
[1251] Vgl. Interview 4, Absatz 33
[1252] Vgl. Interview 5, Absatz 79
[1253] Vgl. Interview 9, Absatz 41

„Also, im Grunde genommen, wir tun da nichts gezielt. Aber wie kann es jeder selber machen. Mein Gott, man sucht sich ein Netzwerk. Und baut natürlich persönliche Connections auf, gewinnt auch Freunde und Bekannte in den einzelnen Ländern und das wächst dann auch. Und das fängt an bei einer Essenseinladung und einer Gegeneinladung, wenn man so will und das geht dann oft auch viel weiter.[1254]"

„Das Wasser ist sehr kalt. Also wir sollten da mehr machen. Ist natürlich auch eine Gruppenfrage und Dringlichkeitsfrage. Oft geht's um ein akutes Problem, tausende Km von uns entfernt, wo jemand hin muss. Es gibt wenig strukturierte Hilfe für diese Leute. Aber Leute, die gut in einem Netzwerk zurechtkommen, finden bei uns immer ihre Informationen, ob das aber die richtige Vorgehensweise in einem wachsenden Unternehmen ist, ist die Frage.[1255]"

„Das geht normalerweise über Kontakte. Man baut sich die Kontakte im Laufe der Zeit auf und man weiß dann also mit wem man sprechen muss, damit man wen kennenlernt und so weiter [...][1256]"

„Ja, Veranstaltungen und dann das tägliche Miteinander. Das ist eher im informellen Bereich. Das ist, wenn ich am Kaffeeautomaten mit einem Franzosen stehe und mich mit dem unterhalte, dann bekomme ich sicherlich mehr mit als wenn ich ein Seminar mache über die französische Lebensweise. Also das muss im Dialog zwischen den Leuten im informellen Bereich passieren und deswegen ist mir auch die Durchmischung mit Leuten unterschiedlicher Herkunft ausgesprochen wichtig.[1257]"

Unterstützend dazu sieht Jeannet[1258] eine einheitliche **globale IT-Struktur** als Voraussetzung für die Bildung von Netzwerken und damit einhergehend die Entfaltung eines organisationalen Global Mindset. Diese Meinung teilen die befragten Manager:

„Das eine ist einmal eine technische Infrastruktur legen. Alleine durch unsere Kooperationsmöglichkeiten investieren wir jetzt in gemeinsame Backend-Systeme, damit wir eine gemeinsame Sprache sprechen, was unsere Daten betrifft. Wir tauschen gruppenweit unsere E-Mails aus, was bis jetzt nicht gemacht wurde. Wir haben auch ein Strategiedokument geschrieben, das wir in einem Führungskreis entwickelt haben und jetzt ausrollen werden.[1259]"

[1254]   Vgl. Interview 11, Absatz 67
[1255]   Vgl. Interview 17, Absatz 103
[1256]   Vgl. Interview 22, Absatz 53
[1257]   Vgl. Interview 24, Absatz 33
[1258]   Vgl. Jeannet 2000, S. 211f.
[1259]   Vgl. Interview 17, Absatz 82

„Ja, immer wieder. Aber das geht halt primär über die elektronischen Medien. Ob das jetzt über E-Mail oder Telefon oder irgendwelche Chats oder Videokonferenzen oder so sind.[1260]"

„Unsere Kommunikationsplattform ist sicherlich auch über unser Homepage einerseits, andererseits über Videokonferenzen oder über Telefonate oder unsere Memos, die wir dann im Kreis verschicken, so dass eigentlich jeder von den Führungskräften in jedem Land informiert ist [...][1261]"

Nicht zuletzt sehen einige Personen weitere Vorteile, die die Nutzung von neuen Kommunikationsmöglichkeiten und Netzwerken mit sich bringt:

„[...] wir tauschen unsere Informationen regelmäßig aus Kostengründen über Skype aus. Da haben wir auch Videokonferenzen, das funktioniert ja sehr gut mittlerweile, es ist auch kostengünstig im Vergleich zu dem, was es vor einigen Monaten gekostet hat.[1262]"

Abschließend werden in Abbildung 7-6 erneut die in der Literatur diskutierten Ansätze auf ihre Anwendung in der Praxis verglichen:

Literatur	Interviews
Formal education (Gupta et al., 2008)	Workshops, Seminare und Sprachkurse werden eingesetzt; Manager sehen dies aber eher als Begleitlösung, kein Ersatz für „learning by doing"
Netzwerke (Jeannet, 2000; Kobrin, 1994)	Manager unterstützen die Meinung der Literatur, dass (Kommunikations-)Netzwerke innerhalb des Unternehmens für die Entwicklung eines organisationalen Global Mindset förderlich sind
Einheitliche IT-Struktur (Ananthram, 2008; Jeannet, 2000)	IT-Struktur und moderne Kommunikations-werkzeuge werden als sehr wichtige Unterstützung für ein Global Mindset gesehen

Abb. 7-6: Maßnahmen im Knowledge, IT und Netzwerke

Auch im Bereich „Knowledge, IT und Netzwerke" werden die Maßnahmen aus der Forschung in großen Teilen in den untersuchten Unternehmen angewandt, die jeweilige Effektivität der einzelnen Maßnahmen wird allerdings unterschiedlich bewertet.

[1260] Vgl. Interview 11, Absatz 93
[1261] Vgl. Interview 25, Absatz 156
[1262] Vgl. Interview 25, Absatz 93

7.4 Erkenntnisse

Im Rahmen dieses Kapitels werden aus der diskutierten Literatur theoretische Vorschläge für Faktoren zur Beeinflussung wie auch Trainingsmethoden für die Entwicklung eines organisationalen Global Mindsets extrahiert. Die gewonnenen Vorschläge werden in der Folge in die vier Hauptkategorien **„Globale Identität/ globale Unternehmensvision"**, **„Grenzübergreifende Strukturen und Prozesse/ Organisation"**, **„Human Resources/Personalentwicklung"** sowie **„Knowledge, Netzwerke und IT"** unterteilt und eingeordnet.

Die empirische Analyse zeigt, dass die befragten Manager die Entwicklung eines organisationalen Global Mindsets als ein wichtiges Thema betrachten und dies bereits in der Praxis verfolgen. Die Unternehmen unterstützen dabei die Ansicht der Literatur, dass sie eine Entwicklung weg von einem traditionellen oder „parochial" - also eingeschränkten - Mindset – hin zu einem Global Mindset erreichen müssen. Die Ergebnisse bestätigen die Ansätze, die in der Literatur vorgeschlagen werden und zeigen, dass auch die befragten Manager der Ansicht sind, dass durch die vorgestellten Maßnahmen und Trainingsmethoden **ein organisationales Global Mindset** kultiviert werden kann. Im Bereich der Einflussfaktoren wird die Haltung der Literatur in Bezug auf eine globale Identität bzw. eine globale Unternehmensvision durch die Ergebnisse voll unterstützt. Darüber hinaus sehen - ebenso wie die Autoren - die Führungskräfte eine wichtige **Vorbildwirkung des Top-Managements**. Über die theoretischen Vorschläge hinaus, bieten die Ergebnisse eine Sammlung unterschiedlicher Tools – darunter bspw. Vision Statements, Guidelines, Workshops und Mitarbeitergespräche – mithilfe derer die Maßnahmen in der Praxis umgesetzt werden können. Auch der Einfluss eines kulturell gemischt zusammengesetzten Top-Management-Teams wird von den befragten Managern gesehen.

Auf der Seite der konkreten Organisationsentwicklungsmaßnahmen gibt es ebenfalls große Übereinstimmungen zwischen der Literatur und den Untersuchungsergebnissen. Diese unterstützen die Praxisrelevanz der vorgestellten unterschiedlichen Ansätze. Darunter finden sich das **Abhalten von Meetings** an unterschiedlichen Orten, das Aufbauen von **Kompetenzzentren**, das Etablieren von **„Global Mandates"** ebenso wie das **Formen grenzübergreifender Projektteams** und das **Entwickeln einer „Globalen lernenden Organisation"**.

Hinzu kommen Maßnahmen im Bereich der „Personalentwicklung" wie bspw. **Auslands- oder Expatriate-Assignments** oder das Anwenden von **Job- Rotationen**, deren Relevanz ebenfalls durch die empirischen Daten belegt wird.

Nicht zuletzt ermöglichen die Ergebnisse der Befragungen einen Überblick über die in den Unternehmen eingesetzten Methoden im Kontext der „formal education" und tragen auch die Hypothese, dass eine einheitliche **IT-Struktur** einen bedeutenden Faktor bei der Entwicklung eines organisationalen Global Mindsets darstellt. Auch die Ansicht, dass Netzwerke innerhalb des Unternehmens eine große Rolle bei der Kultivierung des Mindsets spielen, findet sich in den Ergebnissen der Interviews bestätigt.

Die Ergebnisse dieser Untersuchung haben einige direkte Auswirkungen auf die tägliche Praxis in Unternehmen. Unternehmen sollten sich bewusst sein, dass in Zukunft Wettbewerbsvorteile verstärkt nicht nur durch Vorteile in der Verfügbarkeit von Ressourcen oder in der strategischen Ausrichtung, sondern vor allem durch ein weiter entwickeltes, **organisationales Global Mindset** erreicht werden können. Ein gutes Stimmungsbild für die Bedeutung des Themas für Unternehmen gibt das folgende Zitat aus einem der durchgeführten Interviews:

„Die größte Herausforderung ist der Mindset. Es ist die größte Herausforderung, eine Organisation wirklich aufzumachen, über den Tellerrand zu schauen und internationale Herausforderungen anzunehmen.[1263] *"*

Es ist möglich, explizite Maßnahmen zur Kultivierung bzw. Förderung eines organisationalen Global Mindset zu setzen und Mitarbeitern einen Anreiz zur Entwicklung eines ebensolchen Mindsets auf **individueller Ebene**[1264] zu bieten. Den Unternehmen steht dabei eine Vielfalt an unterschiedlichen Methoden und Maßnahmen mit variierendem zeitlichem Fokus und erforderlichem Aufwand finanzieller und zeitlicher Natur zur Verfügung. Organisationen sollten daher verstärkt ihre Strukturen, Prozesse sowie Initiativen auf Ebene der Human Resources auf ihre Kompatibilität mit bzw. ihre Wirksamkeit für die Entwicklung eines organisationalen Global Mindsets überprüfen und im Falle eines identifizierten Defizits entsprechende Organisationsentwicklungsmaßnahmen ergreifen.

Darüber hinaus liegt auch aus Sicht des einzelnen Managers oder Mitarbeiters die These nahe, dass Organisationsentwicklungsmaßnahmen auch die Kultivierung eines individuellen Global Mindset positiv beeinflussen. In Hinblick auf die Auswahl des zukünftigen Arbeitgebers könnte daher - im Kontext eines stärker werdenden Fachkräftemangels und damit einhergehend intensiverem Wettbewerb um gut ausgebildete Mitarbeiter - der Fokus auch auf diesen Aspekt gelegt werden. Im Anschluss an dieses Kapitel soll wieder eine Einteilung der Studien dieses Kapitels vorgenommen werden.

[1263] Vgl. Interview 9, Absatz 101
[1264] Vgl. Vorheriges **Kapitel 6**

#	Autor(en), Jahr	Thema/ Theoretischer Ansatz	Empirische Methodik	Key findings
1	**Ananthram, 2008**	Global Mindset Development / "Conceptual Framework" bildet das Modell "Macro-Meso-Micro" Empirisch, sowohl explorativ als auch explanativ	**Quantitativ:** (Theorie-Entwicklung) Fragebögen in Indien & China (69 zum Survey-Test; 239 + 210 final) **Qualitativ:** - Fokusgruppen - Einzelinterviews	Global Mindset ist eine wichtige Voraussetzung für den Erfolg im globalen Wettbewerb; Unternehmen müssen auf Basis des "Makro-Meso-Mikro-Modells" geeignete Maßnahmen zur Entwicklung eines Global Mindsets für die unterschiedlichen Ebenen entwickeln und implementieren; Als Einflussfaktoren für die Meso-Ebene (organisational) wurden die „globale Identität" sowie „grenzübergreifende Aktivitäten" hervorgehoben
2	**Beechler, Levy, Taylor und Boyacigiller, 2004**	Geozentrismus Untersucht den Zusammenhang der globalen Orientierung des TMT, geozentrischer Personalbesetzung sowie grenzübergreifender Strukturen und Prozesse mit dem Engagement und der Begeisterung des einzelnen Mitarbeiters Empirisch, explanativ	**Quantitativ:** Fragebogeninterviews **Qualitativ:** Interviews mit dem TMT	Klare Unterstützung für die Hypothesen die globale Orientierung, Geozentrismus und grenzübergreifende Strukturen und Prozesse mit Engagement und Begeisterung in Zusammenhang bringen.

3	Begley und Boyd, 2003	Corporate Global Mindset Global Mindset erfordert eine Balance der drei Spannungsfelder („Tensions") Struktur, Prozesse, Power; Die Anwendung des Modells wird anhand konkreter Maßnahmen erläutert Empirisch, explorativ	**Qualitativ:** 39 semi-strukturierte Interviews	Unterschiedliche Maßnahmen im Bereich jedes Spannungsfeldes werden vorgeschlagen; Global Mindset bringt einen klaren Wettbewerbsvorteil
4	Gupta und Govindarajan, (2002;2008)	Kultivieren eines Global Mindsets Untersucht folgende vier Fragen: Warum ist ein Mindset wichtig? Was ist ein Global Mindset? Was ist der Wert eines Global Mindsets? Was können Firmen tun, um ein Global Mindset zu kultivieren? Empirisch, explorativ	**Qualitativ:** - Case Studies - Expertengespräche	Das Global Mindset wird als ein Mindset mit hoher Differenzierung und hoher Integration definiert. Die Autoren identifizieren weiters unterschiedliche Maßnahmen zur Kultivierung eines Global Mindsets: formal education, grenzübergreifende Projekte, Expatriate-Assignments, Kompetenzzentren, uvm.
5	Jeannet, 2000	Untersucht Auswirkungen der Globalisierung auf Unternehmen und identifiziert die nötigen Voraussetzungen und Werkzeuge für die Implementierung eines Global Mindsets Theoretische Studie	N/A	Der „globale Imperativ" (Globalisierungsdruck) betrifft Unternehmen aller Branchen; Das Global Mindset wird anderen Formen gegenübergestellt und die Schritte zur Messung und Kultivierung des organisationalen Global Mindsets vorgestellt

| 6 | Paul, 2000 | Organisationales Global Mindset

Untersucht die Gründe für den Erfolg bzw. Misserfolg von Unternehmen beim Ausschöpfen globaler Geschäftschancen; als bedeutender Faktor wird dabei das organisationale Global Mindset vermutet und die Entwicklung eines solchen untersucht

Theoretische Studie | N/A | Das organisationale Global Mindset wird sehr stark durch das Mindset der Führungskräfte beeinflusst; Fokus sollte von Strategie, Struktur und Systeme auf „purpose and vision", Prozesse sowie die Menschen gelenkt werden |
| 7 | Kobrin, 1994 | Geocentric Mindset / basiert vor allem auf Perlmutter (1969)

Untersucht den Zusammenhang zwischen Geocentric Mindset und Multi-National Strategy sowie die Auswirkungen auf die geographische Reichweite des Unternehmens

Empirisch, explanativ | **Quantitativ:**
Survey unter 68 Produktionsunternehmen der Fortune 500 Liste | Es besteht ein Zusammenhang zwischen einem geozentrischen Mindset und der geographischen Ausweitung eines Unternehmens; Kein signifikanter Zusammenhang besteht mit der Länge der internationalen Erfahrung, der strategischen Ausrichtung oder der organisatorischen Struktur |

Abb. 7-7: Kultivierung eines organisationalen Mindset – empirische Studien

Abschließend wird auch wieder eine Einteilung in explorative und explanative Forschung in Abbildung 7-8 vorgenommen.

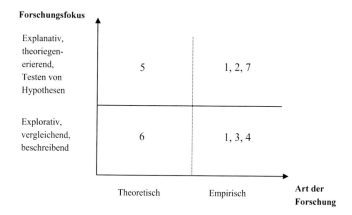

Abb. 7-8: Studien nach Forschungsfokus und Art der Forschung

Man erkennt, dass die meisten Studien **empirischer** Natur sind.

8. Eigenschaften zur Entwicklung eines Global Mindsets[1265]

8.1 Überblick

Im Folgenden Kapitel wird ein **normativer** Überblick über die **spezifischen individuellen Eigenschaften**, die eine globale Führungskraft besitzen sollte, näher vorgestellt. Dabei wird unter 8.2 die Entwicklung eines Global Leadership Mindset (GLM) gegeben. Anschließend erfolgen im Kapitel 8.3 individuelle Charakteristika zur Entwicklung eines Global Mindsets. Der Fokus des Kapitels 8.4 wird auf die bisherigen Global Leadership Ansätze und deren relevanten empirischen Studien näher vorgestellt. Kapitel 8.5 zeigt - wie in den vorherigen Kapiteln - die empirischen Ergebnisse aus den Experteninterviews. Erkenntnisse werden wieder unter Kapitel 3.6 subsumiert.

Es wird übergreifend festgehalten, dass nicht nur die Unternehmung sich in Richtung „global entwickelt", sondern vor allem sind es die Manager und Angestellte, welche ihre Sichtweise ändern müssen und ihre gewohnte Arbeitsweise adaptieren müssen, um sich den neuen globalen Gegebenheiten anzupassen. Eine „veränderte" Art des Denkens wird benötigt, wenn man auf globalem Level im Vergleich zum nationalen Level tätig wird und erfolgreich sein will.[1266] Bartlett und Ghoshal[1267], bspw. beobachten, dass es in transnationalen Unternehmen einen Bedarf an unternehmerischen Managern gibt, welche befähigt sind, die Komplexität der grenzübergreifende Strategien zu managen und die dabei die verschiedenen Charakteristika innehaben, um mit weltweiter Verantwortung umgehen zu können.

Etwas genauer beschreiben es Story und Barbuto[1268], dass die **globale Rolle der Führungskräfte** insbesondere darin besteht, mit Unsicherheit und Ambiguität[1269] umzugehen, verschiedene Teams zu führen,[1270] eine andere Sprache zu sprechen[1271], das Zusammenarbeiten mit Menschen aus anderen Ländern und Kulturen[1272], Menschen und Prozesse an verschiedenen Orten zu koordinieren[1273] sowie das Arbeiten über nationale, organisationale und funktionale Grenzen hinweg zu beherrschen[1274]. Gemäß Levy et al.[1275] bedeutet das zum einen, das Ma-

---

[1265] Für die englische Ausarbeitung dieses Kapitels bedanke ich mich bei Frau **Magdalena Mara**.
[1266] Vgl. Adler und Bartholomew 1992, S. 53
[1267] Vgl. Bartlett und Ghoshal 2003, S. 108
[1268] Vgl. Story und Barbuto 2011, S. 380
[1269] Vgl. Gregersen et al. 1998
[1270] Vgl. Graen und Hui 1999
[1271] Vgl. Caligiuri 2006; Kets de Vries und Florent-Treacy 2002
[1272] Vgl. Caligiuri 2006
[1273] Vgl. Bartlett und Ghoshal 1992
[1274] Vgl. Pucik und Saba 1998
[1275] Vgl. Levy et al. 2007, S. 5

nagen von globaler strategischer Komplexität und zum anderen dass man gleichzeitig in der Lage ist, mit kultureller und nationaler Diversität umgehen kann, was anschaulich das Konzept von Global Mindset widerspiegelt.[1276]

Ein Manager mit einem Global Mindset ist in der Lage die richtigen Entscheidungen in der Art und Weise zu treffen, dass die Unternehmung befähigt ist, effektiver bzw. effizienter am globalen Markt tätig zu sein.[1277]

Das **Global Mindset** besteht annahmegemäß aus **Wissen, Fähigkeiten**[1278] und **individuellen Eigenschaften.**[1279] Vor diesem Hintergrund ist der Nachdruck auf **Fähigkeiten, individuellen Eigenschaften, Ressourcen und Kompetenzen der Manager** zu legen, damit Organisationen erfolgreich sind in der Ausweitung ihrer globalen Geschäfte. D.h. es ist grundsätzlich möglich ein Global Mindset aufzubauen. Es kann argumentiert werden, das globaler Erfolg und die Überwindung von kontextuellen Herausforderungen von globalen Organisation von der **Sensitivität ihrer Manager** abhängt, in dem Identifizieren, Beobachten und Interpretieren der verschiedenen politischen, ökonomischen, sozio-kulturellen und technologischen Unterschiede zwischen Ländern und Regionen, um diese nachhaltig auszuschöpfen und zu bearbeiten.[1280]

Dieses Kapitel legt den Schwerpunkt auf **individuelle Charakteristika**, wobei es zum jetzigen Zeitpunkt nicht ganz klar ist, ob diese „angeboren" oder „angelernt" bzw. trainiert werden können. Wenn eine Unternehmung eine dominante Rolle in der Globalisierung spielen will, dann muss es seine Strategien, das Management und Operationen anpassen, damit die Produktion weltweit einen Gewinn erwirtschaftet.[1281] Diese Anpassung verlangt eine „**Neuorientierung des Denkens**", welche sich auf das Unternehmen und dessen Sichtweise auswirkt.[1282]

Dieses Kapitel beschäftigt sich weiterhin mit dem **Global Leadership Mindset (GLM)** und wird definiert als "*… an individual's stock of knowledge, cognitive, and psychological attributes that enable him/her to influence individuals, groups and organisations from diverse sociocultural systems*"[1283] Der Erfolg auf dem globalen Parkett hängt von der Strategie ab, welche Hand in Hand mit einem systematischen Denken korreliert, nämlich dem Global Mindset.[1284] Es wird in diesem Kapitel davon ausgegangen, dass eine Unternehmung an sich

---

[1276] Vgl. hierzu Kapitel 3.
[1277] Vgl. Maznevski und Lane 2003, S. 171
[1278] Vgl. Javidan et al. 2007a, S. 7
[1279] Vgl. Beechler et al. 2010, S. 18
[1280] Vgl. Ananthram 2010, S. 146ff.
[1281] Vgl. Palmisano 2006, S. 129
[1282] Vgl. Lane et al. 2004a, S. 7
[1283] Vgl. Beechler und Javidan 2008, S. 152
[1284] Vgl. Bartlett und Ghoshal 2003, S. 102

nicht denken kann, sondern die Menschen, die das Unternehmen anführen, müssen ein Global Mindset entwickeln. Das wiederum erfordert **Globales Führungsverhalten** („global leadership") in einem global agierenden Land. Adler[1285] definiert das **Global Leadership** *"...as the ability to organise a global community to work in the same direction, with the same vision to reach a common goal. This form of organising affects individuals their way of thinking, behaviour and attitudes".*

In einer anderen Sichtweise nach Morrison[1286] entwickeln Führungskräfte professionelle Fähigkeiten und Qualitäten, wenn sie eine Unternehmung dabei unterstützen noch globaler zu werden. Das Wissen, wenn sie global tätig werden ist verschieden von dem Wissen, welches in dem Heimatland angelernt bzw. erlernt wurde.

Basierend auf der Tatsache, dass man ein globales Unternehmen ist, welches auf internationalen Märkten tätig ist, stellt somit für viele Unternehmen eine neue Herausforderung dar. Das Global Mindset ist ein relativ neues Thema mit denen sich Unternehmen heutzutage zu beschäftigen haben.[1287] Dasselbe gilt auch für Positionen von Managern, deren tägliches Arbeitsfeld nicht mehr im Heimatland ist. Sie müssen Handlungen und Entscheidungen treffen, welche für den globalen Markt effizient sind.[1288] Bisher gibt es nur wenige Studien, die herausgefunden haben, welche Charakteristika zur Entwicklung eines Global Mindsets wichtig sind.[1289] Jedoch sind die Ergebnisse dieser Forschungen unstrukturiert und Ähnlichkeiten werden nicht klar voneinander abgregrenzt. Vor diesem Hintergrund lauten die Forschungsfragen dieses Kapitels wie folgt:

1)   *Welche individuellen Charakteristika werden identifiziert und welche sind zur Entwicklung eines Global Mindset wichtig?*

2)   *Gibt es spezifische individuelle Charakteristika, welche an einer Führungskraft mit den erforderlichen Global Mindset „personifiziert"verankert sind?*

Es stellt sich folglich insgesamt die Frage, ob es ein gewisses Muster gibt, welche Fähigkeiten eine globale Führungskraft entwickelt haben muss, um ein Global Mindset zu besitzen?

1285 Vgl. Adler und Bartholomew 1992, S. 56
1286 Vgl. Morrison 2000, S. 120
1287 Vgl. Nummela et al. 2004, S. 52
1288 Vgl. Fletcher 2000, S. 211
1289 Vgl. Rhinesmith 1992; Gregersen et al. 1998; McCall und Hollenbeck 2002; Levy et al. 2007; Javidan et al. 2008

8.2 Entwicklung eines Global Leadership Mindset (GLM)

Das Hauptaugenmerk dieses Kapitels liegt auf den **individuellen Charakteristika**, welche zusammen mit den **Fähigkeiten und Wissen** ein Global Mindset aufbauen. In den letzten Jahren ist das **Global Mindset als ein Erfolgsfaktor** für globale Unternehmen identifiziert worden, annehmend das globale Führungskräfte einer Unternehmung ein Global Mindset besitzen.[1290] Ein Global Mindset ist das, was einen globalen Führer noch kompetenter machen läßt sowie dessen Arbeit effizienter erscheinen lässt. [1291] Das heutige Geschäftsumfeld ist in permanenter Veränderung und somit wird es für Unternehmen essentiell Angestellte zu identifizieren, welche offen gegenüber Veränderung sind; beim Global Mindset geht es ja schließlich um kognitive Veränderung bzw. Änderung der Einstellung. Das Verändern des eigenen Standpunkts, das Beobachten und etwas einen „Sinn" verleihen und das Neugelernte anwenden, führt zu einem Aufbau des Global Mindset.[1292]

Für Cohen[1293] bedeutet ein **Global Leadership Mindset (GLM)** wie folgt: *"...the careful balance between global formalisation versus a local flexibility, global standardization versus local customization and global dictate versus local delegation".* Er[1294] definiert das **GLM** als *"the ability to take a global rather than a country specific view of business and people, and be able to apply this perspective to a country , taking into account its culture".* Dieses Kapitel fasst die unterstützenden Aspekte, um ein Global Mindset zu entwickeln, zusammen. Die zumeist wertvollsten Handwerkzeuge für die Entwicklung von Global Mindset werden identifiziert. Die Herausforderung besteht darin, ein angemessenes Umfeld zu entwickeln, welches einen Wechsel von einem „dysfunktionalen" Mindset hin zu einem Mindset mit einem globalen Fokus ermöglicht. [1295]

Trotz der Tatsache, dass das Global Mindset einen positiven Effekt auf organisatorische Ziele[1296] hat, müssen globale Manager sich auf die **Entwicklung eines Global Mindset** speziell fokussieren.[1297] Die Entwicklung von einem heimischen zu einem globalen Mindset hängt vielmals von dem Anreizsystem ab, welches in der Unternehmung vorherrscht.[1298] Die Im-

---

[1290] Vgl. Caproni et al. 1992; Gupta und Govindarajan 2002; Levy et al. 2007
[1291] Vgl. Kedia und Mukherji 1999, S. 249
[1292] Vgl. Arora et al. 2004, S. 396
[1293] Vgl. Cohen 2010
[1294] Vgl. Cohen 2010, S. 6ff.
[1295] Vgl. Kedia und Mukherji 1999, S. 249
[1296] Dieser Punkt ist in der Literatur noch ambivalent, da die meisten Studien nur explorativ oder theoretisch sind, und Studien die einen **positiven Output von Global Mindset** untersuchen noch fehlen. Dem Autor ist nur die Studie von Story 2009 bekannt.
[1297] Vgl. Story 2009, S. 24
[1298] Vgl. Rhinesmith 1992, S. 65

plementierung von verschiedenen Perspektiven kann nur vonstatten gehen, wenn eine Belohnung oder ein Vorteil abgeleitet wird bei dem Anwenden eines gewonnenen Mindset. Das Belohnungssystem oder der Vorteil muss verständlicherweise in die Kernvision des Unternehmens[1299] verankert sein, damit diese überhaupt fruchtet und Mitarbeiter diesen Vorteil schätzen lernen. Es muss Möglichkeiten geben, um ein solches Mindset in der Jobbeschreibung zu integrieren und anzuwenden und die Besetzung von diesen Stellen ist durch Zielerreichungen („Management by objectives") vorzunehmen und weniger durch Nationalität oder kulturellem Hintergrund.[1300] Aufgrund der Globalisierung ist es für die Unternehmen notwendig exzellente Human Resources einzustellen. Von dem Anwerben über die Personalentwicklung und Training hin zu Belohnung muss ein Unternehmen Prozesse und Prozeduren bereitstellen, um Personal zu managen und dabei unterstützen, um ein Global Mindset in der Unternehmung zu verankern.[1301] Das Rekrutieren und das Auswählen von Mitarbeitern aus einem weltweiten Pool an Bewerbern hilft selbstverständlich um ein Global Mindset in der Organisation zu entwickeln.[1302]

Für Unternehmen wird empfohlen ein **Globales Leadership Training und spezielle Entwicklungsprogramme** einzurichten. Nichts desto Trotz ist dieses Unterfangen herausfordernd, es beginnt mit der Einführung von Selektionskritierien und es folgt weiterhin ein Konsens über die Kompetenzen, welche entwickelt werden müssen und wie der anschließende Erfolg gemessen werden kann. Des Weiteren ist es herausfordernd, die Entwicklung von solchen effektiven Trainingsprogrammen zu konzipieren, und es stellt sich die Frage, wie man diese High Potentials im Unternehmen halten kann.[1303] Beechler et al.[1304] betonen, dass verschiedene Faktoren, welche die Konzeptualisierung und den Kontext von der Global Mindset-Entwicklung beinhalten, insbesondere sich selber in der Entwicklung beeinflussen, aber das Ausmass in dem sie wachsen und in der Tiefe sich entwickeln unabhängig voneinander sind und abhängig von dem situativen Kontext und der Komplexität. Ausweitung und Anreicherung von diesen Faktoren geschieht nur mit und durch Druck.[1305] Beechler et al.[1306] stellen des Weiteren fest, dass verschiedene Einflussfaktoren den Bezugsrahmen für Global Mindset festlegen und das dieser Bezugsrahmen den komplexen globalen Herausforderungen Stand halten muss.

[1299] Vgl. Kapitel 7
[1300] Vgl. Gupta und Govindarajan 2002, S. 123ff.
[1301] Vgl. Ng et al. 2009, S. 2
[1302] Vgl. Beechler und Javidan 2008, S. 161
[1303] Vgl. Osland et al. 2006, S. 212
[1304] Vgl. Beechler et al. 2010
[1305] Vgl. Beechler et al. 2010, S. 24ff.
[1306] Vgl. Beechler et al. 2010, S. 23

8.2.1 Reiseerfahrung und Berufserfahrung

Das Global Mindset braucht Zeit der Reifung, aber die persönliche Erfahrung ist essentiell in der Entwicklung eines multidimensionalen Global Mindset einer Globalen Führungskraft.[1307] Ungewohnte Umstände in einer individuellen Umgebung sorgt für Erfahrungen, welche zu neuen Denkgewohnheiten und zu einer neuen Perspektive führen.[1308] Die gewonnenen Erfahrungen sind insbesondere in neuen Situationen zu integrieren und anzuwenden bzw. zu adaptieren.[1309] Ein Mindset einer globalen Führungskraft sollte sich über die Zeit entwicklen und sich weiter ausbauen, so empfiehlt Beechler et al.[1310] das der kontinuierliche Prozess des Anwachsens dieses Mindset nach den **individuellen Bedürfnissen** der Globalen Führungskraft „zurechtgeschnitten" werden müssen. Die Lernerfahrung muss geplant und angeleitet sein und es muss vor allem Zeit und Raum vorhanden sein, um die Erfahrungen mithilfe eines Mentors oder Unterstützers und das Entwickeln des individuellen Mindset, zu reflektieren.[1311] Umso mehr psychologische Ressourcen benötigt werden, desto komplexer wird die Aufgabe des Entwicklungsprozesses.[1312] Nummela et al.[1313] bspw. entdecken in ihrer Studie, dass **internationale Ausbildung nicht** mit der Entwicklung eines Global Mindset positiv korreliert, sondern das **internationale Arbeitserfahrung (Beufserfahrung) positiv** auf die Entwicklung des Global Mindsets wirkt. Demgegenüber sind Beechler's et al.[1314] einer anderen Meinung, indem sie feststellen, das nur ausländische Berufserfahrung als solche nicht ausreichend ist, um ein Global Mindset aufzubauen und zu fördern.

Kedia and Mukherji[1315] und die Studie von Gregersen et al.[1316] betrachten **Auslandsreisen** als essentiell für globale Führungskräfte, um ein Global Mindset zu entwickeln. Durch Auslandsreisen kann eine Führungskraft Erfahrungen machen und vor allem Kenntnisse der ausländischen Kultur mit ihren politischen, ökonomischen und historischen Hintergrund sowie den Landesbesonderheiten machen. Mit Reisen ist nicht gemeint in Luxushotels abzusteigen, sondern das Eintauchen inmitten eines unbekannten Landes und einer anderen Lebensart.[1317] Die

---

[1307] Vgl. Beechler und Baltzley 2008a, S. 44
[1308] Vgl. Beechler et al. 2010, S. 28
[1309] Vgl. Beechler und Baltzley 2008a, S. 44; Beechler et al. 2010, S. 10
[1310] Vgl. Beechler et al. 2010
[1311] Vgl. Beechler et al. 2010, S. 28ff.
[1312] Vgl. Maznevski und Lane 2003, S. 174
[1313] Vgl. Nummela et al. 2004, S. 56
[1314] Vgl. Beechler et al. 2010, S. 10
[1315] Vgl. Kedia und Mukherji 1999
[1316] Vgl. Gregersen et al. 1998
[1317] Vgl. Gregersen et al. 1998, S. 29; Kedia und Mukherji 1999, S. 240; Lahiri et al. 2008, S. 319; Cohen 2010, S. 9

Schlussfolgerung von Guy and Beaman[1318] besagt, dass das Global Mindset durch geozentrisch orientierte Führungskräfte von kürzeren Auslandsaufenthalten profitiert. Solche Kosmopoliten sind besser vorbereitet darin, viele verschiedene Länder in kurzeren Zeitperioden zu besuchen und dies führt zu einem größeren Ausbildungswert. Wenn man zu lange Zeit in einem Ausland verbringt, dann passt sich ein Individuum zu sehr an und entwickelt nur eine binationale orientierte und weniger eine Global Mindset-orientierte Sichtweise.

8.2.2 Neugier

Das **Aufbauen eines Global Mindsets** endet nicht an einem gewissen Punkt. Es stellt einen **kontinuierlichen "on-going process"** dar.[1319] Angetrieben durch Neugierde über die Welt und wie die Welt funktioniert; ein klares und selbstbewußtes Kennen des derzeitigen eigenen Mindsets; das Handhaben von Diversität und Neuem sowohl auch die methodische Ausarbeitung verschiedener Ansätze über Kulturen und Märkte zu entwickeln, implementieren und Kombinieren führt zu der Entwicklung eines Global Mindset.[1320] Beechler und Javidan[1321] sowie Maznevski und Lane[1322] bekräftigen, dass das am meisten kritische Werkzeug, um ein Global Mindset zu entwickeln, in der **Analyse des derzeitigen Mindsets** besteht. Der ausschlagebende Faktor der Neugier(de) über die Welt wird geformt und entwickelt durch Erfahrungen in der frühsten Kindheit, wenn man hingegen älter wird, wird man auch resistenter gegenüber Veränderung. Dieser Faktor spielt eine besondere Rolle in den verschiedenen Diversitäten und den Unternehmensmitarbeitern. Ohne Kenntnis des aktuellen Mindsets einer Person, kann sich das Mindset nicht verändern; durch die Tatsache begründet, dass es sich durch Interaktionen entwickelt und durch die Interaktion von Menschen mit ihrer Umwelt.[1323]

8.2.3 Organisation und Unternehmensunterstützung

Es benötigt schon Zeit, wenn ein Individuum sich entwickeln will und das eigene Mindset betrachten bzw. analysieren will. So kann eine Unternehmung bspw. diesen Prozess extern beschleunigen durch unterstützende Aktivitäten wie bspw. formale Ausbildung; Erfahrungen am Arbeitsplatz aufgrund der Lokalisierung des Headquarters; durch grenzüberschreitende und multikulturelle Teams und Projekte; durch das Auswählen von verschiedenen Orten, um

---

[1318] Vgl. Guy und Beaman 2003, S. 17
[1319] Vgl. Gregersen et al. 1998, S. 31; Cohen 2010, S. 9
[1320] Vgl. Gupta und Govindarajan 2002, S. 120
[1321] Vgl. Beechler und Javidan 2008, S. 163
[1322] Vgl. Maznevski und Lane 2003, S. 174
[1323] Vgl. Gupta und Govindarajan 2002, S. 120ff.

Meetings und Trainings anzubieten; Trainingsassignments in ausländischen Kulturen und Ländern zu veranstalten und das Kultivieren von Diversitäten zwischen den Senior Executive Leveln herzustellen.[1324]

Die **Organisationsstruktur und Organisationsprozesse**, um eine Unternehmensstrategie zu implementieren, setzen annahmegemäß an der lokalen und globalen Basis an und bieten die Möglichkeit für die Entwicklung eines Global Mindsets.[1325] Dabei sind Teams mit Mitgliedern von verschiedenen Hintergründen ein essentieller Bestandteil in der Entwicklung des Global Mindset. Ein Individuum sollte jedoch zunächst ein Mitglied des Teams werden, bevor er/sie ein Teamleiter wird. Menschen müssen sich erst einmal emotional aneinander gewöhnen. **Multikulurelle Teams** können problematisch sein, aber sie können auf der anderen Seite bessere Geschäftsentscheidungen produzieren.[1326] Um ein Global Mindset zu entwickeln, empfehlen Beechler and Baltzley[1327], dass neu angeworbene Personen zunächst mal Erfahrungen ausserhalb des Heimatmarktes und der Heimatkultur sammeln sollten. Gleichzeitig sollte eine Person innerhalb des Unternehmens mit den Charakteristika einer globalen Führungskraft einen Mentor für die neuen Mitarbeiter bereitstellen. Ebenso sollte **Feedback und Managementunterstützung** geleistet werden.

Die kontinuierliche Notwendigkeit für Flexibilität und Anpassungsfähigkeit führt zu einem kontinuierlichen Veränderungsprozess innerhalb der Organisation. Die erfolgreiche Verbesserung kann nur durch **Reflektion** erreicht werden. Reflektion gibt einem Individuum die Perspektive mit der nächsten herausfordernden, unvorhersehbaren Situation umzugehen und diese Situation gezielt zu meistern.

Eine Globale Führungskraft ist sich der Tatsache bewusst, dass er oder sie die unerwartete Situationen gut gemeistert hat und es wird insgesamt **lebenslanges Lernen** begrüßt.[1328] Seitdem die **„persönliche Erfahrung"** essentiell für die Entwicklung von Global Mindset ist, müssen neue unerfahrene Mitarbeiter ihre Erfahrungen durch vorbereitete Assignment-Module gewinnen.[1329] Die **internationalen „Assignments"** (Aufgabenstellungen) sollten variieren und dabei herausfordernd und komplex sein, so dass hohe Performance entwickelt werden kann. Um einen Wert von einem Assignment abzuleiten, sollte der Lerneffekt und die Anwendung auf andere Situationen übertragen werden und welche dann letzten Endes reflek-

---

[1324] Vgl. Gupta und Govindarajan 2002, S. 121ff.
[1325] Vgl. Beechler et al. 2010, S. 12
[1326] Vgl. Gregersen et al. 1998, S. 30; Kedia und Mukherji 1999, S. 240; Lahiri et al. 2008, S. 319; Beechler und Javidan 2008, S. 161
[1327] Vgl. Beechler und Baltzley 2008a, S. 44
[1328] Vgl. Rhinesmith 1992, S. 66; Beechler und Javidan 2008, S. 163; Maznevski und Lane 2003, S. 174
[1329] Vgl. Beechler und Baltzley 2008a, S. 44; Cohen, 2010, S. 9

tiert werden sollten.[1330] Insgesamt kommt es auf den Transfer zu ausländischen Orten an, um Berufserfahrung und Lebenserfahrung in einer ausländischen Umgebung zu sammeln und daraus für sich zu Lernen. Achtzig Prozent der globalen Führungskräfte nehmen an, dass das **Leben und Arbeiten im Ausland** als die am meisten aussagekräftige und beeinflussenste Erfahrung angesehen werden kann. Diese Erfahrung unterstützt einen **bewußtseinsverändernden Prozess („altering mindset")**, um einen Global Mindset zu gewinnen.[1331]

Arora et al.[1332] entdecken in ihrer Studie zum Thema Global Mindset der Manager, dass das Alter, das Leben und Arbeiten in verschiedenen Ländern, das Familienangehörige aus ausländischen Ländern und das International Managementtraining eine positiv signifikante Wirkung auf das Mindset der globalen Führungkraft hat.

Vor diesem Hintergrund deuten Gregersen et al.[1333] darauf hin, dass die generelle **Aufmerksamkeit der Familie des Managers** gewidmet werden sollte, wenn man an **Global Leadership Programmen** teilnimmt. Die Unterstützung von Freunden und Familie - speziell dem Partner - ist kritisch für den Erfolg im Entwickeln eines Global Mindset. Wenn es keine Unterstützung gibt, dann ist eine Auslandsentsendung und dann sind ausländische Assignment zum Scheitern verurteilt. Diesen Aspekten wird jedoch wenig Aufmerksamkeit geschenkt und manchmal wird dieser Faktor in der Entwicklung des Global Mindset ignoriert.[1334]

Wenn das Mindset einer globalen Führungskraft über die Zeit entwickelt und ausgebaut werden soll, empfehlen Beechler et al.[1335], dass der kontinuierliche Wachstumsprozess auf den **individuellen Bedürfnissen der globalen Führungskraft** grundlegend aufgebaut werden sollte. Die zu machende Lernerfahrung erfordert einen gewissen Plan! Ein ständiges Begleiten der Lernerfahrung ist essentiell, und die Zeit und der Ort für Reflektion der gemachten Erfahrungen sollte nicht vernachlässigt werden.[1336] **Training** ist wünschenswert in einer strukturierten Umgebung, damit dies zur Entwicklung von Global Mindset beiträgt. Training findet sowohl in der Klasse statt als auch"on the job."[1337] Gupta und Govindarajan[1338] sehen ausländische **Job Rotation** als essentiell für das Aufbauen eines Global Mindsets an. Das Theoriewissen über Internationalisierung, Globalisierung, inter-kulturelles Management, Geschäftsethik und viele anderen Themen sollten das Mindset von jeder zukünftigen Führungskraft

---

[1330] Vgl. Beechler und Baltzley 2008a, S. 45; Lahiri et al. 2008, S. 319; Nardon und Steers 2008, S. 176
[1331] Vgl. Gregersen et al. 1998, S. 30ff.; Kedia und Mukherji 1999, S. 240; Lahiri et al. 2008, S. 319
[1332] Vgl. Aroara et al. 2004, S. 405
[1333] Vgl. Gregersen et al. 1998, S. 31
[1334] Vgl. Bhagat et al. 2008, S. 203
[1335] Vgl. Beechler et al. 2010, S. 29
[1336] Vgl. Beechler et al. 2010, S. 29
[1337] Vgl. Gregersen et al. 1998, S. 30; Kedia und Mukherji 1999, S. 240
[1338] Vgl. Gupta und Govindarajan 2002, S. 124

ausweiten bzw. anreichern. [1339] Der Aufbau eines Mindset ist nur dann bei einem Individuum gegeben, wenn ein Individuum bereit ist zu Lernen und die Organisation und die soziale Umgebung diesen Lernansatz des Indiviuums unterstützt. [1340]

8.2.4 Kultur

Die Entwicklung von einem Global Mindset erfolgt in einem **kulturellen Kontext**, welcher sich auf einen **industrie-spezifischen, organisations-spezifischen und personenspezifischen Bezugsrahmen** bezieht und welcher den Arbeits- und Funktionskontext und die Umgebung von globalen Führungskräften darstellt. [1341]

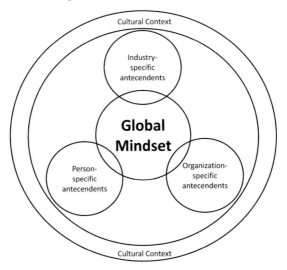

Abb. 8-1: Schematisches Diagramm zur Evolution des Global Mindsets[1342]

Jeder dieser Einflussfaktoren **beinhaltet Gelegenheiten als auch Einschränkungen.**

Der **industrie-spezifische Faktor** is höchst relevant für die Evolution des Global Mindset, wenn die Industrie, in welcher die Unternehmung ist, bereits eine globale ist oder ob diese zu einer globalen Industrie in Zukunft sich entwickelt. Industrietreiber, damit eine Industrie zu einer globalen Industrie emergiert sind die Märkte, Kosten, Institutionen und der Wettbewerb.[1343]

[1339] Vgl. Gregersen et al. 1998, S. 30; Kedia und Mukherji 1999, S. 240
[1340] Vgl. Beechler et al. 2010, S. 24
[1341] Vgl. Bhagat et al. 2008, S. 193
[1342] Vgl. Bhagat et al. 2008, S. 193
[1343] Vgl. Bhagat et al. 2008, S. 194ff.

Organisations-spezifische Faktoren sind Orientierungen zwischen Konsumenten, Reflektion von Kundenbedürfnissen, das administrative Erbe, die Integration und Koordination von Geschäftsaktivitäten über Grenzen und Kulturen hinweg. Ebenso Personaltransfer bezieht sich auf die organisations-spezifischen Faktoren, welche einen Einfluss auf die Entwicklung eines globalen Führungskräfte-Mindset hat. Durch den Transfer von verschiedenen Auslandsgesellschaften hat die Führungskraft die Gelegenheit die Dinge zu Lernen, die in einer anderen Art und Weise in verschiedenen Umwelten gemacht werden. [1344] Kinder mit gut ausgebildeten Eltern haben ein höheres Level an **kulturellem Kapital**, und sind auch fähiger, ihr kulturelles Kapital leichter auszuweiten. [1345]

Die **personen-spezifischen Faktoren** dieses Modells beziehen sich auf den Kosmopolitismus und der kognitiven Komplexität [1346] sowie der kulturellen Intelligenz. [1347] Hinzu kommt noch das „**wertneutrale**" Denken, welches durch Erfahrung in unbekannten, unähnlichen Ländern und Kulturen und sogar unter umständlichen Situationen gewonnen wird. [1348]

Für Kedia und Mukherji [1349] besteht das Global Mindset aus internationalem, sozialem, politischem und ökonomischem, als auch technischem Wissen sowie den Fähigkeiten der **kulturellen Anpassung** und dem Leadership, um übergeordnet mit Diversität umzugehen. Das nährt die Nachhaltigkeit des Global Mindset und diese ist eine Kombination von Fähigkeiten und Wissen als eine Grundvoraussetzung für erfolgreiche globale Führungskräfte. Wenn das **Wissen** angewendet wird, führt es zu der **Entwicklung von Fähigkeiten**. Die wichtigste Fähigkeit ist es, verschiedene Arbeitsgruppen über Kulturen hinweg zu motivieren mit der Zielsetzung einen Vorteil für die Organisation zu erwirtschaften und die übergeordneten Ziele zu erreichen. [1350] Wissen ist eine faktische Information, mit der Eigenschaft der Kenntnis über verschiedene Kulturen hinweg. Für den korrekten Gebrauch von Wissen erfordert es gewisse Fähigkeiten. Wenn eine Führungskraft Wissen über verschiedene Kulturen und ihre Einzigartigkeit akquiriert hat und er oder sie sich derer idiosynkratischen Unterschiede bewusst ist, dann wird er oder sie offen genug sein, um die unterschiedlichen Dimensionen der Kultur und wie dies das Verhalten beeinflusst, bewerten zu können. [1351]

[1344] Vgl. Bhagat et al. 2008, S. 198ff.
[1345] Vgl. Ng et al. 2009
[1346] Vgl. Lane et al. 2004
[1347] Vgl. Earley et al. 2007
[1348] Vgl. Bhagat 2008, S. 201
[1349] Vgl. Kedia und Mukherji 1999, S. 235
[1350] Vgl. Kedia und Mukherji 1999, S. 238ff.
[1351] Vgl. Beechler et al. 2010, S. 26

Cohen[1352] bezeichnet diesen Ansatz als **kulturelle Integration** bzw. **kulturelle Kenntnisse.**

Nardon und Steers[1353] stellen darüber hinaus fest, das globale Manager die Fähigkeit sich aneignen müssen, **Kulturen im vorbeifliegen** ("on the fly") zu erlernen; infolgedessen gibt es nur wenig Zeit, um das Wissen und die Erfahrung von allen Kulturen in der Welt zu erhalten. Geteilte Werte, Präferenzen von individuellem Verhalten und Einstellungen und ebenso systematische Praktiken beziehen sich auf die Kultur. Kulturen bedürfen der Anpassung und erfordern flexibles Handeln.[1354] Wobei **kulturelle Intelligenz** eine notwendige Bedingung für die Entwicklung eines Global Mindset darstellt, ist deren Ausdruck nur bezogen auf kulturelle Unterschiede und das **Global Mindset** betrachtet darüber hinaus die Komplexität und Interaktionen der Kulturen untereinander. Kedia und Mukherji[1355] schlagen vor, dass mit dem Lernen einer anderen Sprache ein Manager sein Reservoir an Wissen verbessern kann, bezogen auf die Tatsache, dass **Kultur und Sprache** eng miteinander verwoben ist.[1356]

8.2.5 Selbstkonzeptualisierung, psychologisches Kapital

Die **Selbstkonzeptualisierung** ist eng verknüpft mit emotionaler Intelligenz und emotionaler Kompetenz und ebenso mit den intrapersonalen und interpersonellen Fähigkeiten, den sogenannten **soft skills**. Gemäß Beechler et al.[1357] stellen diese den kritischen Faktor dar, wenn es um die Entwicklung eines Global Mindset geht. Es hat insbesondere mit dem erforderlichen vorhandenen **psychologischen Kapital** eines Individuums zu tun. Das (psychologische) Gerüst wird durch die Erfahrungen, die ein Individuum während des Lebens gesammelt hat, geformt. Faktoren, die eine **Persönlichkeit formen** sind die Familie, die soziale Umgebung, Kultur und ebenso Werte und Charaktereigenschaften und darüber hinaus die emotionalen Erfahrungen, die einen signifikanten Einfluss auf die Entwicklung des Verhaltensmusters haben.[1358]

Beechler et al.[1359] beziehen sich auf **drei Charakteristika**, die ein Individuum und dessen psychologisches Kapital beeinflussen, um ein Global Mindset aufzubauen und zu entwickeln. Diese sind zum einen die **Werte, Annahmen und Charaktereigenschaften** sowie zum anderen die **Familie und die umgebende soziale Umwelt** und drittens die **emotionale Erfah-**

[1352] Vgl. Cohen 2010, S. 7
[1353] Vgl. Nardon und Steers 2008, S. 175
[1354] Vgl. Beechler et al. 2010, S. 15
[1355] Vgl. Kedia und Mukherji 1999, S. 249
[1356] Vgl. Cohen 2010, S. 9
[1357] Vgl. Beechler et al. 2010
[1358] Vgl. Beechler et al. 2010, S. 16
[1359] Vgl. Beechler et al. 2010, S. 18

rung, die das Selbstbewusstsein eines Individuums formen. Ebenso haben auch gewisse Persönlichkeitstypen, das Ausmass an interpersonalen Wünschen und das Ausmass an konzeptueller Entwicklung einen Einfluss auf die Entwicklung des psychologischen Kapitals.[1360]

8.3 Individuelle Charakteristika zur Entwicklung eines Global Mindsets

Dieses Kapitel beschäftigt sich mit den verschiedenen Charakteristika, die ein Individuum braucht, um „fähig" zu sein ein Global Mindset zu entwickeln. Die Ergebnisse des Literaturüberblicks werden präsentiert und eine ausgewählte Liste wird aufgezeigt, um die Ergebnisse mit den durchgeführten Interviewergebnissen zu vergleichen.

Die Literaturübersicht stellt fest, dass es keine klare Definition dieser Charakteristika oder Fähigkeiten gibt. Die Wörter werden synonym verwendet.

Charakteristika wird definiert als *"...a feature or quality belonging typically to a person, place, or thing and serving to identify them"* wobei **Kompetenz** als *"...the ability to do something successfully or efficiently*[1361] "* definiert wird. Von daher werden alle Charakteristika und Kompetenzen in Betracht gezogen. Alle diese verschiedenen Aspekte sind essentiell für Bestandteile der Entwicklung des Global Mindset. (Vgl. Kapitel 8.2). Wissenschaftler bewerten vielzahlige Charakteristika für die Entwicklung von Global Mindet. (Für eine detaillierte Liste siehe **Anh. B**). Für den Zweck dieser Forschung werden die am meisten genannten Charakteristika in Betracht gezogen: Diese sind:

* Einschätzen von Diversität and Dualität
* Einschätzen der Komplexität und Neugierde
* einschließend Anpassungsfähigkeit und Flexibilität
* Sensitivität
* Offenheit
* Global denkend und verschiedene Kulturen würdigend.

Dies sind die am häufigsten zitierten **Charakteristika des Literaturüberblicks**. Wie bereits oben erwähnt, sind diese essentiell für die Entwicklung des Global Mindsets. Alle Charakteristika beziehen sich auf die Psychologie eines Individuums, auch bekannt unter dem **psychologischen Kapital**.[1362] Diese Faktoren beinhalten Offenheit, Bewusstsein für Andere und di-

---

[1360] Vgl. Beechler et al. 2010, S. 18ff.
[1361] Vgl. Oxford Dictionairies Online
[1362] Vgl. Javidan et al. 2007

verses[1363], die Bereitschaft sich anzupassen und zu Lernen, interkulturelle Interaktionen.[1364] Dieser Faktor dreht sich um den Situationskontext. [1365] Individuen, welche das richtige psychologische Kapital innehaben, werden als „Kosmopoliten" bezeichnet. Sie haben eine breitere Sichtweise und Handlungsspielraum von jeder Situation.[1366] Dieser Faktor spiegelt die Persönlichkeit eines Individuums wider und übernimmt Charakteristika wie Neugier, Flexibilität, Suche nach Verbesserungen und Gelegenheiten.[1367] Die Entwicklung eines Global Mindset geschieht in verschiedenen Feldern und durch deren Einfluss auf die Erfahrungen eines Individuums. Die kulturelle Intelligenz und der kulturelle Kontext, und auch eine ausländische Sprache sind die wichtigsten Faktoren, damit ein Individuum ein Global Mindset entwickelt.[1368]

8.4 Global Leadership Ansätze

In diesem Kapitel werden zunächst die Themen, was ein **globaler Manager** ist und das **Global Leadership** diskutiert sowie der Nutzen des Global Mindset für globale Führungskräfte herausgearbeitet. In einem nächsten Schritt werden unter Kapitel 8.4 1 die **Charakteristika der globalen Führungskraft** erhoben. Zuletzt wird unter Kapitel 8.4.2 ein **Entwicklungsansatz für Global Leadership** vorgestellt.

Globalisierung gibt vielen Managern die Möglichkeit des internationalen Reisens. Aufgrund der Verkürzung der Distanz, sind alle Plätze rund um den Globus für jeden ständig erreichbar. Alle diese Aspekte führen zu einem Ausbau der globalen Bewegung der Menschen.[1369]

Um Schritt zu halten und mit diesen Herausforderungen umgehen zu können, müssen Unternehmen spezielle Führungskräfte, die sogenannten **Globalen Führer** ("global leaders") beschäftigen. Es ist nicht immer einfach kompetente Menschen zu finden, die diese Nachfrage am Markt decken.[1370] Javidan et al.[1371] entdecken in ihrer Untersuchung, dass die Auswahl der richtigen Individuen, welche ein hohes Potential haben erfolgreich zu sein und eine herausragende Leistung bringen ein **unternehmerischer Wettbewerbsvorteil** darstellt.[1372]

[1363] Vgl. Javidan et al. 2007; Levy et al. 2007; Cohen 2010
[1364] Vgl. Javidan et al. 2007; Gupta und Govindarajan 2002; Levy et al. 2007
[1365] Vgl. Arora et al. 2004
[1366] Vgl.; Levy et al. 2007; Rhinesmith 1992; Javidan, et al. 2007
[1367] Vgl. Levy et al. 2007, Rhinesmith 1992
[1368] Vgl. Beechler et al. 2010; Kedia und Mukherji 1999; Bhagat et al. 2008; Earley et al. 2007; Cohen 2010
[1369] Vgl. Beechler und Javidan 2008, S. 132
[1370] Vgl. Beechler und Javidan 2008, S. 134
[1371] Vgl. Javidan et al. 2007a, S. 4
[1372] Vgl. Beechler und Baltzley 2008a, S. 44

Führungskräfte müssen „**Weltklasse globale Führer**" werden und jedes Individuum muss die Fähigkeit entwickeln, mit steigendem Risiko und mit Unsicherheit umgehen können.[1373] Um alle diese Anforderungen an Global Leadership zu erfüllen, kann auch als „**Extreme-Leadership**"[1374] bezeichnet werden.

Bhagat et al.[1375] definieren **globale Manager** als "...*those individuals who successfully manage on going interactions between industry-specific, organization-specific and person-specific factors that are present in their work lives. They do so both efficiously and effectively in the cultural contexts of their origin as well as in other diverse cultures with whom they must interact*" In anderer Weise definieren Pucik und Saba[1376] den **globalen Manager** als "...*an executive who has an ability to work across cross-cultural, organizational, and functional boundaries, and is able to balance the simultaneous demand of short-term profitability and growth*".

Globale Führungskräfte ("global leaders") hingegen sind Menschen "...*who effect significant positive change in global organizations by building communities through the development of trust and the arrangement of organizational structures and processes in a context involving multiple stakeholders, multiple sources of external authority, and multiple cultures under conditions of temporal, geographical and cultural complexity*"[1377] Diese Definition unterstellt jedoch, dass globale Führungskräfte die Fähigkeit besitzen sollen, in die organisatorischen Prozesse einzugreifen und Menschen zu beeinflussen miteinander zu arbeiten, um an einer gemeinsamen Vision und gemeinsam ein Organisationsziel zu erreichen.[1378] Der Hauptunterschied gemäß Beechler and Javidan[1379] zwischen einem generischen Führer und einer globalen Führungskraft, ist, dass die **globale Führungskraft Menschen aus verschiedenen sozialen, kulturellen und politischen Hintergründen beeinflussen muss.**[1380] Beechler und Javidan[1381] hingegen definieren **Global Leadership** als "...*the process of influencing individuals, groups, and organizations (inside and outside the boundaries of the global organization) representing diverse cultural/political/institutional systems to contribute towards the achievement of the global organization's goals*". In ähnlicher Weise formulieren

---

[1373] Vgl. Rhinesmith 1995, S. 36
[1374] Vgl. Osland et al. 2006, S. 3
[1375] Vgl. Bhagat et al. 2008, S. 193
[1376] Vgl. Pucik und Saba 1998, S. 40
[1377] Vgl. Mendenhall 2008, S. 17
[1378] Vgl. Osland 2009, S. 1
[1379] Vgl. Beechler und Javidan 2008, S. 153
[1380] Vgl. Javidan et al. 2008, S. 219
[1381] Vgl. Beechler und Javidan 2008, S. 140

Osland et al.[1382] **Global Leadership** als "...*a process of influencing the thinking; attitudes and behaviour of a global community to work together synergistically toward a common vision and common goals*".

Die vorangegangenen Definitionen belegen übergreifend, dass es **keine Einigkeit** gibt, was eine **Globale Führungskraft und ein Globaler Manager** sind.

Gemäß der theoretischen Studie von Bartlett and Ghoshal[1383] gibt es ein Mangel in Personen, die die notwendigen Qualitäten eines **transnationalen Managers** erfüllen, und dieser Engpass von Human Resources wird zu einer der Haupteinschränkungen, wenn eine Unternehmung ihre Geschäfte weltweit ausdehnen möchte. Die Erfordernisse für diese Position sind es eine breite und „**offen-orientierte**" („open-minded") Sicht der Unternehmung und des Geschäfts zu haben. Es ist eine Kombination von Flexibilität und Commitment zu spezifischen Interessen, welche hochgradig benötigt werden. Wenn ein Unternehmensmanager fähig ist, das Potential eines Individuums (Mitarbeiters) mit legitimierter Diversität zu identifizieren und diese Person in die unternehmerischen Entscheidungen miteinbeziehen kann, dann ist der unternehmerische Manager eine Globale Führungskraft.[1384]

Rogers and Blonski[1385] bemerken, dass die **Kernkompetenzen für einen Führer** - um erfolgreich zu sein - insbesondere der globale Sinn für Geschäfte, ein Global Mindset und ein Weltenbürger ist. **Global Mindset** ist die Linse durch diese eine globale Führungskraft in seinem Geschäft schauen muss. **Globaler Weltenbürger** besteht aus der Bereitschaft und der Fähigkeit offen gegenüber Kulturen und neuen Ideen zu sein, diese Unterschiede zu honorieren und auch sich emotional mit ausländischen fremden Menschen zu engagieren. Rogers und Blonski[1386] bezeichnen dies als **soziale Intelligenz**. Die Kompetenzen eines Führers variieren mit dem Grad der Globalisierung des Unternehmens. Mit einer Kompetenz hat eine globale Führungskraft die Fähigkeit eine Aktion zu einem gewünschten Ziel auszuführen. Die Entwicklung von **Global Leader Kompetenz** besteht aus einer Interaktion zwischen dem Mindset, der erfahrenen Leistung und den ausgeführten Aufgaben.

Gemäß Caproni et al.[1387] zitiert in Cohen[1388] bedeutet das Global Mindset, dass die kognitive Fähigkeit der Haupteinscheidungsträger ein **Erfolgsfaktor** darstellt, wenn man auf dem globalen Markt handelt und wenn der Langzeitwettbewerbsfaktor wichtig ist für die Organisati-

---

[1382] Vgl. Osland et al. 2006, S. 204
[1383] Vgl. Bartlett und Ghoshal 2003
[1384] Vgl. Bartlett und Ghoshal 2003, S. 108
[1385] Vgl. Rogers und Blonski 2010, S. 19
[1386] Vgl. Rogers und Blonski 2010, S. 19
[1387] Vgl. Caproni et al. 1992
[1388] Vgl. Cohen 2010, S. 3

on. Bartlett and Ghoshal[1389] nehmen an, dass wenn man offen („open-minded") und flexibel und eine breitere Perspektive hat, um Probleme und Chancen zu erkennen und dabei den Blick für lokales und globales hat, dann stellt dies ein **Management-Mindset** dar. Manager müssen eine „**Matrix in ihrem Mindset**" haben, um die Bedürfnisse für multiple Strategien zu verstehen, welche die Operationen von global agierenden Organisationen und Unternehmen zusammenhält.[1390]

Eine globale Führungskraft mit einem Global Mindset hat die Fähigkeit die Bedrohungen der Globalisierung zu konvertieren, schnellen technologischen Wandel und Hyperwettbewerb in Vorteile und Gelegenheiten für die Unternehmung zu verwandeln.[1391] Es benötigt Führungskräfte, welche bereit sind, eng mit Menschen verschiedener Kulturen und in verschiedenen Regionen in der Welt zusammenzuarbeiten, die in der Lage sind mit einem hohen Komplexitätsgrad umzugehen und welche auf Vertrauensbeziehungen aufbauen können innerhalb der Organisation zwischen Gruppen und Individuen.[1392]

Um solche Tätigkeiten effizient zu erledigen, benötigen Manager ein Global Mindset, indem sie dafür Sorge tragen und beeinflussen, dass verschiedene Mitarbeiter in verschiedenen Teilen der Welt dasselbe Ziel verfolgen.

Dieser Aspekt der **intellektuellen Kapazität der globalen Manager** hat immer mehr an Relevanz gewonnen, um in der Lage zu sein, in globalen Märkten zu wetteifern.[1393] Um globale Führungskräfte in einer Art und Weise zu trainieren, dass sie ihr Wissen über ausländische Kulturen ausbauen - welches natürlich von Fall zu Fall und von der bekannten heimischen Kultur abhängig ist - hilft es sich vor dem klassischen **kulturellen Schock** zu bewahren, welches insgesamt auch das Selbstbewusstsein der Manager stabilisiert.[1394] Kultur hegt einen Einfluss auf das Verhalten und kognitive System, es wird hervorgebracht durch Erfahrungen jedes Einzelnen. Kulturen sind um den Globus herum verschieden, von daher beschäftigen sich Führungskräfte mit kulturellen Gruppen, die verschieden zu der internalisierten Heimatkultur sind.[1395] Menschen die von einer Führungskraft beeinflusst werden, reagieren und verhalten sich in unterschiedlicher Art und Weise.[1396] Das Führen geht über die Führung hinaus mit dem Bewusstsein für verschiedene Kulturen. Ebenso das soziale, rechtliche und ökonomi-

---

[1389] Vgl. Bartlett und Ghoshal 1989, S. 219
[1390] Vgl. Bartlett und Ghoshal 1989, S. 219
[1391] Vgl. Lahiri et al. 2008, S. 314
[1392] Vgl. Hitt et al. 2008, S. 2; Gregersen et al. 1998
[1393] Vgl. Hitt et al. 2008, S. 2; Beechler und Baltzley 2008a, S. 40
[1394] Vgl. Earley et al. 2007, S. 97
[1395] Vgl. Earley et al. 2007, S. 96
[1396] Vgl. Beechler und Javidan 2008, S. 143ff.

sche Umfeld ist unterschiedlich und muss in Betracht gezogen werden. Der Prozess des Füh-
rens hat immer den Zweck die **unternehmerischen Ziele** zu erreichen.[1397]

Das Global Mindset der globalen Führungskraft und auch die physische Distanz zu den Untergebenen haben einen starken Einfluss auf Vertrauen und der Qualität der Beziehung zwischen den Untergebenen und dem globalen Führer.[1398] Die Orientierung der Führungskräfte
hat sich verändert, der Fokus des Individuums hat sich auf Gruppen und Organisationen ver-
schoben. Nicht nur Budget, Marketing, Finanzen und Manufaktur sind wichtig, sondern auch
Kultur, Leadership, Stil, Innovation und Vision, die „weichen" Angelegenheiten haben dementsprechend ihren Wert.[1399] Eine globale Führungskraft muss die Fähigkeit besitzen, Dinge
von verschiedenen Standpunkten und konflikäre Situationen gleichzeitig zu betrachten. Und
er oder sie hat die Kapazität auszuwählen, was die wichtigsten Punkte aus komplexen Daten
und Informationen sind.[1400]

Für Beechler und Javidan[1401] bedeutet eine erfolgreiche Globale Führungskraft mit der
Hauptkomponente des Global Mindset ausgestattet zu sein. Das Global Mindset basiert auf
dem **intellektuellen, psychologischen** und **sozialen Kapital.**[1402] Diese drei Komponenten
beeinflussen das Verhaltensrepertoire der globalen Führungskraft, um die richtige Erschei-
nung und die richtige Einstellung in jeder interkulturellen Situation und Kontext zu bekommen. Wenn das Verhalten richtig angewendet wird, dann ist die globale Führungskraft fähig,
Individuen aus unterschiedlichen kulturellen, politischen und institutionellen Hintergrund zu
beeinflussen, so dass jedes Individuum seinen Teil zur Erfüllung der globalen Ziele erfüllt.
[1403]

[1397] Vgl. Beechler und Baltzley 2008a, S. 41
[1398] Vgl. Story 2009, S. 19ff.
[1399] Vgl. Kedia und Mukherji 1999, S. 232ff.
[1400] Vgl. Beechler und Baltzley 2008a, S. 42
[1401] Vgl. beechler und Javidan 2008, S. 160
[1402] Vgl. hierzu auch Kapitel 3.
[1403] Vgl. Beechler und Javidan 2008, S. 160

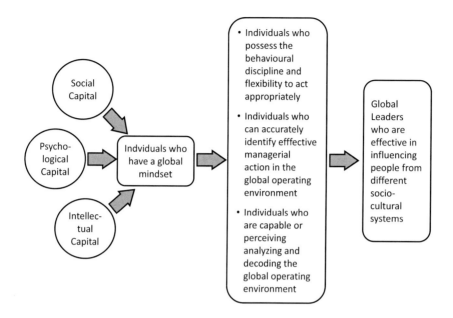

Abb. 8-2: Global Mindset und effektives Global Leadership [1404]

Globale Führungskräfte sind mit einem gewissen **Talent** ausgestattet, aber sie bekommen auch eine Gelegenheit ihr Potential zu entwickeln.[1405] McCall and Hollenbeck[1406] bemerken, das **Talent und Potential** haben, eine Grundvoraussetzung ist, um aus Erfahrungen zu lernen. Cohen[1407] hingegen bemerkt, dass Erfahrung nicht eine Garantie darstellt, um eine effektive globale Führungskraft zu werden. Seiner Meinung nach benötigt eine globale Führungskraft ein Global Mindset, welches er als eine neue Perspektive bezeichnet und weniger eine Menge an Fähigkeiten und Erfahrungen darstellt.

8.4.1 Global Leadership – Charakteristika

Osland und Bird[1408] bescheinigen, dass Quantensprünge zwischen einem heimischen und einem globalen Führer bestehen. Eine globale Führungskraft muss konstant ansteigende Komp-

[1404] Vgl. Beechler und Javidan 2008, S. 160
[1405] Vgl. Gregersen et al. 1998, S. 28
[1406] Vgl. McCall und Hollenbeck 2002, S. 6
[1407] Vgl. Cohen 2010, S. 3ff.
[1408] Vgl. Osland und Bird 2004

lexität managen. Lane et al.[1409] identifizieren vier Aspekte, die das **Global Leadership** herausfordernd macht, sie bezeichnen es als den Multiplikatoreffekt:

Multiplizität x Interdependenz x Ambiguität = Dynamische Komplexität

Die Multiplizität bezieht sich auf eine Reihe an Dimensionen; mit Interdependenzen sind Umweltfaktoren wie bspw. Ökonomie, Politik aber auch Stakeholder sind gemeint. Ambiguität bezieht sie sich auf die Tatsache, dass nicht alle Konsequenzen und alle Verknüpfungen von Ursachen bekannt sind. Alle diese Faktoren ändern und konvertieren interdependent voneinander und das führt zu einer schnell ändernden, dynamischen Komplexität und führt zu einer herausfordernden Arbeitsumgebung von globalen Führern.[1410]

Vor diesem Hintergrund bemerken Lane et al., dass globale Führer befähigt sind, **vier kritische Prozesse** durchzuführen und zwar kollaborierend, entdeckend, architektisierend und systemdenkend. Im Prozess der **Kollaboration** muss ein globaler Führer mit verschiedenen Arbeitskräften (Arbeitsgruppen) und Kollegen aus unterschiedlichem kulturellen Hintergrund, welches insbesondere Flexibilität, Respekt und das Aufbauen von vertrauensvollen Beziehungen erfordert, zurechtkommen. **Entdeckend** bezieht sich aufs Lernen und entwickeln, um eine neue Perspektive zu bekommen, damit man handelt und weiter entdeckt. Mit dieser Fähigkeit ist ein globaler Leader fähig in schnell änderer Komplexität zu reagieren.[1411] Globale Führungskräfte müssen die Fähigkeit haben mit komplexer Situation umzugehen, Führungseigenschaften zu besitzen, das technische Wissen und Kompetenzen besitzten und auch die Fähigkeiten, um Beziehungen aufzubauen und mit Mitgliedern verschiedener Nationen effizient zu interagieren.[1412] Der Designprozess um die Handlungen zu entwerfen, balanzieren und synchronisieren wird innerhalb der Organisation als **Architekturprozess** beschrieben. **Systemdenkend** bezieht sich auf die Fähigkeit, Interdependenzen innerhalb der Organisation und der externen Umwelt neu aufzudecken. Es bezieht sich auch auf die Fähigkeit sich über unternehmerische Stärken und Schwächen bewusst zu werden und sich diesen anzupassen. Kollaborieren, entdecken, archiketisieren und systemdenkend sind eng miteinander verwoben und mit allen diesen Fähigkeiten ist die globale Führungskraft in der Lage Komplexität zu managen.[1413]

[1409] Vgl. Lane et al. 2004a, S. 16
[1410] Vgl. Lane et al. 2004a, S. 16ff.
[1411] Vgl. Lane et al. 2004a, S. 20; Adler 1992, S. 63
[1412] Vgl. Pucik und Saba 1998, S. 46; Kedia und Mukherji 1999, S. 249; Beechler und Javidan 2008, S. 140
[1413] Vgl. Lane et al. 2004a, S. 20ff.

8.4.1.1 Global Leadership Rollen

Globale Führungskräfte müssen sich ihrem Rollenmodell bewußt werden, D.h. Individuen in Organisationen müssen lernen, alle Geschäftsaktivitäten durch die Brille des Global Mindsets zu betrachten. Globale Führungskräfte müssen nicht nur eine Position im Unternehmen bekleiden, sondern sie müssen mehrere Rollen einnehmen, um die Organisationsziele zu erreichen. Rogers and Blonski[1414] definieren verschiedene Rollen einer globalen Führungskraft. Dies ist zum einen die **Rolle eines Mentors oder Coach**, wo die nächste Generation unterstützt und durch eine Berufsausbildung erzogen wird.

Eine andere Rolle ist die des **Weltenbürgers** mit einem „offenen Mind"-Interesse für die Diversität der Welt, aber stets die originäre Kultur im Blick zu behalten. Mit der **Rolle des Entscheidungsträgers** ist die globale Führungskraft damit beschäftigt, das globale Mindset auf Entscheidungen unter Unsicherheit und Ambiguität anzuwenden.[1415] Die Führungskraft muss ein **Stratege** darin sein, alle Interessen der Stakeholder, sowohl global als auch lokal zum Erfolg zu integrieren. Zurselben Zeit muss die Führungskraft ein **Erfinder** sein und eine Arbeitsatmospäre schaffen, wo Veränderung und Innovation befürwortet wird und die Identifizierung von globalen neuen Märkten und Produkten stattfindet. Das Versprühen von Enthusiasmus, klare Nachrichten an alle Netzwerke und eine Beteiligung aller Stakeholder ist die **Rolle des Kommunikators**. Die **Rolle des Beziehungsherstellers** basiert vor allem auf Vertrauen, Respekt und Verlässlichkeit.[1416] Wenn eine globale Führungskraft diese sieben Rollen verinnerlicht und auf das tägliche Geschehen anwendet, dann wird er oder sie erfolgreich in der Integration der organisatorischen Vision und Werte sein und eine exzellente Reputation und Expertise geniessen.[1417]

Das Leadership Sigma globale Modell in Abbildung 8-3 zeigt die verschiedenen **Rollen eines globalen Managers** auf und visualisiert, dass ein Global Mindset essentiell für eine erfolgreiche globale Führungskraft ist. Rhinesmith[1418] bemerkt übergreifend, dass *"...there is a definitive connection between global mindset and personal qualities or characteristics"*.

[1414] Vgl. Rogers und Blonski 2010
[1415] Vgl. Rogers und Blonski, 2010, S. 19; Story, 2009, S. 15
[1416] Vgl. Rogers und Blonski 2010, S. 19
[1417] Vgl. Rogers und Blonski 2010, S. 20
[1418] Vgl. Rhinesmith 1992, S. 65

Abb. 8-3: Das Leadership Sigma globale Modell [1419]

In nachfolgender Abbildung 8-4 werden die Beziehung zwischen einem heimischen und einem Global Mindset sowie die Persönlichkeitscharakteristika und Kompetenzen dargestellt.

Domestic mindset	Global mindset	Personal characteristic	Competency
Functional expertise	Bigger, broader picture	Knowledge	Managing competition
Prioritization	Balance of contradictions	Conceptualization	Managing complexity
Structure	Process	Flexibility	Managing adaptability
Individual responsibility	Diverse teamwork and play	Sensitivity	Managing teams
No surprises	Change as opportunity	Judgment	Managing uncertainty
Trained against surprises	Openness to surprises	Reflection	Managing learning

Abb. 8-4: Beziehung zwischen Eigenschaften eines Global Mindset [1420]

[1419] Vgl. Rogers und Blonski 2010, S. 20

Rhinesmith argumentiert, dass die Charakteristika zu einer Person gehören und dass die Kompetenzen zu der Tunseite einer Globalen Führungskraft gehören.[1421] Charakteristika transformieren sich zu Kompetenzen, wenn diese angewandt werden.[1422] Die Definition einer globalen Führungskraft ist nicht so wichtig, wie das Definieren der Fähigkeiten und Charakteristika und wie jemand sich diese aneignen kann.[1423] Die Charakteristika eines „global leaders" sind **Wissen und Fähigkeiten, Intellekt, Psychologie und Persönlichkeit.** Das Verständnis und die Interdependenz der verschiedenen Aspekte einer Kultur und deren Hintergrund sind bei globalen Leadern viel breiter ausgebaut.[1424]

8.4.1.2 Intellekt, Psychologie, Selbstbewusstsein und Offenheit

Die Charakteristik Intellekt hat mit dem Management und dem Balancieren von Paradoxien zu tun. Die Kapazität von agilem Lernen, Intuition und Allgemeinwissen bezieht sich auf das Intellekt einer globalen Führungskraft.[1425] Rhinesmith[1426] identifiziert die Charakteristik der **Konzeptualisierung.** Diese bezieht sich auf die analytischen Fähigkeiten um Widersprüche, welche in komplexen Situationen vorkommen, ausbalanciert werden. Es benötigt auf der einen Seite einen detaillierten, spezialisierten und auf der anderen Seite einen holistischen Blick und Wissen.[1427] Die psychologische Charakteristik von einer globalen Führungskraft sind die offen-Eingestelltheit und die Wertneutralität und die Toleranz für Ambiguität.[1428] Das bedeutet desto mehr Möglichkeiten gegeben sind, desto mehr Wege gibt es für einen Erfolg. Ein anderer Aspekt des Persönlichkeitscharakters ist das **Selbstbewusstsein.** Man muss Wissen über die eigenen Stärken und Schwächen mitbringen, man muss sich bewußt sein auf den Einfluss und Wirkung auf Andere und man muss neugierig gegenüber Anderen und dem Neuen sein.[1429] Eine sehr wichtige Persönlichkeitseigenschaft, um Erfolg als globale Führungskraft zu haben, ist von Leslie et al. herausgearbeitet worden. Diese Charakteristik ist **Selbstvertrauen,** welches sich auf das Wissen und Erfolgsorientierung bezieht, **Überzeugungsfähigkeit und Extrovertiertheit,** welche wahrgenommen werden als effektiv für eine globale Führungskraft.[1430] Caligiuri und Tarique[1431] fügen zu der Extrovertiertheit auch noch **Offenheit**

[1420] Vgl. Rhinesmith 1992, S. 65
[1421] Vgl. Rhinesmith 1992, S. 66; Rogers und Blonski 2010, S. 19
[1422] Vgl. Rhinesmith 1992, S
[1423] Vgl. Osland et al. 2006, S. 204
[1424] Vgl. Beechler und Baltzley 2008a, S. 41
[1425] Vgl. Beechler und Baltzley 2008a, S. 41ff.; Javidan et al. 2008, S. 211ff.
[1426] Vgl. Rhinesmith 1992
[1427] Vgl. Rhinesmith 1992, S. 65
[1428] Vgl. Javidan et al. 2008, S. 221ff.; Beechler und Baltzley 2008a, S. 41ff.; Story 2009, S. 15
[1429] Vgl. Beechler und Baltzley 2008a, S. 41ff.; Story 2009, S.68
[1430] Vgl. Leslie et al. 2002, S. 22

hinzu, beide Faktoren führen zu der Tatsache, dass die Entwicklungserfahrungen in effektiven globalen Leadershipaktivitäten führen. Personen mit einer hohen Extrovertiertheit werden am meisten von **interkulturellen Leadershipentwicklungsprogrammen** profitieren gemäß Caligiuri und Tarigue.

8.4.1.3 Sensitivität

Sensitivität zwischen Individuen von verschiedenem kulturellem Hintergrund ist kritisch, um in einem Team zusammenzuarbeiten dessen Mitglieder multikulturell sind. Rhinesmith[1432] entdeckt, dass solche Individuen mit einer guten Selbstsicherheit einfacher lernen, indem Bestreben nach interkultureller Sensitivität. Sensititivität bezieht sich darauf, anderen Sichtweisen zuzuhören und darauf hin seine eigene Meinung, Werte und Glaubenssätze in Frage zu stellen. Der interkulturelle Lernasapekt ist Lebenslang, weil es ja unzählbar unterschiedliche Kulturen, um die Welt herum, gibt.[1433]

8.4.1.4 Ungewißheit, Neugier, gesunder Menschenverstand

Dualität ist die Fähigkeit von Managern mit Unsicherheit und mit Spannungen umzugehen. Das bedeutet die richtige Gleichung zwischen Globalisierung und Lokalisierung zu finden. Unsicherheit gehört zum täglichen Geschäft von weltweit operierenden Unternehmen, und Führungskräfte müssen die Fähigkeiten innehaben, um unter diesen sich ändern Umständen erfolgreich zu agieren. Um das Risiko in unsicheren Umständen zu reduzieren kann durch Untersuchungen behoben werden. Aber dies ist zeitraubend und nicht alle erforderlichen Informationen, sind verfügbar und einige Informationen sind unbrauchbar nach der Untersuchung. Vor diesem Hintergrund führen Führungskräfte Entscheidungen durch Intuition mit unadäquaten Informationen durch. Das Ergebnis ist, dass Schnelligkeit verwoben ist mit Unsicherheit.[1434]

Die Entscheidung der **globalen Führungskräfte** wird aufgrund ihrer langjährigen Erfahrung getroffen, sie haben ihre Fähigkeiten in unzählbaren, diversen und internationalen Bedingungen unter Beweis gestellt, um die einzige richtige Entscheidung zu treffen. Globale Führungskräfte sind erfahren genug, um selbstbewusst die richtige Entscheidung in jeder einzelnen Situation zu treffen.[1435] Eine durchgeführte Studie von Gregersen et al. [1436] enthüllt, das glo-

---

[1431] Vgl. Caligiuri und Tarique 2009, S. 337
[1432] Vgl. Rhinesmith 1992, S. 66
[1433] Vgl. Rhinesmith 1992, S. 66; Nardon und Steers 2008, S. 181; Osland 2009, S. 4
[1434] Vgl. Gregersen et al. 1998, S. 25ff.
[1435] Vgl. Rhinesmith 1992, S. 66; Story, 2009, S. 15
[1436] Vgl. Gregersen et al. 1998

bale Führungskräfte eine Reihe von spezifischen Fähigkeiten benötigen und zusätzlich bestimme Charakteristika besitzen sollten.

Der Erfolg von globalen Führungskräften hängt zu einem Drittel von dem Wissen und der Kenntnis von expliziten Kontexten ab. Die anderen zwei Drittel sind Charaketeristika, welche *"...exhibiting character, embracing duality and demonstrating savvy"* beinhalten. Die Befragung zeigt, dass diese Charakteristika durch **Neugierde** hinzugewonnen werden. Erfolgreiche Führungskräfte werden durch einen Abenteuersinn bzw. -lust und durch die Lust neue Erfahrungen und Dinge zu sehen, angetrieben. Globale Führungskräfte härten sich durch die umgebenden Unterschiede ab. Neugierde ist ein Schlüssel zum Erfolg für globale Führungskräfte, egal ob sie nur eine Grenze überschreiten oder mehrere Landesgrenzen.[1437] Die entdeckte Neugier ist ein Treiber, um das globale Verständnis auszubauen und das Verständnis für andere Menschen anzureichern und die Integrität Aufrechtzuerhalten.[1438] Die Ausweitung der Fähigkeit, um mit Unsicherheit umzugehen und die Spannungen auszuhalten wird durch Neugier(de) begegnet und auch das Aufbauen eines komplexen Verständnisses und wie der Charakter die Dualität und der gesunde Menschenverstand miteinander verwoben, sind und zusammenarbeiten.[1439] Gesunder Menschenverstand bezieht sich auf die Fähigkeit der Führungskraft, weltweite Möglichkeiten (Chancen) für die Unternehmung zu erkennen und zu entdecken und das ist verwoben mit des Führer's Wissen über das Unternehmen und die Kernkompetenzen der Unternehmung und den Ressourcen und den Wettbewerbsbedingungen.[1440]

8.4.1.5 Flexibilität

Weil das globale Umfeld einer Unternehmung im ständigen Wandel ist, müssen globale Führungskräfte flexibel sein und ihre Organisationsprozesse und Organisationsstrukturen den schnell änderenden Anforderungen anpassen. Eine globale Führungskraft muss sich flexibel anpassen und die lokalen und globalen Nachfragen koordinieren, um Wettbewerbsvorteile zu gewinnen mit der richtigen Allokation der unternehmerischen Ressourcen.[1441] Osland et al.[1442] kategorisieren die Global Leadership-Kompetenzen von mehreren qualitativen explorativen Forschungen. Sie entdecken, dass die Fähigkeiten von Global Leadership unter sechs Kerndimensionen geclustert werden können und wie folgt benannt werden:

[1437] Vgl. Gregersen et al. 1998, S. 23
[1438] Vgl. Gregersen et al. 1998, S. 23ff.; Story 2009, S. 15ff.
[1439] Vgl. Gregersen et al. 1998, S. 23ff.; Story, 2009, S. 15ff.
[1440] Vgl. Gregersen et al. 1998, S. 26ff.
[1441] Vgl. Rhinesmith 1992, S. 65
[1442] Vgl. Osland et al. 2006, S. 208

- Interkulturelle Beziehungsfähigkeiten,

- Charaktereigenschaften and Werte,

- Globale Geschäftserfahrung,

- kognitive Orientierung

- global organisierende Erfahrung

- und visionisieren.

Es muss an dieser Stelle erwähnt werden, dass sich die meisten dieser Dimensionen auf die Kompetenzen beziehen und ein Inhaltsansatz darstellen und das es keine Differenzierung relevanter und unrelevanter Fähigkeiten existieren.[1443]

8.4.2 Global Leadership – Entwicklung

Eine Untersuchung von Gregersen et al.[1444] mit U.S. fortune 500 Unternehmen stellt fest, das überwiegend alle Unternehmen einen Bedarf an **kompetenten globalen Führungskräften** haben. Mehr als die Hälfte der Unternehmen denken, dass sie globale Führungskräfte mit Potential haben, welche zusätzliche Fähigkeiten und Wissen benötigen, um dem Markt gerecht zu werden. Für expandierende Unternehmen ist die Hauptressource, worin sie eine Mangelerscheinung haben, die der Human Ressourcen, es gibt nicht genügend Menschen mit **Global Leadership- Kompetenzen.**[1445]

Globale Führungskräfte werden geboren oder gemacht,[1446] aber zumindest ein Individuum mit hohem Potential braucht exzellentes Training und Entwicklungsprogramme, um eine erfolgreiche globale Führungskraft zu werden. Vor diesem Hintergrund müssen Organisationen eine Plattform zur Verfügung zu stellen, damit die Mitarbeiter ihr Potential ausschöpfen können. Gemäß Gregersen et al.[1447] besteht die Basis der psychischen / mentalen Entwicklung darin, die Welt nicht aus dem Blickwinkel eines Landes zu verstehen. Führungsverhalten entwickelt sich nicht-linear, es ist nicht ein linearer Fortschritt von neuen, hinzugefügten Kompetenzen, die bereits bestehen. Die Veränderung passiert durch Entwicklung/ Übergang, die Zeit in Anspruch nimmt, um Erfahrungen zu sammeln und Unternehmen haben nur bedingt Kontrolle über diese Erfahrungen.[1448] Erwachsene entwickeln sich weiter, sie brauchen komplexe und facettenreiche Herausforderungen, sie überlegen verschiedene Perspektiven, machen Ent-

---

[1443] Vgl. Osland et al. 2006, S. 209
[1444] Vgl. Gregersen et al. 1998
[1445] Vgl. Gregersen et al. 1998, S. 22
[1446] Vgl. Hollenbeck und McCall 2003, S. 104
[1447] Vgl. Gregersen et al. 1998, S. 28
[1448] Vgl. Osland et al. 2006, S. 214

scheidungen zwischen vielen Wahlmöglichkeiten und sind sich der komplexen Verbindungen der Erfahrungen bewusst.[1449] Die Expertise von einer Führungskraft ergibt sich aus den Erfahrungen und die Führungskraft erreicht außerordentliche Dinge innerhalb des Feldes der Expertise. Das Wissen basiert auf Tatsachen und wird auch still schweigend über eine längere Zeit angeeignet und sorgt dafür ein Experte auf dem Gebiet zu werden. Ebenso die Qualität und die Relevanz und auch andere Menschen und ihre Unterstützung beeinflussen das Aufbauen an Erfahrungen.[1450]

Die nicht-lineare Entwicklung und das Ergebnis der Erfahrung hängen nicht einzig und allein von der lernenden Person ab, sondern sie hängen auch vom Gegenüber ab.[1451] Um Global Leadership zu entwickeln wird ein multidimensionaler Ansatz benötigt. Die facettenreichen Ansätze sind zum einen die Selbstanalyse, die Ausbildung durch angeworbenes Wissen, Erfahrung beinhaltend durch das Handeln und Tun und ebenso durch Erfahrung und Mentoring von anderen Menschen aufdecken.[1452] Der maßgeblich größte Lerneffekt für globale Führungskräfte ist, wenn sie eine ausländische Kultur durch das Leben im Ausland erfahren. Diese Erfahrung führt zu Kompetenzen von wertvollen Unterschieden, das Lernen einer ausländischen Sprache, die Sensitivität gegenüber einem Kontext der unsicher ist und das Schaffen von neuen verschiedenen alternativen Lösungen.[1453] Ein Ansatz zur Entwicklung von Global Leadership ist von Osland et al.[1454] in dem **Chattanooga Modell** gemacht worden.

Eine potentielle globale Führungskraft wird für sieben Tage in der Woche in einen interkulturellen Kontext gesendet. Dieser Situation wird begegnet durch existierende unveränderbare Charakteristiken solche wie z.B. Fähigkeiten (Ambition, Verlangen zu Führen, Offenheit und emotionaler Stabilität) und kognitiven Prozessen (Attribution, Flexibilität und Ambiguitätstoleranz). Ebenso wird ein gewisser Level an Führung und Managerkompetenzen angegeben. Die Komposition dieser Elemente ist einzigartig für jedes Individuum.[1455] Mit diesen gegebenen Elementen erfährt ein Individuum Herausforderungen und Entscheidungen, welche komplex und zu einem unterschiedlichen Grad für eine Person wichtig sind. In diesem Zusammenhang hat jede Erfahrung einen unterschiedlichen emotionalen Effekt auf jedes Individuum. Ebenso beeinflussen die Erfahrungen aus der Vergangenheit die Gegenwart. Einige andere Umweltfaktoren wie bspw. Familie, Jobneuheit, Kulturneuheit und Bildungsunterstüt-

---

[1449] Vgl. Beechler et al. 2010, S. 9; Hollenbeck und McCall 2003, S. 114
[1450] Vgl. McCall und Hollenbeck 2007, S. 3ff.; Nardon und Steers 2008, S. 175
[1451] Vgl. Osland et al. 2006, S. 216; Hollenbeck und McCall 2003, S. 114
[1452] Vgl. Cohen 2010, S. 8
[1453] Vgl. Cohen 2010, S. 8
[1454] Vgl. Osland et al. 2006
[1455] Vgl. Osland et al. 2006 S. 216; Levy und Beechler et al. 2010, S. 18ff.

zung haben eine Wirkung auf die Erfahrungen. Ein Schlüsselelement um globale Führungs-kräfte zu entwickeln ist der Zugang zu einem hohen Maß an Herausforderungen.[1456] Diese Erfahrungen treten immer und immer wieder auf, nicht jede Erfahrung wird zum Erfolg füh-ren und einige werden zu Misserfolg führen, aber nur wenn ein Individuum in der Lage ist durchzuhalten und durch diesen dynamischen Prozess der Erfahrung lernen wird, wird er oder sie Global Leadership-Kompetenzen entwickeln können.[1457] Im Rahmen einer Untersuchung zu globalen Kompetenzen, welche durch Fokusgruppen von globalen Führungskräften defi-niert wurden, spielt die **Persönlichkeit** eine hervorzuhebende Rolle. Die Charakteristika, die sich auf die Persönlichkeit beziehen sind **Offenheit, Flexibilität und die Reduzierung von Ethnozentrismus.** Die anderen Dimensionen beziehen sich auf die Fähigkeiten und Wissen und alle diese drei werden durch Global Leadership - Programmen entwickelt.[1458] Dieser Per-sönlichkeitsfaktor ist ein "state of mind " und Orientierung eines Individuums bezogen auf das Global Mindset. Eine Persönlichkeit eines Individuums und dessen Persönlichkeitseigen-schaften zu verändern, sind fast unmöglich. Caligiuri und Di Santo[1459] erheben in ihrer Studie, dass mit **interkulturellen Assignments Persönlichkeitscharakteristika** nicht verändert werden können, obwohl diese von hoher Notwendigkeit für globale Führungskräfte sind.[1460] Für die Entwicklung von globalen Führungskräften muss bereits am Anfang in dem Selekti-onsprozess Aufmerksamkeit auf die Persönlichkeit eines Individuums gelegt werden vor der Tatsache, dass dieser Aspekt (Persönlichkeit) nicht gelernt und antrainiert oder verändert werden kann. Es ist ein Faktor, der unerläßlich ist für **globale Führungskräftekandida-ten.**[1461] Eine Lernoffenheit, intelektuelle Kapazität, um Komplexität zu verstehen und damit umzugehen und ebenso Führungsmotivation und um effektiver an Ergebnisse heranzukom-men sind Selektionskritierien vorweg gemäß Hollenbeck and McCall[1462] zu entwickeln. Men-schen verändern sich nicht, Erfahrungen können nur eine Person formen. [1463] Diese Annahme beruht auf der Grundlage, das was in der Vorstandsebene gemacht oder getan wird, anstelle was eine Person tut. Und was eine Person tut ist sogar wichtiger, als welche Kompetenzen und Persönlichkeitseigenschaften jemand hat. Das Ergebnis ist ein wichtiger Faktor und es gibt viele Wege, um an dasselbe Ziel effizient heranzukommen. Es gibt keine zwei Führungs-kräfte die ähnlich agieren und dieselben Kompetenzen besitzen. Die Fähigkeit komplexe

---

[1456] Vgl. Osland et al. 2006 S. 217; Hollenbeck und McCall 2003, S. 114
[1457] Vgl. Osland et al. 2006 S. 218; Rhinesmith 1995, S. 42
[1458] Vgl. Caligiuri und Di Santo, 2001, S. 29; Bhagat et al. 2008, S. 199
[1459] Vgl. Caligiuri und Di Santo 2001
[1460] Vgl. Caligiuri und Di Santo 2001, S. 30
[1461] Vgl. Caligiuri und Di Santo 2001, S. 34; Beaman, 2004, S. 52
[1462] Vgl. Hollenbeck und McCall 2003, S. 112ff.; Javidan et al. 2008, S. 221ff.
[1463] Vgl. Hollenbeck und McCall 2003, S. 104

Probleme zu lösen, um die richtigen Ergebnisse zu erfüllen erfordert Flexibilität, aber zur gleichen Zeit gibt es die Freiheit, um Dinge so zu tun wie es einem gefällt ohne Begründung.[1464] Aber um alle Möglichkeiten der Individuen, auf einen gemeinsamen Nenner zu bringen, beziehen sich Hollenbeck und McCall[1465] auf die Struktur von Kompetenzen, welche das Verhalten beeinflussen, welche zu den gewünschten Ergebnissen führen. Kompetenzen sind essentiell, um Lernmethoden zu entwickeln, welche später wichtig erscheinen, um die Performance von einer Führungskraft zu bewerten. Die Organisation muss den richtigen Kontext und eine Lernumgebung und Weiterentwicklung ermöglichen und anbieten, worin Führungskräfte die Lektionen von sich aus Lernen wollen in einer gewünschten Umgebung.[1466] Gemäß Hollenbeck and McCall[1467] wenn es zur Führung kommt, dann ist die Arbeit, die ansteht, wichtiger, als wer diese Arbeit ausführt und in welcher Art und Weise. Dieses hat einen Haupteinfluss auf die Entwicklungsperspektive von Führung. So was sich weiter entwickeln muss, ist nicht das Individuum, sondern es ist die Fähigkeit Dinge mit unterschiedlicher Variation zu tätigen.[1468] Der Hauptaspekt in der Entwicklung ist, dass das Individuum aus Erfahrung lernt. Das Ausweiten des Mindset durch die gewonnene Erfahrung und Kenntnisse und ein Denkmuster von den gesammelten Erfahrungen in der Vergangenheit zu formen und dieses auf zukünftige Situationen anzuwenden ist das Ziel.[1469]

Um ein **Global Leadership** zu entwickeln, schlagen Rogers and Blonski[1470] vor, dass Organisationen ein Curriculum für Individuen anbieten, um sich zu globalen Führungskräfte hin zu entwickeln. Jenes Curriculum ist so aufgebaut, dass es für jeden Angestellten auf verschiedenen Ebenen ermöglicht wird, an einem Training teilzunehmen. Das Eintrittslevel ist so konzipiert, dass man genau weiß, was das Individuum bereits gelernt und gemeistert hat und bezieht sich nicht auf das Level oder Position des Angestellten. Sie schlagen vor, dass das Curriculum insbesondere Aufgaben wie Auslandsassignments in verschiedenen Ländern, das Formieren von Teams aus globalen Mitgliedern und das Engagieren von Individuen in verschiedenartigen Funktionen und Rollen ermöglicht werden soll.[1471] Caligiuri und Tarique[1472] sind der Meinung, dass Organisationen mit Bedacht denken müssen, wer am meisten von diesen **Leadershipentwicklungsprogrammen** begünstigt wird, weil es immer auch hohe Kosten

---

[1464] Vgl. Hollenbeck und McCall 2003, S. 105ff.
[1465] Vgl. Hollenbeck und McCall 2003
[1466] Vgl. Hollenbeck und McCall 2003, S. 108
[1467] Vgl. Hollenbeck und McCall 2003
[1468] Vgl. Hollenbeck und McCall 2003, S. 111
[1469] Vgl. Gregersen et al. 1998, S. 28ff.
[1470] Vgl. Rogers und Blonski 2010
[1471] Vgl. Rogers und Blonski 2010, S. 20
[1472] Vgl. Caligiuri und Tarique 2009

bedeutet und nicht alle Individuen dasselbe aus den gewonnenen Erfahrungen mitnehmen.

Hoher Kontakt zu inter-kulturellen Entwicklungserfahrungen sind solche, wo viele direkte und indirekte Interaktionen mit verschiedenen Kulturen stattfinden; das geschieht schon in frühen Phasen des Lebens, nicht nur in der **Leadershipentwicklungsphase des Lebens** eines Individuums.[1473]

Die Art und Weise um Expertise zu entwickeln ist nicht dieselbe für jedes Individuum und es beginnt schon während der Kindheit.[1474] Die Entwicklung passiert mit Unterstützung von Coaches und Mentoren oder Förderen. Um Individuen zu unterstützen globale Führungskräfte und Experten zu werden ist ein kritischer Punkt für die Organisation.[1475]

8.4.3 Global Leadership und Global Mindset – neues Forschungsfeld

Das Thema Global Leadership ist eng mit dem Thema Global Mindset verwoben. In der Tat überschatten jedoch die Themen des Global Leadership die Themen des Global Mindsets.

Das Konzept des **Global Leadership** ist ein relatives neues Forschungsgebiet. Der Begriff Global Leader (globale Führungskraft) erschien schon in den **60er und 70er Jahren**. Dabei wurde der Begriff „global" verwendet, um zu beschreiben, dass Manager in internationalen Operationen tätig sind.[1476] In den **70er** Jahren gab es vermehrt Studien, die sich mit dem Thema „expatriate manager" und vor allem den kulturellen Unterschieden der verschiedenen Führungsmethoden befassten.[1477] In den **80er** Jahren wurde das Global Leadership mit einem Fokus auf das Human Resource Management gelegt und dabei insbesondere auf die Erkenntnisse von Führungskräfteanwerbung, Training und Führungskräfteentwicklung von Managern gelegt. Dabei wurde berücksichtigt, welche internationale Verantwortung die Manager ausübten, durch Auslandsreisen, „expatriate" Positionen oder welche Verantwortung das Auswählen, Training, Beurteilung oder dem Managen einer globalen Belegschaft mit sich brachte.[1478] Diese Studien in dem Zeitraum der **80er Jahre** lieferten Erkenntnisse in der Vielfältigkeit der Assessment Instrumente, welche notwendig sind, um Global Leadership Fähigkeiten zu identifizieren und die zu der Entwicklung von Global Leadership-Kompetenzen maßgeblich beitrugen.[1479] Die meiste Forschung in den **90er Jahren** über Global Leadership

---

[1473] Vgl. Caligiuri und Tarique 2009, S. 345
[1474] Vgl. McCall und Hollenbeck 2007, S. 11
[1475] Vgl. McCall und Hollenbeck 2007, S. 11ff.; Pucik und Saba 1998, S. 46ff.
[1476] Vgl. McCall und Hollenbeck 2002, S. 20-21
[1477] Vgl. Konyu-Fogel 2011, S. 29
[1478] Vgl. Bartlett und Ghoshal 1998, 2008; Morrison 2000
[1479] Vgl. Goldsmith et al. 2000, Rosen 2000, Sheridan 2000

fokussierte sich auf die globalen Kompetenzen und Definitionen von **Global Mindset**.[1480] Wie auch immer, die meiste Forschung im Themengebiet des **Global Leadership** besteht aus **normativen Empfehlung**[1481] an globale Führungskräften und Human Resource Professionals und weniger auf theoretische und empirische Konstrukte.

Global Leadership im **Jahre 2010** und darüber hinaus sollte die Rolle der Globalen Führungskräfte weiter beleuchten durch den Ausbau der existierenden Modelle und Theorien durch **empirische Studien**, die sich auf die **Führungseigenschaften** und **Kompetenzen** beziehen, die im globalen Geschäft benötigt werden. Darüber hinaus sollte sich zukünftige Forschung auf die hauptverantwortlichen Faktoren beziehen, die zu einem Anstieg des Global Mindset führen und wie Global Mindset das Führungsverhalten und organisatorische Performance verbessert.[1482]

Einige Forscher[1483] argumentieren, dass die Entwicklung einer globalen Führungskraft kritisch ist für einen Wettbewerbsvorteil[1484], während andere glauben, dass das Global Mindset der Schlüssel für strategischen Vorteil darstellt.[1485]

Khilji et al.[1486] legen ihre Aufmerksamkeit auf die existierenden Lücken in der Literatur und beleuchten die hervorgebrachten integrativen Modelle, die Global Leadership und Global Mindset vereinen[1487] und schlussfolgern durch einige wichtige Forschungsfragen für zukünftige Forschung, dass es sich hierbei um multidisziplinäre Konzepte handelt. Sie weisen des Weiteren darauf hin, das Global Leadership das Gegenteil von „domestic leadership" ist[1488] und das Global Leadership mehrere Länder umspannt.[1489] Wie bereits schon kurz erwähnt, haben mehrere Forscher den Fokus auf Kompetenzen, die globale Führungskräfte innehaben sollten, als Global Leadership definiert. Dabei wird klar, dass wie Beechler und Javidan[1490] bemerken: *"...the lists of effective global leadership are practically endless, to the point at which they become useless."* Morrison[1491] bspw. bemerkt in einem Überblick der Seminarstudien über Global Leadership, dass die Mehrheit der Studien, die sich auf die Entwicklung von

---

[1480] Vgl. Beechler und Javidan 2007, Jeannet 2000, Kedia und Mukherji 1999, Rhinesmith 2003
[1481] Vgl. hierzu auch Beechler und Javidan 2007
[1482] Vgl. Konyu-Fogel 2011, S. 30
[1483] Vgl. Khilji et al. 2010, S. 354
[1484] Vgl. Osland et al. 2006
[1485] Vgl. Black et al. 1999, Jeannet 2000, Javidan 2008, Bartlett und Ghoshal 1990, Gupta und Govindarajan 2002, , Murtha et al. 1998, Levy et al. 2007
[1486] Vgl. Khilji et al. 2010, S. 355
[1487] Vgl. Beechler und Javidan 2007, Beechler und Baltzey 2009a, Davis et al. 2008)
[1488] Vgl. Beechler und Javidan 2007, S. 135
[1489] Vgl. Adler 1997, Adler und Bartholomew 1992, Bartlett und Ghoshal 989, Dorfmann 1996
[1490] Vgl. Beechler und Javidan 2007, S. 138
[1491] Vgl. Morrison 2000

Global Leadership beziehen, zumeist **deskriptive Essays** sind, die sich auf kleine Stichproben und zumeist des Autoren eigene Beratungserfahrungen in ein oder zwei Ländern beziehen. Bei dem Academy of Management Meeting in Chicago bemerkte Adler[1492] überraschend, dass das Feld des Global Leadership lediglich aus 14 empirischen Studien besteht.

Übergreifend wird anhand der bisherigen Studien ersichtlich, dass Global Mindset und Global Leadership als unabhängige Quellen von Wettbewerbsvorteil gesehen werden können. Wenige Forscher haben versucht, die beiden Konzepte zusammen zu betrachten.[1493] Als eine Voraussetzung oder eine Komponente von Global Leadership, erlaubt das Global Mindset den Praktikern und Gelehrten das globale Leadership als eine „Art des Denkens" (i. Sinne von mindset) oder ein Weg des Beeinflussens (i.S. von Leadership) zu sehen. Kollektiv bieten beide Konzepte tiefere Einsichten in die kognitiven Strukturen von Globalen Führungskräfte, um in der globalen Umwelt bestehen zu können. Davis et al.[1494] argumentieren, dass integrative Modelle von Global Mindset und Global Leadership ein neues Paradigma darstellen, um über Leadership nachzudenken, um den Herausforderungen der komplexen und ungewissen Welt zu begegnen.[1495] Beechler und Javidan´s[1496] Arbeit war der erste Versuch um Global Leadership und Global Mindset zu integrieren. Als zweites schlagen Davis et al. ein neues Global Leadership Mindset Modell (GLM) vor. Es wird präsentiert als ein multidimensionales und komplexes Konstrukt, welches durch den „ongoing process" des Lernens sich entwickelt und des Führungskraft´s Wissen, Verhalten und Orientierung in einer sich ständig ändernden Umwelt integriert. Eine etwas neuere Studie von Beechler und Baltzey[1497] nimmt eine starke Position in dem Integrieren von Global Leadership und Global Mindset ein. Sie behaupten, dass das Global Mindset der Kernaspekt des Global Leaders ist. Durch ihre ausgiebige Forschung und Analyse kommen sie zu dem Entschluss, dass drei Kernstücke von Global Mindset eine globale Führungskraft effektiv bzw. effizient macht. Diese beinhalten Kosmopolitismus (being open-minded and non-judgemental), Lernorientierung (having a natural inquisitiveness) und proaktive Beziehungsmuster (establishing trust). Sie argumentieren, dass ein Global Mindset den Führern hilft, die Welt aus verschiedenen Perspektiven zu sehen, Entscheidungen zu treffen, welche sowohl global als auch lokal funktionieren und dabei hilft, dass das Unternehmen die Fähigkeit ausweitet sich auf dem globalen Marktplatz zu behaup-

---

[1492] Vgl. Adler 2009
[1493] Vgl. Beechler and Javidan 2007, Beechler and Baltzey 2009a, Davis et al. 2008, Javidan 2008
[1494] Vgl. Davis et al. 2008
[1495] Vgl. Khilji et al. 2010, S. 365
[1496] Vgl. Beechler und Javidan 2007
[1497] Vgl. Beechler und Baltzey 2009a zitiert in Khilji et al. 2010, S. 366

ten.[1498] *"Having a global mindset means that an individual or organization has an awareness of the diversity across business, countries, cultures and markets, the ability to develop and interpret criteria and business performance that are independent from assumptions of a single country, culture or context, the ability to synthesize across diversity and decide what is the best course of action, behavioural flexibility and discipline to act. Have a broad enough skill set to adapt to be effective in delivering the course of action, and at the organizational level, a team that can effectively act!"*

Insgesamt bedingen sich Global Leadership und Global Mindset konzeptionell und praktisch gegenseitig. Global Leadership braucht Global Mindset, welches umgekehrt global Leadership mit der Orientierung und kognitiven Struktur zu einem effektiven Führen auf dem Wettbewerbsumfeld niederschlägt. Es ist noch wert zu erwähnen, dass beide Studien, sowohl Davis et al. als auch Beechler und Baltzey das Lernen (willingness, ability and natural curiosity) als ein kritisches Bindeglied von Global Leadership beinhaltend Global Mindset sieht. Khilji et al.[1499] weisen noch auf wichtige unbeantwortete Fragen betreffend Global Leadership und Global Mindset hin. Zum Beispiel:

Wie kann Global Leadership mit dem Beinhalten von Global Mindset weiterentwickelt werden?

Wie führt Global Leadership und Global Mindset eine Organisation zu mehr Wettbewerbsvorteil?

8.5 Empirische Ergebnisse aus Experteninterviews

8.5.1 Individuelle Charakteristika

Mehr als die Hälfte der Interviewten betrachten **Offenheit** als sehr wichtige Charakteristik von globalen Führungskräften. Es war die Charakteristik, die am meisten genannt wird. Offenheit beinhaltet einen "**open state of mind**", offen gegenüber anderen Kulturen und anderen Menschen zu sein. Offen gegenüber Dingen zu sein, welche unterschiedlich zu dem sind, was man kennt. Kosmopolit, wirkliches und ehrliches Interesse an ausländischen Menschen und diversen Kulturen wurde mit Offenheit in Zusammenhang gebracht. Offenheit führt annah-

---

[1498] Vgl. Khilji et al. 2010, S. 367
[1499] Vgl. Khilji et al. 2010, S. 368

megemäß zu einem besseren Verständnis und Empathie für andere Kulturen und Individuen.[1500]

„Also meiner Meinung nach ist eine total offene Geisteshaltung sehr wichtig. (...) das man also sehr rege und wach ist und damit auch alle Einflüsse, die kommen aktiv aufnimmt und auch nicht als Bedrohung empfindet, sondern als Chance. Das ist, glaube ich eine ganz wichtige Grundhaltung"[1501]

Das oben genannte Zitat enthält die Essenz auf was die Interviewten zu Offenheit sagten. Ein komplettes **„open mindset"** ist wichtig. Ein Individuum muss auf der Hut sein und aufmerksam in der aktiven Absorbierung aller Einflüsse und diese dann als Gelegenheiten bzw. Chance betrachten. Das ist eine wichtige Einstellung. Offenheit ist verbunden mit dem Bewusstsein der Notwendigkeit, mit der ein Individuum interagiert. Es bezieht sich auf einen unvoreingenommenen **„state of mind"**.[1502]

„Ja man muss, das ist auch ein ganz wichtiger Punkt, man muss open minded sein. Ja man muss völlig weltoffen sein für alle möglichen Dinge, weil wenn man das nicht ist, dann blockiert man prinzipiell vor Neuigkeiten ja, blockiert man vor Allem"[1503].

„Das (openness) ist der Umgang miteinander, das Verständnis, das Dinge auch anders gemacht werden können. Ja, mentale Offenheit, das sind Indizien[1504]*"*

Mit einem **offenen „Mind"** und deren Entwicklung wird die Möglichkeit geboten, etwas Neues zu entwickeln. Das ist essentiell in einer globalisierten Welt. Zurzeit agieren viele Unternehmen auf globalem Level, und Menschen müssen aus unterschiedlichen kulturellen Kreisen miteinander interagieren, welche womöglich andere Sichtweisen, Verhalten und verschiedene Meinungen vertreten. Mit einem offenen Mind kann ein Individuum leicht sein Gegenüber beurteilen.

Die zweite am meisten erwähnte Charakteristik bezieht sich auf die **Persönlichkeit eines Individuums**. Eine globale Führungskraft sollte **selbstbewußt** sein und eine hohe **Fähigkeit der Selbstwahrnehmung** besitzen.[1505] Um resilient zu sein, ist es wichtig, aus Fehlern und aus der Erfahrung zu lernen.[1506]

[1500] Vgl. Interview 4, Absatz 23 und 15; Interview 6, Absatz 31; Interview 7, Absatz 49 und 55, Interview 8, Absatz 85 und 87; Interview 10, Absatz 71 und 75; Interview 11, Absatz 42; Interview 12, Absatz 67; Interview 15, Absatz 64 und 67; Interview 18, Absatz 28; Interview 20, Absatz 31; Interview 21, Absatz 57 und 59; Interview 23, Absatz 21 und 57; Interview 24, Absatz 71; Interview 25, Absatz 49
[1501] Vgl. Interview 10, Absatz 71
[1502] Vgl. Interview 6, Absatz 15
[1503] Vgl. Interview 21, Absatz 57
[1504] Vgl. Interview 23, Absatz 21
[1505] Vgl. Interview 1, Absatz 29; Interview 3, Absatz 31; Interview 9, Absatz 63; Interview 11, Absatz 46; Interview 19, Absatz 59
[1506] Vgl. Interview 3, Absatz 35 und 45; Interview 5, Absatz 23 und 31; Interview 25, Absatz 49

„Da muss man resistent sein, ein hohes Maß an Selbstreflexion haben. Das ist sehr notwendig, das was man mitbekommt ordentlich in sein Wertesystem hineinbringt, sich selbst hinterfragt und schaut was tut dieses fremde Wertesystem mit meinem Wertesystem[1507]*"*

Eine starke Persönlichkeit und die **Fähigkeit das eigene Denken und Verhalten in Frage zu stellen** wird als essentiell betrachtet; dieses kann wieder verbunden werden mit einem open mind, und der Wert wird auf die Meinung und dem mindset der Anderen gelegt. Eine globale Führungskraft wird beschrieben als jemand mit einer starken Persönlichkeit, der durchsetzungsfähig aber zugleich auch charismatisch ist.[1508] Ebenso **Zielorientierung** wurde als eine wichtige Persönlichkeitseigenschaft einer globalen Führungskraft identifiziert, um fähig zu sein, die richtigen Entscheidungen und sich auf die übergeordneten Ziele zu konzentrieren und auf die bereits gemachten Entscheidungen zu reflektieren.[1509]

Die dritte identifizierte Charakteristik demonstriert die Bedeutung der **Fähigkeit sich anzupassen und der Bereitschaft sich einzulassen**. Die Fähigkeit in dem richtigen Mass sich gegenüber Anderen, die von einer unterschiedlichen Kultur oder Land sind, zu verhalten wird als kritisch angesehen. Ebenso die **Bereitschaft das eigene Verhalten zu ändern**, um sich dem Fremdem anzupassen, wurde als bedeutender Schritt des Verständnis des Gegenübers gewürdigt. Um so zu handeln, müssen Individuen sehr flexibel sein.[1510]

„Offen für andere Kulturen und auch nicht zu glauben, dass man mit der eigenen Erfahrung die Wahrheit für sich alleine gepachtet hat. Es gibt viele Wahrheiten. Und in anderen Kulturkreisen gibt es halt auch andere Wahrheiten"[1511]*.*

„Zuerst einmal zuhören und versuchen, die Kultur, die man da vor sich hat zu verstehen. Also nicht als erstes mit den Denkmustern da dran zu gehen, die man selber gelernt hat und jahrzehntelang eingeübt hat, sondern sich erst einmal auf diese Kultur einzulassen"[1512]*.*

Die zwei zuvor erwähnten Zitate reflektieren was die meisten Befragten mit der **Fähigkeit sich anzupassen und sich engagieren** meinten, um offen gegenüber anderen Kulturen zu sein und das die eigene Wahrheit nicht gleichbedeutend mit der einzigen allgemeingültigen

---

[1507] Vgl. Interview 3, Absatz 31
[1508] Vgl. Interview 5, Absatz 25; Interview 7, Absatz 77; Interview 17, Absatz 108; Interview 19, Absatz 59; Interview 20, Absatz 31; Interview 25, Absatz 51
[1509] Vgl. Interview 12, Absatz 67; Interview 14, Absatz 30; Interview 24, Absatz 71; Interview 18, Absatz 28; Interview 25, Absatz 33
[1510] Vgl. Interview 1, Absatz 61; Interview 4, Absatz 25; Interview 6, Absatz 31; Interview 8, Absatz 85 und 87; Interview 9, Absatz 41, 63 und 71; Interview 17, Absatz 102 und 108; Interview 18, Absatz 28
[1511] Vgl. Interview 8, Absatz 85
[1512] Vgl. Interview 9, Absatz 41

Wahrheit übereinstimmt. Verschiedene Kulturen betrachten verschiedene Dinge als die Wahrheit. Das zweite Zitat bezieht sich auf einen Aspekt, der von mehreren Interviewten, nämlich der **Fähigkeit dem anderen gegenüber seine Aufmerksamkeit zu schenken** und diesem **zuzuhören**. Um zunächst einmal zu verstehen, wer der Andere ist und welche Kultur ihn oder sie umgibt. Einige Befragte gaben die Fähigkeit zuzuhören als die Grundvoraussetzung an, um in diverse Kulturen einzutauchen. [1513]

„(...) Aber die Bereitschaft, sich erst einmal auf die Kultur einzulassen und seinen Stil, wie man mit den Leuten umgeht immer anzupassen, an das was gerade von jemandem erwartet wird, das ist eigentlich so die größte Herausforderung dabei[1514]".

Wenn eine Person bereit ist zuzuhören, entsteht automatisch ein Bewusstsein für den Anderen. Und mit dieser Offenheit der Bereitschaft und das Interesse in anderen Kulturen führt dazu, das eine Person sich in die jeweilige andere fremde Kultur integriert. Dieses wird als eines der großen Herausforderungen angesehen.

Die vierte erhobene Charakteristik, die sich aus den Interviews herauskristallisierte, ist das **Umgehen mit Komplexität**. Diese Komplexität bezog sich auf die Fähigkeit komplex zu denken, und sich auf die übergeordneten Ziele zu fokussieren, ohne jedoch das Augenmerk auf die lokale Kultur und ein offenes Auge für lokale Gelegenheiten zu haben. Komplexität bezieht sich auf die Fähigkeit verschiedene Aspekte miteinander in Beziehung zu setzen.[1515]

„(...) in diesem internationalen Kontext muss man wahnsinnig viele Faktoren beachten. Es gibt eine erhöhte Komplexität. Ich glaube die Fähigkeit eine höhere Komplexität im Sinne von Rahmenbedingungen zu erfassen und sie dann so zu gestalten, dass das ineinander greift. Damit man vor allem das Große und Ganze sieht"[1516]

Dieses Zitat subsumiert, was viele von den Experten meinen, wenn sie von Komplexität sprechen. In einem internationalen Kontext, muss jemand mehrere Faktoren in Betracht ziehen. Es herrscht ansteigende Komplexität. Im Grunde ist jemand fähig das Gesamtbild zu betrachten, wenn dieser:

„(...) und dann noch ganz normale Managementfähigkeiten, wesentliches herauszupicken, zu extrahieren, zu vereinfachen"[1517]

„ (...) Fähigkeiten die Führungskräfte mitbringen sollen sind sicher die Fähigkeiten komplex zu denken. Da man nicht nur Ziele, Zahlen und sonstige Vorgabe im Auge

---

[1513] Vgl. Interview 9, Absatz 41 und 63; Interview 18, Absatz 28; Interview 22, Absatz 47 und 49
[1514] Vgl. Interview 9, Absatz 71
[1515] Vgl. Interview 2, Absatz 20; Interview 3, Absatz 31 und 41; Interview 7, Absatz 77 und 79; Interview 13, Absatz 44; Interview 14, Absatz 30; Interview 17, Absatz 102; Interview 18, Absatz 28; Interview 19, Absatz 59
[1516] Vgl. Interview 17, Absatz 102
[1517] Vgl. Interview 13, Absatz 44

haben muss, sondern auch Kulturen und Möglichkeiten. Was ist dort möglich, wohin geht es"[1518].

Komplexität gehört zum Tagesgeschäft einer Führungskraft; es gibt nicht die Zeit, um alle Informationen und Details zu betrachten. Vor diesem Hintergrund ist die Fähigkeit mit Komplexität umzugehen essentiell, um das tägliche Geschäft zu managen. Es ist einfach, sich in Details zu verrennen und das behindert aber den Fortschritt. Die Notwendigkeit für **Netzwerkdenken** muss gegeben sein.[1519]

Die fünfte entdeckte Charakteristik, die in den Interviews aufgeführt wird, ist die **Neugierde.** Diese wird betrachtet als der innere Treiber, die Bereitschaft mehr zu lernen und das eigene „state of mind" zu entwickeln. Neugierde bezieht sich auf die Bereitschaft etwas Neues zu lernen, ein Interesse für lebenslanges Lernen zu hegen und hat damit zu tun, immer „up-to-date" zu sein. Der innere Antrieb, die eigene Motivation etwas zu bewegen, wird häufig von den Interviewten genannt.[1520]

> *„(...) sie (global leaders) sollten noch neugierig und offen und angstfrei sein im Sinne von "wer oder was ist das", sondern okay ich gestalte dieses Neue jetzt mit"[1521].*

> *„ (...) Es geht nur, wenn jemand will! (...)"[1522]. „Es geht nur über den Inneren Antrieb!" (...)[1523].*

> *„ (...) Dieser Wunsch nach Entwicklung (...) Also die generelle Lern- und Entwicklungsbereitschaft ist wichtig[1524]"*

Individuen müssen sich standig weiterentwickeln. Dieser **innere Antrieb der Neugier** führt zu der Tatsache, dass globale Führungskräfte ständig auf dem neuesten Stand sein müssen über weltweite Angelegenheiten. Festzuhalten ist, was eine globale Führungskraft personifizieren sollte. Sicherlich kommt hier wieder die „**eierlegende Wollmilchsau**" zum Einsatz!

> *„Also Offenheit für Neues, ein aufrichtiges Interesse an anderen Menschen und Kulturen, Interesse und Begabung für Fremdsprachen, ein leichtes Adaptieren an anderen Kulturen, eine gewisse Flexibilität/Mobilität, ein unkomplizierter, lösungsorientierter Zugang also im Sinne von Konstruktivität, eine gewisse Intelligenz, dann natürlich Leadership Kompetenz, Entscheidungsfreudigkeit, Zielorientiertheit.*

[1518] Vgl. Interview 17, Absatz 102
[1519] Vgl. Interview 19, Absatz 59
[1520] Vgl. Interview 1, Absatz 55 und 59; Interview 3, Absatz 23 und 25; Interview 6, Absatz 19; Interview 7, Absatz 63; Interview 17, Absatz 104 und 108; Interview 24, Absatz 71; Interview 25, Absatz 33
[1521] Vgl. Interview 17, Absatz 108
[1522] Vgl. Interview 1, Absatz 55
[1523] Vgl. Interview 1, Absatz 59
[1524] Vgl. Interview 3, Absatz 25

Die Person sollte sehr kommunikativ sein, präsentieren können und ein gewisses Koordinierungsvermögen haben"[1525]

Es wurden noch weitere Charakteristika von den Befragten genannt, aber von der Mehrheit sind diese zuvor genannten fünf am häufigsten angesprochen. Für eine detaillierte Übersicht über die Charakteristika wird Abbildung 8-5 gezeigt.

Individual Characteristics of Global Leaders Data Analysis	Global Leadership Global Leadership Characteristics	Individual Characteristics Developing Global Mindset Developing a Global Leaders Mindset
openness	open minded	openness
personality, self-efficacy, goal oriented resilience	intellect, psychology, self-aware	
ability to adapt and engage, flexibility	flexibility	flexibility adaptability
complexity	complexity	complexity
curiosity	curiosity	curiosity

Abb. 8-5: Vergleich der Ergebnisse von den individuellen Charakteristika

Eine Charakteristik, welche sehr häufig erwähnt wird, hängt mit dem Wissen und der Fähigkeit zusammen und ist die **Sprache**. Die Experten bestätigen, dass die Fähigkeit mehr als eine Sprache zu sprechen, der Eintritt in eine ausländische Kultur viel einfacher ist, welches hilft sich zu integrieren und anzupassen. Eine andere Tatsache, die erwähnt wird, ist die **Bedeutung von Fähigkeiten** (skills), wie z.B. Führungsfähigkeiten und Wissen über Märkte, Industrie, Organisation und Jobnotwendigkeiten etc.

8.5.2 Wie entwickelt man individuelle Charakteristika?

Die Mehrheit der interviewten Experten ist der Meinung, dass diese Charakteristika nicht trainiert oder (an-)gelernt werden können. Sie sind der Auffassung, dass diese Persönlichkeitscharakteristika etwas sind, was jemand hat oder in irgendeiner Art und Weise damit ausgestattet ist. Sie behaupten, dass sich diese Charakteristika auf die Idiosynkratie bezieht, die eine

---

[1525] Vgl. Interview 12, Absatz 67

Person hat. Ein Individuum ist mit diesen Charakteristika geboren, welche die Basis darstellen und welche nicht einfach verändert werden können.[1526]

„Man kann alles lernen, nur der Mensch ändert sich nicht vom Charakter[1527]"

„Das erste ist einfach eine gewisse charakterliche Basis oder gewisse charakterliche Eigenschaften, die ein Mensch einfach hat (...)"[1528]

Die oben genannten Zitate bekräftigen klar die Annahmen von den Interviewten, nämlich, dass alles gelernt werden kann, aber der Charakter sich niemals ändert und dass jeder einen gewissen Charakter als Ausgangspunkt hat.

Die zweite Bemerkung, wie individuelle Charakteristika entwickelt werden können ist durch **Erfahrung**. Diese Erfahrung bezieht sich auf die Interaktion und den Kontakt mit verschiedenen Menschen mit verschiedenem Hintergrund. Erfahrung wird betrachtet als essentiell in der Entwicklung von Offenheit zwischen ausländischen Kulturen. Es ist egal, ob die Erfahrung durch angelesenes, durch das Unterhalten mit Menschen, Reisen oder Leben oder Arbeiten in fremden Kulturen und Ländern stattfindet. Ebenfalls ist dies egal, ob es während der Ausbildungszeit oder während der Arbeitserfahrung geschieht. Was zählt ist, dass Erfahrungen gemacht wurden und diese sind essentiell für die Entwicklung von Offenheit und der Akzeptanz und der Fähigkeit sich an fremde Kulturen anzupassen.[1529]

„Den Umgang mit einer spezifischen Kultur, lernt man da nur im direkten Kontakt. Indem man halt dort lebt, oder auch im eigenen Land mit diesen Personen länger in Kontakt ist, um sie einfach verstehen zu lernen[1530]".

„Reisen. Viel im Ausland sein. Je länger desto besser. Und direkt bei den Leuten, also nicht in einem Tourismusressort, wo man unter lauter Ausländern ist, sondern halt dort, wo die Leute leben. Wo man also wirklich eintaucht in die Kultur"[1531]

Wie man mit fremden Kulturen umgeht, kann nur durch die persönliche Erfahrung und direktem Kontakt mit diesen Kulturen und ihren Mitgliedern stattfinden. Der direkte Kontakt zu Personen über einen gewissen Zeitraum ist essentiell für das Verständnis der neuen Kultur.

[1526] Vgl. Interview 5, Absatz 27; Interview 6, Absatz 7; Interview 11, Absatz 46; Interview 13, Absatz 46; Interview 15, Absatz 67; Interview 17, Absatz 104; Interview 18, Absatz 30; Interview 20, Absatz 31; Interview 24, Absatz 74; Interview 25, Absatz 51. Einige Interviewte behaupten, dass zu einem gewissen mass diese Charakteristika antrainiert werden können durch bestimmte Übungen. (Interview 3, Absatz 32; Interview 4, Absatz 25; Interview 22, Absatz 51

[1527] Vgl. Interview 6, Absatz 7

[1528] Vgl. Interview 13, Absatz 46

[1529] Vgl. Interview 1, Absatz 28 und 29; Interview 2, Absatz 22; Interview 3, Absatz 29, 33 und 35; Interview 6, Absatz 17; Interview 7, Absatz 77; Interview 8, Absatz 91 und 93; Interview 9, Absatz 65; Interview 10, Absatz 43 und 77; Interview 12, Absatz 69; Interview 13; Absatz 46; Interview 21, Absatz 55 und 59; Interview 23, Absatz 59

[1530] Vgl. Interview 1, Absatz 61

[1531] Vgl. Interview 10, Absatz 43

Ein geeigneter Weg diese Erfahrung zu machen ist durch Reisen sowie soviel Zeit wie möglich im Ausland zu verbringen. Nicht in Tourismusressort, sondern in dem wirklichen Herzen von den Ländern und Kulturen, um fähig zu sein, neue Erfahrungen zu machen, welche kritisch für die Entwicklung eines Verständnisses und Wertschätzung fremder Kulturen sind. Der dritte mögliche Weg, um individuelle Charakteristika zu entwickeln sind die **Eltern und das soziale Umfeld**, welche bereits das Individuum in der Kindheit geprägt haben. Das soziale Umfeld während der Kindheit, z.b. Kinder im Kindergarten mit verschiedenem kulturellem Hintergrund förden die soziale Einstellung. Die soziale Erziehung der Eltern hat demgemäß einen Einfluss auf die Entwicklung der Charakteristika. Die anerzogene geschulte Etikette hat folglich eine signifikante Wirkung auf die weitere Entwicklung. Das Umfeld von kleinen Kindern hin zu Studenten wurde als eine Zeit betrachtet, die einen starken Einfluss auf die Entwicklung eines Bewusstseins fremder Kulturen hat. [1532]

> *„Man kann auch nicht lernen Leute wertzuschätzen und zu respektieren. Man kann vielleicht ein Bewusstsein dafür entwickeln, aber ich glaube, dass das schon viel früher passiert, die Grundanlage. Familie, Schule da wird man in einer gewissen Weise geprägt"*[1533]

> *„Es (how to develop characteristics) ist sicher Veranlagung und auch eine Sozialisierungsfrage, in welchem Umfeld man aufwächst und was man sieht. Der Mensch ist ja anpassungsfähig und lernt Dinge dazu"*[1534]

Anhand der zwei Zitate ist es nicht ganz klar, ob diese Charakteristika erlernt werden können und wenn ja zu welchem Ausmass? Ein Individuum kann es nicht lernen Andere zu respektieren und wertzuschätzen, vielleicht kann jemand ein Bewusstsein entwickeln, aber dies geschieht schon in einer frühen psychologischen Entwicklungsphase. **Familie und Erziehung** ist schon ausschlaggebend für ein Individuum. Um Charakteristika entwickeln zu können, hängt schon von der Idiosynkratie und von der Sozialisation ab, in welcher Umwelt eine Person aufgewachsen ist und was er oder sie gesehen bzw. erlebt hat. Ein Individuum hat die Fähigkeit Dinge zu lernen und sich an gewisse Umstände anzupassen. Diese zuvor genannten drei Ansätze, wie Individuen Charakteristika entwickeln können wurden von den meisten Interviewten angesprochen. Einige andere Aspekte wie Erziehung und

---

[1532] Vgl. Interview 1, Absatz 28 und 61; Interview 2, Absatz 28; Interview 5, Absatz 27 und 51; Interview 12, Absatz 69 und 71; Interview 13; Absatz 46; Interview 18, Absatz 30; Interview 25, Absatz 51
[1533] Vgl. Interview 5, Absatz 27
[1534] Vgl. Interview 5, Absatz 51

organisatorische Unterstützung wurden auch erwähnt, jedoch nicht für so wichtig erachtet. [1535]
Für eine detaillierte Liste siehe nachfolgende Abbildung 8-6

Develop Individual Characteristics of Global Leaders Data Analysis	Developing Global Leadership	Developing a Global Leaders Mindset
Born	born	
parental home, childhood	childhood, family	
Environment	environment	
Experience	experience	experience
	Mental attitude, self-examination	self-conceptualisation, psychological capital
organisation (not so important)	organisation	
	time	
		curiosity
		culture

Abb. 8-6: Entwicklungsansatz und der individuelle Charakteristika

8.5.3 Vergleich der empirischen Ergebnisse mit der bestehenden Literatur

Wenn man den ersten entdeckten Faktor in den Interviews – **Offenheit** – mit der Literatur vergleicht, erkennt man, dass diese Charakteristik auch in der bestehenden Literatur vorkommt. In den Interviews wird gezeigt, dass Offenheit zu einem besseren Verständnis des Bewußtbarwerdens einer fremden Person und der Kultur führt. [1536]

„ (...) dass er (global leader) offen ist, also dass er lernbereit ist, dass er auf fremde Kulturen und Menschen zugehen kann (...)[1537] " "(...) offen für andere Kulturen (...)[1538] "

Offenheit und Bewusstsein für Andere und diversen Kulturen ist essentiell für globale Führungskräfte. [1539] Er oder sie muss genügend „open-minded" sein, um etwas über verschiedene Dimensionen von Kulturen sagen zu können und wie dabei das Verhalten beeinflusst wird. [1540] Der Gedanke dabei, dass das open-minded Interesse für die Diversität von verschiedenen Kul-

---

[1535] Vgl. Interview 6, Absatz 7; Interview 14, Absatz 32
[1536] Vgl. Interview 6, Absatz 31; Interview 8, Absatz 85
[1537] Vgl. Interview 6, Absatz 31
[1538] Vgl. Interview 8, Absatz 85
[1539] Vgl. Javidan et al. 2007; Cohen, 2010; Levy et al. 2007
[1540] Vgl. Beechler et al. 2010, S.26

turen[1541] für eine globale Führungskraft wichtig ist, wird durch mehrere Interviewberichte unterstützt. [1542]

„(...) Offenheit für Neues, ein aufrichtiges Interesse an anderen Menschen und Kulturen (...)[1543] " „(...) Charakterzüge wie Offenheit und Interesse[1544]

Die Einstellung offen gegenüber verschiedenen Einflüssen zu sein und diese als Chance und Gelegenheit zu sehen, und dabei die verschiedenen Ansätze zu bewerten, welche zu komplett neuen Lösungen führen kann,[1545] bekräftigt den Ansatz des **psychologischen Kapitals**. Das Enthalten von "open-mindedness" und Ambiguitätstoleranz, welche zu der Tatsache führt, dass mehrere Möglichkeiten gegeben werden und verschiedene Wege zum Erfolg führen.[1546] Die **Persönlichkeitscharakteristik** wird auch als wichtig in den Interviews erachtet. **Selbstvertrauen** wurde als höchst wichtig für globale Führungskräfte angesehen.[1547] Beechler und Baltzley[1548] und Story[1549] sehen **Selbstbewusstsein**, als die Kenntnis über eigene Stärken und Schwächen und sich darüber hinaus den Einfluss von Anderen vor Augen zu führen auch als wichtigen Aspekt von den Interviewten.[1550]

„(...) die Bereitschaft, an sich selbst zu arbeiten. Man kann nur sein eigenes Verhalten steuern, D.h. man muss immer bereit sein, sich selbst zu reflektieren und immer wieder zu hinterfragen (...) "[1551].

Die Interviewten bezogen auch die **Resilienz** zu einer starken Persönlichkeitseigenschaft, welche eine globale Führungskraft innehaben sollte. Das Lernen aus Fehlern und Rückschlägen und dabei das eigene Verhalten in Frage zu stellen, wurde als notwendig für eine globale Führungskraft erachtet.[1552] Das korreliert mit der Aussage, dass selbst-konzeptionell ein Teil des psychologischen Kapitals eines Individuums ist[1553] und das globale Führungskräfte einen multi-dimensionalen Ansatz der Selbstanalyse ausüben müssen.[1554] Um zielorientiert zu sein,

---

[1541] Vgl. Rogers und Blonski 2010, S. 19; Story 2009, S. 15
[1542] Vgl. Interview 15, Absatz 67
[1543] Vgl. Interview 12, Absatz 67
[1544] Vgl. Interview 15, Absatz 67
[1545] Vgl. Interview 10, Absatz 71; Interview 25, Absatz 49
[1546] Vgl. Javidan et al. 2008, S. 221ff.; Beechler und Baltzley 2008a, S. 41ff.; Story 2009, S. 15
[1547] Vgl. Interview 11, Absatz 46; Interview 19, Absatz 59; Interview 1, Absatz 29
[1548] Vgl. Beechler und Baltzley 2008a
[1549] Vgl. Story 2009
[1550] Vgl. Beechler und Baltzley 2008a, S. 41ff.; Story 2009, S. 15; Osland et al. 2006, S. 216
[1551] Vgl. Interview 9, Absatz 63
[1552] Vgl. Interview 9, Absatz 63; Interview 5, Absatz 23 und 31; Interview 3, Absatz 35
[1553] Vgl. Beechler et al. 2010, S. 16
[1554] Vgl. Cohen 2010, S. 8

wurde diese Charakteristik von den Interviewten erwähnt und nur von den Ergebnissen von Leslie et al. [1555] unterstützten diese. [1556]

„Ein anderer wesentlicher Teil ist das man (global leader) entscheidungsstark ist. D.h. das man entscheidet und das in einer annehmbaren Zeit. Nicht zu schnell aber auch nicht zu langsam, aber entscheidet das ist wichtig. Man muss ergebnisorientiert sein, das ist ganz wesentlich[1557] "

Dieser Ansatz ist es, ausländische Kulturen anzuerkennen und den Diversitäten einen Wert zuzuordnen und die neuen Ergebnisse als Impuls, um sich weiterzuentwickeln und sich weiter zu engagieren, ansieht. Diese Notwendigkeit zur Anpassung und Integration wurde hoch durch die interviewten Experten bewertet. [1558]

„(...) dass er (global leader) auf fremde Kulturen und Menschen zugehen kann und dass er sich einfügen kann (...)[1559] " „(...) die Fähigkeit, sich selbst zu hinterfragen und immer wieder zu sehen, welche Wirkung erziele ich draußen, das Ganze zu reflektieren und sein Verhalten wieder anzupassen (...)"[1560] „Eine weitere Eigenschaft ist sicher Anpassungsfähigkeit (...)"[1561]

Diese Aussagen gehen Hand in Hand mit der Idee von Beechler et al.[1562], dass Kulturen sich manchmal anpassen müssen und ein flexibles Agieren der globalen Führungskraft verlangt wird. Es besteht ein hohes Verlangen seitens der Führungskraft sich anzupassen und flexibel zu bleiben. [1563]

„(...) diese Fähigkeit (value complexity) muss man definitiv mitbringen ohne sich im Detail zu verlieren. Es geht über zwei und mehr Länder hinweg. Man muss jedes Mal switchen (...)[1564] "

„(...) aber die Bereitschaft, sich erst einmal auf die Kultur einzulassen und seinen Stil, wie man mit den Leuten umgeht immer anzupassen, an das was gerade von jemandem erwartet wird, das ist eigentlich so die größte Herausforderung dabei (...)[1565] ".

Wenn eine Führungskraft das Wissen über diverse Kulturen sich angeeignet hat und sich deren Einzigartigkeit und Unterschiede bewußt ist, dann wird er oder sie genug open minded

[1555] Vgl. Leslie et al. 2002
[1556] Vgl. Interview 15, Absatz 64; Interview 18, Absatz 28
[1557] Vgl. Interview 5, Absatz 25
[1558] Vgl. Interview 1, Absatz 61; Interview 6, Absatz 31; Interview 8, Absatz 85, Interview 9, Absatz 71
[1559] Vgl. Interview 6, Absatz 31
[1560] Vgl. Interview 9, Absatz 63
[1561] Vgl. Interview 17, Absatz 108
[1562] Vgl. Beechler et al. 2010, S. 15
[1563] Vgl. Rhinesmith 1992, S. 66; Maznevski und Lane 2003, S. 174; Beechler und Javidan 2008, S. 163
[1564] Vgl. Interview 17, Absatz 102
[1565] Vgl. Interview 9, Absatz 71

sein, um die verschiedenen Dimensionen von Kulturen und wie diese das Verhalten beeinflussen kennen.[1566] Durch das Hinzulernen und durch das Ausprobieren wird er oder sie eine neue Perspektive entfalten, welche zu verschiedenem Handeln und Entdecken führt. Mit dieser Fähigkeit ist eine globale Führungskraft in der Lage zu immer wechselnden Komplexität der Umwelt zu reagieren.[1567] Diese Erkenntnisse von Beechler et al.[1568], Lane et al.[1569] und Adler[1570] reflektieren die Gedanken von den Experten sehr präzise.

> *„Zuhören erstmal und versuchen, die Kultur die man da vor sich hat zu verstehen. Also nicht erstmal mit den Denkmustern da dran zu gehen, die man selber gelernt hat und jahrzehntelang eingeübt hat, sondern sich erstmal auf diese Kultur einzulassen"*[1571]

Fähig sein zuzuhören, ein anderer Aspekt sich mit Ausländern zu engagieren, ist auch in Betracht gezogen worden von Gregersen et al.[1572], Beechler und Baltzley[1573] und Javidan et al.[1574] Sie stellen fest, dass der Faktor der **emotionalen Beziehung** das Interesse in und für andere beinhaltet, der Einsatz Leuten zuzuhören und ein Verständnis für andere Perspektiven zu Grunde legt. Es geht darum die Unterschiede zu respektieren und es ist eng verwoben mit dem Wohlwollen.[1575] Während der interviewten Experten ist die **Fähigkeit mit Komplexität** umgehen besonders hervorgehoben worden. Diese bezieht sich auf die Kapazität der globalen Führungskraft mehrere Informationen in Betracht zu ziehen. Der Fokus ist auf wichtige Fakten und Verbindungen und Querverbindungen im Denken zu legen.[1576] Mit Komplexität ist gemeint verschiedene Fakten und Ansätze mit vielen Optionen zu bewerten. Dies hängt mit dem täglichen Leben einer globalen Führungskraft zusammen.[1577] Lane et al.[1578] betrachten ebenso die Varietät von verschiedenen Faktoren aus der Umwelt als wichtige Angelegenheit, welche die Komplexität des täglichen Lebens einer globalen Führungskraft beeinflusst.[1579]

[1566] Vgl. Beechler et al. 2010, S. 26
[1567] Vgl. Lane et al. 2004a, S. 20; Adler 1992, S. 63
[1568] Vgl. Beechler et al. 2010
[1569] Vgl. Lane et al. 2004
[1570] Vgl. Adler 1992
[1571] Vgl. Interview 9, Absatz 41
[1572] Vgl. Gregersen et al. 1998
[1573] Vgl. Beechler und Baltzey 2008a
[1574] Vgl. Javidan et al. 2008
[1575] Vgl. Gregersen et al. 1998, S. 24ff.; Beechler und Baltzley 2008a, S. 43; Javidan et al. 2008, S. 221ff.
[1576] Vgl. Interview 7, Absatz 79; Interview 17, Absatz 102; Interview 19, Absatz 59
[1577] Vgl. Interview 3, Absatz 31; Interview 18, Absatz 28
[1578] Vgl. Lane et al. 2004
[1579] Vgl. Lane et al. 2004a, S. 16ff.; Hollenbeck und McCall 2003, S. 105ff.

„(...) in diesem internationalen Kontext muss man wahnsinnig viele Faktoren beachten. Es gibt eine erhöhte Komplexität. Ich glaube die Fähigkeit eine höhere Komplexität im Sinne von Rahmenbedingungen zu erfassen und sie dann so zu gestalten, dass das ineinander greift. Damit man vor allem das Große und Ganze sieht[1580]".

Rhinesmith[1581] spricht über die Charakteristik von **Konzeptualisierung**. Diese bezieht sich auf analytische Fähigkeiten, um Widersprüche auszubalancieren und mit komplexen Situationen umzugehen. Es benötigt auf der einen Seite eine detaillierte, spezialisierte und auf der anderen Seite ein holistisches Wissen und Kenntnisse.[1582] Die Idee hinter der Konzeptualsierung wird im vorherigen Zitat reflektiert.

„(...) Fähigkeiten die Führungskräfte mitbringen sollen sind sicher die Fähigkeiten komplex zu denken. Da man nicht nur Ziele, Zahlen und sonstige Vorgabe im Auge haben muss sondern auch Kulturen und Möglichkeiten. Was ist dort möglich, wohin geht es"[1583].

Eine globale Führungskraft muss eine konstant anwachsende Komplexität beherrschen. Dieses Volumen und anwachsende Komplexität resultiert aus den größeren Bedürfnissen diverse Kulturen zu verstehen, herausfordernden ethischen Angelegenheiten und ebenso der angestiegenen Ambiguität und angestiegenden Bedürfnis um sich ein breites Wissen über Länder, Ökonomie und Unternehmenshintergründe hinzuzueignen.[1584] Diese Aspekte untermauern die Bemerkungen der Interviews.[1585]

Die letzte betrachtete Charakteristik, die als wichtig erachtet wurde, war **Neugier(de).** Neugier ist als Motor für die Entwicklung und den Fortschritt eines Individuums entdeckt worden. Die Bereitschaft etwas neues und mehr zu lernen, und überhaupt Erfahrungen zu machen und den eigenen Wissensstand zu entwickeln und immer up to date zu sein wird mit Neugier in Verbindung gebracht.[1586] Gupta und Govindarajan[1587] haben denselben Ansatz. Der Antrieb zur Neugierde über die Welt und wie diese funktioniert,[1588] die Auseinandersetzung mit Diversitäten und Neuem und ebenso die methodische Übung um sich weiter zu entwickeln und

---

[1580] Vgl. Interview 17, Absatz 102
[1581] Vgl. Rhinesmith 1992
[1582] Vgl. Rhinemsith 1992, S. 65
[1583] Vgl. Interview 17, Absatz 102
[1584] Vgl. Osland und Bird 2004, S. 58ff.; Pucik und Saba 1998, S. 46; Kedia und Mukherji 1999, S. 249; Beechler und Javidan 2008, S. 140
[1585] Vgl. Interview 7, Absatz 77 und 79; Interview 13, Absatz 44; Interview 17, Absatz 102; Interview 19, Absatz 59
[1586] Vgl. Interview 1, Absatz 55 und 59; Interview 3, Absatz 23 und 25; Interview 6, Absatz 19; Interview 7, Absatz 63; Interview 17, Absatz 104 und 108; Interview 24, Absatz 71; Interview 25, Absatz 33
[1587] Vgl. Gupta und Govindarajan 2002
[1588] Vgl. Beechler und Baltzley 2008a, S. 41f.; Story 2009, S. 15

zu inplementieren und verschiedene Ansätze über Kulturen und Märkte miteinander zu verbinden, führt zu der Entwicklung von Global Mindset.[1589]

„*(...) sie (global leaders) sollten noch neugierig und offen und angstfrei sein im Sinne
von "wer oder was ist das", sondern okay ich gestalte dieses Neue jetzt mit[1590]"*).

Gregersen et al.[1591] haben dieselbe Meinung, dass erfolgreiche Führer durch einen **Abenteuersinn** angetrieben werden und dem Wunsch Erfahrungen und neue Dinge auszuprobieren.
Globale Führungskräfte sind abgehärtet durch die Verschiedenheit um sie herum. Neugierde
ist ein Schlüssel zum Erfolg für globale Führungskräfte.[1592]

„*(...) Dieser Wunsch nach Entwicklung (...) Also die generelle Lern- und
Entwicklungsbereitschaft ist wichtig[1593]"*).

„*(...) Es geht nur wenn jemand will! (...)*"[1594]. „*Es geht nur über den Inneren Antrieb!" (...)*"[1595].

Neugierde ist der Treiber um das globale Verständnis auszuweiten, um Sympathien gegenüber fremden Menschen aufzubauen und die Integrität aufrechtzuerhalten.[1596] In Übereinstimmung mit den obigen Zitaten ist es nur möglich, wenn ein innerer Antreiber existiert. Die Ergebnisse der Datenanalyse betreffend der Charakteristika einer globalen Führungskraft korreliert signifikant mit der bestehenden Literatur. Wenn nach den Methoden gefragt wurde, um
individuelle Charakteristika einer globalen Führungskraft zu entwickeln antworteten die Befragten, dass diese nicht erlernt oder trainiert werden können. Globale Führungskräfte werden
mit diesen Charakteristika **geboren**. Die Experten betrachten die Persönlichkeitscharakteristika als etwas, womit jeder in einer gewissen Art und Weise ausgestattet ist. Sie konstatieren,
dass die Charakteristika sich auf die Idiosynkratie beziehen, die eine Person hat.[1597] Hollenbeck und McCall[1598] untermauern dieses vorhergehende Argument durch die Hypothese, dass
Menschen sich nicht ändern und Erfahrungen nur eine Person bekräftigen.[1599] Eine globale

---

[1589]   Vgl. Gupta und Govindarajan 2002, S. 120
[1590]   Vgl. Interview 17, Absatz 108
[1591]   Vgl. Gregersen et al. 1998
[1592]   Vgl. Gregersen et al. 1998, S. 23
[1593]   Vgl. Interview 3, Absatz 25
[1594]   Vgl. Interview 1, Absatz 55
[1595]   Vgl. Interview 1, Absatz 59
[1596]   Vgl. Gregersen et al. 1998, S. 23ff.; Osland und Bird 2004, Story 2009, S. 15ff.; S. 58ff; Rogers und
Blonski, 2010, S. 19
[1597]   Vgl. Interview 5, Absatz 27; Interview 6, Absatz 7; Interview 11, Absatz 46; Interview 13, Absatz 46; Inter-
view 15, Absatz 67; Interview 17, Absatz 104; Interview 18, Absatz 30; Interview 20, Absatz 31; Interview 24,
Absatz 74; Interview 25, Absatz 51
[1598]   Vgl. Hollenbeck und McCall 2003
[1599]   Vgl. Hollenbeck und McCall 2003, S. 104

Führungskraft hat existierende unveränderbare Charaktereigenschaften.[1600] In der bestehenden Literatur wird behauptet, dass globale Führungskräfte geboren oder gemacht werden, zumindest geboren mit einem gewissen Talent.[1601] Aber ein hohes Potential benötigt des Weiteren noch exzellentes Training um eine erfolgreiche globale Führungskraft zu werden.[1602] Die nachfolgenden Statements der Interviewten bestärken diese Ansätze.

„Man kann alles lernen, nur der Mensch ändert sich nicht vom Charakter[1603]".

„Das erste ist einfach eine gewisse charakterliche Basis oder gewisse charakterliche Eigenschaften, die ein Mensch einfach hat (...)"[1604].

Wie zuvor gezeigt, können also Charakteristika zu einem gewissen Ausmass gelernt werden. Die interviewten Experten betrachten **Erfahrung** als essentiell für die Verbesserung der Globalen Führungskräftecharakteristika. Die Erfahrung zu machen wird als notwendige Voraussetzung für eine open mindedness angesehen. Die Tatsache wie diese Erfahrung oder wo diese Erfahrung gemacht worden ist, ist weniger wichtig. Der Nachdruck liegt auf der Interaktion mit verschiedenen Kulturen und Menschen von verschiedenen Ländern, um ein Bewusstsein zu entwickeln und die Akzeptanz zwischen diesen unbekannten Kulturen und unterschiedlichen Verhalten herzustellen.[1605]

„Den Umgang mit einer spezifischen Kultur, lernt man da nur im direkten Kontakt. Indem man halt dort lebt, oder auch im eigenen Land mit diesen Personen länger in Kontakt ist um sie einfach verstehen zu lernen"[1606].

„Reisen. Viel im Ausland sein. Je länger desto besser. Und direkt bei den Leuten, also nicht in einem Tourismusressort, wo man unter lauter Ausländern ist, sondern halt dort wo die Leute leben. Wo man also wirklich eintaucht in die Kultur"[1607]

Kedia & Mukherji[1608] und ebenso Gregersen et al.[1609] betrachten **Auslandsreisen** als essentiell, damit globale Führungskräfte ein Global Mindset entwickeln. Durch Auslandsreisen kann eine Führungskraft eine neue, fremde Kultur erfahren. Dabei ist jedoch unter Reisen nicht gemeint, alle Luxushotels kennen zu lernen, sondern es geht dabei, um das Eintauchen inmit-

---

[1600] Vgl. Osland et al. 2006, S. 216; Beechler et al. 2010, S. 19
[1601] Vgl. Hollenbeck und McCall 2003, S. 104
[1602] Vgl. Gregersen et al. 1998, S. 28; McCall und Hollenbeck 2002, S. 6
[1603] Vgl. Interview 6, Absatz 7
[1604] Vgl. Interview 13, Absatz 46
[1605] Vgl. Interview 1, Absatz 28 und 29; Interview 2, Absatz 22; Interview 3, Absatz 29, 33 und 35; Interview 6, Absatz 17; Interview 7, Absatz 77; Interview 8, Absatz 91 und 93; Interview 9, Absatz 65; Interview 10, Absatz 43 und 77; Interview 12, Absatz 69; Interview 13; Absatz 46; Interview 21, Absatz 55 und 59; Interview 23, Absatz 59
[1606] Vgl. Interview 1, Absatz 61
[1607] Vgl. Interview 10, Absatz 43
[1608] Vgl. Kedia und Mukherji 1999
[1609] Vgl. Gregersen et al. 1998

ten der unbekannten Länder und an dem Alltagsgeschehen teilzunehmen.[1610] Beechler et al.[1611] fügen hinzu, dass Erfahrungen angereichert werden mit Emotionen, die wiederum das Selbstvertrauen formen.[1612]

> *„Ich sag weniger Kurse besuchen, sondern learning by doing und sich einmal die Nase anrennen, das ist es. Und das ist einfach diese Erfahrung, die man nicht kaufen kann und die man nicht im Seminar lernt. Man kann im Seminar sicher bestimmte Situationen vorbereiten, aber am Ende des Tages steht man dann dort in dem Kulturkreis und muss performen. Und dann geht es einem einmal gut und einmal weniger gut. Und man wird so seine Fehler machen und seine Erfahrungen machen[1613]".*

Nicht jede Erfahrung führt zum Erfolg und einige führen zu Fehlentscheidungen, aber nur wenn ein Inviduum fähig ist, durchzuhalten und durch einen konstanten dynamischen Lernprozess durchgeht, wird er oder sie global leadership Kompetenzen entwickeln.[1614] Die erworbenen Erfahrungen werden auf neue Situationen übertragen und angewendet.[1615] Diese Annahme ist verknüpft mit dem oberen Zitat. In der Literatur wird insbesondere angesprochen, dass Lernerfahrungen geplant und angeleitet sein sollten und das Zeit und Raum um Erfahrungen zu reflektieren gegeben sein müssen und diese mithilfe eines Mentors oder Coach unterstützt wird um insgesamt ein Global Mindset zu entwickeln und auszubauen.[1616] Das nachfolgende Zitat erklärt das Lernen aus Erfahrung, welches mit der obigen Bemerkung übereinstimmt.

> *„So wie bei allem Lernen ist es zuerst lernen, dann erklären lassen, oder dann ausüben lassen und erklären lassen. (...) man ist am Anfang nur Beobachter (...) Seine Beobachtungen hinterfragen wir dann (...) Und dann gibt man ihm auch ein Feedback wie seine Beobachtungen waren. Und wenn er das kann, dann kann man ihm das einmal selbst machen lassen, und wenn er das dann kann, dann kann er selbst in das Lehrende gehen und jemand anderem das erklären. Die höchste Stufe, wenn er jemand anderem das erklären kann, dann lernt er auch noch viel dabei. So kann man das über diese 3 Stufen das entwickeln. Erst beobachten, dann selbst durchführen, dann selbst erklären. Auch als Lehrender lernt er sehr viel dabei"[1617]*

[1610] Vgl. Gregersen et al. 1998, S. 29; Kedia und Mukherji 1999, S. 240; Lahiri et al. 2008, S. 319; Cohen 2010, S. 9
[1611] Vgl. Beechler et al. 2010
[1612] Vgl. Beechler et al. 2010, S. 18ff.; Rhinesmith 1992, S. 66; Story 2009, S. 15
[1613] Vgl. Interview 8, Absatz 93
[1614] Vgl. Osland et al. 2006, S. 218; Rhinesmith 1995, S. 42; Beechler und Baltzley 2008a, S. 44
[1615] Vgl. Beechler und Baltzley 2008a, S. 44; Beechler et al. 2010, S. 10
[1616] Vgl. Maznevski und Lane 2003, S. 174; Beechler et al. 2010, S. 29
[1617] Vgl. Interview 3, Absatz 29

Erfahrung kann auch durch das Leben und Arbeiten im Ausland erworben werden.[1618] Dieser Ansatz wird durch mehrere Interviewte unterstützt.[1619] Die interviewten Experten betrachten die soziale Umwelt eines Individuums während der Kindheit sowie der Einfluss der Eltern als einen wichtigen Faktor in der Entwicklung der individuellen Charakteristika. Die Interaktionen zwischen Kindergartenzeit mit unterschiedlichen kulturellen Hintergründen wirkt sich auf die soziale Einstellung eines Individuums aus. Die soziale Erziehung durch die Eltern hat einen Einfluss auf die Entwicklung der Charakteristika. Die anerzogene Etikette durch die Eltern hat eine starke Prägung auf die weitere Entwicklung.[1620] Gupta und Govindarajan[1621] bekräftigen, dass die Charakteristika einer Person durch die Erfahrungen während der Kindheit geprägt sind und dass diese Entwicklung Interaktionen braucht mit anderen Menschen.[1622]

„Man kann auch nicht lernen Leute wertzuschätzen und zu respektieren. Man kann vielleicht ein Bewusstsein dafür entwickeln, aber ich glaub dass das schon viel früher passiert, die Grundanlage. Familie, Schule da wird man in einer gewissen Weise geprägt"[1623].

„Es (how to develop characteristics) ist sicher Veranlagung und auch eine Sozialisierungsfrage, in welchem Umfeld man aufwächst und was man sieht. Der Mensch ist ja anpassungsfähig und lernt Dinge"[1624].

Beechler et al.[1625] stimmen überein, dass unbekannte Bedingungen in einer individuellen Lebensumwelt nach Erfahrungen suchen, die wiederum zu einer neuen Denkgewohnheit und neuen Perspektive führt.[1626] Die Entwicklung der individuellen Charakteristika ist stark verbunden mit der Umwelt der jeweiligen Person.[1627]

„Das fängt schon im Kindergarten an, das hängt sehr viel von den Eltern ab ob er von Haus aus eine gewisse Schule mitkriegt. Da mein ich jetzt nicht von der Wertigkeit der Schule sondern als Grundbasis"[1628]

[1618] Vgl. Nummela et al. 2004, S. 56; Gregersen et al. 1998, S. 30ff.; Kedia und Mukherji 1999, S. 240; Caligiuri und Di Santo 2001, S. 29; Lahiri et al. 2008, S. 319; Bhagat et al. 2008, S. 199
[1619] Vgl. Interview 2, Absatz 22; Interview 3, Absatz 29; Interview 19, Absatz 63
[1620] Vgl. Interview 1, Absatz 28 und 61; Interview 2, Absatz 28; Interview 5, Absatz 27 und 51; Interview 12, Absatz 69 und 71; Interview 13; Absatz 46; Interview 18, Absatz 30; Interview 25, Absatz 51
[1621] Vgl. Gupta und Govindarajan 2002
[1622] Vgl. Gupta und Govindarajan 2002, S. 120ff.; McCall und Hollenbeck 2007, S. 11; McCall und Hollenbeck 2007, S. 11; Caligiuri und Tarique 2009, S. 345
[1623] Vgl. Interview 5, Absatz 27
[1624] Vgl. Interview 5, Absatz 51
[1625] Vgl. Beechler et al. 2010
[1626] Vgl. Beechler et al. 2010, S. 28
[1627] Vgl. Beechler et al. 2010, S. 24; Bhagat et al. 2008, S. 193
[1628] Vgl. Interview 3, Absatz 28

„ (…) das reicht von, wie wird man zu einer bestimmten Person und das reicht eben vom Elternhaus wie man aufwachst ist bis hin zu genetischen Eigenschaften die man hat (..)"[1629]

Beechler et al.[1630] bestärken, dass die Aspekte, die eine Persönlichkeit formen insbesondere die Familie[1631], die soziale Umgebung, Kultur und ebenso Werte und Charaktereigenschaften und emotionale Erfahrungen sind. Alle diese Elemente haben einen signifikanten Einfluss auf die Entwicklung des psychischen Gerüsts eines Individuums.[1632] Einige andere in der Entwicklung sind Jobneuheit, Kulturneuheit und erzieherische Unterstützung.[1633] Dies lässt sich anhand der Interviews abbilden. Diese drei Aspekte wie individuelle Charakteristika entwickelt wurden am meisten durch die interviewten Experten genannt. Einige andere Aspekte wie Bildung oder organisationale Unterstützung wurden ebenso erwähnt, aber für weniger wichtig erachtet.[1634] Für eine detaillierte Liste siehe nachfolgende Abbildung 8-7.

[1629] Vgl. Interview 25, Absatz 51
[1630] Vgl. Beechler et al. 2010
[1631] Vgl. Osland et al. 2006, S. 217; Hollenbeck und McCall 2003, S. 114
[1632] Vgl. Beechler et al. 2010, S. 16
[1633] Vgl. Osland et al. 2006, S. 217; Hollenbeck und McCall 2003, S. 114
[1634] Vgl. Interview 6, Absatz 7; Interview 14, Absatz 32

List on characteristics of Global Leaders	Rogers & Blonski 2010	Caproni et al. 1992	Cohen 2010	Bartlett & Ghoshal 1989	Hitt et al. 2008	Gregersen et al. 1998	Beechler & Baltzley 2009	Mendenhall 2008	Lane et al. 2004	Osland et al. 2006	Rhinesmith 1992	Javidan et al. 2008	Caligiuri & Di Santo 2001	Beechler et al. 2010
Global sense for business	X					X								
Global mindset	X	X	X		X	X								
Global citizen willingness' ability to be open to other cultures	X				X	X	X	X			X	X		
Open mindedness					X	X				X		X	X	
Flexibility					X				X	X			X	
Willingness to deal with complexity						X	X	X	X	X		X		
Build trustful relationships	X					X	X	X	X	X		X		
Broader view						X								
Skills and knowledge						X				X				
Intellect						X								
Personality, self awareness, emotional stability, self confidence, state of mind, self efficacy						X	X			X		X	X	X
Non-judgemental						X								
Tolerance for ambiguity						X	X			X	X			
Curiosity						X	X							
Savvy						X								
Adventuresomeness						X								
Willingness to deal with uncertainty						X				X				
Adaptability													X	
Optimism													X	X
Resiliency													X	X

Abb. 8-7: Liste der Charakteristika des Global Leaders

8.6 Wichtige Erkenntnisse

Das Ziel dieses Kapitels ist es die wichtigsten Charakteristika, um ein Global Mindset zu entwickeln und solche die eine globale Führungskraft innehaben muss, aufzuzeigen. Der Literaturüberblick hat gezeigt, dass es individuelle Charakteristika einer globalen Führungskraft gibt und dass diese entwickelt werden können. Die Ergebnisse und die Studien mit den jeweiligen Charakteristika werden in nachfolgender Abbildung 8-8 gezeigt.

(Javidan, et al., 2007)	(Beechler & Javidan, 2008)	(Levy et al., 2007)	(Gupta & Govindarajan, 2002)
			value multiple options, diversity
		curiosity	excited curiosity
flexibility adapting other cultures		ability to adapt	
sensitivity			sensitivity
		openness	openness
	resiliency		
being responsible		awareness and orientation	
	optimism, hope		
	self-efficacy		
	establish trustful relationships		
			integration
cultural acumen	passion for cross cultural interaction		global thinking
respect			
motivation	motivation		
		state of mind	
		seeking opportunities	
		sense making	
		ability to interpret	
			ability to differentiate
			broader scope and view

(Rhinesmith, 1992)	(Gregersen et al., 1998)	(Goldsmith et al., 2003)	(McCall & Hollenbeck, 2002)	(Arora et al., 2004).
value diversity	embracing duality	appreciating cultural diversity		
embracing complexity	curiosity		ability to deal with complexity	
embracing flexibility adaptability			flexible in thought and tactics	ability to adapt
Sensitivity			sensitivity	
embracing uncertainty unpredictability	adventuresome			open towards change
Reflection, manage learning				
openness	open-minded		open minded	openness
	demonstrate savvy			
			resilient	
			resourceful	
			energetic	
			optimistic	
	exhibiting character		stable personal life	
			honesty	
			integrity	integration
		thinking globally	cultural interest	

Abb. 8-8: Studien zur Entwicklung des Global Mindsets

Die Literatur legt den Schwerpunkt auf weitere Charakteristika für globale Führungskräfte und für das Entwickeln eines Global Leader Mindsets. Diese sind Sensitivität und Anerkennung für fremde Kulturen, Diversität und Dualität, die Bereitschaft mit Unsicherheit umzugehen, gesunden Menschenverstand demonstrieren und das Bilden von Vertrauensbeziehungen. Diese Charakteristika sind auch von den Interviewten in der obigen Tabelle erwähnt worden. Für die Entwicklung von individuellen Charakteristika wurden die Ergebnisse von den Kapiteln Global Leadership Entwicklung und das Entwickeln eines Global Leaders Mindset mit den Ergebnissen der Datenanalyse der Interviews unterstützt. Die Ergebnisse der Interviews korrelieren mit den Ergebnissen von Kapitel 8.2.2 dem Entwicklen von Global Leadership. Die nachfolgende Abbildung 8-9 verdeutlicht den Zusammenhang.

Global Leaders, literature review	Develop Global Mindset, literature review	Individual Characteristics and development, data analysis
global sense for business	thinking globally	
global mindset	state of mind	
global citizen willingness ability to be open to other cultures	appreciating cultural diversity cultural interest, cultural acumen, passion for other cultures	cope well with others, social competencies
open mindedness	openness open mindedness	openness
flexible	embracing flexibility	flexibility
willingness to deal with complexity	embracing complexity	complexity
build trustful relationships	establish trustful relationships	trust
broader view	broader scope and view	
skills, knowledge		skills, knowledge, languages
intellect		
personality, self awareness, emotional stability, selfconfidence, state of mind, self efficacy	exhibiting character, stable personal life, self-efficacy	personality, self-efficacy, willingness to change one self
non-judgemental		
tolerance for ambiguity; duality	embracing duality, value diversity, value multiple options	value diversity, difference
curiosity	curiosity, reflection, manage learning	curiosity
savvy	demonstrate savvy	savvy
adventurousness	Adventuresome	willingness to travel
willingness to deal with uncertainty	embracing uncertainty unpredictability open towards change	
adaptability	adaptability	ability to adapt and engage
optimism	optimistic, hope	
resiliency	resiliency	resiliency
	honesty	
	integrity	integrity
	resourceful	
	being responsible	
	awareness and orientation	
	energetic	
	motivation	motivation

	seeking opportunities	goal oriented
	sense making	
	ability to interpret	
	ability to differentiate	
	respect	respect, esteem
	Sensitivity	sensibility, sensitivity
		willingness to listen

Abb. 8-9: Beziehung zwischen Führungseigenschaften

Für die Entwicklung eines Global Mindset von globalen Führungskräften wird besonders Neugier(de) als Treiber angesehen. Ohne diese ist ein Individuum nicht bereit zu lernen und das eigene mindset auszubauen. Andere Aspekte, wo es keine offensichtliche Korrlation gegeben hat sind Kultur, das Wissen und die Anerkennung von unterschiedlichen Kulturen und die Persönlichkeit sowie die Selbstkonzeptualisierung einer Person. Die Attribute der globalen Führungskräfte beinhalten also Aspekte der Neugier und Offenheit gegenüber anderen (fremden) Kulturen und ebenso auch psychologische Persönlichkeitsaspekte. Von daher stimmen die Aspekte der Entwicklung eines Global Mindset einer globalen Führungskraft und den erforderlichen Charakteristika mit den Interviewergebnissen überein. Alle Ergebnisse zusammengenommen führen zu der Schlussfolgerung, dass eine Person, die später eine globale Führungskraft wird bereits mit einigen wichtigen Charakteristika ausgestattet ist und zwar zum Beispiel in eine offene und unterstützende Familie sowie einem sozialen Umfeld reingeboren wird. Er oder sie hat den Vorteil durch gemachte Erfahrungen in der Kindheit sowie dem Umfeld, wo er oder sie aufgewachsen ist. Die notwendige Bedingung, um ein Global Mindset zu entwickeln gehört zu der Ressource von globalen Führungskräftecharakteristika. Von daher nehme ich an, dass globale Führungskräfte bereits ein Global Mindset besitzen ohne sich dieser Tatsache bewußt zu sein.

Die Korrelation der Ergebnisse des Literaturüberblicks und die Datenanalyse unterstützen die entdeckten Charakteristika. Aber es muss an dieser Stelle gesagt werden, dass die Experten nur aus einer Region in Österreich kommen und von daher ist es nicht möglich allgemeingültige Aussagen der Ergebnisse zu machen. Dabei wurden die qualitativen Experteninterviews nur mit einer kleinen Stichprobe durchgeführt. Und die Analyse der Ergebnisse muss die Interpretation der Person, die diese Daten ausgewertet hat, tolerieren. Es wird empfohlen die Ergebnisse weiterhin durch quantitative Ergebnisse zu verifizieren.

Eine Notwendigkeit für eine einheitliche Definition von globaler Führungskraft, Global Leadership und globalen Manager besteht weiterhin. Der Gebrauch dieser Wörter, Charakteristika und Kompetenzen, Fähigkeiten muss separat betrachtet werden oder diese müssen klar voneinander abgegrenzt werden für den Gebrauch von individuellen Charakteristika des Global Leaderships. Es bleibt festzuhalten, dass noch weitere empirische Forschung bzgl. der individuellen Charakteristika einer globalen Führungskraft durchgeführt werden müssen und wie die Einflüsse auf die Entwicklung von Global Mindset wirken. Weitergehende Forschung muss in dem Feld der Psychologie und der Persönlichkeitspsychologie und den Persönlichkeitseigenschaften durchgeführt werden. Sogar **Kindheit** spielt eine wichtige Rolle für die Entwicklung von individuellen Charakteristika. Es ist ein Bedarf an empririscher Forschung vorhanden, um die relevante Erfahrung während der Kindheit einzupfangen, um Global Leadership Kompetenzen zu identifizieren. Eine weitere Forschung wird benötigt, um zu sehen, ob es eine Möglichkeit gibt, um das Potential eines Kindes für spätere globale Führungskräftetätigkeiten zu entdecken. Trotz der Tatsache, dass Kinder nicht genau wissen, ob sie später globale Führungskräfte werden wollen, wird zusätzliche Forschung im Bereich der Psychologie und Charakterentwicklung in der Adoleszenzphase benötigt. Eine Kombination der Erkenntnisse von Psychologiewissenschaften und Wissen über Mindset und der Personalwirtschaft ist erstrebenswert.

Literaturangaben

Acedo, F. J., & Jones, M. V. (Vol. 42 2007). Speed of internationalization and entrepreneurial cognition: Insight and a comparison between international new ventures, exporters and domestic firms. *Journal of World Business*, S. 236-252.

Ackermann, F., Cropper, S., Eden, C., & Cook, J. (1991). *Cognitive mapping for policy analysis in the public sector.* Glasgow, Scotland: Department of Management Science, University of Strathclyde, Working Paper 5/91.

Adler, B., & Bartholomew, S. (1992). Managing globally competent people. *Academy of Management Executives*, S. Vol. 6 No. 3, S. 52-56.

Adler, N. (2009). Global leadership: From domestic and multi-domestic to global leaders. Introduction/Discussion at the Academy of Management Conference. Chicago, Session 1329

Aharoni, Y. (1966). *The foreign investment decision process.* Boston: Harvad University.

Ananthram, S. (2008). The Logic of Globalisation and Global Mindset Development - Insights from the Indian and Chinese Services Industry. Saarbrücken: VDM Verlag.

Ananthram, S., & Chatterjee, S. R. (2004). The challenge of global mindset development for managers: Towards a new framwork for emperical tool building. *University of Technology School of Management Working Paper Series (3)*, S. 1-15.

Ananthram, S., Pearson, C., & Chatterjee, S. R. (2010). Do organizational reform measure impact on global mindset intensity of managers? *Journal of Chinese Economic and Foreign Trade Studies Jg. 3(2)*, S. 146-168.

Apfelthaler, G., & Kujawa, D. (2009). *The deadly sins of international business.* United States Palgrave: MacMillan.

Arora, A., Jaju, A., Kefalas, A., & Perenich, T. (2004, 10 (3)). An Exploratory Analysis of Global Managerial Mindsets: A Case of U.S. Textile and Apparel Industry. *Journal of International Management*, S. 393-411.

Axelrod, R. (1976). Structure of decision: The cognitive maps of political elites. New York: Princeton University Press.

Aycan, Z. (2001). Expatriation: A Critical Step Toward Developing Global Leaders. In M. E. Mendenhall, T. M. Kühlmann, & G. K. Stahls, *Developing Global Business Leaders* (S. 119-136). Westport: CT: Quorum Books.

Babics, J. (16. Dezember 2009). *scribd*. Abgerufen am 21. März 2012 von Document: Selecting-Managers-With-a-Global-Mindset: http://www.scribd.com/doc/51259554/Selecting-Managers-With-a-Global-Mindset

Bamberger, L., & Wrona, T. (2004). Strategische Unternehmensführung: Strategien, Systeme, Prozesse. München: Vahlen Verlag.

Barnes, J. H. (1984). Cognitive biases and their impact on strategic planning. *Strategic Management Journal, Jg. 5*, S. 129-137.

Barr, P. S., Stimpert, J. L., & Huff, A. S. (1992). Cognitive change, strategic action and organizational renewal. *Strategic Management Journal, Jg. 13*, S. 15-36.

Bartlett, C. A., & Ghoshal, S. (1990). Matrix Management: Not a Structure, a Frame of Mind. *Harward Business Reniew, 68(4)*, S. 138-145.

Bartlett, C. A., & Ghoshal, S. (2002). *Managing Across Borders: The Transnational Solution 2nd Edition*. United States: Havard Business School Press.

Bartlett, C., & Ghoshal, S. (1998). What is a global manager, in Vernon-Wortzel, H. and Vernon Wortzel, L.H. (Hrsg.) Strategic Management in a global economy , 3. Ausgabe, S. 494-502, New York: John Wiley

Bartlett, C., & Ghoshal, S. (1989). *Managing across borders: The transnational solution.* Boston: Havard Business School Press.

Bartlett, C., & Ghoshal, S. (2003, August). What is a global manager? *Havard Business Review*, S. 101-108.

Bartlett, C. A. Ghoshal, S. and Beamish, P.W. (2008). Transnational management: Text, cases and readings in cross-border management (5. Ausg.) New York, Mc Graw Hill

Bartlett, F. C. (1932). *Remembering: A study in experimental and social psychology.* Cambridge: Cambridge University Press.

Bartunek, J. M. (1984). Changing interpretive schemes and organizational restructuring. The example of a religious order. *Administrative Science Quaterly, Jg. 29*, S. 355-372.

Bartunek, J. M., Gordon, J. R., & Weathersby, R. P. (1983). Developing Complicated Understanding in Administrators. *Academy of Management Review, Jg. 8(2)*, S. 273-284.

Bäurle, I. (1996). Internationalisierung als Prozessphänomen: Konzepte - Besonderheiten - Handhabung. Wiesbaden: Gabler.

Beaman, K. (2004, December). *Myths, Mystiques, and Mistakes in Overseas Assignments: The Role of Global Mindset in International Work.* Retrieved June 7, 2011, from Jeitosa   Group   international: http://72.249.20.152/resources/karen_beaman/MythsMysticandMistakesRGM.pdf

Beechler, S., & Baltzley, D. (2008a, June). Creating a Global Mindset. *Chief Learning Officer*, S. 40-45.

Beechler, S. & Baltzey, D. (2009) Identify and developing global leaders, in Storey, P. and P. Wright and D. Ulrich, (Hrsg.) The Routledge companion to strategic human resource management (S. 410-432), London: Routledge

Beechler, S., & Javidan, M. (2007). Leading with a global Mindset. In M. Javidan, R. M. Steers, & M. A. Hitt, *Advances in international management: The global mindset* (S. 131-169). Oxford: Elsevier.

Beechler, S., & Javidan, M. (2008). Leading with a Global Mindset. In M. Javidan, R. M. Steers, & M. A. Hitt, *Advances in International Management The Global Mindset* (S. 131-170). Bingley: Emerald Group Publishing Limited.

Beechler, S., Levy, O., Taylor, S., & Boyacigiller, N. (2004). Does it Really Matter if Japanese MNCs Think Globally? In A. Bird, & T. Roehl, *Japanese Firms in Transition: Responding to the Globalization Challenge. Advances in International Management.* (Bd. Vol. 17, S. 261- 288). Oxford: Elsevier/JAI.

Beechler, S., Musselwhite, C., Ponder, K., & Overfield, D. (2010, January 11). *Toward a Practical Model for Developing Global Mindset in Leaders.* Retrieved June 23, 2011, from http://files.ibusdept.com/uploads/IB_Research_seminars/2009_2010/Global%20Beech ler.pdf

Beechler, S., Taylor, S., Boyacigiller, N. A., & Levy, O. (1999). Building Global Mindset for Competitive Advantage: A Conceptual Integration of Global Mindset; International Human Resource Management and Organizational Performance in Multinational Corporation. Chicago: Paper presented at the Annual Meeting of the Academy of Management.

Begley, T. M., & Boyd, D. P. (Winter 2003 Jg. 44 2003). The need for a corporate global mind-set. *MIT Sloan Management Review*, S. 25-32.

Berdan, S. N. (March/April 2009). *Cultivating a global mindset within MBA studies. The greentree Gazette.* Abgerufen am 2010. 3 6 von Get ahead by going a broad:

http://www.getaheadbygoingabroad.com/uploads/GlobalMindset_MBAMarApr_2009.
pdf

Bettis, R. A., & Prahalad, C. K. (1995). The dominants logic: Retrospective and extension. *Strategic Management Journal, Jg. 16*, S. 5-14.

Bhagat, R., Triandis, H., Ram Baliga, B., Billing, T., & Davis, C. (2008). On Becoming a Global Manager: a Closer Look at the Opportunities and Constraints in the 21st Century. In M. Javidan, R. Steers, & M. Hitt, *Advances in International Management The Global Mindset* (S. 191-213). Bingley: Emerald Group Publishing Limited.

Bird, A., & Osland, J. (2004). Global Competencies: An Introduction. In H. Lane, M. Mendenhall, M. Maznevski, & J. McNett, *Handbook of Global Management: A Guide to managing Complexity* (S. 57-81). Oxford: Blackwell.

Black, J. S., & Gregersen, H. B. (2000). High impact training: Forging leaders for the global frontier. *Human Resource Management, Vol. 39*, S. 173-184.

Black, S., Morrison, A., & Gregersen, H. (1999). *Global Explorers: The Next Generation of Leaders*. New York: Routledge.

Bortz, J. (2005). Statistik für Sozialwissenschaftler 5. Aufl. Berlin: Springer.

Bougon, M. C., Weick, K. E., & Binkhorst, D. (1977). Cognition in organizations: An analysis of the Utrecht Jazz Orchestra. *Administrative Science Quaterly, Jg. 22*, S. 606-639.

Bouquet, C. (2005). Building global mindsets: an attention-based perspective. New York: Palgrave MacMillan.

Bouquet, C., Morrison, A., & Birkinshaw, J. (2003). *Determinants and Performance Implication of a Global Mindset: an attention-based perspective*. Abgerufen am 2010. 3 10 von London Business School Faculty Research: http://www.london.edu/facultyandresearch/research/docs/SIM30.pdf

Bowen, D. E., & Inkpen, A. C. (2009). Exploring the role of "Global Mindset" in leading change in international context. *Journal of Applied Behavioural Science, Vol. 45, No. 2*, S. 239-260.

Bowen, D. E., Javidan, M., & Teagarden, M. (2010). *Thunderbird develops world's first tool to measure global mindset*. Abgerufen am 2010. 3 22 von Thunderbird School of Global Managemenet Faculty & Research: http://knowledgenetwork.thunderbird.edu/research/2010/01/05/globalmindset/

Boyacigiller, N., Beechler, S., Taylor, S., & Levy, O. (2004). The crucial yet elusive global mindset. In H. W. Lane, W. L. Maznevski, & M. Mendenhall, *The Blackwell handbook of global managment: A guide for managing complexity* (S. 81-93). Blackwell: Wiley-Blackwell.

Brown, S. M. (1992). Cognitive mapping and repertory grids for qualitative survey research: Some comparative observations. *Journal of Management Studies, Jg. 29, Heft 3*, S. 287-307.

Caligiuri, P. (2006). Developing global leaders. *Human Resource Management Review, Nr.16*, S. 219-228.

Caligiuri, P., & Di Santo, V. (2001, 24(3)). *Global competence: What is it and can it be developed through international assignment?* Retrieved June 7, 2011, from HR Resources Planning via EBSCOhost database: http://perm.fh-joanneum.at/han/32566/web.ebscohost.com/ehost/pdfviewer/pdfviewer?vid=4&hid=7 &sid=23c445e7-338d-40ba-8fd0-fc9982e1d4ee%40sessionmgr12

Caligiuri, P., & Tarique, I. (2009, July Vol 44 (3)). *Predict effectiveness in global leadership activities.* Retrieved July 9, 2011, from Journal of World Business via EBSCOhost database: http://perm.fh-joanneum.at/han/32566/web.ebscohost.com/ehost/detail?vid= 29&hid=7&sid=df9f682d-454d-4e2d-a20c-b5ad9149694b%40sessionmgr10&bdata= JnNpdGU9ZWhvc3QtbGl2ZQ%3d%3d#db=buh&AN=41586655

Calof, J. L., & Beamish, P. W. (1995). Adapting to foreign markets: Explaining internationalization. *International Business Review, Jg. 4, Heft 2*, S. 115-131.

Calori, R., Johnson, G., & Sarnin, P. (1994). CEO's cognitive maps and the scope of the organization. *Strategic Management Journal, Jg. 15, Nr. 6*, S. 437-457.

Caproni, P., Lenway, S., & Murtha, T. (1992, March). *Multinational mindsets: Sensemaking capabilities as strategic resources in multinational firms.* Michigan: The University of Michigan, School of Business Administration, Divison of Research.

Clapp-Smith, R. (2009). *Global Mindset Development During Cultural Transitions.* Lincoln: Unpublished dissertation. University of Nebraska.

Clapp-Smith, R., & Hughes, L. (2007). Unearthing a Global Mindset: The Process of International Adjustment. *Journal of Business and Leadership: Research, Practice and Training, 3(99)*, S. 99-107.

Clapp-Smith, R., Luthans, F., & Avolio, B. J. (2007). The role of psychological capital in global mindset development. In M. Javidan, R. M. Steers, & M. A. Hitt, *Advances in international management: The global mindset* (S. 105-130). Oxford: Elsevier.

Cohen, S. (2010, Vol. 42 (1)). Effective global leadership requires a global mindset. *industrial and Commercial Training*, S. 3-10.

Conner, J. (Summer-Autumn 2000). Developing the global leaders of tomorrow. *Human Resource Management; Vol. 39, Issue 2-3*, S. 147-157.

Das, T. K., & Teng, B. S. (1999). Cognitive biases and strategic decision process: An integrated perspective. *Journal of Management Studies, Jg. 36, Heft 6*, S. 757-778.

Davis, E., Khilji, S., Critchfield, A. J., Cseh, M., Yarr, L., & Abou-Zaki, W. (2008). Mirror, mirror on the wall, who has the global leadership mindset of them all? *Proceedings of the international leadership association conference global leadership: Portrait of the past, Vision of the future.* 10th ILA Annual Global converence.

Deal, J. J., Leslie, J., Dalton, M., & Ernst, C. (2003). Cultural adaptability and leading across cultures. In W. H. Mobley, & P. W. Dorfman, *Advances in global leadership* (S. 149-166). New York: JAI.

Dekker, W., Jansen, P. G., & Vinkenburg, C. J. (2005). Dimension of an Individual Global Mindset. *Serie of Research Memoranda, 0014.* Amsterdam: VU University.

Denzin, N. K., & Lincoln, Y. S. (2005). *The Sage Handbook of Qualitative Research (3rd Edition).* Thousand Oaks, CA, USA: Sage.

Dollinger, M. J. (1984). Environmental Boundary Spanning and Information Processing Effects on Organizational Performance. *Academy of Management Journal, Jg 27(2)*, S. 351-368.

Donges, J. B. (1998). Was heißt Globalisierung? In J. B. Donges, & A. Freytag, *Die Rolle des Staates in einer globalisierten Wirtschaft* (S. 1-7). Stuttgart: Lucius.

Doz, Y. L., & Prahalad, C. K. (1991). Managing DMNCs: A search for a New Paradigm. *Strategic Management Journal, 12 (Special Issue)*, S. 145-164.

Doz, Y., Santos, J., & Williamson, P. (2005). *From Global to Metanational: How Companies Win in the Knowledge Economy, (3. Aufl.).* Boston, MA, USA: Harvard Business School Press.

Duhaime, I. M., & Schwenk, C. R. (1985). Conjectures on cognitive simplification in acquisition and divestment decision making. *Academy of Management Review, Jg. 10*, S. 287-296.

Dutton, J. E. (1993). Interpretations on automatic: A different view of strategic issue diagnosis. *Journal of Management Studies, Jg. 30*, S. 339-357.

Dutton, J. E., & Jackson, S. E. (1987). Categorizing strategic issues: Links to organizational action. *Academy of Management Review, Jg. 12, Nr. 1*, S. 76-90.

Dutton, J. E., Fahey, L., & Narayanan, V. K. (1983). Towards understanding strategic issue diagnosis. *Strategic Management Journal, Jg. 4*, S. 307-323.

Earley, C. P., & Ang, S. (2003). *Cultural intelligence: Individual interactions across cultures.* Stanford, CA: Stanford Business Books.

Earley, C., Murnieks, C., & Mosakowski, E. (2007). Cultural Intelligence and the Global Mindset. In M. Javidan, R. M. Steers, & M. A. Hitt, *Advances in International Management: The Global Mindset* (S. 75-104). Bingley: Emerald Group Publishing Limited.

Eden, C. (1988). Cognitive Mapping: A review. *European Journal of Operational Research, Jg. 36*, S. 1-13.

Eden, C. (1989). Using cognitive mapping for strategic options development and analysis (SODA). In J. Rosenheld, *Rational analysis for a problemativ world* (S. 21-42). Chichester: Wiley.

Eden, C. (1992). On the nature of cognitive maps. *Journal of Management Studies, Jg. 29, Heft 3*, S. 261-265.

Eden, C., & Ackermann, F. (1998). *Making strategy: The journey of strategic management.* London: Sage Publication.

Eden, C., & Spender, J. C. (1998). Managerial and organizational cognition: Theory, methods and research. London: Sage Publication.

Eden, C., Ackermann, F., & Cropper, S. (1992). The analysis of cause maps. *Journal of Management Studies, Jg. 29, Heft 3*, S. 309-324.

Eden, C., Jones, S., & Sims, D. (1979). *Thinking in organisations.* London: Macmillan.

Estienne, M. (1997, Volume 21 (1)). The art of cross-cultural management: "an alternative approach to training and development". *Journal of European Industrial Training*, S. 14-18.

Fiedler, K. (1996). Die Verarbeitung sozialer Informationen für Urteilsbildung und Entscheidung. In W. Stroebe, M. Hewstone, & G. M. Stephenson, *Sozialpsychologie: Eine Einführung* (S. 143-175). Berlin: Springer.

Finkelstein, S., & Hambrick, D. C. (1996). Strategic leadership: Top executives and their effects on organizations. St. Paul MN: West.

Fiol, C. M., & Huff, A. S. (1992). Maps for managers: Where are we? Where do we go from here? *Journal of Management Studies, Jg. 29, Heft 3*, S. 267-285.

Fiske, S. T., & Taylor, S. E. (1984). *Social Cognition.* New York: McGraw-Hill Inc.

Fiske, S. T., & Taylor, S. E. (1991). *Social Cognition, (2. Aufl.).* New York: McGraw-Hill Inc.

Fletcher. (2000). Learning to "think global and act local" Experiences from the small business sector. *Education and training, Volume 42*, S. 211-219.

Fletcher, K. E., & Huff, A. S. (1990). Strategic argument mapping: A study of strategy reformulation at AT&T. In A. S. Huff, *Mapping strategic thought* (S. 165-194). Chichester: Wiley.

Flick, U., Kardoff, E., & Steinke, I. (2004). Was ist qualitative Forschung? Einleitung und Überblick. In U. Flick, E. Kardoff, & I. Steinke, *Qualitative Forschung: Ein Handbuch (3. Aufl.)* (S. 13-29). Reinbeck bei Hamburf: Rowohlt.

Flood, P. C., Dromgoole, T., Carroll, S. J., & Gorman, L. (2000). *Managing strategy implementation.* Oxford: Blackwell.

Fombrun, C. J. (1994). Taking on strategy 1-2-3. In J. A. Braum, & J. V. Singh, *Evolutionary dynamics of organizations* (S. 199-204). New York: Oxford University Press.

Ford, J. D., & Hegarthy, W. H. (1984). Decision makers' beliefs about the causes and effect of structure: An exploratory study. *Academy of Management Journal, Jg. 27, Heft 2*, S. 271-291.

Frey, D. (1997). Kognitive Theorien in der Sozialpsychologie. In D. Frey, & S. Greif, *Sozialpsychologie: Ein Handbuch in Schlüsselbegriffen* (S. 50-67). München: Psychologie Verlags Union.

Fuchs, M., & Apfelthaler, G. (2009). *Management internationaler Geschäftstätigkeit (2. Aufl.)*. Wien: Springer Verlag.

Galavan, R. (2005). Locating managerial discretion in the black-box of demographic research. *Managerial and Organisational Cognition Conference*. München.

Gilbert, D. T., Fiske, S. T., & Lindzey, G. (1998). *The handbook of social psychology (4. Ausgabe)*. Boston: McGraw-Hill.

Gioia, D. A. (1986). Conclusion: The state of the art in organizational social cognition - a personal view. In H. P. Sims, & D. A. Gioia, *The thinking organization: Dynamics of organizational social cognition* (S. 336-356). San Francisco: Jossey Bass.

Goldsmith, M. Walt, C. and Doucet, K. (2000). New competencies for tomorrow´s global leaders, CMA Management 73 (10), 20-26

Govindarajan, V., & Gupta, A. K. (2002). Cultivating a global mindset, Academy of Management Executive, 16 (1), S. 116.125

Govindarajan, V., & Gupta, A. K. (2001). The quest for global dominance. Transforming global presence into global competitive advantage. San Francisco: Jossey-Bass.

Graen, G. B., & Hui, C. (1999). Transcultural global leadership in the twenty-first century: challenges and implications for development. In M. J. Mobley, M. J. Gessner, & V. Arnold, *Advances in Global Leadership (Vol. 1)* (S. 9-26). Greenwich: JAI Press.

Gregersen, H., Morisson, A., & Black, S. (1998, October 15). *Developing Leaders for the Global Frontier*. Retrieved June 7, 2011, from Sloan Management Review: http://sloanreview.mit.edu/the-magazine/1998-fall/4012/developing-leaders-for-the-global-frontier/

Gupta, A. K., & Govindarajan, V. (2001). Converting a global presence into global competitive advantage. *Academy of Management Executive, 15 (2)*, 45-58.

Gupta, A. K., & Govindarajan, V. (2002b). Cultivating a Global Mindset. In A. K. Gupta, V. Govindarajan, & H. Wang, *Quest for a Global Dominance 2nd Edition* (S. 115-152). San Francisco: Jossey-Bass.

Gupta, A. K., Govindarajan, V., & Wang, H. (2008). The Quest for Global Dominance: Transforming Global Presence into Global Competitive Advantage (2. Aufl.). San Francisco: Wiley & Sons.

Guy, G., & Beaman, K. (2003). *Global Orientation and Sociolinguistic Accommodation as Factors in Cultural Assimilation.* Retrieved June 27, 2011, from Jeitosa Group International: http://www.jeitosa.com/wp-content/uploads/2010/10/GlobalMindsets LinguisticAccommodation-doc.pdf

Hambrick, D. C., & Mason, R. O. (1984). Upper echelons: The organization as a reflection of its top managers. *Academy of Management Review, Jg. 9 Heft 2*, S. 193-206.

Hannerz, U. (1996). Cosmopolitans and Locals in World Culture. In U. Hannerz, *Transnational Connections: Culture, People, Places.* (S. 102-112). London: Rutledge.

Harveston, P. D. (2000). Synoptic versus incremental internationalization: An examination of 'Born Globals' and 'Gradual Globalizing' firms. *Unveröffentlichete Dissertation.* Memphis: University of Memphis.

Harveston, P. D., Kedia, B. L., & Davis, P. S. (2000). Internationalization of born global and gradual globalizing firms: The impact of the manager. *Advances in Competitiveness Research, Vol. 8, Nr. 1*, S. 92-99.

Heenan, D. A., & Perlmutter, H. V. (1979). *Multinational Organization Development.* Reading: Addison-Wesley.

Hitt, M., Javidan, M., & Steers, R. (2008). The Global Mindset: an Introduction. In M. Javidan, R. M. Steers, & M. A. Hitt, *Advances in international Management, The Global Mindset* (S. 1-11). Bingley: Emerald Group Publishing Limited.

Hodgkinson, G. P. (2001). Cognitive process in strategic management: Some emerging trends and future directions. In N. Anderson, D. S. Ones, H. K. Sinangil, & C. Viswesvaran, *Handbook of industrial work and organizational psychology* (S. 416-440). London: Sage Publications.

Hodgkinson, G. P. (2001a). The psychology of strategic management: Emerging themes of diversity and cognition revisited. In C. L. Cooper, & I. T. Ropertson, *International Review of Industrial and Organizational Psychology* (S. 65-119). Chichester: Wiley.

Hodgkinson, G. P. (2005). Images of competitive space: A study of managerial and organizational strategic cognition. Basingstoke: Palgrave MacMillan.

Hodgkinson, G. P. (2007). The cognitive perspective. In M. Jenkins, V. Ambrosini, & N. Collier, *Strategic management: A multi-perspective approach (2.Ausgabe)* (S. 152-172). Basingstoke: Palgrave MacMillan.

Hodgkinson, G. P., & Clarkson, G. P. (2005). What have we learned from almost 30 years of research on causal mapping? Methodological lessons and choices for the information systems and information technology communities. In V. K. Narayanan, & D. J. Armstrong, *Causal mapping for information systems and technology research: Approaches, advances and illustrations* (S. 46-79). Hershey: Idea Group.

Hodgkinson, G. P., & Sparrow, P. R. (2002). The competent organization: A psychological analysis of the strategic management process. Buckingham: Open University Press.

Hodgkinson, G. P., & Thomas, A. B. (1997). Editorial introduction to the special issue: Thinking in organizations. *Journal of Management Studies, Jg. 34*, 845-850.

Hodgkinson, G. P., Maule, A. J., & Bown, N. J. (2004). Causal cognitive mapping in the organizational strategy field: A comparison of alternative elicitation procedures. *Organizational Research Methods, 7*, S. 3-26.

Hoffman-Ripken, B. S. (2003). Innovationsstrategien aus einer kognitionstheoretischen Perspektive. *Dissertation*. St. Gallen.

Hollenbeck, G., & McCall, M. (2003). Competence, not Competencies: Making Global Executive Development Work. In W. Mobley, & P. Dorfman, *Advances in Global Leadership Volume 3* (S. 101-119). Oxford: Elsevier Sience Ltd.

Hruby, J. (2009). Kognitionsstrukturen und internationale strategische Entscheidungsprozesse von ManagerInnen in Europas 500 schnell wachsenden KMU. *unveröffentlichte Dissertation*. Graz: Karl-Franzens-Universität.

Huff, A. S. (1990). *Mapping strategic thought.* Chichester: Wiley.

Huff, A. S. (2005). Managerial and organizational cognition: Islands of coherence. In K. G. Smith, & M. A. Hitt, *Great minds in management* (S. 331-354). Oxford: University Press.

Huff, A. S., & Jenkins, M. (2002). *Mapping strategic knowledge.* London: Sage.

Iaquinto, A. L., & Frederickson, J. W. (1997). Top management team agreement about the strategic decision process: A test of its determinants and consequences. *Strategic Management Journal, Vol. 18 (1)*, S. 63-75.

Javidan, M., & Teagarden, M. (2011). Conceptualizing and measuring global mindset. In W. H. Mobley, M. Li, & Y. Wang, *Advances in Global Leadership (Volume 6)* (S. 13-39). Bingley: Emerald Group Publishing Limited.

Javidan, M., Hitt, M. A., & Steers, R. M. (2007). Advances in international management. In M. Javidan, M. A. Hitt, & R. M. Steers, *The global mindset* (S. 11-48). Oxford: Elsevier Press.

Javidan, M., Hitt, M. A., & Steers, R. M. (2008). Putting it all together: so what is a Global Minset and why is it important? In M. Javidan, R. M. Steers, & M. A. Hitt, *Advances in international Management The Global Mindset* (S. 215-226). Bingley: Emerald Group Publishing Limited.

Javidan, M., Hough, L., & Boullogh, A. (2010). Conceptualizing and measuring Global Mindset: Development of the Global Mindset Inventory. Technical Report. Glendale, Arizona: Thunderbird Global Mindset Institute.

Javidan, M., Teagarden, M., Babride, F., Walch, K., Lynton, N., Pearson, C., et al. (2007a, June 25). *Foundation: Research Global Mindset Defined.* Retrieved June 20, 2011, from   http://www.worldwideerc.org: http://www.worldwideerc.org/Foundation/Documents/global_mindset.pdf

Javidan, M., Teagarden, M., Babrinde, F., Walch, K., Lynton, N., Pearson, C., et al. (2008a). *Global Mindset defined: expat success strategy.* Washington: Worldwide ERC.

Jeannet, J.-P. (2000). *Managing with a global mindset.* London: Financial Times, Prentic Hall.

Johnson, G. (1990). Managing strategic change: The role of symbolic action. *British Journal of Management, Jg. 1,* S. 183-200.

Kanter, R. M. (1995). *World Class: Thriving Locally in the Global Economy.* New York: Simon and Schuster.

Kedia, B., & Mukherji, A. (1999, Editon 34 (3)). *Global managers: Developing a mindset for global competitiveness.* Retrieved June 7, 2011, from Journal of World Business via EBSCOhost database: http://perm.fh-joanneum.at/han/32566/web.ebscohost.com/ ehost/pdfviewer/pdfviewer?vid=6&hid=7&sid=23c445e7-338d-40ba-8fd0-fc9982e1d4ee%40sessionmgr12

Kefalas, A. G. (1998). Think globally, act locally. *Thunderbird International Business Review, Jg. 40(6)*, S. 457-562.

Kefalas, A. G., & Neuland, E. W. (1997). Global Mindsets: An Exploratory Study. *Annual Conference of the Academy of International Business.* Monterrey, Mexico.

Kets de Vries, M. F., & Florent-Treacy, E. (2002). Global leadership from A to Z: Creating high commitment organizations. *Organizational Dynamics, Jg 30(4)*, S. 295-309.

Khilji, S. E., Davis, E. B., & Cseh, M. (2010). Building competitive advantage in a global environment: Leadership and the mindset. In T. Devinney, T. Pedersen, & L. Tihanyi, *The past, present and future of international Business Management, Advances in Internaional Management,Vol 23* (S. 353-373). Bingley: Emerald Group Publishing Limited.

Kiesler, S., & Sproull, L. (1982). Managerial response to changing environments: Perspectives on problem sensing from social cognition. *Administrative Science Quaterly, Jg. 27, Heft 4*, S. 548-571.

Kindleberger, C. P. (1969). *American business abroad: Six lectures on direct investment.* New Haven: Yale University Press.

Knight, G. A. (2001). Entrepreneurship and strategy in the international SME. *Journal of International Management, Vol. 7*, S. 155-171.

Kobrin, S. J. (1994). Is there a relationship between a geocentric mind-set and multinational strategy? *Journal of International Business Studies, Vol. 25 (3)*, S. 493-520.

Konyu-Fogel, G. (2011). Exploring the effect of global mindset on leadership behaviour. An empirical study of business leaders in global oeganizations, In Lambert Academic Publishing

Köhler, B. (2006). *Soziologie des neuen Kosmopolitismus.* Wiesbaden: VS Verlag für Sozialwissenschaften.

Kutschker, M. (1994). Dynamische Internationalisierungsstrategie. In J. Engelhard, & H. Rehkugler, *Strategien für nationale und internationale Märkte: Konzepte und praktische Gestaltung* (S. 211-248). Wiesbaden: Gabler Verlag.

Kutschker, M., & Bäurle, I. (1997). Three + One: Multidimensional strategy of internationalization. *MIR, Jg. 1997 (2)*, 103-125.

Kyvik, O. (2006). The internationalization of small firms: A cognitive perspective. *Unveröffentlichte Dissertation.* Barcelona: ESADE.

Kyvik, O. (2011). Internationalization of small firms: the importance of a global mindset. *International Journal Technology Transfer and Commercialisation, Vol. 10, Nr. 3/4,* S. 314-331.

Lahiri, S., Pérez-Nordtvedt, L., & Renn, R. (2008, Volume 51). Will the new competitive landscape cause your form's decline? It depends on your mindset. *Business Horizons,* S. 311-320.

Lane, H. W., Maznevski, M. L., & Mendenhall, M. E. (2004). Shaping the global mindset: designing educational experience for effective global thinking and action. In R. A. Boyacigiller, R. A. Goodman, N. A. Boyacigiller, & M. E. Phillips, *Crossing cultures: Insight from master teachers.* New York: Routledge.

Lane, H., Maznevski, M., & Mendenhall, M. (2004). Globalization: Hercules Meets Buddha. In H. W. Lane, M. L. Maznevski, M. E. Mendenhall, & J. McNett, *The Blackwell handbook of Global Management: a guide to managing complexity* (S. 3-25). Malden: Blackwell Publishing Ldt.

Lant, T. K., & Shapira, Z. (2001). Organizational cognition: Computation and interpretation. New York: Erlbaum.

Laukkanen, M. (1994). Comparative cause mapping of organizational cognitions. *Organization Science, Jg. 5, Heft 3,* S. 322-343.

Leslie, J., Dalton, M., Ernst, C., & Deal, J. (2002). *Managerial effectiveness in a global context: A working model of predictors.* Abgerufen am 23. June 2011 von Center for Creative Leadership: http://www.ccl.org/leadership/pdf/publications/ccl_managerial effectiveness.pdf

Levy, O. (2005, 26(7)). The Influence of Top Management Team Attentional Patterns of Global Strategic Posture of Firms. *Journal of Organizational Behavior,* S. 797-819.

Levy, O., Beechler, S., Taylor, S., & Boyacigiller, N. (2007). *What We Talk About When We Talk About "Global Mindset", Managerial Cognition in Multinational Corporations.* Retrieved Mai 5, 2011, from http://research.sabanciuniv.edu: http://research.sabanciuniv.edu/215/1/stvkaf01911.pdf

Levy, O., Taylor, S., Boyacilgiller, N. A., & Beechler, S. (2007a). Global Mindset: A review and proposed extensions. In M. Javidan, R. M. Steers, & M. A. Hitt, *Advances in international Management, Vol. 19 the global mindset* (S. 11-48). Oxford: Elsevier Press.

Louis, M. R., & Sutton, R. I. (1991). Switching cognitive gears: From habits of mind to active thinking. *Human Relations, Jg. 44, Heft 1*, S. 55-76.

Lüer, C. U. (1998). Kognition und Strategie. Zur konstruktiven Basis des Strategischen Managements. *Veröffentlichte Dissertation*. Wiesbaden: Gabler Verlag.

Lyles, M. A., & Thomas, H. (1988). Strategic problem formulation: Biases and assumptions embedded in alternative decision-making models. *Journal of Management Studies, Jg. 25*, S. 131-146.

Markus, H., & Zajonc, R. B. (1985). The cognitive perspective in social psychology. In G. Lindzey, & E. Asonson, *The handbook of social psychology* (S. 137-230). New York: Random House.

Maule, A. J., & Hodgkinson, G. P. (2001). Heuristics, biases and strategic decision making. *The psychologist, Jg. 15, Heft 2*, S. 68-71.

Mayring, P. (2008). *Qualitative Inhaltsanalyse: Grundlagen Technik.* Weinheim und Basel: Beltz Verlag (10. Aufl.).

Maznevski, M., & Lane, H. (2003). Shaping the Global Mindset, Designing educational experiences for effective global thinking and action. In N. Boyacigiller, R. Goodman, & M. Phillips, *Crossing Cultures, Insight from Master Teachers* (S. 171-184). New York: Routledge.

McCall, M., & Hollenbeck, G. (2002). *Developing global executives: the lesson of international experience.* Boston: Harvard Business School Publishing Corporation.

McCall, M., & Hollenbeck, G. (2007, September). *Developing the Expert Leader.* Retrieved July 9, 2011, from Center of Effective Organization: http://ceo.usc.edu/pdf/T0720530.pdf

McCall, M., & Kaplan, R. E. (1985). *What ever it takes: Decision-makers at work.* New York: Prentice Hall.

Mendenhall, M. (2006). The elusive yet critical challenge of developing global leader. *European Management Journal (24)*, S. 422-439.

Mendenhall, M. (2008). Leadership and the birth of global leadership. In M. Mendenhall, J. Osland, A. Bird, G. Oddou, & M. Maznevski, *Global Leadership: Research, Practice and Development* (S. 1-17). London: Routledge.

Mendenhall, M., & Oddou, G. (1985). The Dimensions of Expatriate Acculturation: A Review. *Academy of Management Review, Jg. 10*, S. 39-47.

Meuser, M., & Nagel, U. (2009). Das Experteninterview - konzeptionelle Grundlagen und methodische Anlage. In S. Pickel, G. Pickel, H.-J. Lauth, & D. Jahn, *Methoden der vergleichenden Politik- und Sozialwissenschaft* (S. 465-479). Heidelberg: VS Verlag.

Mintzeberg, H., Ahlstrand, B., & Lampel, J. (1999). Die kognitive Schule: Strategiebildung als mentaler Prozess. In H. Mintzeberg, B. Ahlstrand, & J. Lampel, *Strategy Safarie: Eine Reise durch die Wildnis des Strategischen Managements* (S. 175-202). Wien: Ueberreuter.

Morrison. (2000). Developing a global leadership model. *Human Resource Management.*, 39 Sommer/Herbst S. 117-131

Müller, S., & Kornmeier, M. (2002). Strategisches internationales Management: Internationalisierung der Unternehmenstätigkeit. München: Verlag Vahlen.

Müller, W. (2005). Multivariate Analysemethoden im Quantitativen Marketing - Strategische Konzeption und empirische Erfahrungsberichte. Abgerufen am 1. Juli 2011 von FH Dortmund: www.fh-dortmund.de/de/ftransfer/medien/mueller.pdf

Murtha, T., Lenway, S., & Bagozzi, R. (1998, 19(2)). Global Mind-Sets and Cognitive Shift in a Complex Multinational Corporation. *Strategic Management Journal*, S. 97-114.

Nardon, L., & Steers, R. (2008). Learning Cultures on the Fly. In M. Javidan, R. Steers, & M. Hitt, *Advances in International Management The Global Mindset* (S. 171-190). Bingley: Emerald Group Publishing Limited.

Neisser, U. (1979). Kognition und Wirklichkeit: Prinzipien und Implikationen der kognitiven Psychologie. Stuttgard: Kletta-Cotta.

Ng, K.-Y., Tan, M., & Ang, S. (2009). *Global Cultural Capital and Cosmopolitan Human Capital.* Retrieved June 27, 2011, from http://culturalq.com/docs/Ng,%20Tan, %20Ang%20Human%20Capital%202009.pdf

Nicolai, A. T. (2004). Der "trade-off" zwischen "rigour" und "relevance" und seine Konsequenzen für die Managementwissenschaften. *Zeitschrift für Betriebswirtschaft, Vol. 74, Heft 2*, S. 99-118.

Nisbett, R. E., & Ross, L. (1980). *Human inference: Strategies and shortcomings of social judgment.* Englewood-Cliff: Prentice-Hall.

Nummela, N., Saarenketo, S., & Puumalainen, K. (2004, Vol. 21 (1)). Global mindset – a prerequisite for successful internationalisation? *Canadian Journal of Administrative Sciences* , S. 51–64.

Oddou, G., Mendenhall, M. E., & Ritchie, J. B. (2000). Leveraging travel als tool for global leadership development. *Human Resource Management, Jg. 39(2&3)*, S. 159-172.

Ohmae, K. (1989). Managing business in a borderless world. *Harvard Business Review, Jg. 67, Nr. 3*, S. 152-167.

Osland, J. (2009, Vol. 16 (2)). The Challenge of Developing Global Leadership. *Concept and Connection a Publication for Leadership Educators*, S. 1-4.

Osland, J. S. (2001). The Quest for Transformation: The Process of Global Leadership Development. In M. Mendenhall, T. M. Kühlmann, & G. K. Stahl, *Developing Global Business Leaders: Policies, Process and Innovations* (S. 137-156). Westport: Quorum Books.

Osland, J. S., & Taylor, S. (2001). *Developing Global Leadership.* Abgerufen am 17. März 2011 von www.hr.com

Osland, J., & Bird, A. (2004). Global Competencies: An introduction. In H. Lane, M. Matnevski, M. Mendenhall, & J. McNett, *The Blackwell handbook of global management: A guide to managing complexity* (S. 57-81). Malden: Blackwell Publishing.

Osland, J., Bird, A., Mendenhall, M., & Osland , A. (2006). Developing global leadership capabilities and global mindset: a review. In G. S. Björkman, *Handbook of research in international Human Resource Management* (S. 197-222). Glos: Edward Elgar Publishing Limited.

Oxford Dictionaries Online. (n.d.). Retrieved June 30, 2011, from Oxford Dictionaries Online: http://oxforddictionaries.com/definition

Palmisano. (2006). The globally integrated enterprise. *Foreign affairs.*

Paul, H. (2000). Creating a Mindset. Thunderbird International Business Review, Vol. 42 (2), S. 187-200.

Perlitz, M. (2004). *International Management (5. Aufl.).* Stuttgart: Lucius & Lucius Verlagsgesellschaft mbH.

Perlmutter, H. (1969). *The Tortuous Evolution of the Multinational Corporation.* Retrieved June 27, 2011, from http://perm.fh-joanneum.at/han/17160/content.ebscohost.com/ pdf25_26/pdf/1969/CWB/01Jan69/5543148.pdf?T=P&P=AN&K=5543148&S=R&D =buh&EbscoContent=dGJyMMvl7ESeqLU4yOvsOLCmr0meprBSr6u4TLaWxWXS &ContentCustomer=dGJyMOzprkqvqrBQuePfgeyx44Dt6fIA

Poole, P. P., Gray, B., & Gioia, A. D. (1990). Organizational script development through interactive accomodation. *Group and Organization Studies, Jg. 15*, S. 212-232.

Porac, J. F., & Thomas, H. (1989). Managerial thinking in business environments. *Journal of Management Studies, Jg. 26, Heft 4*, S. 323-438.

Porac, J. F., & Thomas, H. (1990). Taxomonic mental models in competitor definition. *Academy of Management Review, Jg. 15, Heft 2*, S. 224-240.

Porac, J. F., & Thomas, H. (2002). Managing cognition and strategy: Issues, trends and future directions. In A. Pettigrew, H. Thomas, & R. Whittington, *Handbook of strategy and management* (S. 165-181). London: Sage Publications.

Prahalad, C. K., & Bettis, R. A. (1986). The dominant logic: A new linkage between diversity and performance. *Strategic Management Journal, Jg. 7*, S. 485-501.

Priem, R. L. (1992). An application of metric conjoint analysis for the evaluation of top managers' individual strategic decision making processes: A research note. *Strategic Management Journal, Jg. 13*, S. 143-151.

Probst, G. J., & Büchel, B. (1998). Organisationales Lernen: Wettbewerbsvorteil der Zukunft. Wiesbaden: Gabler.

Pucik, V., & Saba, T. (1998, October 1). *Selecting and Developing the Global Versus the Expatriate Manager: A Review of the State-of-the-Art.* Retrieved July 9, 2011, from Human Resource Planning via EBSCOhost: http://perm.fh-joanneum.at/han/32566/ web.ebscohost.com/ehost/pdfviewer/pdfviewer?vid=26&hid=7&sid=df9f682d-454d-4e2d-a20c-b5ad9149694b%40sessionmgr10

Rajagoplan, N., & Spreitzer, G. M. (1997). Toward a theory of strategic change: A multilens perspective and integrative framework. *Academy of Management Review*, S. 48-79.

Reger, R. K., & Palmer, T. B. (1996). Managerial categorization of competitors: Using old Maps to navigate new environments. *Organization Science, Jg. 7, Heft 1*, S. 22-39.

Rhinesmith, S. (1992, 46 (10)). *Global Mindset for Global Managers.* Retrieved June 7, 2011, from Training and Development via EBSCOhost: http://perm.fh-joanneum.at/ han/17895/web.ebscohost.com/ehost/pdfviewer/pdfviewer?vid=4&hid=10&sid=3103e b15-10b1-496e-8f86-61d3c2cad597%40sessionmgr15

Rhinesmith, S. (1993). *A Manager's Guide to Globalization: Six Keys to Success in a Changing World.* Retrieved June 7, 2011, from Training and Development via EBSCOhost: http://perm.fh-joanneum.at/han/17895/web.ebscohost.com/ehost/ pdfviewer/pdfviewer?vid=4&hid=10&sid=3103eb15-10b1-496e-8f86-61d3c2cad597%40sessionmgr15

Rhinesmith, S. (1995, May). *Open The Door to a Global Mindset.* Retrieved July 9, 2011, from Training and Development via EBSCOhost database: http://perm.fh-joanneum.at/han/17895/web.ebscohost.com/ehost/pdfviewer/pdfviewer?vid=4&hid=2 5&sid=c0f07be1-d009-436b-b546-04c7c63efacf%40sessionmgr11

Rhinesmith, S. H. (1996). A manager's guide to globalization: Six skills for success in a changing world (2nd Edition). New York: McGraw-Hill.

Rhinesmith, S.H. (2003). Basic components of a global mindset, in Goldsmith, M. Govindarajan, B. and Vicere, A. (Hrsg.) The many facets of leadership, Upper Saddle River, NJ: Financial Times Prentice Hall

Rogers, E., & Blonski, D. (2010, June). The Global Leadership Mindset. *Chief Learning Officer,* S. 18-21.

Rogers-Wynands, S. (2001). Freilegung strategischen Managementwissens: Ein wissensdiagnostischer Ansatz. *Veröffentlichte Dissertation.* Wiesbaden: Gabler Verlag.

Romhardt, K. (1998). Die Organisation aus der Wissensperspektive - Möglichkeiten und Grenzen der Intervention. Wiesbaden: Gabler.

Rosen, R.H. (2000). What makes a globally literate leader? Chief Executive, 154, S. 46-50

Rousseau, D. (2001). Schema, promise und mutuality: The building blocks of psychological contract. *Journal of Occupatinal and Organizational Psychology, Jg. 74,* S. 511-541.

Rühl, S. (1997). Einführung in das Arbeiten mit dem Programm Atlas.ti für Windows 95 Version 4.0 und 4.1. *Mitteilungen aus dem Schwerpunktbereich Methodenlehre, Heft 48.*

Sackmann, S. A. (1992). Culture and subcultures: An analysis of organizational knowledge. *Administrative Science Quarterly, Jg. 37*, S. 140-161.

Schneider, S., & Angelmar, R. (1993). Cognition in organizational analysis: Who's minding the store? *Organization Studies, Jg. 14, Heft 3*, S. 347-375.

Schwenk, C. R. (1984). Cognitive simplification processes in strategic decision-making. *Strategic Management Journal, Jg. 5*, S. 111-128.

Schwenk, C. R. (1988). The cognitive perspective on strategic decision-making. *Journal of Management Studies, Jg. 25, Heft 1*, S. 41-55.

Schwenk, C. R. (1995). Strategic decision making. *Journal of Management, Jg. 21, Heft 3*, S. 471-493.

Sims, H. P. (1986). Leading self-managed groups: a conceptual analysis of a paradox. *Economic and Industrial Democracy, Vol. 7, Nr. 2*, S. 141-165.

Skinner, B. F. (1938). *The behaviour of organisms*. New York: D. Appleton-Century Company, Inc.

Smith, R., & Machie, D. M. (2007). *Social Psychology, (3rd Edition)*. New York: Psychology Press.

Solomon, C. M., & Schell, M. S. (2009). Managing across cultures: the seven keys to doing business with a global mindset. New York: McGraw-Hill.

Sparrow, P. R. (1994). The psychology of strategic management: Emerging themes of diversity and cognition. In C. L. Cooper, & I. T. Robertson, *International Review of Industrial Organisational Psychology* (S. 147-181). Chichester: Wiley.

Sparrow, P. R. (1999). Strategy and cognition: Understanding the role of management knowledge structures, organizational memory and information overload. *Creative and Innovation Management, Jg. 8, Heft 2*, S. 140-148.

Spender, J.-C., & Eden, C. (1998). Introduction. In C. Eden, & J.-C. Spender, *Managerial and organizational cognition* (S. 1-12). London: Sage Publication.

Srinivas, K. M. (1995). Globalization of business and the third world. *Journal of Management Development, Jg. 14(3)*, S. 26-49.

Stahl, G. K. (2001). Using Assement Centers as Tools for Global Leadership Development: An Exploratory Study. In M. E. Mendenhall, T. M. Kühlmann, & G. K. Stahl, *Developing Global Business Leaders: Policies, Processes and Innovations* (S. 194-210). Westport: Quorum Books.

Starbuck, W. H., & Milliken, F. J. (1988). Executives perceptual filters: What we notice and how they make sense. In D. C. Hambrick, *The executive effect: Concepts and methods for studying top managers* (S. 35-65). Greenwich: JAI.

Sternberg, R. J. (1996). *Cognitive Psychology.* Fort Worth: Harcourt/Brace.

Stevenson, W. B., & Radin, R. F. (2003). Cognitive structures of the board of directors: Managerial cognitions as Bayesian networks. *Academy of Management Meetings.* Boston.

Story, J. (2009). *Running Head: Testing the impact of global mindset on positive organizational outcomes: A mulit-level analysis.* Retrieved June 27, 2011, from Nova School of Business Economics: http://docentes.fe.unl.pt/~satpeg/ano20092010/docs/JoanaStoryPaper.pdf

Story, J. S., & Barbuto, J. E. (2011). Global Mindset: A construct clarification and framework. *Journal of Leadership & Organizational Studies, Vol. 18, Nr. 3,* S. 377-384.

Strauss, A. L., & Cobrin, J. (1996). *Grounded Theory: Grundlagen qualitativer Sozialforschung.* München: Beltz Verlag.

Stubbart, C. (1989). Managerial cognition: A missing link in strategic management research. *Journal of Management Studies, Jg. 26, Heft 4,* S. 325-348.

Suutari, V. (2002). Global leader development: an emerging research agenda. *Career Development International, Vol. 7(4),* S. 218-233.

Swain, G. (2007). Is a global mindset in your DNA? *Thunderbird magazine,* S. 24-31.

Swan, J. (1997). Using cognitive mapping in management research: Decisions about technical innovation. *British Journal of Management, Jg. 8, Heft 2,* S. 183-198.

Swan, J. A. (1995). Exploring knowledge and cognitions in decisions about technological innovation: Mapping managerial cognitions. *Human Relations, Jg. 48, Heft 11,* S. 1241-1270.

Swan, J., & Newell, S. (1998). Making sense of technological innovation: The political and social dynamics of cognition. In C. Eden, & J. C. Spender, *Managerial and organisational cognition: New directions in theory, methods and research* (S. 108-129). London: Sage Publications.

Thomae, M. (2008). Organisationale Kognition als Steuerungsgegenstand. Eine Konzeption des Wissensmanagement aus Sicht der Kognitiven Organisationsforschung. Abgerufen am 17. Juni 2011 von Uni Konstanz: http://kops.ub.uni-konstanz.de/ bitstream/handle/urn:nbn:de:bsz:352-opus-64722/Diss_Thomae.pdf?sequence=1

Thunderbird. (2010). *Thunderbird develops world's first tool to measure global mindset.* Abgerufen am 3. März 2011 von Thunderbird: http://www.thunderbird.edu/ about_thunderbird/news/media_relations/news_releases/2010/_01_09_2010_thunderbi rd_develops.htm

Tolman, E. C. (1932). *Purposive behaviour in animals and men.* New York: The Century Co.

Tomlinson, J. (2000). Kosmopolitismus als Ideal und Ideologie. In C. Y. Robertson, & C. Winter, *Kulturwandel und Globalisierung* (S. 341-358). Baden: Nomos.

Tversky, A., & Kahneman, D. (1982). Judgement under uncertainty: Heuristics and biases. In D. Kahneman, P. Sloviv, & A. Tversky, *Judgement under uncertainty: Heuristics and biases* (S. 3-20). Cambridge: Cambridge University Press.

Tyler, D. (2001). Cognitive mapping: A tool to support strategic management. *Journal of Fashion Marketing and Management, Jg. 5*, S. 353-357.

Vallaster, C. (2000). Strategic decision making by multicultural groups. *Dissertation.* Innsbruck, Österreich: Universität Innsbruck.

Walsh, J. P. (1988). Selectivity and selective perception: An investigation of mangers' belief structures and information processing. *Academy of Management Journal, Jg. 31, Heft 4*, S. 873-896.

Walsh, J. P. (1995). Managerial and organizational cognition: Notes from a trip down memory lane. *Organizational Science, Jg. 6, Heft 3*, S. 280-322.

Walsh, J. P., & Ungson, G. R. (1991). Organizational memory. *Academy of Management Review, Jg. 16, Heft 1*, S. 57-91.

Weber, F. (1991). *Subjektive Organisationstheorien.* Wiesbaden: Deutscher Universitätsverlag.

Weick, K. E. (1979). The social psychology of organizing (2nd Edition). Reading: Addison Wesley.

Weick, K. E., & Bougon, M. G. (1986). Organisations as cognitive maps: Charting ways to success and failure. In H. P. Sims, & D. A. Gioia, *The thinking organization* (S. 102-135). San Francisco/London: Jossey/Bass.

Wessels, M. G. (1984). *Kognitive Psychologie.* New York: Harper & Row.

Wickens, C. D. (1984). Engineering psychology and human performance. Columbus: Merrill.

Wills, S., & Barham, K. (1994). Being an International Manager. *European Management Journal, Jg. 12(2)*, S. 299-326.

Witzel, A. (2000). *Das problemzentrierte Interview.* Abgerufen am 25. Februar 2011 von Qualitative Research: http://www.qualitative-research.net/fqstexte/1-00/1-00witzel-d.htm.

Wolff, C. (2005). Stabilität und Flexibilität von Kooperationen: Entwicklung einer wettbewerbsorientierten Flexibilitätstheorie am Beispiel der Automobilbranche. *Dissertation.* Deutschland: Uni München.

Wrona, T. (2008). Kognitive Strategieforschung: State of the Art und aktuelle Entwicklungen. In T. Wrona, *Strategische Managementforschung: Aktuelle Entwicklung und internationale Perspektiven* (S. 43-75). Wiesbaden: Gabler Verlag.

Wrona, T., & Breuer, M. (2008). Die Initialinternationalisierung und ihre Konsequenzen für die Erklärung von Internationalisierungsprozessen. In R. Moser, *Ausländische Direktinvestitionen: Neue Entwicklungen, Entscheidungsinstrumente und führungsrelevante Folgen* (S. 21-37). Wiesbaden: Gabler Verlag.

9. Anhang

Anhang A: Anschreiben

Sehr geehrter Herr **Geschäftsführer, Vorstand** und **Internationaler Manager,**
bitte erlauben Sie uns, mit folgendem Anliegen an Sie heranzutreten.

Zurzeit läuft ein wissenschaftliches exploratives Projekt zum Thema „**global mindset**" bzw. „**globales Mentalitätskonstrukt**" bzw. „**globale kognitive Orientierung von Managern**" an der FH JOANNEUM mbH. Im Rahmen dieses Projektes werden mehrere themenspezifische Arbeiten verfasst. Gupta/Govindarajan (2002, S. 117), zum Beispiel, definieren ein global mindset wie folgt: *A global mindset combines a manager's openness to and awareness of diversity across cultures and markets with a propensity and ability to synthesize across this diversity.* Vereinfacht ausgedrückt bedeutet ein global mindset "*...die kognitive Fähigkeit, die Mannigfaltigkeit an unterschiedlichen Kulturen zu verstehen und diese miteinander zu verbinden.*"

Vor diesem Hintergrund geht es bei der Bearbeitung der Themen vornehmlich um eine umfassende Untersuchung über die **Denkstrukturen von international agierenden Managern in österreichischen Unternehmen,** besonderer Fokus wird dabei auf die Betriebe im Datensatz der Grazer und der steirischen Leitbetriebe gelegt. Eine zentrale Fragestellung dieses Projektes betrifft dabei das **internationale Erfahrungswissen von Managern** und zwar, wie man bestimmte strategische Internationalisierungsentscheidungen auf besondere Merkmale individueller/persönlicher und organisationaler Wissensstrukturen zurückführen kann. Dabei bildet das Ziel des Projektes herauszufinden, welche Human Resourcen- Trainings zur globalen Denkstruktur weltweit zurzeit in der Theorie und Praxis verwendet werden und mithilfe welcher Maßnahmen eine solche **globale Denkkategorie aufgebaut, entwickelt bzw. verändert** werden kann. In diesem Zusammenhang ist es besonders von Interesse, Richtlinien für Manager und Unternehmen zu entwickeln, um ein globales mindset zu fördern, um insgesamt auch erfolgreicher im Ausland zu sein. Dabei ist vor allem von Bedeutung, welchen Wert das global mindset im Unternehmen einnimmt bzw. was Unternehmen tun können, um ein global mindset nachhaltig zu kultivieren.

Des Weiteren ist das Ziel des Projektes herauszufinden, welche globalen Führungskompetenzen das globale mindset fördern und weiterentwickeln. In der Literatur finden sich Komponenten wie bspw. Neugier; Persönlichkeitsveranlagung in der frühen Kindheit, grenzüberschreitende Projekte, Veränderungsbereitschaft, Ausbildung, internationale Teamzusammenarbeit, Networking und ausländische Berufserfahrung, welche alle zusammen als kritische Erfolgsfaktoren im Hinblick auf weitere Internationalisierungsschritte identifiziert werden können, die wiederum das Unternehmensergebnis signifikant beeinflussen. Die genauen Einflussfaktoren sind jedoch noch unbekannt. Hierzu soll dieses Projekt u. a. einen wertvollen Beitrag zur Unterstützung der Internationalisierungsbemühungen von Entscheidungsträgern leisten sowie die Transparenz dieser Entscheidungen (z. B. für Share- oder Stakeholder) vergrößern. Der damit umrissene Problembereich ist dabei nicht nur von großem wissenschaftlichem Interesse, sondern betrifft unmittelbar auch die Unternehmenspraxis. Um möglichst valide Ergebnisse und eine große Repräsentativität zu erzielen, beziehen wir unsere Untersuchung auf **alle steirischen Entscheidungsträger, die sich mit internationalen strategischen Entscheidungen** befassen. Aus diesem Grund bitten wir auch Sie um Unterstützung. Um dieses Projekt möglichst eng an die Unternehmenspraxis anzulehnen, möchte wir mithilfe eines **persönlichen Interviews** (30-50 Minuten) Ihre Erfahrungen mit strategischen Internationalisierungsentscheidungen sowie Ihre Einstellungen und Werte in einem offenen Gespräch diskutieren. Allerdings funktioniert diesergeplante Wissenstransfer von der Praxis in die Wissenschaft nur unter bestimmten Voraussetzungen. Eine besondere Rolle spielen dabei die Gegenleistung, das Vertrauen und ein förderliches Klima.

Gegenleistung: Sie erhalten eine Zusammenfassung der Ergebnisse dieser Befragung inkl. der Schlussfolgerungen, die daraus gezogen werden.

Vertrauen: Ihre Angaben werden vertraulich behandelt und nur in aggregierter Form veröffentlicht, sodass keine Rückschlüsse auf einzelne Unternehmen möglich sind.

Klima: Unter den teilnehmenden Personen wird eine Flasche Wein im Wert von 100 Euro verlost. (Die Verlosung ist garantiert, der Rechtsweg ist ausgeschlossen. Stichtag ist der 31.05.2011).

Wir würden uns freuen, wenn Sie uns an Ihrem internationalen Erfahrungswissen teilhaben ließen und damit die Untersuchung unterstützen würden. Wir würden Sie daher „nur" um etwas Zeit bitten. Für Rückfragen steht Herr Dr. Jörg Hruby gern zur Verfügung (E-Mail: joerg.hruby@fhjoanneum.at) und telefonisch unter **0316/5453/6817**. Wir bedanken uns für Ihre Bemühungen und verbleiben mit freundlichen Grüßen

Dr. Dipl. Kfm. Jörg Hruby   **Prof. (FH) Dr. Doris Kiendl Wendner**

Wissenschaftlicher Mitarbeiter (MIM)   Studiengangsleiterin für Management internationaler Geschäftstätigkeit (MIG) sowie

für den Master of International Management

Anhang B: 35 Kerneigenschaften des Global Mindset

1	Selbstvertrauen, Selbstbewußtsein	self-confidence
2	Optimismus	optimism
3	Belastbarkeit	resiliency
4	Neugierde	curiosity
5	Anpassungsfähigkeit	adaptability
6	Flexibilität	flexibility
7	angstfrei sein	fearlessness
8	Abenteuerlust	quest for adventure
9	risikofreudig	risk-taking
10	Kooperationsfähigkeit	Collaborativeness
11	Verlangen über andere Kulturen und über Teile der Welt etwas Neues zu lernen	Desire to learn about other cultures and other parts of the world
12	Verständnis über die globale Geschäftswelt und Industrie	understanding the global business and industry
13	Verständnis der politischen und ökonomischen Systeme in anderen Teilen der Welt	understanding the political and economic systems in other parts of the world
14	Kenntnis und Verständnis wie man globale Allianzen aufbaut und abwickelt	Knowledge and understanding of how to build and manage global alliances
15	Verständnis von und über Partnerschaften und Mehrwertnetzen	Understanding of partnerships and value networks
16	Fähigkeit die Spannungen zwischen Unternehmensbedürfnissen und lokalen Herausforderungen abzuwickeln	ability to manage the tension between corporate requirements and local challenges
17	Wissen wie man solche Spannungen erfolgreich abwickelt	knowledge of how to manage such tension successfully
18	Andere Kulturen und deren Geschichte zu verstehen	understanding other cultures and histories
19	Das Respektieren kultureller Unterschiede	respecting cultural differences
20	Verständnis für kulturelle Ähnlichkeiten	understanding cultural similarities
21	Kenntnis anderer Sprachen	knowing other languages
22	Bereitschaft in anderen Zeitzonen und anderen Distanzen zu arbeiten	willingness to work across time and distance
23	Fähigkeiten sich ein Urteil über solche aus unterschiedlicher Kulturen vorübergehend aussetzen	ability to suspend judgement about those from other cultures

24	Lernen aus Leidenschaft über und das Sein in anderen Kulturen	passion for learning about and beeing in other cultures
25	positive Einstellungen gegenüber anderen aus unterschiedlichen Kulturen und Regionen	positive attitude toward those from other cultures and regions
26	Offenheit gegenüber kultureller Diversität	openness to cultural diversity
27	Verständnis wie sich eine Person, die nahe der kulturellen Unterschiedlichkeit ist, sich verhält	understanding how a person who is closed to cultural diversity behaves
28	Bereitschaft gute Ideen zu akzeptieren, egal wo diese herkommen	willingness to accept good ideas no matter where they come from
29	Anerkennung von der Validität von verschiedenen Ansichten	acknowledgement of the validity of different views
30	Bereitschaft sich an anderen Kulturen anzupassen, von denen zu lernen und diese zu verinnerlichen	willingness to adapt, learn and cope with other cultures
31	Fähigkeiten um Menschen aus anderen teilen der Welt miteinander zu vernetzen	ability to connect with people from other parts of the world
32	Fähigkeiten das Verhalten den unterschiedlichen kulturellen Gegebenheiten anzupassen	ability to adjust behavior in a different cultural setting
33	Fähigkeiten komplexe interkulturelle Angelegenheiten abzuwickeln	ability to handle complex cross-cultural issues
34	Kenntnis von denjenigen , die unfähig sind komplexe Situationen zu meistern und wie sich diese verhalten	knowledge of how someone incapable of handling complex behaves in an international setting
35	Fähigkeit eine positive gemeinsame Energie in Menschen aus verschiedenen Teilen der Welt zu entfachen	Ability to generate positive energy in people from a different part of the world

Anhang C: Interviewfragen (Experteninterviews)

Vereinfacht ausgedrückt bedeutet ein global mindset "...*die kognitive Fähigkeit, die Mannig-faltigkeit an unterschiedlichen Kulturen zu verstehen und diese miteinander zu verbinden.*"

Unternehmen/Kunden

1) Würden Sie Ihr Unternehmen als stark global ausgerichtet bezeichnen oder nehmen Sie Ihr Unternehmen als eines mit starker nationaler Identität wahr?

2) Wie wichtig ist für Ihr Unternehmen ein weltweiter Kundenkreis? Sind für Sie internationale Kunden gleich wichtig wie Kunden des nationalen Marktes?

3) Versucht Ihr Unternehmen Möglichkeiten die sich durch die „neuen Märkte" ergeben bewusst zu suchen und auszunutzen?

Mitarbeiterrekrutierung

4) Werden die Mitarbeiter Ihres Unternehmens aus einem weltweiten Pool an Bewerbern und Bewerberinnen ausgesucht?

5) Wie wählen Sie die richtige Person für internationale Projekte bzw. für eine Stelle mit großem internationalem Bezug in Ihrem Unternehmen aus?

6) Welche Kriterien muss ein Bewerber oder Mitarbeiter Ihrer Meinung nach mitbringen, um Aufgaben mit internationalem Bezug erfolgreich zu bewältigen und wie stellen Sie fest, ob die Person diese Kriterien besitzt?

7) Welche anderen Aufnahmemethoden oder Messungsmethoden verwenden Sie, um herauszufinden ob die Person für internationale Aufgaben geeignet ist?

Training/Entwicklung

8) Welche unterschiedlichen Trainingsmethoden gibt es, um bei Mitarbeitern einen global mindset (globale Denkstrukturen) zu entwickeln bzw. zu fördern und welche werden in Ihrem Unternehmen angewandt?

9) Was können Mitarbeiter bzw. Manager selbst tun um die Entwicklung eines global mindset zu fördern?

10) Welche dieser Trainings- bzw. Entwicklungsmethoden würden sie als effektiver bzw. weniger effektiv als andere bezeichnen?

11) Wie versuchen Sie das logische Geschäftsdenken sowie die Fähigkeit komplexe Aufgaben zu lösen bei Ihren Managern zu entwickeln und nachhaltig auszubauen?

12) Wie versuchen Sie Ihre Manager up-to-date über Weltgeschehnisse zu halten und ihr Interesse für Politik, Kultur, Geschichte und Wirtschaft in verschiedenen Ländern zu verstärken?

13) Wie versuchen Sie das interkulturelle Einfühlungsvermögen sowie die Diplomatie Ihrer Manager zu entwickeln und nachhaltig auszubauen?

Charaktereigenschaften/Mitarbeiterqualitäten

14) Gibt es in Ihren Augen Qualitäten, die Mitarbeiter bereits mitbringen sollten bzw. die nicht antrainiert werden können?

15) Welches sind die wichtigsten (mind. 10) Eigenschaften / Kompetenzen / Fähigkeiten die jemand haben sollte um ein kompetenter Global Leader zu sein?

16) Wie oder wodurch entwickelt ein Global Leader diese Eigenschaften/ Kompetenzen/ Fähigkeiten?

Persönliche Erfahrungen/Persönliche Vorgehensweise (Entscheidungen, Werte)

17) Wie werden die internationalen Entscheidungen im Unternehmen getroffen? Im Team? Alleine? - Welche Grundlage (welche Informationen) werden dabei am häufigsten herangezogen?

18) Was sind die größten Herausforderungen, die sie im Zuge der Internationalisierung Ihres Unternehmens sehen bzw. bereits erlebt haben?

19) Wie kommunizieren Sie die Werte und die Vision des Unternehmens über die gesamte Gruppe/Standorte hinweg? Wie sichern Sie die gleichbleibende Bedeutung über alle Grenzen hinweg?